JARVIS COCKER

Good Pop, Bad Pop

JARVIS COCKER

Good Pop, Bad Pop

Die Dinge meines Lebens

Aus dem Englischen von
Harriet Fricke & Ingo Herzke

Kiepenheuer
& Witsch

Für K. S., weil sie es wieder möglich gemacht hat,

&

Jeannette, weil sie es immer möglich macht.

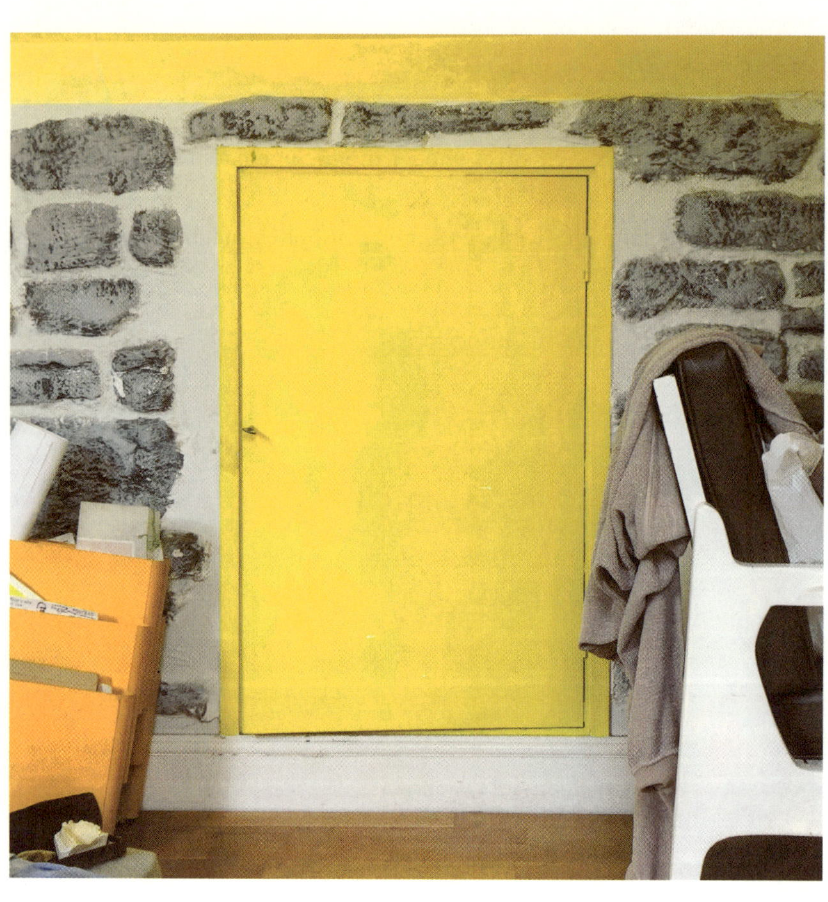

Kapitel Eins

Da war ein Haus, in dem ich eine
Zeit lang lebte.
Ich verwahrte eine Menge Zeug auf
dem Dachboden dieses Hauses.

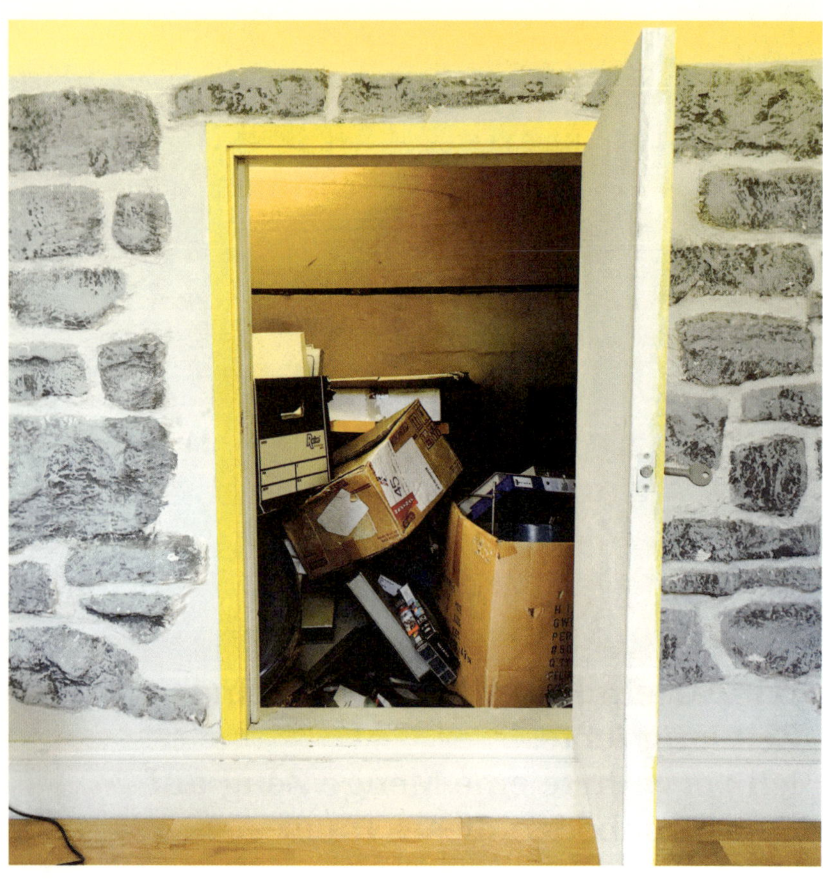

Wenn ich »verwahrte eine Menge Zeug« sage, ist das eine höfliche Umschreibung für »verwendete ihn als Müllhalde«. Eine ganze Weile stopfte ich einfach irgendwelche Dinge in diesen Raum – bloß um sie aus dem Weg zu schaffen. Aus den Augen, aus dem Sinn. Dann blieb das alles ungefähr zwanzig Jahre da oben, weil ich nicht mehr in London lebte, sondern in Paris & an verschiedenen anderen Orten.

Über diesen Dachboden machte ich mir ab & zu Gedanken. Ich konnte es nicht richtig greifen, aber ich wusste, eines Tages würde ich mich darum kümmern müssen. Nur kam dieser Tag anscheinend nie.

Man könnte diesen Dachboden als Manifestation des menschlichen Hangs zum nahezu unbewussten Anhäufen von Dingen verstehen.

Oder als Mülltonne, die nie geleert wurde.

Die Umstände haben mir schließlich keine Wahl mehr gelassen, & ich muss diesen Dachboden ausräumen.

Der Tag der Abrechnung ist gekommen.

Also an die Arbeit.

Ich habe beschlossen, nicht einfach alles zu entsorgen, sondern mir jeden einzelnen Gegenstand anzuschauen & dann eine sachkundige Entscheidung zu treffen, ob ich ihn behalten soll oder nicht.

Warum?

Weil ich weiß, dass irgendwo dadrin etwas Wichtiges steckt. So eine Art Lebensgeschichte, irgendeine Offenbarung – aber wir werden danach graben müssen. Ich verwende hier nicht den *Pluralis Majestatis* – ich möchte, dass ihr mir helft.

Ihr müsst euch nicht jede einzelne Sache anschauen, die ich hier finde – das würde ewig dauern –, aber es scheint mir wichtig, Zeugen zu haben. Wir können sogar ein Spiel daraus machen – nennen wir es »Keep or Cob«. (»Cob« ist ein Dialektausdruck aus Sheffield & heißt »(weg-)schmeißen« – also »BLEIB oder WEG«.)

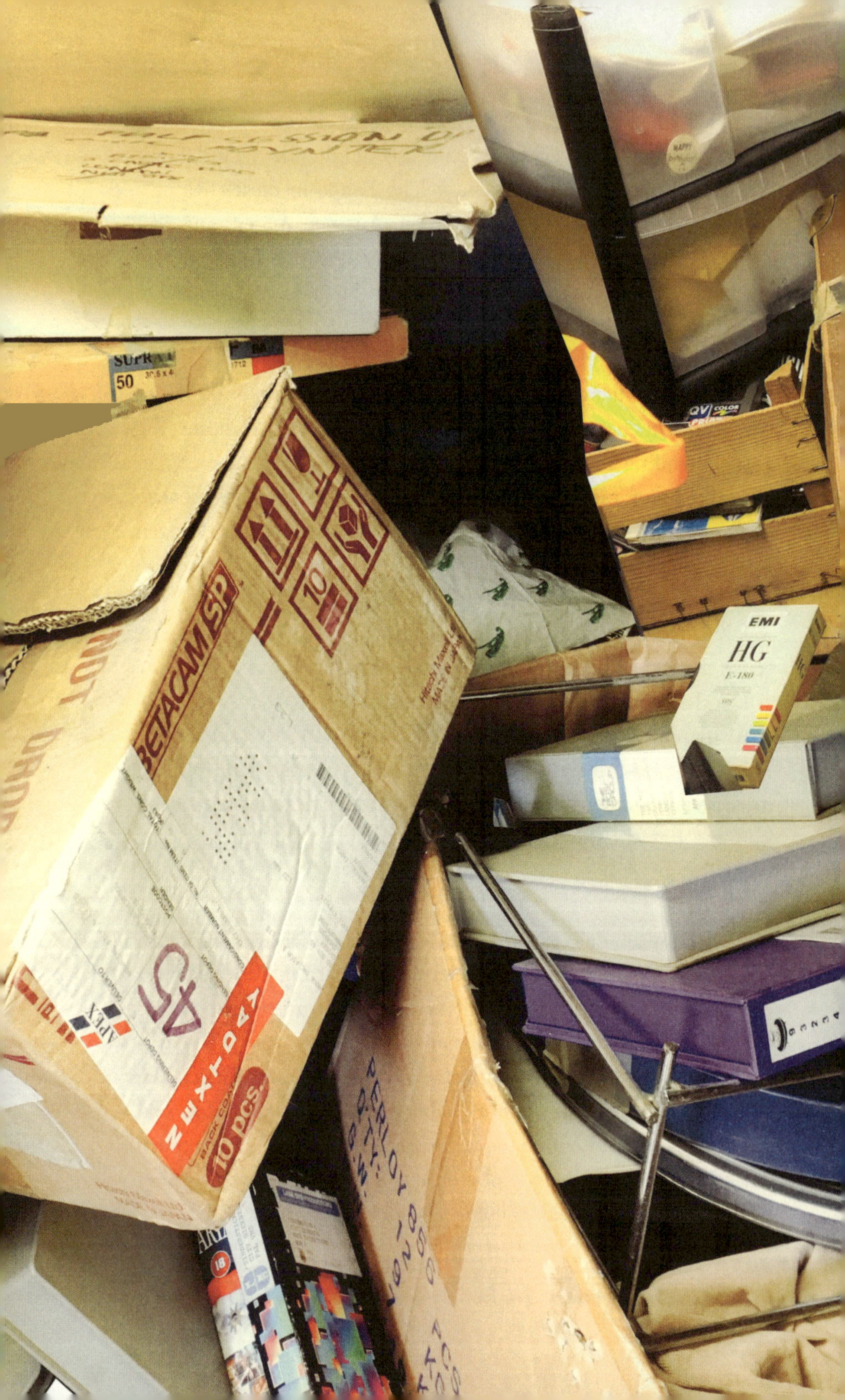
BETACAM SP
EMI
HG
E-180
APEX
45
10 pcs
SUPR
50

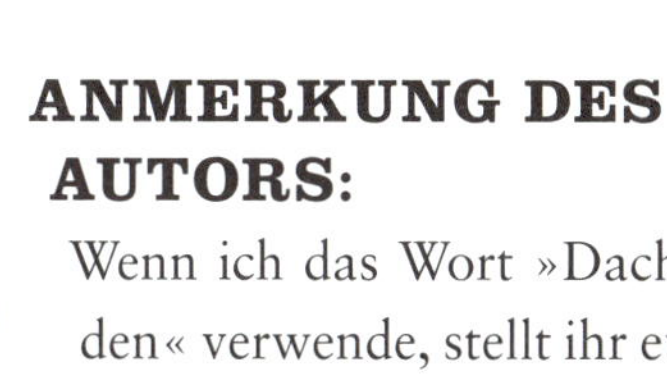

ANMERKUNG DES AUTORS:

Wenn ich das Wort »Dachboden« verwende, stellt ihr euch womöglich einen Raum vor, in dem wir stehen & den wir ganz bequem erforschen können. Das ist aber nicht der Fall. Das Foto auf dem Buchumschlag ist ein Archivbild, das nur aus Designgründen gewählt wurde – es zeigt nicht den Dachboden, über den ich schreibe. Mein »Dachboden« ist ein Lagerraum, in den man durch eine Klappe in der Wand des obersten Stockwerks eines viktorianischen Wohnhauses gelangt. Die Decke ist am Eintritt gerade mal einen Meter hoch & fällt dann bis zur Dachtraufe ab. Der Raum zieht sich über die gesamte Breite des Hauses, er ist also etwa acht Meter lang. Wenn ihr euch das Innere einer riesigen Toblerone-Packung vorstellt, kommt ihr der Umgebung, die wir hier erkunden, schon recht nahe. Auf keinen Fall können wir aufrecht stehen. Man kann sich die Sachen nur anschauen, indem man ein Stück hineinkriecht, sich durch Staub & Spinnweben windet & ein paar Gegenstände ins Wohnzimmer bringt, wo sie fotografiert & inspiziert werden können. Es kommt einem vor wie Bergbau: eine schmutzige, unangenehme & schwierige Arbeit.

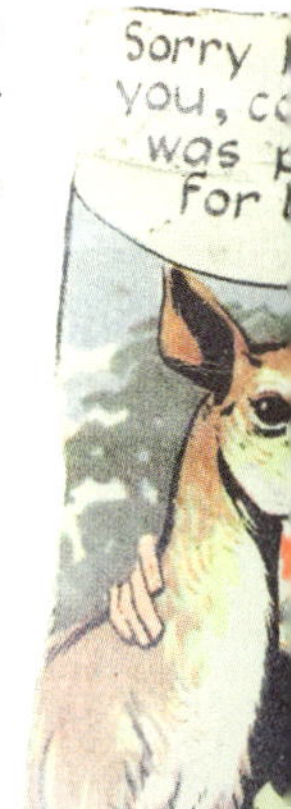

Ihr seht schon, es ist ein Riesendurcheinander. Als ich zum ersten Mal den Kopf hineinsteckte, habe ich ziemlich schnell gemerkt, dass es weder Sinn noch Verstand noch Ordnung gab. Ich weiß, es muss irgendwelche nützlichen oder interessanten Dinge geben. Einige der Gegenstände stammen noch aus meiner Kindheit, aber an die komme ich nicht direkt heran, weil da noch so viel Mist herumliegt. Darum muss ich mir jedes einzelne Teil anschauen, bevor ich entscheiden kann, ob ich es wegschmeiße oder nicht. Ich will ja nichts Wichtiges übersehen. & im Lauf der Jahre habe ich gelernt, dass die wichtigsten Dinge im Leben oft nicht die offensichtlichsten sind.

Okay, genug Atmosphäre: Augen zu, steckt die Hand in den Berg da drüben, & dann sehen wir, was ihr gefunden habt ...

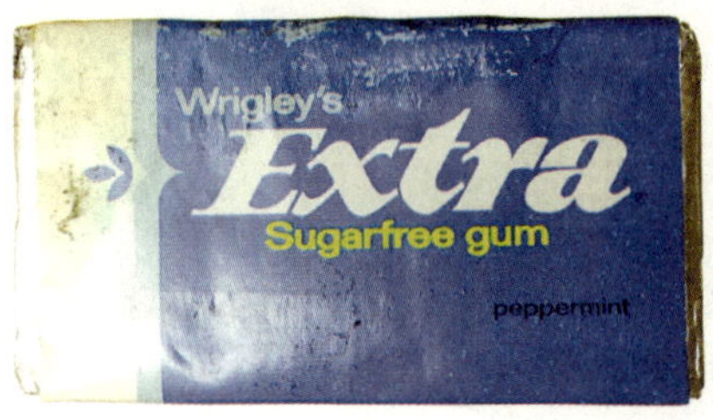

Das ist Wrigley's Extra Kaugummi, als es noch in Streifen verkauft wurde. Es hatte sich noch nicht zu der aktuellen »Drageeform« entwickelt. Dies ist ein zwanzig Jahre altes Kaugummi. Unbenutzt. Ungekaut. Jahrelang habe ich ständig ein Päckchen Kaugummi in der rechten Jackentasche mit mir herumgetragen. Das war ein wesentlicher Bestandteil meines Elternseins. Es muss Peppermint sein. Spearmint ist zu süß. Fruchtgeschmack ist abartig. Aber dieses Päckchen stammt aus der Zeit, bevor ich Vater wurde. Dies ist das Kaugummi eines Junggesellen.

Das ist tatsächlich ein guter Ausgangspunkt, denn es beweist, dass wir da oben so ziemlich alles finden können. Ihr habt vielleicht stapelweise wertvolle Manuskripte & zerfallende Masterbänder erwartet (zu denen kommen wir später) – ein Blick in das selbst kuratierte Kreativarchiv. Aber es wird eher so sein, als durchsiebte man eine Mülldeponie (oder sollte es eher »Erinnerungsdeponie« heißen?) Es ist tatsächlich eine Art Archiv, das wird sich vielleicht im Lauf der Zeit zeigen. Aber erst mal: Ich habe keine Ahnung, wieso das Kaugummi hier liegt – ich habe jedenfalls keinen Kaugummispeicher, so wie andere Leute einen Weinkeller –, aber da ist es: Wir haben es gefunden & darüber nachgedacht. Es ist ein Foto wert, aber nicht das Aufheben. Das klassische Wrigley's Extra Gum kommt in die Mülltonne. Oder anders gesagt: WEG. (Meine Güte, ich komme mir so kühn vor.)

Nächstes Objekt: ein Aufnäher vom Wigan Casino. Das Wigan

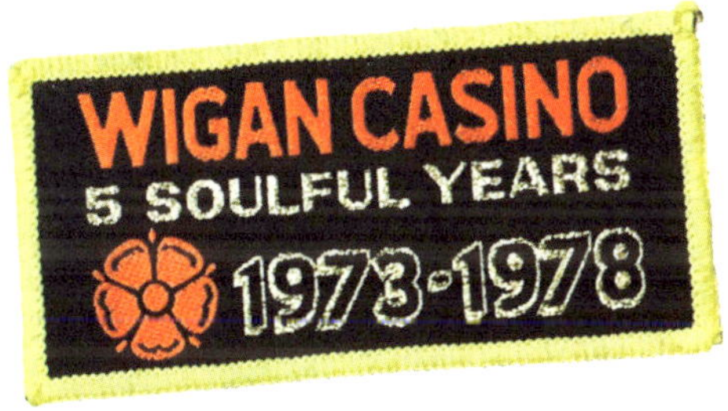

Casino war Mitte der 70er das Epizentrum der Northern-Soul-Szene. Ich war zu jung, es aus erster Hand mitzubekommen, aber ich erinnere mich, wie ältere Jungs mit dem passenden »Look« in die Schule kamen: hochtaillierte Hosen mit megaweitem Schlag. Frisur: Federschnitt. Einmal bekam ich einen Tritt ins Gesicht, als jemand in einem vollen Wohnzimmer zu dicht neben mir crowdsurfen wollte, auch wenn das damals noch nicht so hieß.

Aber das hier muss ich später im Leben ergattert haben – als diese *»5 Soulful Years«* endeten, war ich fünfzehn. Ich lernte Northern Soul erst im Rückblick zu schätzen. Es war eine richtige Subkultur – eine spontane Schöpfung: Menschen im Norden Englands tanzten zu obskuren afroamerikanischen Soulplatten aus dem vorigen Jahrzehnt die Nächte durch. Ich war damals vielleicht noch zu jung, um die Szene so richtig würdigen zu können, aber die Vorstellung, dass Musik eine Sache von Leben & Tod, eine Art Geheimclub war, blieb in meinem Kopf hängen. Dieser Aufnäher ist mit Sicherheit bedeutender als das Kaugummi – will sagen: Ich erkenne einen Grund, warum ich ihn aufbewahrt habe. Ich kann mich allerdings nicht erinnern, wie er in meinen Besitz gelangt ist. Übernatürliche Fussel – Dinge, die an einem hängen bleiben, ohne dass man es merkt. Solchen Sachen werden wir hier öfter begegnen.

Bleibt oder weg? Das ist diesmal schwieriger – aber da ich den Aufnäher nun seit mindestens dreißig Jahren besitze & nie irgendwo aufgenäht habe, wird es vielleicht Zeit, loszulassen: Ich werde ihn jemandem schenken, der oder die ihn mehr zu schätzen weiß.

Euch zum Beispiel? (Betrachtet es als Bestechung.)

Wow. Kragenstützen. Ich habe noch nie wissentlich Kragenstützen verwendet. Vielleicht glaubte ich, sie später im Leben brauchen zu können – womöglich würden meine Kragen im Alter erschlaffen oder so. Das scheint noch nicht eingetreten zu sein (danket dem Herrn), hier fällt die Entscheidung also leicht: WEG.

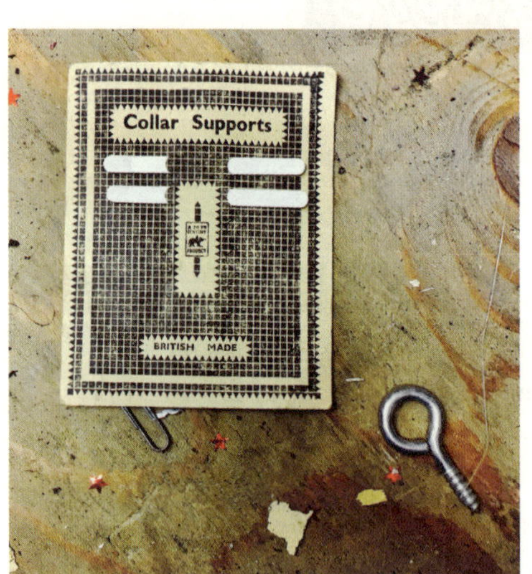

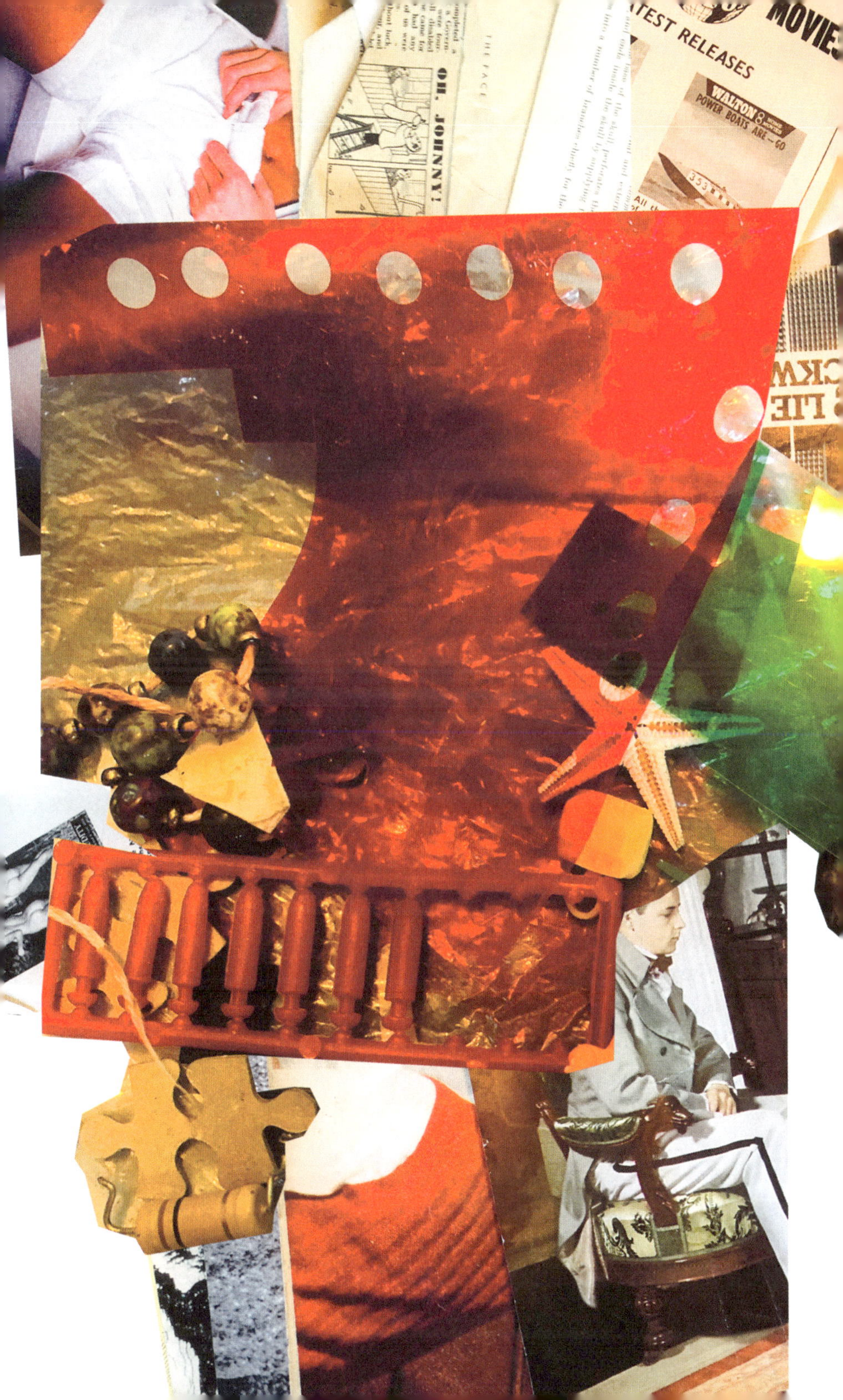
MOVIES
ATEST RELEASES
WALTON 8
POWER BOATS ARE – GO
OH, JOHNNY!

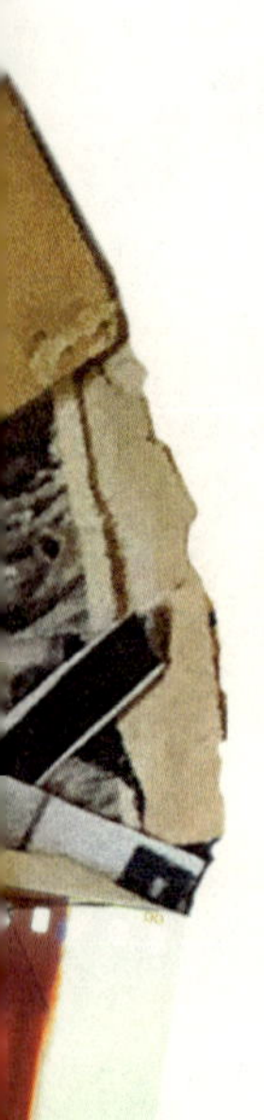

Okay – ich muss zugeben, hier habe ich ein bisschen geschummelt: Ich möchte euch noch nicht so früh im Buch als Leserin oder Leser verlieren, darum kommt jetzt etwas »Saftiges«. Das hier war die erste Entdeckung, die mich davon überzeugte, es könne sich lohnen, diese Selbstausgrabung vorzunehmen, anstatt den ganzen Inhalt des Lagerraums unbesehen zur nächsten öffentlichen Mülldeponie zu karren. Es ist ein Schulheft (das dem Namen nach, der oben steht, ursprünglich meiner Mutter gehörte), in dem mein fünfzehnjähriges Ich seine Ideen über das Dasein in einer Band niederschrieb. Ich kann gar nicht fassen, dass ich das wiedergefunden habe. Dieses Heft dokumentiert meine allerersten Versuche, meine Kreativität anzukurbeln. Das ist doch mal was.

Denn dies wird nicht bloß der Katalog einer Haushaltsauflösung, sondern auch ein Buch über den kreativen Prozess – genauer gesagt *meinen* kreativen Prozess. Kein Selbsthilfebuch oder Ratgeber, denn ich glaube, dass alle Menschen das kreative Gen in sich tragen, & ich hoffe, dass ich ein bisschen beleuchten kann, wie der Prozess funktioniert. Für alle. Ihr trefft in jeder Minute des Tages kreative Entscheidungen. Jawohl, das tut ihr. Ich werde es euch beweisen.

Aber jetzt zurück zu diesem Heft ...

Die künstlerische Ausdrucksform meiner Wahl ist Popmusik.

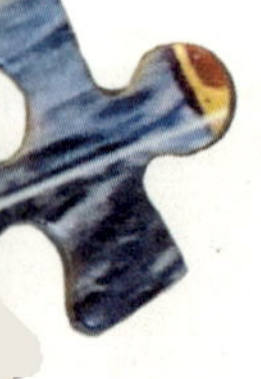

Wie so gut wie alle Kinder meiner Generation war ich fast von Geburt an ein Popmusikfan – & als ich Teenager wurde, wollte ich den Sprung vom Zuschauer zum Mitwirkenden wagen. Ein großer Sprung. Dieses Schulheft ist also ein sehr wichtiges Dokument. Es sind meine Schriftrollen vom Toten Meer – der Anfang meiner künstlerischen Laufbahn – & es beginnt mit ...

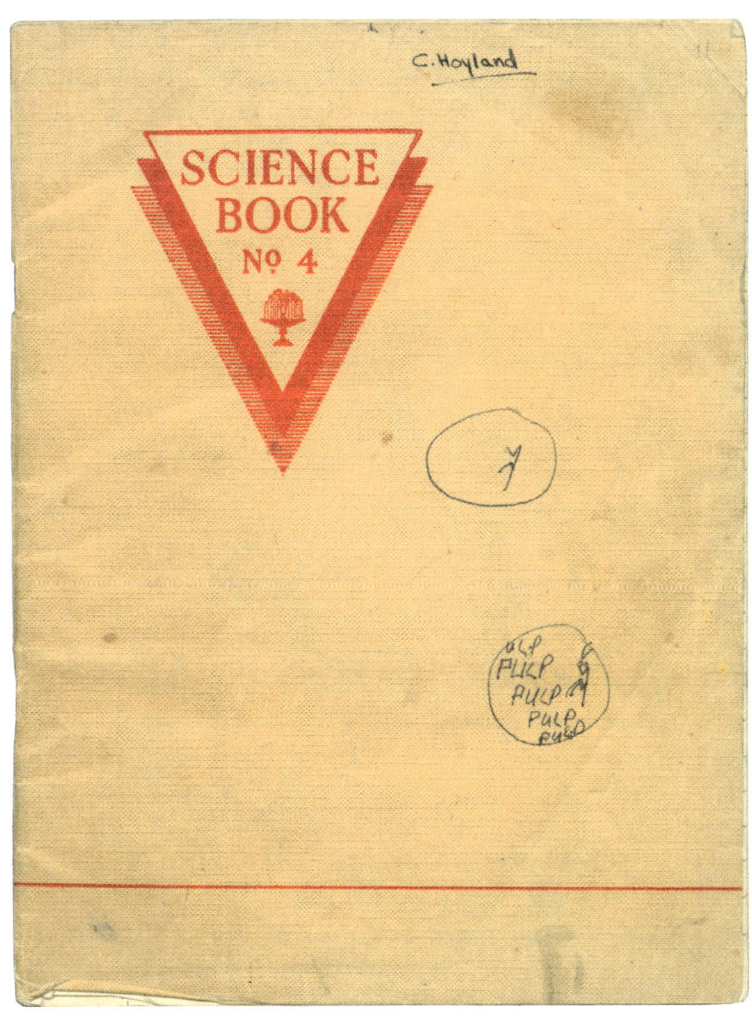
C. Hoyland
SCIENCE
BOOK
Nº 4

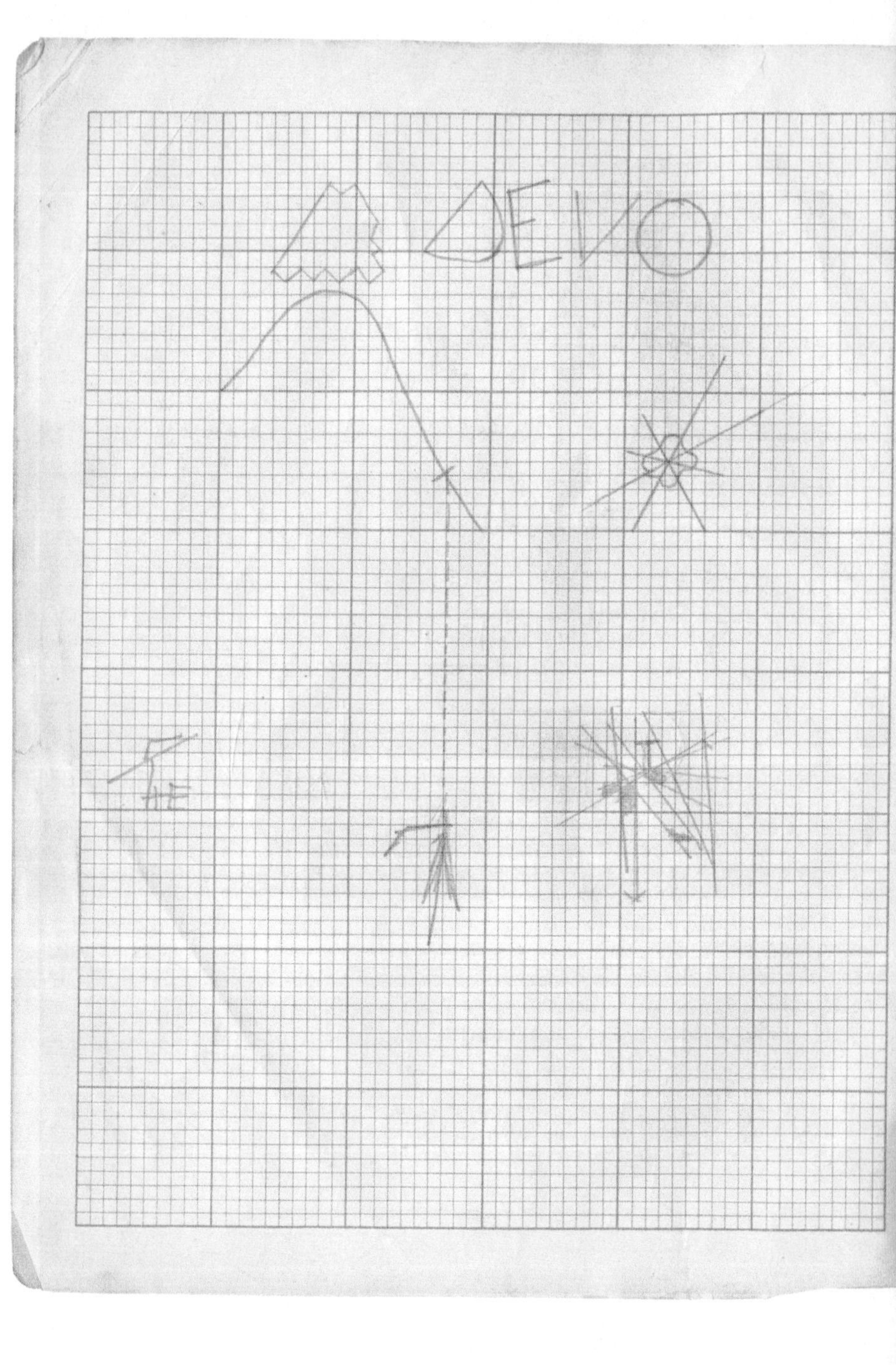
DEVO

Pulp Fashion

Most Groups have a certain ~~dress~~ mode of dress which is invariably emulated by their followers. The Pulp Wardrobe shall consist of:–

Duffle Coats (preferably blue or black)

Crew-neck jumpers (of the "rancid" C&A type, or of woollen or cotton construction)

Garishly (preferably day-glo) coloured T and Sweat shirts preferably of an abstract design.

"Fungus"-style t-shirts. (sans Cap-Sleeves)

Plain-coloured shirts (no patterns)

Rancid ties.

Drainpipe or tapered-trousers preferably of a colourful disposition.

Pointy boots.

Cheapo white baseball boots.

Oxfam Jackets (preferably with button-holes) Jackets made of strange materials (e.g. polythene, wood)

Silly Socks.

Hair = Shortish (not skinhead)
(No sequins unless for silly purposes)

Übersetzungen der Texte aus den Abbildungen ab S. 375

Pulp Wardrobe (illustrated).

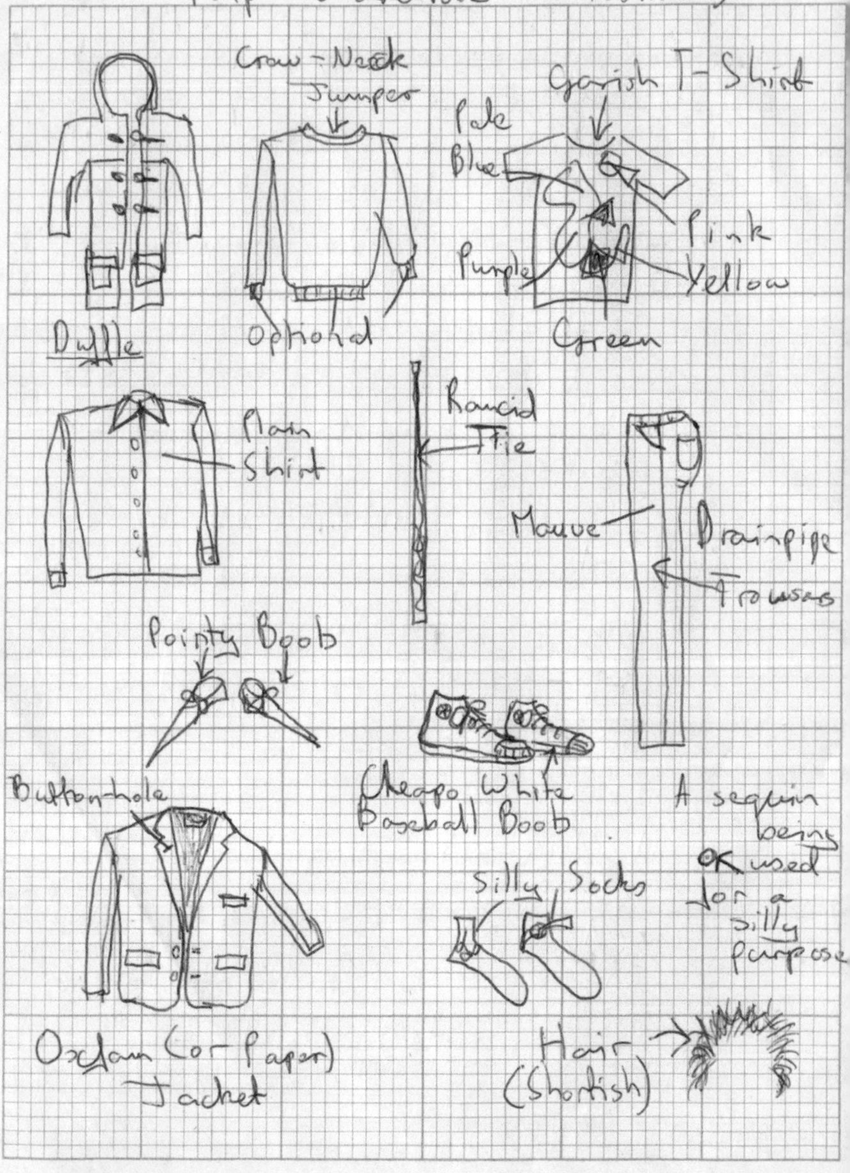

Crew-Neck Jumper

Optional

Duffle

Garish T-Shirt

Pale Blue

Pink

Purple

Yellow

Green

Plain Shirt

Rancid Tie

Mauve

Drainpipe Trousers

Pointy Boots

Cheapo White Baseball Boots

A sequin being used for a silly purpose

Button-hole

Silly Socks

Oxfam (or Paper) Jacket

Hair (Shortish)

… Kleidung.

»Die meisten Gruppen haben einen bestimmten Kleidungsstil, der unweigerlich von ihren Fans nachgeahmt wird. Die Pulp-Garderobe sollte aus Folgendem bestehen …«

»Ein verdammter Moderatgeber?« Das war meine erste Reaktion, als ich diese Worte las. Aber das sind die Gedanken meines heutigen Ichs. Das hier sind eindeutige Beweise. Primärquellen. Originalartefakte. Alles hat Bedeutung. Keine Widerrede. Sogar das Kaugummi (vielleicht sogar *gerade* das Kaugummi).

Hier oben stellen wir uns der Vergangenheit nach ihren eigenen Regeln. Kein Revisionismus. Also schauen wir noch mal hin: Was kann uns dieser Leitfaden zur »Pulp-Mode« verraten?

Nun, er rückt das Image in den Mittelpunkt dieses anstehenden kreativen Abenteuers.

Das erinnert an die Northern-Soul-Szene, die gerade eben anlässlich des Wigan-Casino-Aufnähers Thema war – aber bedeutsamer für mich war, dass nur wenige Jahre, bevor ich diesen Stilführer schrieb, Punkrock passiert war.

Ich nehme an, wenn ihr dieses Buch lest, seid ihr schon ziemlich vertraut mit der Geschichte des Punk. Vielleicht habt ihr sogar die Nase gestrichen voll davon. Es gibt unzählige Bücher zu dem Thema. & Dokumentarfilme. & Blogs. & Facebook-Gruppen. Das ist ein *Problem unserer Zeit:* wie Dingen durch ständige Wiederholung & Eingemeindung in den Mainstream der Lebenssaft ausgesaugt wird – aber besonders unerfreulich zeigt es sich im Fall von Punk.

Denn Punk war ein Riss. Eine Zeitenwende. Ein völliger Bruch mit der Vergangenheit. Eine Ablehnung des offiziellen Narrativs. Er wollte sich nicht einfügen. Er verlangte neue Klänge, neue Ideen. & neue Klamotten.

Punk betonte die Bedeutung von Kleidung als Bekenntnis zur Neuen Weltordnung – oder als Ausdruck der Abneigung gegen die »normale« Welt. Weniger »mit Kleidung Eindruck machen« als »mit Kleidung Abscheu ausdrücken«.

Die »Pulp-Garderobe« dürfte beim Durchschnittsbürger allerdings nicht allzu viel Abscheu erregt haben: keine Sicherheitsnadeln, kein PVC.

Zur Pulp-Moderevolution gehören:

Dufflecoats (am besten blau oder schwarz): Meine Tante Bess hatte mir einen Dufflecoat gekauft. Spießiger geht's kaum. & Dufflecoats sind aus dickem Wollstoff, wären also mit Sicherheit kein praktisches Bühnen-Outfit.

Pullover mit rundem Ausschnitt (von der »ranzigen« Sorte von C&A): Im Zentrum von Sheffield gab es einen großen C&A-Laden. Diese Pullover waren 100 % Polyacryl & sehr billig. Kriegten ganz schnell Knötchen. Auch noch ein bisschen zu warm für die Bühne.

Grellfarbiges T-Shirt: Der einzige irgendwie »punkige« Einfluss in dieser Liste. Ich glaube, ich hatte zu Hause mit Stofffarben experimentiert.

Einfarbige Hemden (ohne Muster): Diese Regel hatte nicht lange Bestand.

Ranzige Schlipse: »Ranzig« scheint in dieser Lebensphase eins meiner Lieblingsworte gewesen zu sein.

Röhrenhosen oder eng zulaufende Hosen: Ich staune, dass es die unten eng geschnittene Hose auf die Liste geschafft hat. Wir hatten an der Schule einen Geschichtslehrer namens Mr Marsden, der Anzüge mit extrem eng zulaufenden Hosen trug. Wir nannten sie »Kackhalter«.

Spitze Schuhe & billige weiße Baseball-Sneaker: beides aus einem Militärkleidungsladen in der Nähe des Castle Market in Sheffield.

Haare (eher kurz): Sich die Haare zu schneiden war die schnellste & einfachste Methode, sich als »Punk« zu markieren. Meine Schwester schnitt sie mir. Am Ende hatte ich ziemlich viele kahle Stellen.

Das sind keine »Punk-Klamotten« – es sind sogar größtenteils bloß Variationen der Schuluniform, die ich jeden Tag tragen musste. Kleinere Änderungen, die dem unbeteiligten Beobachter kaum auffallen konnten – nichts, was mir in der Schule Ärger einhandeln konnte –, aber ich wusste, sie waren wichtig.

Punk kam zu einer für mich so wichtigen Zeit: Ich kam gerade in die Pubertät. Ich wollte in einer Band spielen, seit ich sieben war, aber ich hatte keinen Schimmer, wie ich das anstellen sollte. Es schien mir ungefähr so realistisch wie mein anderer Kindheitstraum: Astronaut zu werden. Ich dachte, man braucht dazu wahrscheinlich ein Diplom, irgendeinen akademischen Abschluss, der außerhalb meiner Reichweite lag.

Ich erinnere mich, dass ich mir eines Jahres das *Beatles Illustrated Songbook* zu Weihnachten wünschte & dann entsetzt war, weil jeder Song aus so vielen Akkorden bestand. Wir besaßen eine Akustikgitarre, die meine Mutter im Studium als Deko gekauft hatte, & ich starrte die Seiten des Liederbuchs an & dann meine Finger & fühlte mich total hilflos. Dann kam Punk & es gab diesen berühmten Slogan auf dem Titel irgendeines Fanzines, der lautete: »Hier ist ein Akkord. Hier ist noch einer. & hier ein dritter. & jetzt gründe eine Band.« Das war absolut perfektes Timing – drei Akkorde zu lernen war gerade noch machbar –, außerdem bedeutete Punk, dass zum Musikmachen mehr gehörte als bloßes Können: Tatsächlich war Können eher ein Problem. Haltung & Glauben waren genauso wichtig. WORUM es in einem Song ging, war ebenso wichtig wie der Klang. Wenn nicht wichtiger. Das Entscheidende war, dass es aufregend sein musste. Ich dachte mir, das würde ich hinkriegen. Außerdem wäre es weniger mühevoll, als ein Instrument »richtig« zu lernen.

Ein weiterer Blick in das Schulheft illustriert meine Lage perfekt. Es findet sich da mein hingekritzelter Versuch, ein Musikstück zu notieren. Ich konnte nie Noten im klassischen Sinn schreiben oder lesen – Viertel & Achtel & das alles –, besser als so bekam ich es also nicht hin. Jetzt bin ich nach unten gegangen & habe mir eine Gitarre geholt, um herauszufinden, was für ein Song das ist, & jetzt wird mir klar, dass es die Akkorde zu »Annie's Song« von John Denver sind. (*You fill up my senses* etc.) Wow.

Glaubwürdigkeit: zerstört.

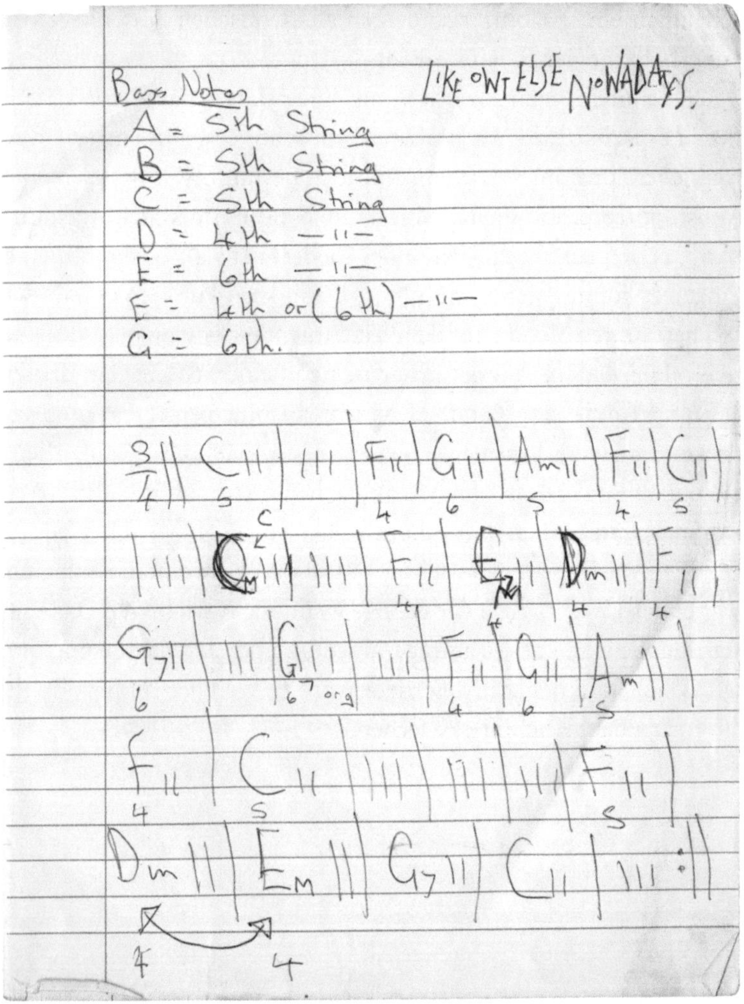

Wenn ich jetzt darüber nachdenke, fällt mir ein, dass ich tatsächlich an einer Volkshochschule in unserer Nähe einen Kurs »Gitarre für Anfänger« besuchte & diese Akkorde sorgfältig abschrieb, als der Lehrer sie uns zeigte. Ich weiß noch, dass er das Lied eher abschätzig vorspielte, denn »Annie's Song« war ein Hit gewesen & er fand ihn kitschig, aber ich war total angetan. Ich war bestimmt kein Riesenfan von John Denver, aber nach der Beatles-Demütigung wollte ich unbedingt irgendwas so spielen können, dass es auch als Song erkennbar war. Ich wollte unbedingt mitmachen. Selbst wenn das hieß, »den Denver zu machen«.

Aber dann kam Punk & machte all diese Bemühungen überflüssig. Rettete mich vor lebenslangem Fingerpicking. Zeigte mir einen anderen Weg. Eine andere Welt. Eine Welt voller Tanzen & Schreien & Lachen.

& Klamotten.

Was für eine Erleichterung. Es könnte allerdings auch noch einen anderen Grund haben, dass ich mein kreatives Manifest mit der Garderobe begann. Bis zu diesem Moment in meinem Leben waren alle meine Kleidungsstücke von meiner Mutter oder anderen Verwandten gekauft worden. & das hatte mich ziemlich belastet.

Das schmerzhafteste Beispiel war die kurze Lederhose, die die deutschen Schwiegereltern meines Onkels John mir als Geschenk schickten, als ich ungefähr sieben war. Sie war aus grauem Wildleder mit flaschengrünem Ledersaum & mit passenden Hosenträgern ausgestattet, auf dem Brustschild ein aus Horn geschnitzter Hirsch. Darin sah ich aus wie ein Ziegenhirte aus den Alpen. Aber meine Mutter meinte, ich könne darin gut zur Schule gehen. Sobald ich das Schulgelände betrat, ging der Spaß los – & es wurde noch besser, als einer meiner Klassenkameraden entdeckte, dass die Hose vorne zwei Reißverschlüsse hatte. Zu der vertrauten Beleidigung »Vierauge« wegen meiner Brille gesellte sich eine weitere – jetzt war ich Jarvis »Doppelpimmel«. Wie gesagt: belastend.

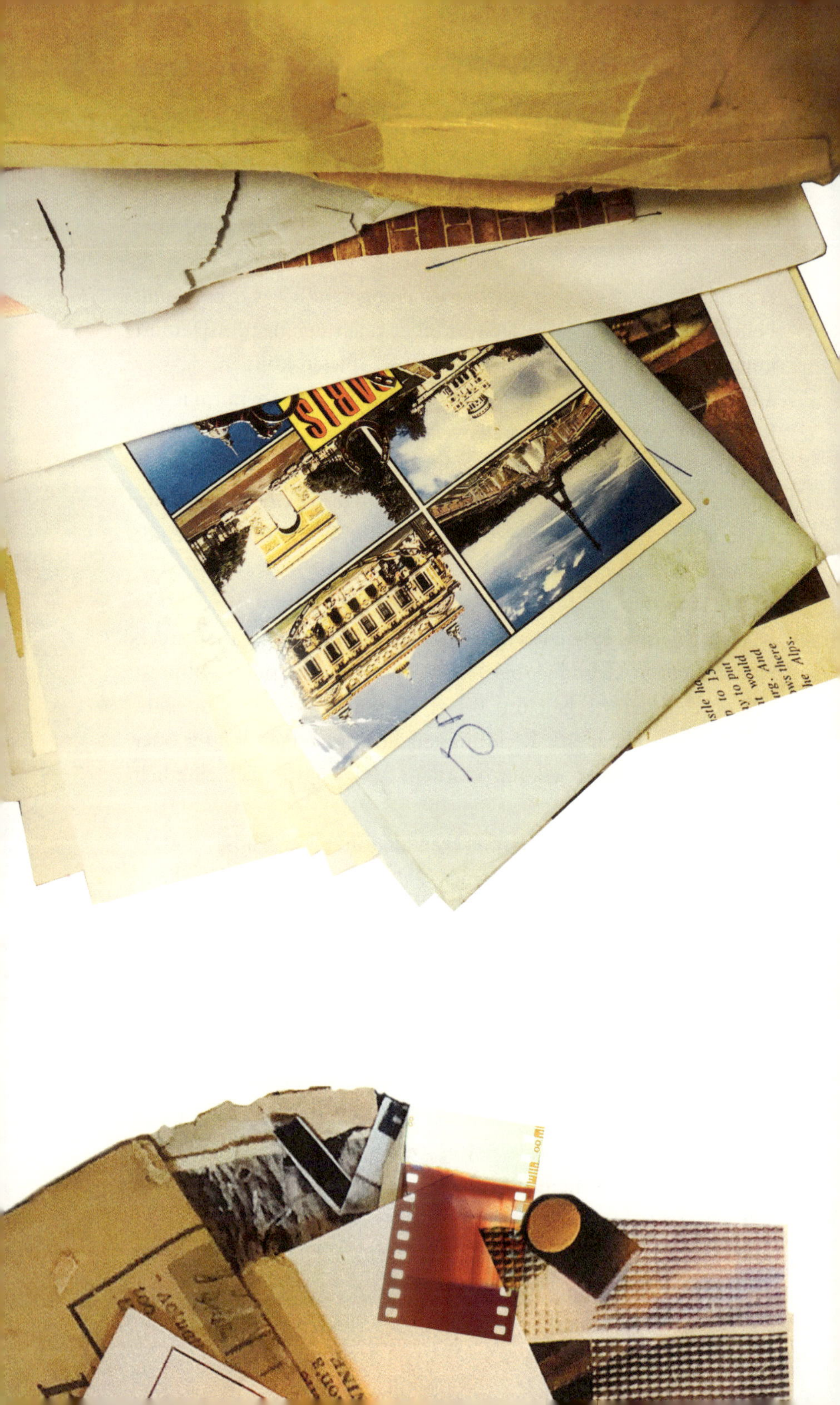

Solche Erfahrungen führten dazu, dass ich stets unauffällig im Hintergrund zu bleiben & nicht aufzufallen versuchte. Mein Name war mir ebenfalls peinlich – ich weiß noch, dass ich bei einem großen Pfadfinderlager dem Gruppenleiter erzählte, ich hieße John, nur damit ich mich nicht öffentlich als »Jarvis« vorstellen musste. Meine Freunde starrten mich fragend an – & dann musste ich die Täuschung das ganze Wochenende aufrechterhalten. Noch belastender.

Ein weiterer Grund also, warum ich so erleichtert aufatmete, als Punk ausbrach: Endlich konnte ich mich entspannen & musste nicht mehr so verklemmt mit meinem komischen Namen umgehen. Punkmusiker gaben sich absichtlich komische Namen! Johnny Rotten, Captain Sensible, Lux Interior, Gaye Advert, Johnny Moped … Ich war ihnen sogar einen Schritt voraus, denn ich brauchte meinen gar nicht zu wechseln.

Meine kreative Reise also mit der »Pulp-Garderobe« zu beginnen scheint mir heute absolut folgerichtig. Kleidung ist ein erreichbares Ziel. Damit sage ich: »Von nun an mache ich mein eigenes Ding – ich weiß zwar vielleicht noch nicht genau, was ›mein eigenes Ding‹ ist, aber das werde ich herausfinden.« Punk gab mir das Selbstvertrauen & die Erlaubnis, mitzumachen. & Kleidung war eine einfache Methode, sich zugehörig zu fühlen, ohne herauszufinden, was als Nächstes kommen sollte. Ich hatte noch keine Band – aber immerhin wusste ich schon, wie die Band aussehen sollte, wenn ich eine hätte. Klamotten brachten den Stein ins Rollen. Schneidert die Kostüme & sucht euch dann die Leute, die sie tragen sollen. Ganz wie bei *Feld der Träume*.

Wir kommen später noch mal auf dieses Heft zurück – aber jetzt wird es wohl Zeit, einen weiteren Gegenstand aus dem Haufen zu ziehen …

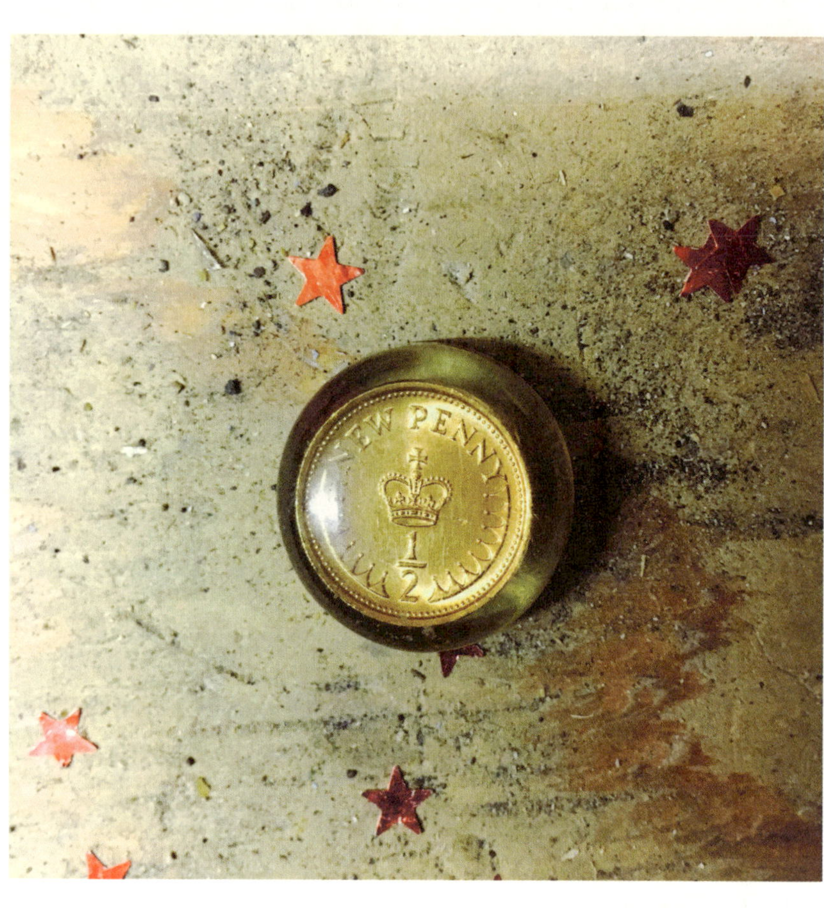
NEW PENNY
1
2

Kapitel Zwei

Der Groschen ist gefallen – vielmehr der Penny, besser der halbe Penny. Eine Halfpenny-Münze, in Kunstharz gegossen, um ganz genau zu sein.

Aber Moment mal: Alles muss vollständig & im Zusammenhang betrachtet werden, wisst ihr noch? Ich hatte als Kind nie ein *Plasticraft*-Bastelset – ich wollte es unbedingt, besaß aber nie eines –, was bedeutet, dass ich diesen Manschettenknopf irgendwann gekauft haben muss. Warum sollte ich so etwas tun? Um etwas zu besitzen, das mir als Kind verwehrt worden war? Das kann nicht der ganze Grund sein. Es ist eine offizielle Münze des britischen Königreichs, umgearbeitet zu Herrenschmuck ... Fällt euch dazu irgendwas ein?

Nun, habt ihr mal einen Mann gesehen, der zwei goldene Sovereigns als Manschettenknöpfe trägt?

Während ich dies schreibe, sind goldene Sovereigns ungefähr 400 £ das Stück wert, etwa 480 €. Wer mit solchen Manschettenknöpfen rumläuft, & das taten viele in den 70ern & 80ern, dem guckt also ungefähr ein Riese aus den Jackenärmeln. Ein Statussymbol. Ein Angeber-Statement. So was gilt heutzutage als ziemlich geschmacklos. Aber damals waren sie ein Zeichen, dass man es geschafft hatte – & es zeigen wollte.

& darum gefielen mir die Halfpence-Knöpfe damals so gut: als Punk-Statement. Als Anti-Status-Symbol. Eine kleine Rebellion gegen die Werte der »normalen« Welt, gegen die ich mich entschieden hatte. Dies ist ein Rebellen-Manschettenknopf.

Auf jeden Fall BLEIBT er.

Dieser Haufen Plastiknippes sagt mir: »Pulp«. Bunt. Glänzend. Massenware. Dinge, die man in einem Weihnachtsknallbonbon findet. Aber ich fand sie kostbar. Schauen wir uns das Bild genauer an: Wir haben ① Weihnachtsmann, ② Sport, ③ Rauchen, ④ Ehe, ⑤ Tierliebe & ⑥ Tod. Das gesamte menschliche Leben ist vorhanden – im Pop-Format. (Pop & Pulp sind für mich austauschbare Begriffe.)

Der Name »Pulp« war schon früh da. Ich habe oft die Anekdote erzählt, dass wir im Wirtschaftsunterricht in der Schule eine

Ausgabe der *Financial Times* zu lesen bekamen & mein Blick im Abschnitt »Rohstoffmärkte« an den Worten »Arabicus Pulp« hängen blieb. (Ich glaube, es hat irgendwas mit Kaffee zu tun.) Die Geschichte ist wahr – aber für mich war das entscheidende Wort »Pulp«.

Denn die Vorstellung, dass eine Kultur durch ihre Wegwerfartikel mehr über sich aussagt als durch ihre vermeintlich verehrten Kunstwerke, faszinierte mich. Fasziniert mich immer noch.

Muss alles BLEIBEN, fürchte ich.

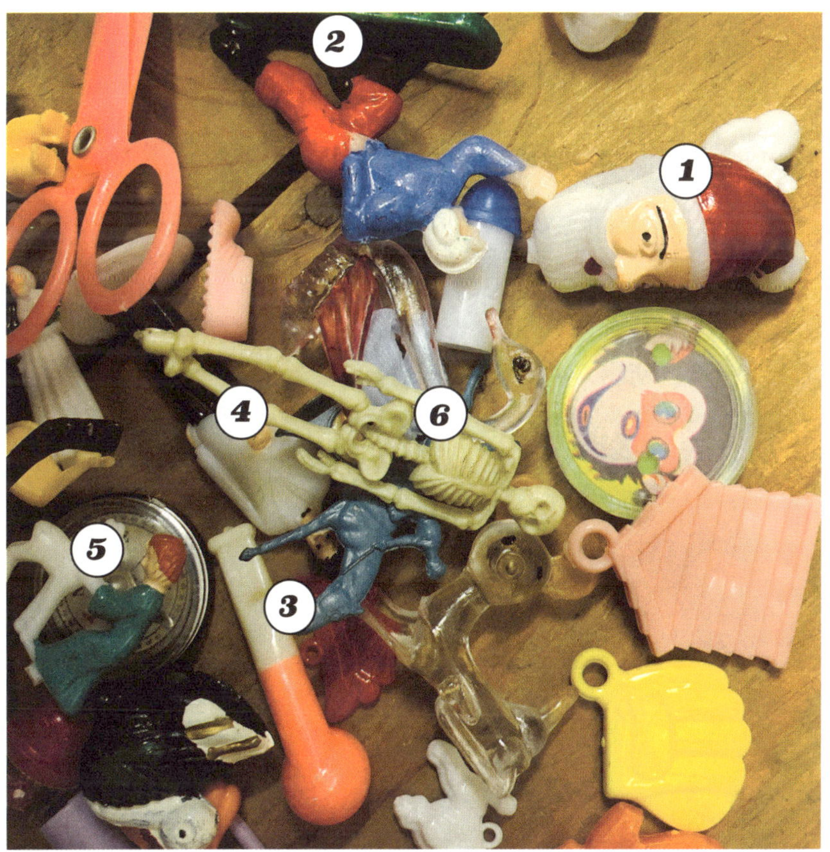

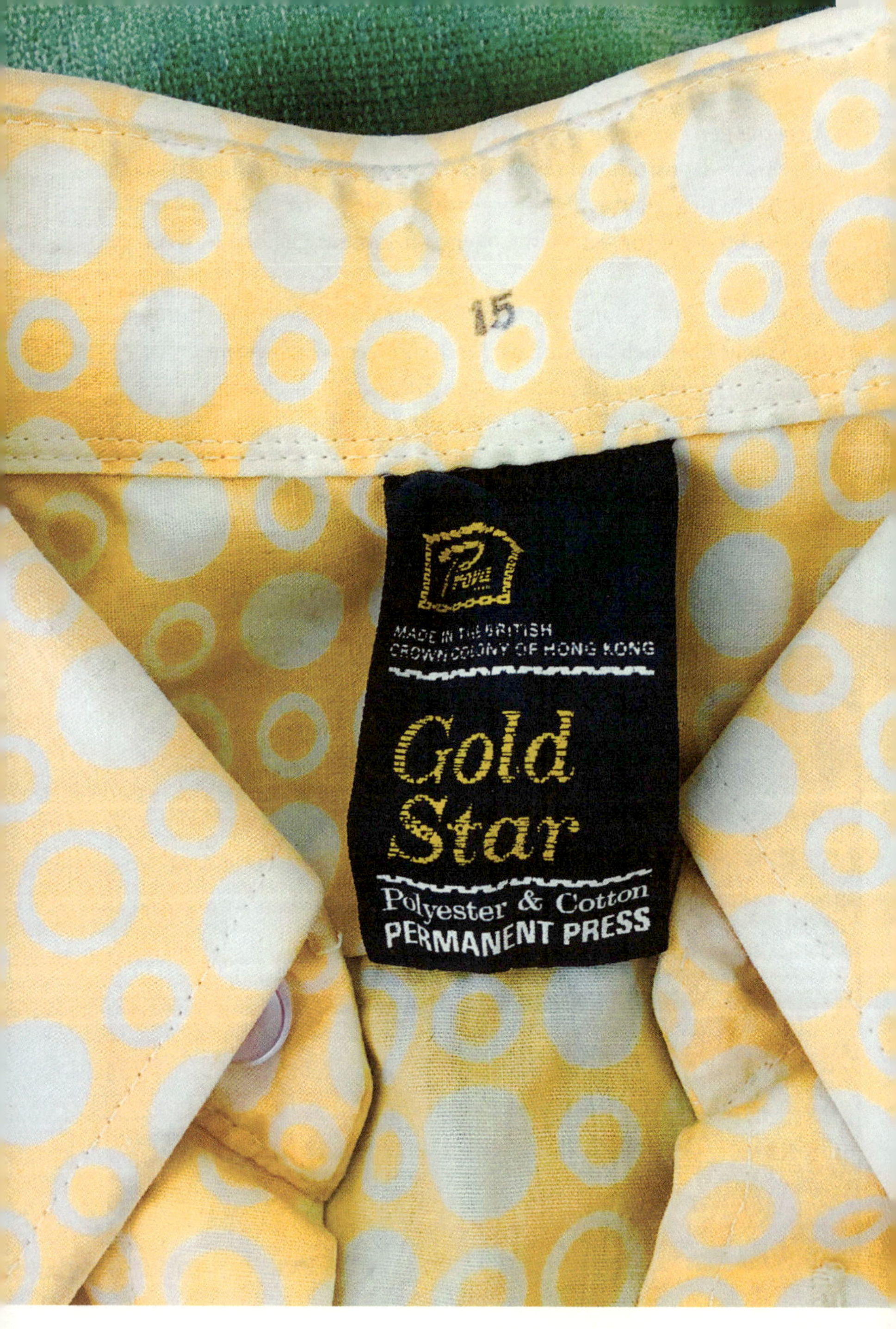
15
MADE IN THE BRITISH
CROWN COLONY OF HONG KONG
Gold
Star
Polyester & Cotton
PERMANENT PRESS

Jetzt habe ich ein Hemd in der Hand. Es ist orange mit weißen Kreisen drauf. Auf dem Etikett ist »Prova« eingestickt. Ich glaube, das war die Eigenmarke der Kaufhauskette British Home Stores.

Dies ist ein »Gold Star«-Hemd. Vielleicht hatte das Einfluss auf meinen Kauf. Noch mehr positive Visualisierung. Doch der Hauptgrund, warum ich euch das zeige, ist ein anderer: Soweit ich mich erinnere (Tusch, bitte), ist dies das erste Stück Secondhandkleidung, das ich jemals erworben habe.

Das war ein großer Schritt für mich. Ich fing an, Secondhand zu kaufen, weil nur hundert Meter von meinem Elternhaus eine Methodistenkirche stand & in deren Gemeindesaal gelegentlich Wohltätigkeitsbasare veranstaltet wurden. & meine Entdeckung von Basaren & Flohmärkten fiel zeitlich so ziemlich mit meiner Entdeckung des Punk zusammen.

Heutzutage kommt ein Flohmarkt wahrscheinlich einem Benefiz-Basar am nächsten, aber die Atmosphäre bei so etwas ist doch anders. Bei einem Basar spenden Menschen ihre nicht mehr benötigten Sachen, damit sie weiterverkauft werden & das eingenommene Geld für ein neues Kirchendach oder dergleichen verwendet werden kann. Bei einem normalen Flohmarkt hoffen die Verkäufer, persönlichen Profit aus dem Verkauf ihrer Dinge zu schlagen. Es fehlt das philanthropische Element. Außerdem bringen Programme wie *Antiques Roadshow,* bei denen wertvolle Fundstücke begutachtet & verkauft werden, die Flohmarktkunden auf die Idee, sie könnten auf ein unschätzbar wertvolles Meisterwerk stoßen, das sie dann für Millionen versteigern lassen. Darum ist die Atmosphäre womöglich ein bisschen »aufgeladen«. Ich weiß noch, wie ich einmal einen Typen auf einem Flohmarkt beobachtete, der eine Vase umdrehte, um das Meisterzeichen unter dem Boden zu überprüfen – er musste wohl gesehen haben, wie sie es im Fernsehen machen –, & der ganze Schmodder darin, der aussah wie eine alte Fertignudelsuppe, kam herausgeglibbert & lief in seinen Ärmel. Das ist für mich der Inbegriff solcher Flohmärkte.

Wohltätigkeitsbasare sind viel entspannter. & für mein jüngeres Ich waren sie eine so wichtige Inspirationsquelle. Die Botschaft des Punk lautete: »Es ist okay, anders auszusehen.« Ich würde also nicht mehr versuchen (& dabei scheitern), mich anzupassen – von nun an würde ich mir meine Klamotten selbst kaufen. Das einzige Problem an der Sache war, dass ich eigentlich kein Geld hatte. Gut, ich trug Zeitungen aus. Ich verdiente also um die 2 £ die Woche. Aber selbst wenn ihr die damalige Kaufkraft ausrechnet, merkt ihr sicher, dass ich für meine optische Runderneuerung ziemlich begrenzte Mittel zur Verfügung hatte.

Darum waren diese Basare ein Geschenk des Himmels. Sie waren billig. Unglaublich billig, ehrlich gesagt. Normalerweise musste man fünf Pence Eintritt bezahlen, & die einzelnen Stücke kosteten dann so zwischen 10 & 20 Pence. Preiswert. Man konnte sich für weniger als ein Pfund ganz neu einkleiden. & weil die Sachen billig waren, konnte man auch richtig experimentieren. Den Sprung ins Ungewisse wagen. Man konnte ein Kleidungsstück sehen & denken: »Na, das kostet ja bloß 10 Pence, dann kaufe ich es doch einfach & schaue zu Hause, wie es aussieht. Vielleicht steht mir ein Pullover mit Fledermausärmeln richtig gut.«

Auf Basaren entdeckte ich auch meine Instinkte als Jäger & Sammler. Man musste mit anderen Menschen in riesige Kleiderstapel eintauchen & herumwühlen, bis man irgendwas fand, was einem gefiel. Das konnte richtig körperlich werden. Man musste sich schnell entscheiden, wenn man nicht mit leeren Händen nach Hause gehen wollte. Für einen Teenager eine steile Lernkurve.

Es war auf jeden Fall besser, als in ein normales Geschäft zu gehen – abgesehen von der Preisfrage mochte ich Läden nie besonders, Bekleidungsgeschäfte schon gar nicht –, denn die Verkäuferinnen & Verkäufer wollten unweigerlich mit einem reden & liefen einem sogar durch den ganzen Laden hinterher, wenn man sich bloß in Ruhe umschauen wollte. Außerdem kamen mir normale Läden im Vergleich zu Basaren & Flohmärkten jetzt langweilig vor. Da hing alles so brav auf Bügeln. Man musste sich nicht mit einer Gang alter Frauen prügeln, um zu kriegen, was man wollte. Ziemlich reizlos.

& wo waren die Erfrischungen? Bei den Basaren gab es Tee zu sehr anständigen Preisen. & selbst gebackene Kuchen. Da war richtig was los. Ein echter Tagesausflug. Für rund ein Pfund.

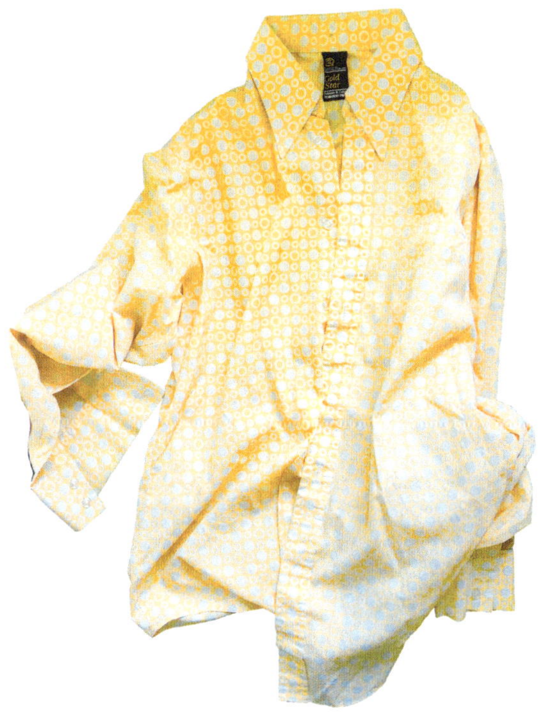

Ich bin also froh, dass ich das noch habe. Das erste Hemd, das ich jemals auf so einem Basar gekauft habe. Es verstößt gegen die Hemdenregel aus dem Pulp-Manifest: »Einfarbige Hemden (keine Muster)« (ich sagte ja, die Regel hatte nicht lange Bestand), aber das macht gar nichts, denn es markiert den Beginn einer neuen Wahrnehmung & Haltung.

Denn ich besorgte mir nicht bloß etwas zum Anziehen, ich erwarb auch den Auswurf der Gesellschaft & »nutzte ihn um«. Ich lernte etwas über die Welt, indem ich mir anschaute, was sie wegwarf. Was sie für »wertlos« hielt. Das war der wahre Anfang der Pulp-Ästhetik. Den Abfall durchkämmen, um eine Alternative zum offiziellen Narrativ zu finden. Mit Dingen aus zweiter Hand eine brandneue Geschichte erzählen.

Meine eigene Geschichte erzählen. Das ist, soweit ich das verstehe, im Grunde die Definition des kreativen Akts.

Am selben Tag kaufte ich auch die Nylonversion eines Shetland-Pullovers in Grün, Weiß & Schwarz, den meine Mutter so widerwärtig fand, dass ich ihn unter meinem Bett verstecken musste.

Doch die Wahrheit ließ sich nicht verstecken:

Das große Experiment hatte begonnen.

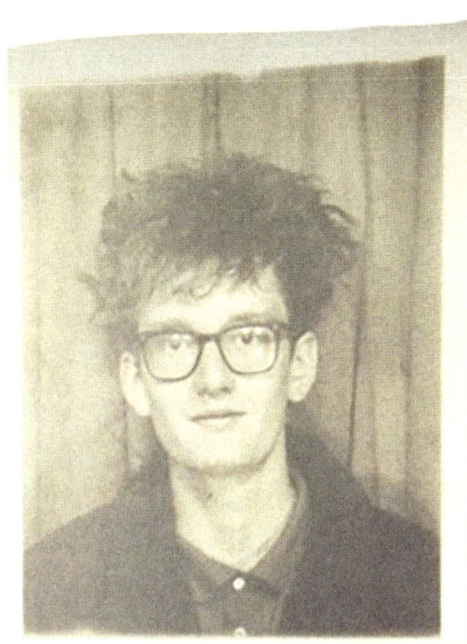

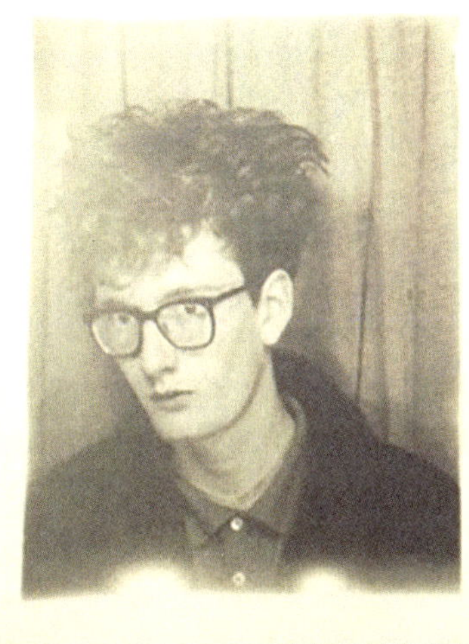

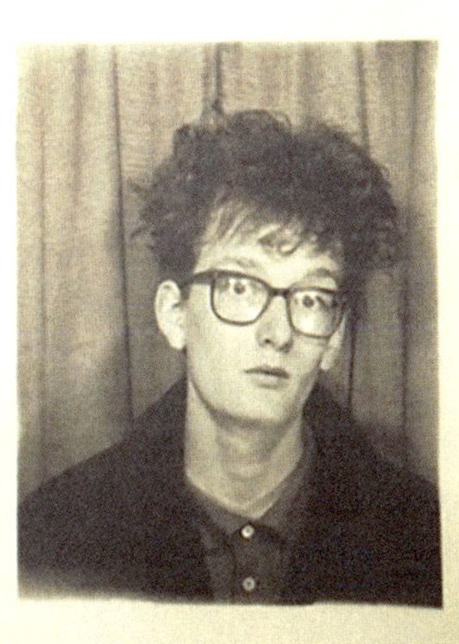

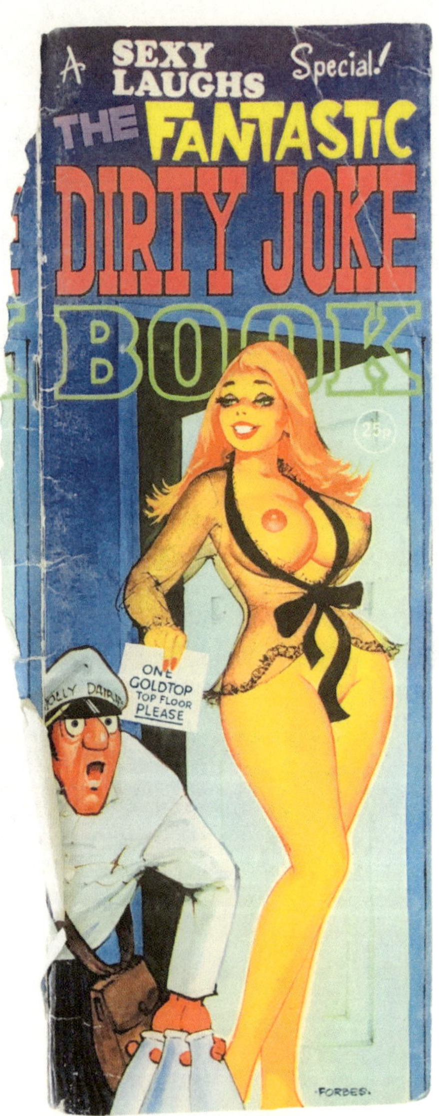
A SEXY LAUGHS Special!
THE FANTASTIC
DIRTY JOKE
BOOK
25p
ONE GOLDTOP TOP FLOOR PLEASE
FORBES

Kapitel Drei

Ihr solltet nicht glauben, dass meine
Teenagerinteressen ausschließlich
kreativer Natur waren …
manche waren auch kreatürlicher.

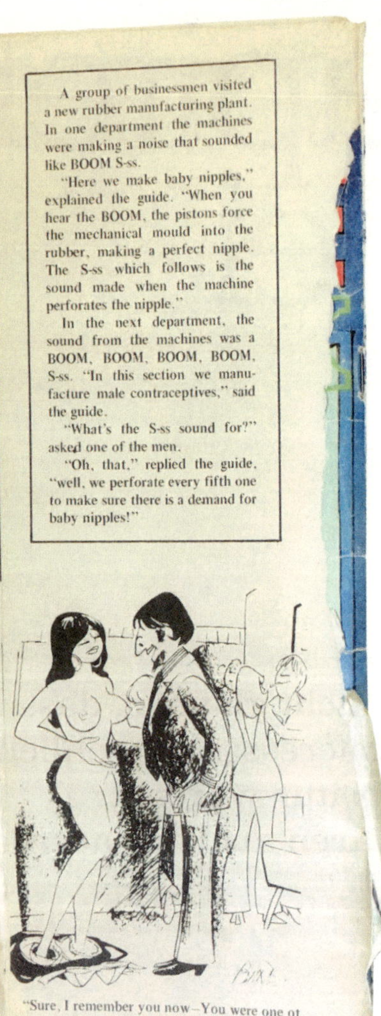

A group of businessmen visited a new rubber manufacturing plant. In one department the machines were making a noise that sounded like BOOM S-ss.

"Here we make baby nipples," explained the guide. "When you hear the BOOM, the pistons force the mechanical mould into the rubber, making a perfect nipple. The S-ss which follows is the sound made when the machine perforates the nipple."

In the next department, the sound from the machines was a BOOM, BOOM, BOOM, BOOM, S-ss. "In this section we manufacture male contraceptives," said the guide.

"What's the S-ss sound for?" asked one of the men.

"Oh, that," replied the guide, "well, we perforate every fifth one to make sure there is a demand for baby nipples!"

"Sure, I remember you now–You were one ot the girls at Madam Duval's!"

Was ich hier in der Hand halte, ist ein Heft mit dem Titel *Sexy Laughs – The Fantastic Dirty Joke Book*. Das ist sogar schon länger in meinem Besitz als das »Prova Gold Star«-Hemd. & es spielt eine Schlüsselrolle in meiner sexuellen Entwicklung. Im Ernst. Ich werde euch erzählen, wie ich daran gekommen bin.

Von der Schule wurden wir zum Schwimmunterricht im Zentrum von Sheffield geschickt. Da muss ich dreizehn oder vierzehn gewesen sein: schon post-pubertär, aber noch prä-punk. Der Unterricht fand in einem Hallenbad namens Sheaf Valley Baths statt, direkt neben dem Busbahnhof. Wir mussten Sachen machen, wie nach einem Gummiblock auf dem Beckenboden tauchen & in Schlafanzughosen Wasser treten (eine nützliche Fähigkeit, wenn man je beim Schlafwandeln auf einem Schiff über Bord geht).

Es gab immer ein Wettrennen darum, bei der Busfahrt zurück zur Schule oben & in der letzten Bank zu sitzen, denn jeder Mensch mit Verstand weiß, das sind die besten Plätze überhaupt. & eines Tages, als wir nach oben kamen, wartete dort dieses Heft auf uns.

Ihr könnt euch die Erregung vorstellen, die es bei einem Haufen Teenagerjungs auslöste. Ein verstohlener Blick in die Erwachsenenwelt. Ein heimliches Hineinspähen. Es ging von Hand zu Hand, & dann gab es ein bisschen Streit darum, wer es am Ende behalten durfte, als wir wieder ausstiegen. Man sieht, dass es zu Handgreiflichkeiten kam, weil der Einbandrücken abgerissen ist.

Dass es sich jetzt hier oben auf dem Dachboden befindet, muss bedeuten, dass ich diesen Kampf irgendwie gewonnen & es mit nach Hause genommen habe. Kaum zu glauben – ich war mit Sicherheit nicht der »härteste« Typ in der Klasse –, aber der Beweis liegt vor uns. Vielleicht haben die harten Jungs gemerkt, dass meine Not größer war als ihre.

Ich wollte unbedingt alles über Sex herausfinden. Oder vielleicht sollte ich das einschränken: Ich wollte unbedingt alles über Sex aus MÄNNLICHER Perspektive herausfinden.

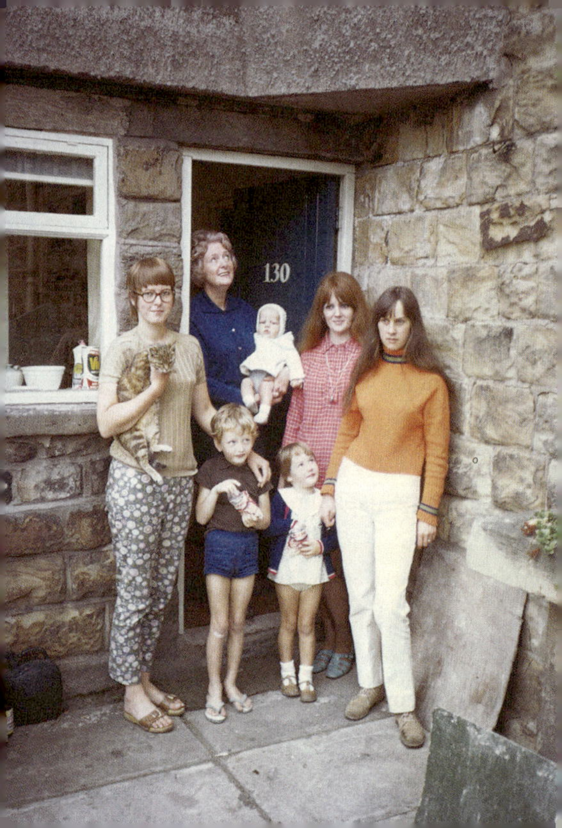
130

Vielleicht gibt euch dieses Bild einen Hinweis, warum ich das so formuliere. Das bin ich im Alter von sieben Jahren, umgeben von meinen engsten Angehörigen. Meine Mutter, meine Oma, meine Schwester, meine Tanten Mandy & Jutta – ein sehr weibliches Umfeld (sogar die Katze Nif war ein Weibchen).

Mein Vater hatte die Familie in diesem Jahr verlassen, & der Bruder meiner Mutter war ein paar Monate zuvor gestorben. Der einzige dauerhafte männliche Bestandteil der Familie war mein Großvater (er hat das Foto geschossen), & den fand ich schlicht … alt. Ich konnte mir ihn & Oma nicht beim Sex vorstellen. Das Bild wollte ich gar nicht erst im Kopf haben. Wenn ich also von der Schule nach Hause kam, lauschte ich immer meiner Mum & ihren Freundinnen, die in der Küche plauderten, weil ich auf Hinweise hoffte. Sie redeten oft über die Männer in ihrem Leben. Das war immer ein brennendes Thema, denn all ihre Ehemänner waren aus dem einen oder anderen Grund weg. Bei einem Gespräch, das mir besonders im Gedächtnis geblieben ist, erzählte eine von ihnen, sie werde ihren Freund »in den Wind schießen«, weil er »zu nett« sei. Das fand ich damals schwer zu begreifen, denn als Kind wird man ständig aufgefordert, »nett« zu sein. Von Erwachsenen. Aber jetzt schien es, als würde diese Regel nicht immer gelten, wenn man selbst erwachsen war. Es gab Ausnahmen – Momente, wo »Nettigkeit« von Nachteil sein konnte. Mehrdeutigkeit. Sex war verwirrend. Ich hoffte, das *Fantastic Dirty Joke Book* könne ein wenig Licht ins Dunkel bringen. Soweit ich wusste, lasen (oder schrieben) nur Männer für solche Schmuddelmagazine, das war also meine Gelegenheit, auch die andere Seite zu hören.

Doch ich sollte eine Enttäuschung erleben. Erst mal verstand ich keinen der Witze. Zum Beispiel:

• • •

Did you hear about the bridge expert who became the father of twins? His wife doubled his bid.

• • •

Was zum Teufel sollte das bedeuten? Inzwischen weiß ich, dass es ein lahmer Witz über Kartenspiel ist – aber damals dachte ich, es ginge in verschlüsselter Sprache um irgendwelche Sexpraktiken. Ich meine, *Bridge?* Eine Brücke, die zwei Landstücke verbindet – also könnte sich das doch auf eine Verbindung zwischen zwei Menschen beziehen? Logisch? Ich hatte keinen Schimmer.

Ein andermal alberte ich mit einem Freund auf der Schaukel des Spielplatzes herum, als uns ein paar ältere Mädchen fragten, ob wir masturbierten. Wieder zu Hause, holte ich das Wörterbuch aus dem Regal & suchte den Eintrag »masturbieren«. Ich erfuhr, dass Masturbation »Selbstbefleckung« bedeutete. Eine Weile dachte ich also, masturbieren heißt, sich beim Essen oder sonstwie zu bekleckern.

Weitere Verwirrung erzeugte die örtliche öffentliche Toilette. Dort gab es eine Menge Schmierereien. Was aber sollte ich mit diesen unsterblichen Versen anfangen?

Once I saw a right shag
It sat upon a wall
I tried to put my jonny on
& strangled my left ball.

Ich sah mal eine Knallerbraut
Die saß an einem Hafenkai
Ich zog mir rasch den Präser drauf
& klemmte mir das linke Ei.

Ich wusste, das musste was mit Sex zu tun haben, aber ich hatte keine Ahnung, was es bedeuten sollte, nur dass es ziemlich unangenehm klang, sich das linke Ei zu klemmen. Sex konnte also auch gefährlich sein. & dass sich die Informationen darüber an einem nach Pisse stinkenden Ort fanden, war auch nicht gerade verheißungsvoll.

Wenn überhaupt, dann trug das *Fantastic Dirty Joke Book* nur noch mehr zu meiner Verwirrung bei: Weil ich die Witze darin nicht verstand, nahm ich an, dass ich Sex an sich überhaupt nicht begriff.

Inzwischen ist mir klar, dass es einfach Dreckswitze sind.

In dem Heft finden sich auch Schwarz-Weiß-Bilder von halb nackten Frauen.

Also hatte es zumindest einen *praktischen* Nutzen.

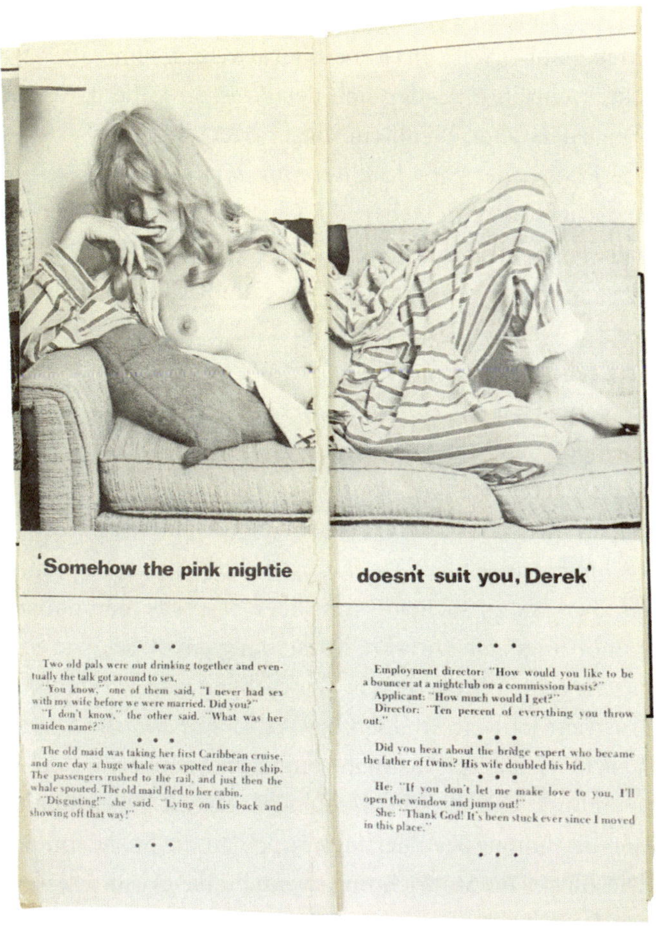

'Somehow the pink nightie doesn't suit you, Derek'

• • •

Two old pals were out drinking together and eventually the talk got around to sex.

"You know," one of them said, "I never had sex with my wife before we were married. Did you?"

"I don't know," the other said. "What was her maiden name?"

• • •

The old maid was taking her first Caribbean cruise, and one day a huge whale was spotted near the ship. The passengers rushed to the rail, and just then the whale spouted. The old maid fled to her cabin.

"Disgusting!" she said. "Lying on his back and showing off that way!"

• • •

• • •

Employment director: "How would you like to be a bouncer at a nightclub on a commission basis?"

Applicant: "How much would I get?"

Director: "Ten percent of everything you throw out."

• • •

Did you hear about the bridge expert who became the father of twins? His wife doubled his bid.

• • •

He: "If you don't let me make love to you, I'll open the window and jump out!"

She: "Thank God! It's been stuck ever since I moved in this place."

• • •

Als ich das Heft zum ersten Mal wiederentdeckte, war mein Sohn gerade in der Pubertät (es hat schon frühere erfolglose Versuche gegeben, sich mit dem Inhalt des Dachbodens zu befassen, oh ja) & ich dachte mir: »Also, mein Vater war nicht da, um mit mir ein ›Aufklärungsgespräch‹ zu führen, aber warum sollte ich es nicht tun?« Damals hatte ich so nach Informationen gelechzt. Ich hatte mir geschworen, wenn es so weit wäre, würde ich meinem Sohn beistehen. Verantwortung übernehmen.

Ich dachte, ich könnte das Heft verwenden, um das Eis zu brechen & die Themen Sex & Verhalten Frauen gegenüber anzusprechen. Ich glaube, viele moderne Eltern werden von kalter Furcht gepackt, wenn ihre Kinder sich der Pubertät nähern. Wir leben im Google-Zeitalter. Wenn ein junger Mensch also »Sex« – oder »nackte Frau« oder gar *»Knallerbraut am Hafenkai …«* – in die Suchmaschine eingibt, stehen die Chancen gut, dass er oder sie ziemlich Unappetitliches findet.

Es machte mich verrückt, dass die erste Begegnung meines Sohnes mit der Welt der Sexualität sehr explizite oder ekelhafte Bilder im Netz sein könnten.

Also packte ich das *Fantastic Dirty Joke Book* aus – & begann eine ziemlich peinliche Unterhaltung.

Zuerst erzählte ich ihm, wie ich das Heft gefunden hatte, als ich ungefähr so alt war wie er & meine Neugier auf Sex erwachte. Ich wollte ihm klarmachen, dass es ganz natürlich war, nach Informationen über Sex zu suchen – dass aber das, was man dabei fand, nicht unbedingt eine korrekte Darstellung davon sei, wie Sex zwischen zwei echten Menschen in Wirklichkeit war. Ich erzählte ihm, wie frustriert ich war, weil ich die Witze im *Fantastic Dirty Joke Book* nicht verstand. Was man online findet (oder in der letzten Reihe im Bus), sind bloß *Vorstellungen* von Sex. Oder Inhalte, die für eine bestimmte Bevölkerungsgruppe an die Stelle von Sex treten. Die allgemeine Stoßrichtung (wenn ihr den Ausdruck verzeiht) meiner Ausführungen war, dass Internetseiten oder Pornomagazine keine gute »Einführung« (noch so ein unschöner Begriff) in die Welt sexueller Beziehungen seien. Sex ist etwas, was zwei Menschen miteinander tun. Nicht etwas, was man jemandem *zufügt*, sondern *mit* jemandem macht.

Ende des Vortrags.

Nach kurzer Stille fing mein Sohn an zu lachen & lachte ziemlich lange weiter & sagte, das hätte ich mir sparen können, weil man ihm in der Schule schon alles über Sex erzählt hätte. Aber auch das beschwor vor meinem geistigen Auge schreckliche Bilder herauf.

In der einen Sexualkundestunde, die ich in der Schule hatte, wurde uns der »Geschlechtsakt« als Schaubild präsentiert, gefolgt von einigen Nahaufnahmen der Symptome von Geschlechtskrankheiten, & gekrönt wurde das Ganze von extrem plastischen Filmaufnahmen einer Geburt, wobei die Kamera direkt auf die entscheidende Körperpartie gerichtet war. Als der Kopf des Babys herauskam, wurde ich ohnmächtig. Das gesamte »Aufklärungsprogramm« schien den Zweck zu verfolgen, Jugendlichen für den Rest ihres Lebens den Sex zu verleiden. Es hätte beinahe geklappt.

Ich versuchte meinen Sohn davon zu überzeugen, dass Sex viel mehr war als die bloße »technische Ausführung«, aber ich merkte schon, er verlor das Interesse. Also teilte ich ihm noch mit, dass unter dem Waschbecken im Bad Kondome lagen, & beließ es dabei.

Aber das *Fantastic Dirty Joke Book* hatte sich endlich bezahlt gemacht. Es verhalf mir zu einem Einstieg in das Vater-Sohn-Gespräch. Vielleicht war das Gespräch für den Vater wichtiger als für den Sohn – aber das spielt keine Rolle: Es hatte stattgefunden. BLEIBT.

Manches von dem Zeug hier oben auf dem Dachboden könnte sich doch noch als nützlich erweisen.

Wer hätte das gedacht.

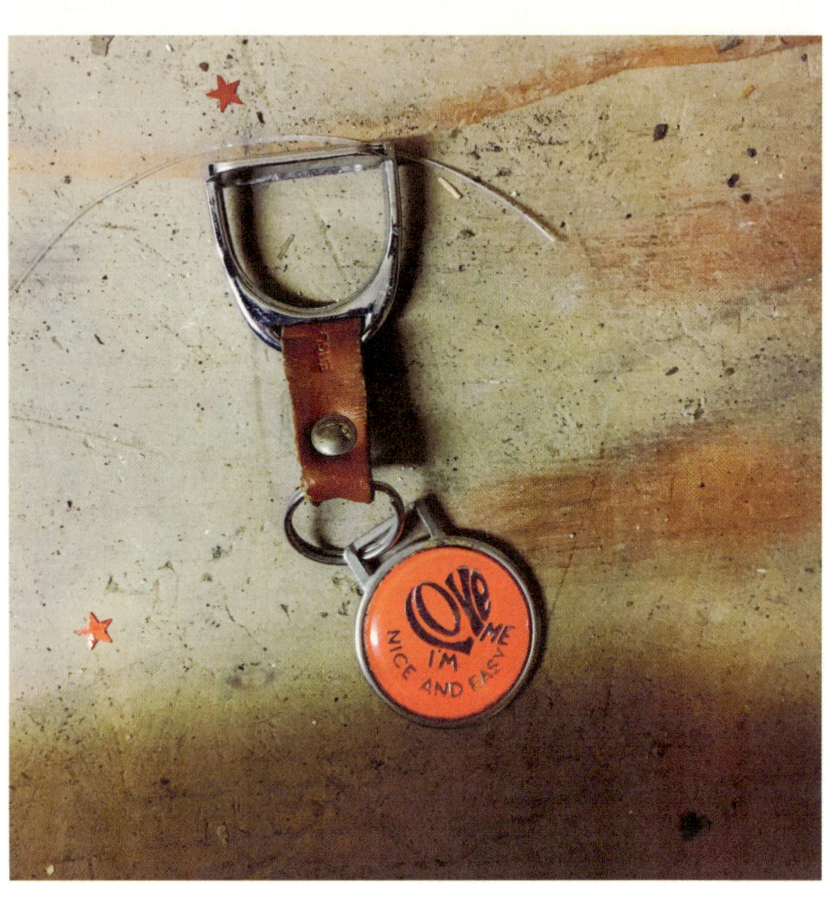
Love ME
I'M
NICE AND EASY

Kapitel Vier

Es wäre ein Trost, könnte ich glauben, dass ich über all die Jahre ein Lager von Dingen angelegt habe, die mir eines Tages von Nutzen sein werden.

Dann stoßen wir auf einen Gegenstand wie den auf der vorigen Seite abgebildeten. Zunächst irritiert mich, dass ich gar nicht weiß, worum es sich eigentlich handelt. Es sieht aus, als müsste es ein Schlüsselring sein, aber ich kann nicht erkennen, wie man Schlüssel an dieses steigbügelartige Ding bekommen sollte, das an dem Lederriemen hängt. Irgendwelche Vorschläge? & dann der Spruch: »LOVE ME, I'M NICE AND EASY«. Wollte ich wirklich irgendwann *»nett & unkompliziert«* sein? Oder hielt ich es für komisch unpassend, mich so zu etikettieren? Womöglich hätte ich gegen das Warenkennzeichnungsgesetz verstoßen.

Nach zwanzig Jahren habe ich immer noch nicht herausgefunden, was es ist, also hänge ich wohl nicht so sehr daran. WEG.

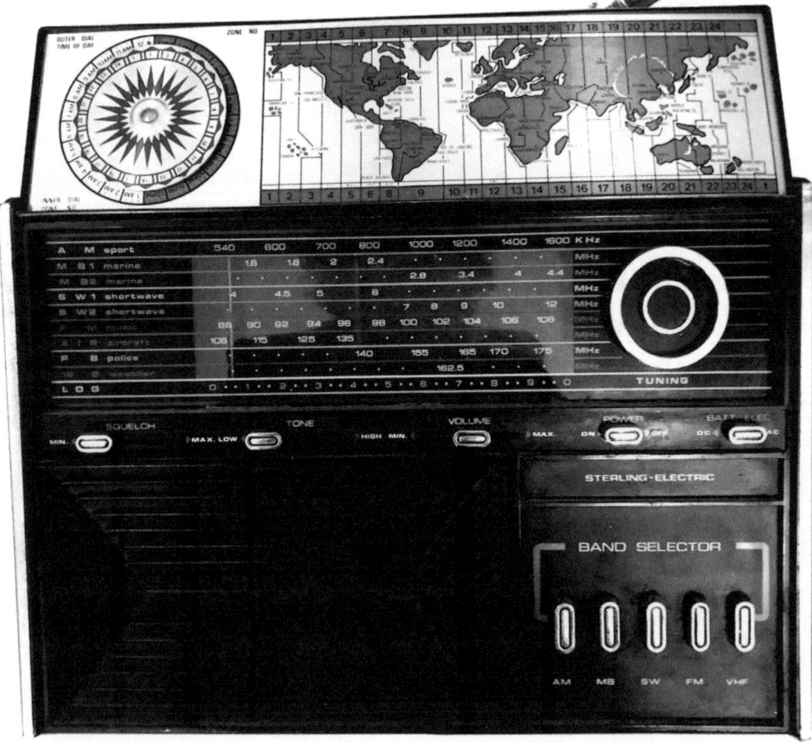

Das sieht schon vielversprechender aus. Ein Weltempfänger von Sterling. Ein Radio mit beeindruckendem Skalenknopf & einer Weltkarte, auf der man die Zeitzonen ablesen kann. Außerdem hat es »Rauschunterdrückung«.

Ich habe von frühester Kindheit an Radio gehört, aber mein erstes Livekonzert habe ich erst mit dreizehn gesehen. Als Fünfjähriger glaubte ich also, dass Musik stets perfekt geformt & vorgefertigt aus einer kleinen Kiste auf dem Küchenregal kommt. (Wäre ich im 18. Jahrhundert geboren, hätte es vielleicht einen seltsamen Onkel gegeben, der ab & zu vorbeigekommen wäre & an meiner Wiege eine Blechflöte gespielt hätte. & das wäre dann meine erste Musikerfahrung gewesen. Erschreckender Gedanke.)

Doch zu der Zeit, als ich tatsächlich auf die Welt kam, war Musik GLEICHBEDEUTEND mit Radio, jedenfalls in meiner Erfahrung. Vor allem Pop-Radio. Einige meiner frühesten Erinnerungen sind, wie ich mich morgens für die Grundschule fertig mache, während im Hintergrund Terry Wogan die *Breakfast Show* moderiert. Ich hatte ein klares Bild von ihm im Kopf: ein blonder Mann in einem cremefarbenen Aran-Strickpullover mit Zopfmuster. Diese Vorstellung hatte ich ausschließlich vom Klang seiner Stimme abgeleitet. Es war ein richtiger Schock, als ich irgendwann beim Fernsehquiz *Blankety Blank* sein wirkliches Äußeres sah.

Wenn ihr in einem Haushalt aufwachst, wo das Radio ständig läuft, dann geht alles, was darin gespielt wird, in euren Kopf & bleibt da & wird Teil des Wahrnehmungs-Fundaments eurer Persönlichkeit. Noch so viele Jahre später kommt mir das Bild von Terry Wogan als blonder Mann im hellen Strickpullover echter vor als alle Fotos, die ich danach von ihm gesehen habe, weil dieses selbst erzeugte Bild älter ist als alle anderen. Es ist mein Ur-Wogan.

Einer der ersten Songs, an die ich mich aus dem Radio erinnere, ist »Where Do You Go To, My Lovely?« von Peter Sarstedt, der im Jahr 1969 vier Wochen lang an der Spitze der britischen Charts stand. Was mich besonders packte, war die eine Zeile aus dem Refrain, da singt er: »*I can see inside your head.*« Die Vorstellung, dass ein Fremder, der durchs Radio zu mir sprach, zu so etwas fähig sein könnte, erregte & erschreckte mich gleichermaßen. Sie gab mir das Gefühl, das Lied sei eine Art Zaubertrick. (& ich hatte recht.)

Im Alter von fünf Jahren verstand ich nicht annähernd, was der Text von »Where Do You Go To, My Lovely?« bedeutete. Wer waren Marlene Dietrich & Zizi Jeanmaire? Wo war der Boulevard St Michel oder Juan-les-Pins? & wie nippte man am Napoleon Brandy, ohne sich die Lippen nass zu machen? Aber auch wenn ich keine Ahnung hatte, worüber Peter Sarstedt da eigentlich sang, begriff ich doch etwas ganz Wichtiges an seinem Song: Er erzeugte das Kribbeln.

Das Kribbeln ist von grundlegender Bedeutung für meine kreative Entwicklungsgeschichte. Das Kribbeln hat dazu geführt, dass ich selbst Songs zu schreiben begann.

Menschen beschreiben dieses Gefühl unterschiedlich. Manche nennen es »kalten Schauer« (dabei muss ich an die »chills« im Song »You're The One That I Want« aus *Grease* denken). Andere nennen es »Gänsehaut« (was ich allerdings eher mit großer Angst verbinde). Aber es meint alles das Gleiche: eine körperliche Reaktion auf Musik. Bei mir ist es eben ein Kribbeln oben an den Schultern & im Genick.

Dieses Kribbeln erlebe ich bei keiner anderen Kunstform. Oder vielleicht geschieht es doch gelegentlich – aber bei Musik kommt es sehr oft.

Tatsächlich suche ich genau danach, wenn ich neue Musik anhöre, denn es ist ein sehr angenehmes Gefühl. Es gefiel mir, dieses geheimnisvolle Gefühl zu erleben. Als Kind wollte ich es öfter spüren. Schließlich wollte ich sogar versuchen, es andere erleben zu lassen.

Popsongs wie »Where Do You Go To, My Lovely?«, die bei uns zu Hause liefen, als ich klein war, waren die erste Musik, die bei mir das Kribbeln auslöste. Darum war für mich Popmusik die »wahre« Musik. Das Medium, mit dessen Hilfe ich entdeckte, wie Musik funktioniert & wie man sich dadurch fühlen kann. Im Lauf der Jahre lernte ich, dass es nicht bei allen Menschen so ist.

Beispiel:

2008 nahm ich eine Platte mit Steve Albini in seinem Studio *Electrical Audio* in Chicago auf. Steve Albini steht im Ruf, hart & kompromisslos & gradlinig zu sein, *straight-edge*. Seine Band Shellac lehnt Roadies ab, also schleppen sie ihre Ausrüstung allein auf die Bühne & wieder herunter. Er hat auch mal Journalismus studiert (sein Artikel »The Problem With Music« ist sehr lesenswert). Er hat Nirvanas Album *In Utero* aufgenommen. Beeindruckende Referenzen. Ich hatte ziemlichen Bammel vor der Zusammenarbeit mit ihm – aber der verflog rasch, als wir ins Studio kamen, denn er trug einen Overall. Einen blauen Overall wie ein Automechaniker mit der Aufschrift »Electrical Audio« auf dem Rücken. Seiner Meinung nach war er also bloß ein Fabrikarbeiter, der seinem ehrlichen Handwerk nachging. Ich mochte ihn sofort.

Bei einem Snack in einer Mittagspause während der Aufnahmen – »Gourmet«-Hotdogs – fragte er mich, was meine Lieblingsmusik sei. »Popmusik«, antwortete ich, ohne nachzudenken. Seine Miene verriet absoluten Horror & Fassungslosigkeit: Für ihn bedeutete »Popmusik« zynisch-ausbeuterische musikalische Massenware, nur dazu gedacht, der Jugend so effektiv wie nur möglich das Geld aus der Tasche zu ziehen. Sie steht für *das System* in seiner schlimmsten Ausprägung. Für alles, was er an der Musikindustrie hasst. Von Steve Albini ist folgendes Zitat überliefert: »Popmusik ist für Kinder & Idioten.« Ups. Er ging davon aus, ich hätte es sarkastisch gemeint.

War es aber gar nicht.

Der Charts-Pop, den ich von frühester Kindheit an hörte, hatte massiven Einfluss auf meine kreative Entwicklung. & er machte Spaß.

Die britischen Pop-Charts waren früher eine verrückte Melange aus gnadenlosem Kommerz & Graswurzeldemokratie: Menschen »stimmten ab«, indem sie Platten kauften & dann zuschauten, wie sie in den Hitlisten kletterten. Das war eine Art Volkssport – ich kann mich sogar erinnern, dass Jugendliche Radios mit in die Schule nahmen, um in der Pause die Charts-Platzierungen Mitte der Woche hören zu können. Das nenne ich mal echtes Interesse. Es war absoluter Mainstream & sehr kommerziell, aber – & das ist wichtig – jede & jeder konnte mitmachen. & Seltsames konnte passieren.

Ich denke an einen Song wie »O Superman« von Laurie Anderson, der 1981 in den britischen Charts bis auf Platz 2 kam. Diese Single besteht im Grunde daraus, dass jemand durch einen Vocoder spricht & jemand anderes fünf Minuten lang das Wort »ah« wiederholt – wenn etwas so Schräges & Radikales ein Hit werden konnte, dann war Pop doch sicher ein positiver Einfluss: Neue & anspruchsvolle Ideen konnten in die Mainstream-Kultur eindringen, wenn genug Menschen beschlossen, die Platten zu kaufen & sie dadurch in die Charts zu bringen. Pop konnte das Bewusstsein erweitern (& sprengen!).

Ob eine Platte ein Hit wurde oder nicht, bestimmte die Öffentlichkeit. Plattenfirmen konnten eine Single so sehr »pushen«, wie sie wollten: Die letztgültige Entscheidung lag bei der Bevölkerung. Das war die Magie des Pop: Man konnte ihn nicht vorhersagen. Ein Hit musste dieses geheimnisvolle »Etwas« haben, das die Fantasie der Masse anregte.

Ein »Etwas«, das alle Vorannahmen über Geschmack, Coolness, Intelligenz, Klasse, Herkunft überwand & an einen allgemein menschlichen Nerv der Britinnen & Briten in der zweiten Hälfte des 20. Jahrhunderts rührte. Dziga Vertovs Traum selbst gemachter Proletarierkunst hatte sich manifestiert. & zwar in der Plattenabteilung bei Woolworth. Good Pop.

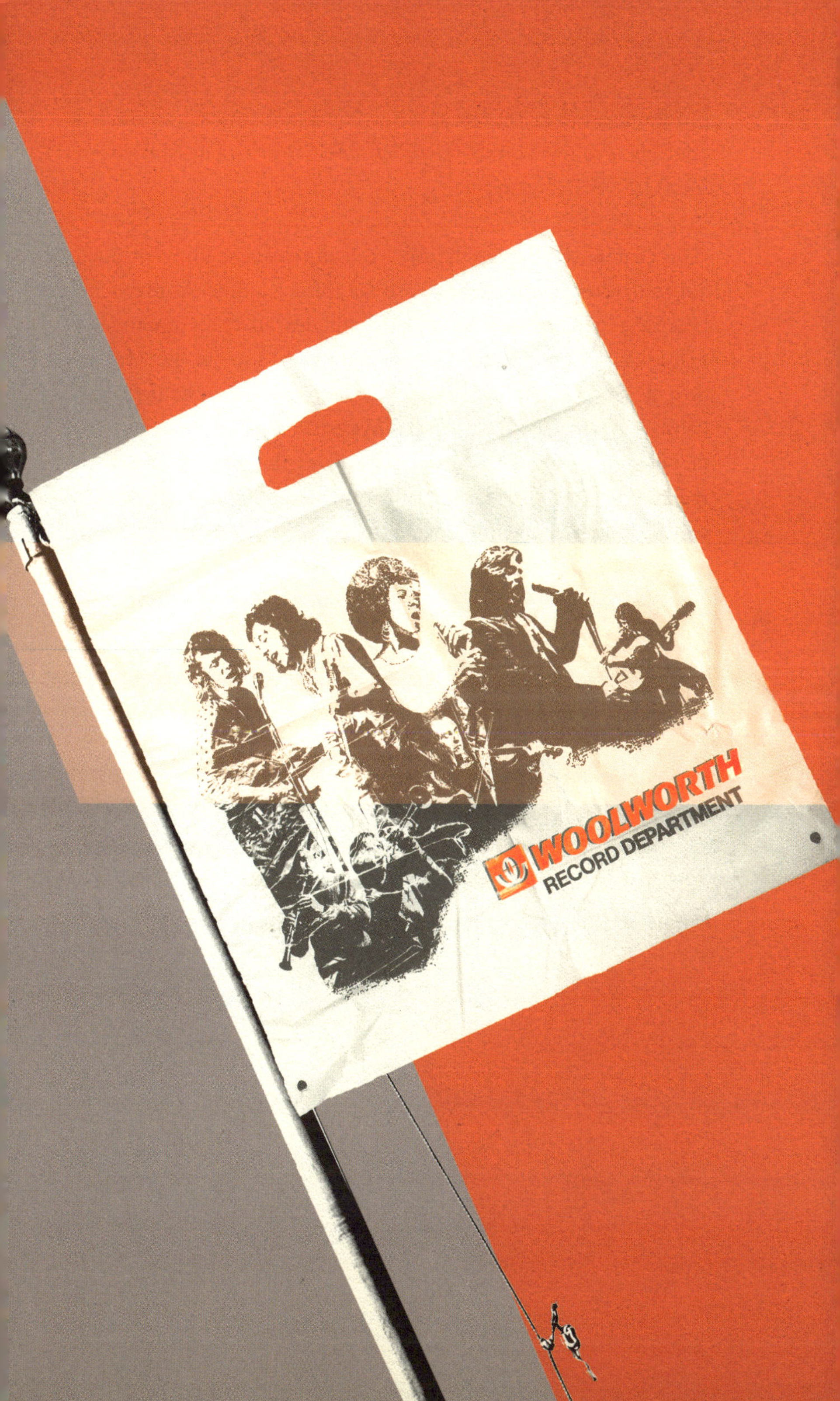
WOOLWORTH
RECORD DEPARTMENT

Ein Anflug dieses revolutionären Pop-Elans findet sich auch in dem oben schon betrachteten Schulheft. Nach dem Modeführer folgt der »Pulp-Masterplan«.

»Die Gruppe wird die Öffentlichkeit durch recht konventionelle, aber ein wenig ausgefallene Popsongs auf sich aufmerksam machen. Hat sie erst einen gewissen Bekanntheitsgrad & kommerziellen Erfolg erreicht, kann die Gruppe anfangen, sowohl die Musikindustrie als auch die Musik selbst zu unterwandern & umzuwandeln.« Der gute alte Ansatz, »das System von innen zu verändern«: Pop-Erfolg als Trojanisches Pferd. So habe ich als junger Mensch meine Pop-Ambitionen mit meinen neu entdeckten Punk-Idealen versöhnt. Ich bin ziemlich beeindruckt. & es kommt noch besser.

THE PULP MASTER PLAN

Category A - Music

Being, first and foremost, a musical unit it is fitting that Pulp's first conquest should be of the music business. The group shall work its way into the public eye by producing fairly conventional, yet slightly off-beat, pop songs. After gaining a well-known and commercially successful status the group can then begin to subvert ~~the music~~ and restructure both the music-business and music itself.

(1) The Music Business

After releasing first single on own self-financed label the group shall be signed up, on a very short-time deal, to a major record company. After fulfilling their contract Pulp shall then use their amassed resources to set up their own record label and string

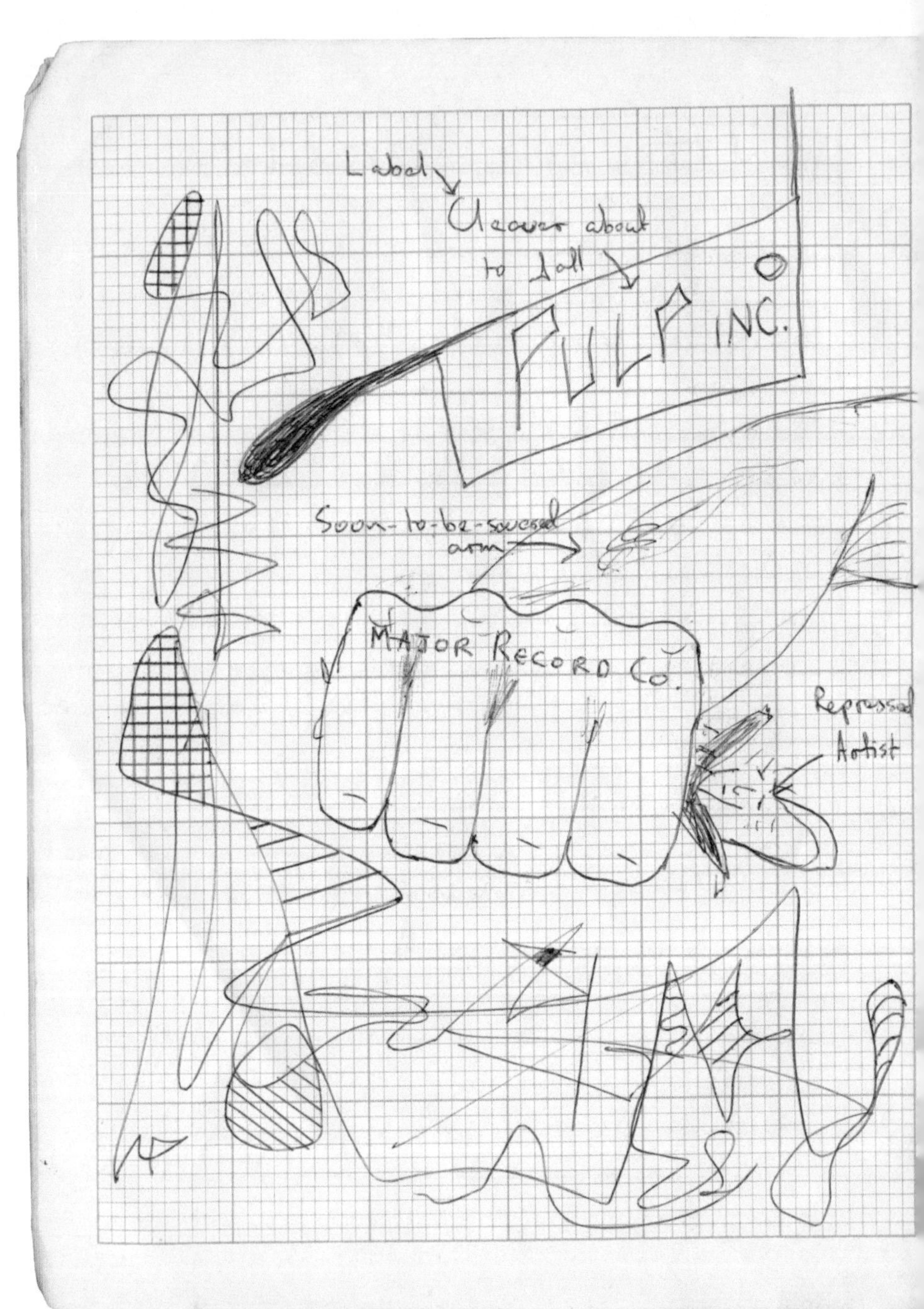
Label
Cleaver about to fall
PULP INC.
Soon-to-be-severed arm
MAJOR RECORD CO.
Repressed Artist

Dieses Schaubild soll zeigen, wie das alles funktionieren wird.

Mr Albini wäre sicherlich einverstanden.

Ein Hackmesser mit der Inschrift »PULP INC.« ist kurz davor, auf einen Arm herabzufahren & ihn abzutrennen, der quer über die Fingerknöchel als »MAJOR RECORD CO./GROSSE PLATTENFIRMA« beschriftet ist, & so den »Unterdrückten Künstler« zu befreien, der in der Faust steckt.

Die Haltung & Vorstellung rührt mich. Ein nobles Ziel. Jedenfalls fantasievoller, als nach einem Porsche & einer großen Villa zu streben. Von Anfang an betrachtete ich Musik nicht nur als Unterhaltung – man konnte mit ihr auch die Welt verändern. Punk hatte in Kombination mit dem Pop, den ich als Kind im Radio gehört hatte, diese Einstellung erschaffen. Eine berauschende Mixtur.

Aber wie sollte ich ins Radio kommen & so die Kribbel-Revolution auslösen?

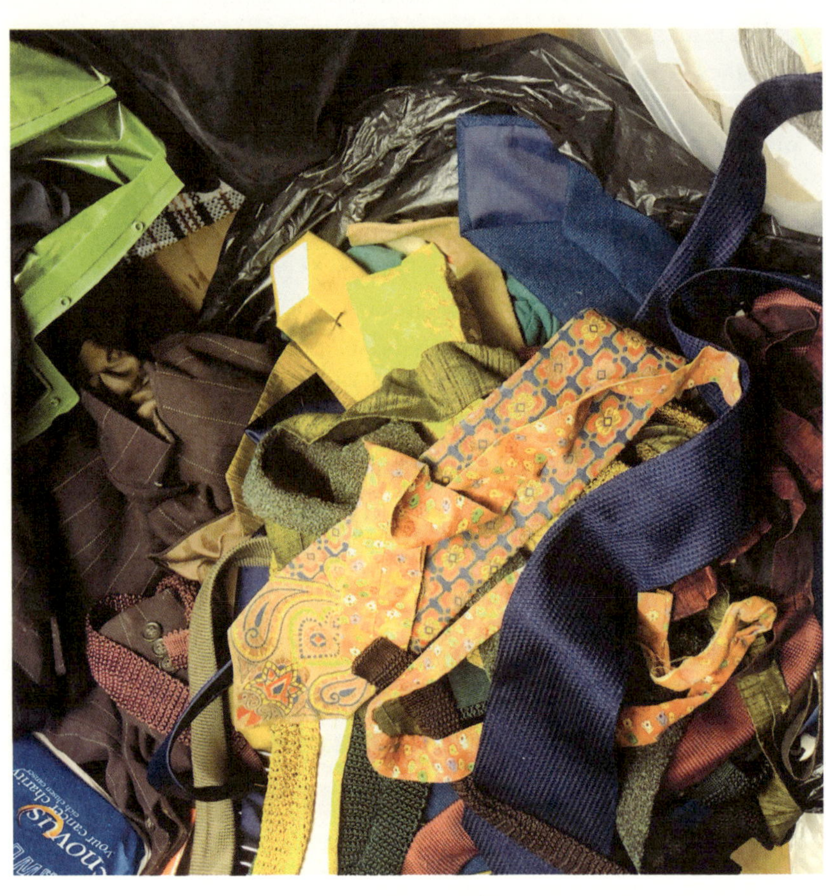
your cancer

Kapitel Fünf

**Zurück zum Flohmarkt.
Zurück zum Durchsieben.
Kommt ihr langsam auf den
Geschmack?**

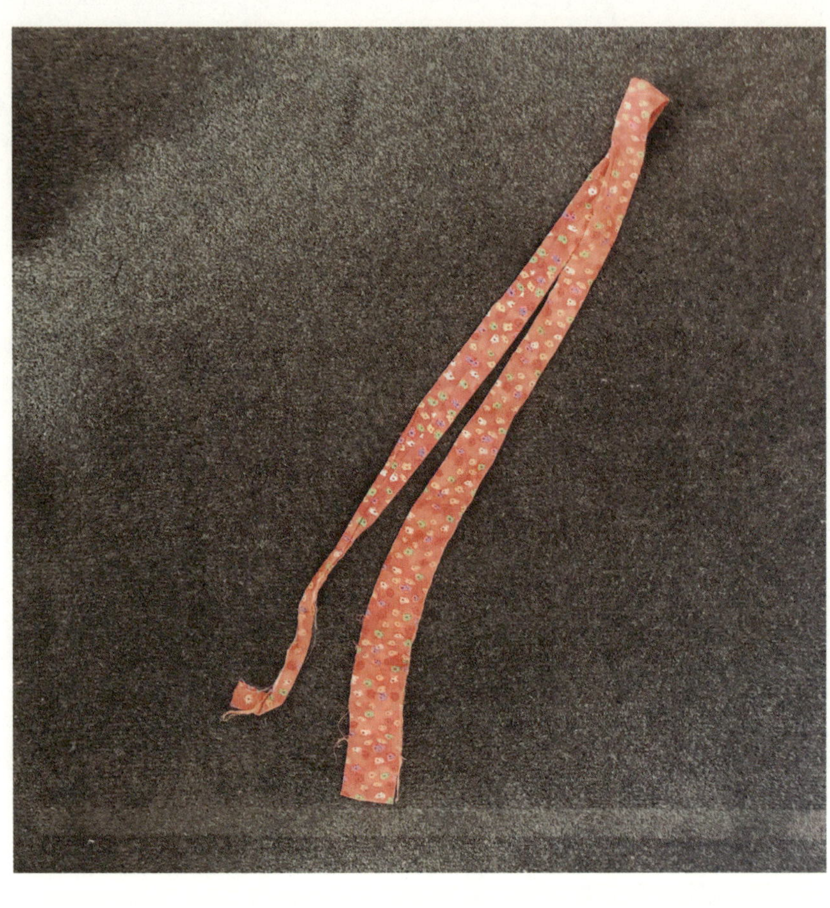

Eintrag Nr. 5 auf der Pulp-Garderobe ist der »ranzige Schlips«. Hier ein Prachtexemplar: Was wird geboten? Es findet sich kein Etikett – anscheinend selbst gemacht. Aus einem Baumwollstoff, mit vielfarbigen Blumen auf einem orangefarbenen Hintergrund. An den Rändern stark ausgefranst.

Das Ausfransen rührt daher, dass der Besitzer ihn ungefähr zwei Jahre lang jeden Tag zur Schule getragen hat.

Als ich in die sechste Klasse kam, wurden bestimmte Regeln zur Schuluniform gelockert. Eine davon betraf das Tragen der Schulkrawatte: Das war nun freiwillig. Die meisten meiner Klassenkameraden trugen gar keine mehr, aber ich beschloss, eine Alternative einzuführen. Die »offizielle« Krawatte zeigte schmale rote Diagonalstreifen auf flaschengrünem Grund. Regelgerecht. Konventionell. Eine Billigausgabe der *old school tie,* der »Eliteschulkrawatte«. Wie wäre es mit einer »New School Tie«? Mit einem täglichen Blumenstrauß um den Hals statt der ordentlichen Streifen? Das wär's doch.

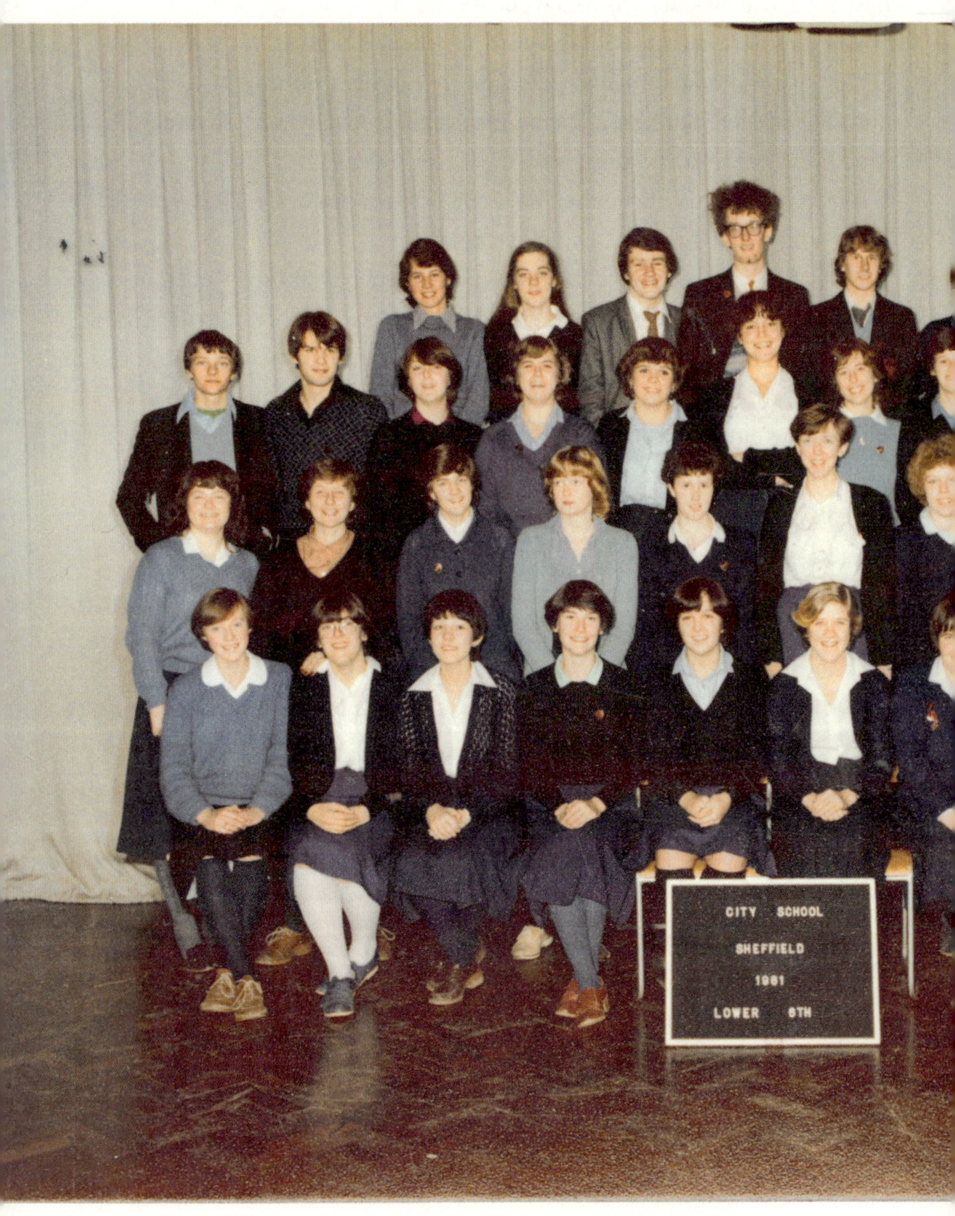
CITY SCHOOL
SHEFFIELD
1981
LOWER 6TH

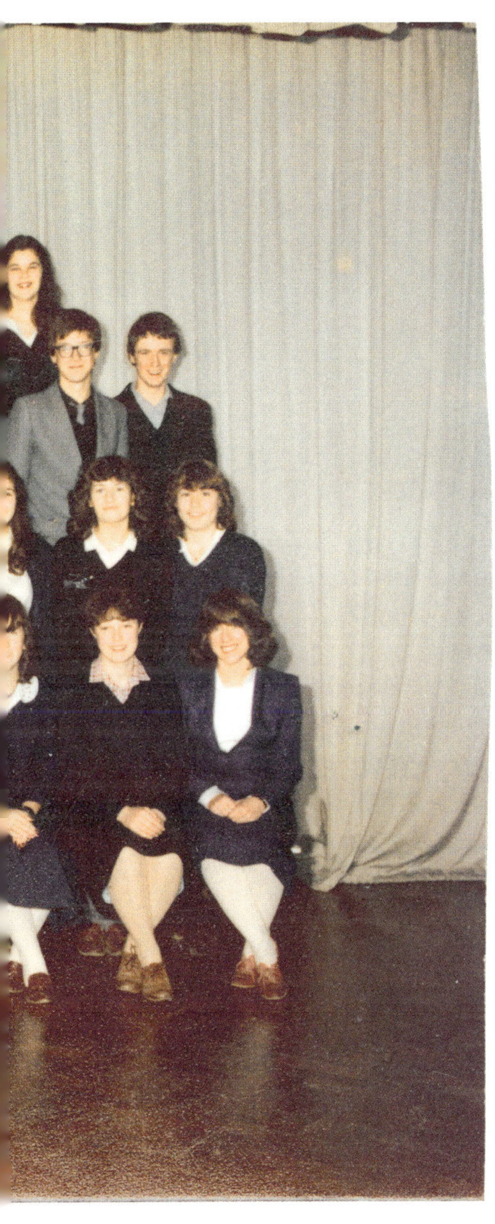

Hier ein Schulfoto von 1981. Man hat mich mit zwei weiteren subversiven Schlipsträgern in die hinterste Reihe verbannt. Ich bin inzwischen siebzehn – dass ich den Pulp-Masterplan geschrieben habe, ist ungefähr ein Jahr her –, & die Verwandlung ist in vollem Gang.

Schulfotos waren nach meiner Erinnerung die ersten Anlässe, zu denen ich von einem Profi fotografiert wurde. Seitdem habe ich viele Fototermine erlebt, aber die Grundregeln sind immer noch die gleichen: zuerst das Gruppenbild …

... dann das Einzelporträt.

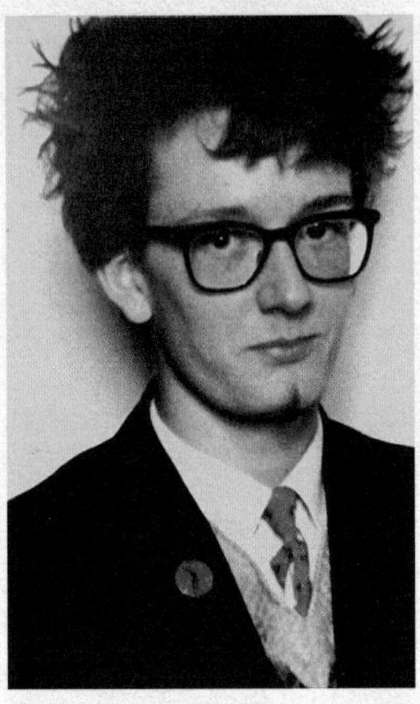

Was uns Gelegenheit gibt, uns eingehend zu beschäftigen mit dem

LOOK

Ich habe Farbe bekannt. Die »New School Tie« ist im Einsatz – & ich habe mir extra für die Aufnahmen meinen eigenen Pulp-Anstecker gebastelt. Ich habe die Haare toupiert. Die Brille ist neu. & mitten auf meinem Kinn passiert was Seltsames.

Ich habe schon eine Band gegründet (jedenfalls im Kopf). Ich habe den Entschluss gefasst, Popstar zu werden. Das Manifest ist geschrieben. Jetzt suche ich nach Möglichkeiten, diese »Kerngebote« auch umzusetzen.

Wie fange ich es an, das alles Wirklichkeit werden zu lassen? & kann ich irgendwo um Rat bitten? In der Schule jedenfalls nicht: *Wie man Popstar wird* steht nicht auf dem Stundenplan. Ich muss anderswo forschen. Im Rückblick drückt mein »Look« perfekt aus, in welcher Lage ich mich befinde.

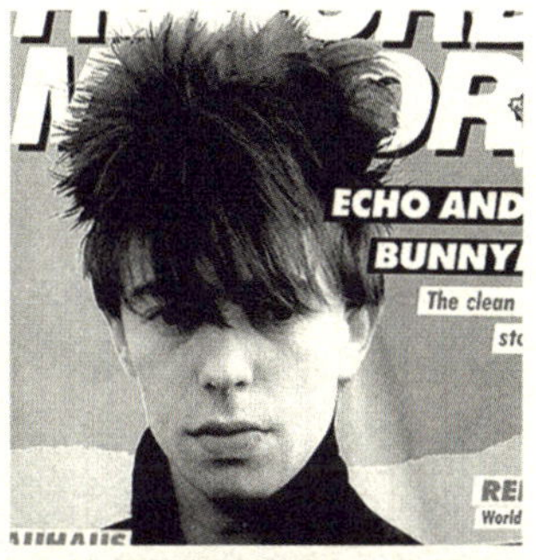

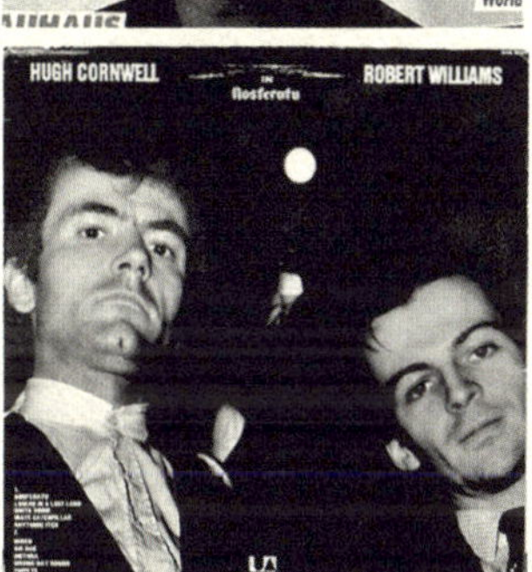

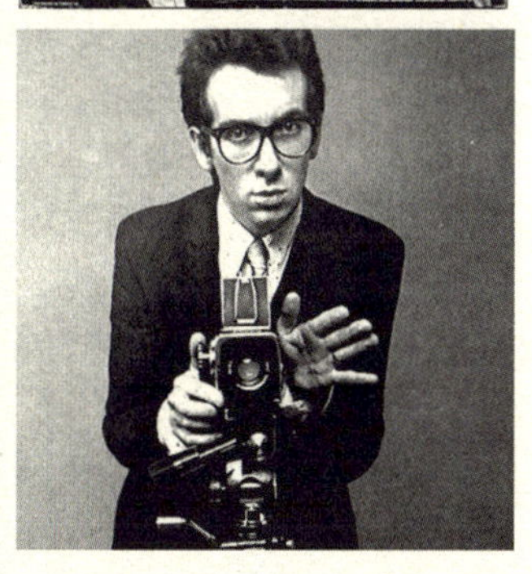

Schauen wir uns die Frisur an.
Ich stehe total auf Echo & The Bunnymen. Ich habe mir ihr Debütalbum *Crocodiles* gleich beim Erscheinen im Sommer 1980 gekauft. Mein Lieblingslied von der Platte ist *Rescue.*

Ich liebe die Musik, aber genauso wichtig ist mir ihr Image. & an vorderster Stelle bei diesem Erscheinungsbild steht Ian McCullochs Haar. Es steht hoch. Es hat Volumen. Es ist eine Gottesgabe für einen Teenager mit trockenem Haar, das eher »buschig« aussieht. Jetzt kann ich die natürliche Widerborstigkeit meiner Haare zu meinem Vorteil nutzen. Ian hat mir gezeigt, wie es geht. Um einen Vers aus seinem Song abzuwandeln: *»Come on down to my rescue«,* er ist »herabgestiegen, mich zu retten«.

& was ist mit dem Ding an meinem Kinn? (Ich zögere, es Bart zu nennen.)

Der Mann links auf dem mittleren Foto ist Hugh Cornwell. Er ist Leadsänger & Gitarrist der Stranglers. Das erste Album der Stranglers habe ich schon im Sommer 1977 gekauft. Die zweite Platte, die ich überhaupt erworben habe. Ich habe sie ganz hinten in meinem Plattenregal versteckt, falls meine Mutter etwas dagegen hätte, dass ich eine »Punk«-Platte besaß. Unten ist die Rückansicht der Platte eines Nebenprojekts, das er zwei Jahre später gemacht hat. Musikalisch »kapierte« ich die Platte nicht, als ich sie damals kaufte, aber jetzt, im Sommer 1981, ist sie endlich zu etwas gut. Ich rasiere mich noch nicht sehr lange. Ich musste es mir selbst beibringen, weil männliche Figuren in meinem Leben immer noch fehlen. Es war ein

Blutbad. Aftershave brennt richtig, & man kriegt anscheinend Pickel davon. Wie kann ich dieses Riesenärgernis in etwas Positives umwandeln? Ein Freund von mir versucht sich einen Schnauzer wachsen zu lassen, um wie Freddie Mercury auszusehen. Das braucht seine Zeit. Dieser komische kleine »Kinnstreifen« ist viel leichter zu haben. & (in meinen Augen) cool.

Da ich mir das Foto auf dem *Nosferatu*-Cover jetzt nach so vielen Jahren wieder anschaue, fällt mir auf, dass Hugh Cornwells »Kinnbart« vielleicht bloß ein Schatten ist, den seine Kinnspalte wirft, & überhaupt kein Barthaar. Ganz bestimmt nicht.

Die Brille ist der offensichtlichste Teil des Looks. »Da kommt Elvis Costello!«, rufen die Leute, wenn ich durchs Stadtzentrum von Sheffield laufe oder in einen Bus einsteige oder samstags meinen Nebenjob auf dem Fischmarkt antrete. Buddy Holly, Roy Orbison & einmal sogar Harold Lloyd (muss ein vorlauter Rentner gewesen sein) werden ebenfalls genannt, aber Elvis Costello ist eindeutig der Favorit. Vor allem, weil »Oliver's Army« im Frühjahr 1979 so ein großer Hit war.
Damals gab es die Kassenbrillen vom National Health Service umsonst für Kinder von Alleinerziehenden. Es gab sie auch in durchsichtigem Blau (für Jungen) & Pink (für Mädchen). Ich habe ein Paar mit schwarzem Rahmen für den Sportunterricht, damit ich die »richtige« Brille nicht zerbreche, für die meine Mutter Geld ausgegeben hat. Man könnte sie als »Stunt-Brille« bezeichnen. Sie ist entsetzt, als ich anfange, die NHS-Brille ständig zu tragen. Aber es ist schon zu spät – Elvis hat sie von einem Symbol für Benachteiligung/Armut in eine Popstarbrille verwandelt.

Mein Look ist also eine Mixtur aus äußeren Kennzeichen dreier Leadsänger. Ziemlich vorausschauend, oder?

Es ist nachvollziehbar, dass ich das Image von Musikern zu kopieren versuchte, die ich damals bewunderte. Das machen viele Menschen. Man nennt es »ein Fan sein«. Man hofft, ein wenig von der Kreativität & dem Talent könnte auf einen selbst abfärben. Einem den Anstoß geben.

Kleider & Aussehen sind ein guter Einstieg. Eine Absichtserklärung. Aber um die Sache voranzutreiben, musste ich mehr tun. Die Theorien in die Praxis umsetzen. Mich in der Wirklichkeit ausprobieren. Ich musste MEINE Kreativität finden, anstatt sie mir von anderen zu borgen.

Mit anderen Worten: Ich würde anfangen müssen, Songs zu schreiben.

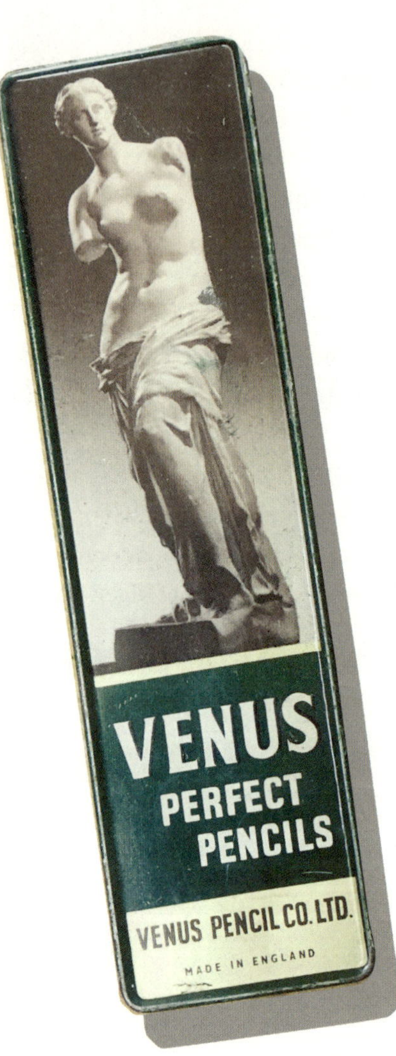
VENUS
PERFECT
PENCILS
VENUS PENCIL CO. LTD.
MADE IN ENGLAND

Kapitel Sechs

Etwas zu erschaffen ist eine beängstigende Vorstellung, wenn man gerade erst anfängt.

Man schaut sich alle schon existierenden »Meisterwerke«, »Rockklassiker« & »Tour de Forces« auf der Welt an & denkt sich: »Was bilde ich mir eigentlich ein? Wie soll ich jemals damit konkurrieren?« Man kann leicht aufgeben, bevor man es überhaupt versucht hat. Oder man verliert sich in Übersprungshandlungen. Die Kostüme besorgen. Das Manifest schreiben. Cremefarbenes Büttenpapier kaufen. Bleistifte anspitzen. Man ist so mit den Vorbereitungen beschäftigt, dass man die eigentliche Aufgabe aus den Augen verliert.

Ein bisschen war es auch mit diesem Buch so. Ich habe viel darüber geredet. Habe darüber nachgedacht, in Schreibklausur zu gehen. Überlegt, was für einen Stift ich benutzen sollte. Am Ende setzte mir mein Lektor eine strenge Deadline & sagte, ich solle mich einfach hinsetzen & das Ding schreiben. An einem Computer.

Diese Dose von *Venus Perfect Pencils?* Ich dachte, die wäre gut dafür, meinen Schreibstift darin aufzubewahren. Sie ist aber immer noch leer. WEG.

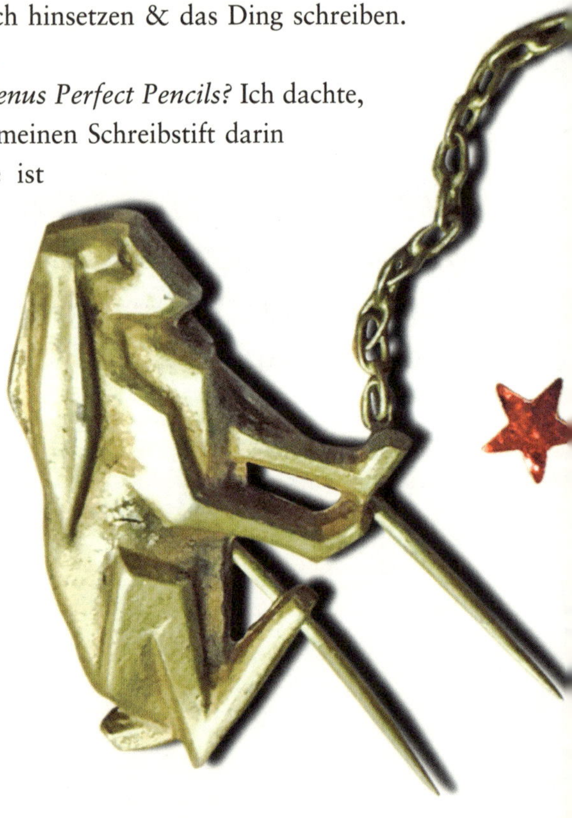

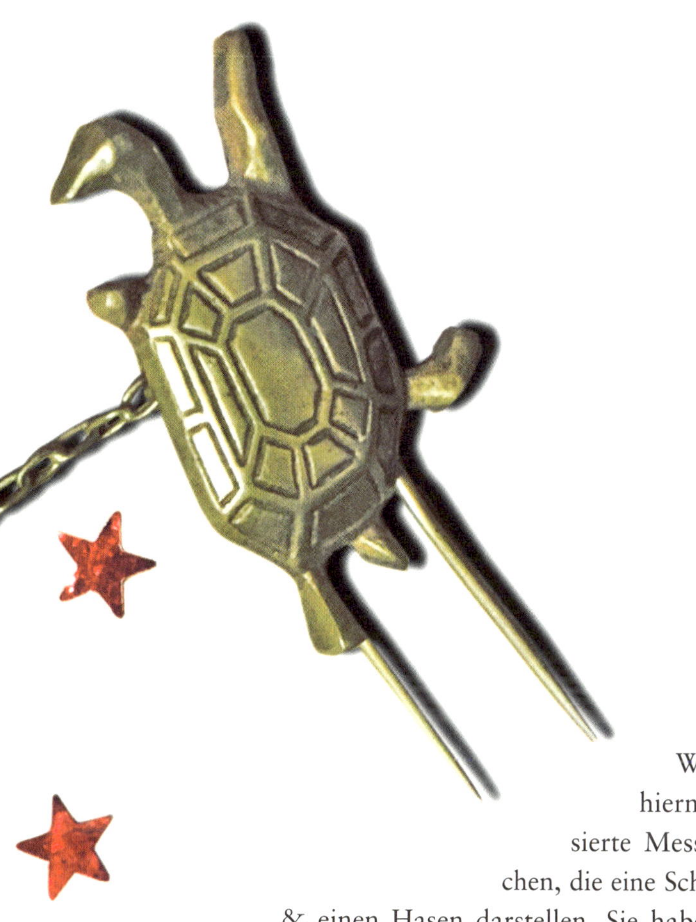

Was ist hiermit? Stilisierte Messingfigürchen, die eine Schildkröte & einen Hasen darstellen. Sie haben dicke Spieße an einem Ende & sind mit einer kurzen Kette verbunden.

Soll ich diese Brosche/Schließe, dieses Schmuckstück, behalten oder wegwerfen? Es fasziniert mich. Wegen des Duos Hase & Schildkröte. Was seid ihr? Seid ihr ein Hase? Der alles am liebsten »gestern« erledigt haben möchte? Oder eher eine Schildkröte? Zufrieden damit, dass sich alles im eigenen Tempo entwickelt? Mit einer kleinen Ruhepause ab & zu.

Ich kann ohne Zögern erklären, dass ich zum Team Schildkröte gehöre. Manchmal ist das frustrierend. Ich wünschte, ich wäre produktiver. Es freut mich nicht, dass ich so lange brauche, eine

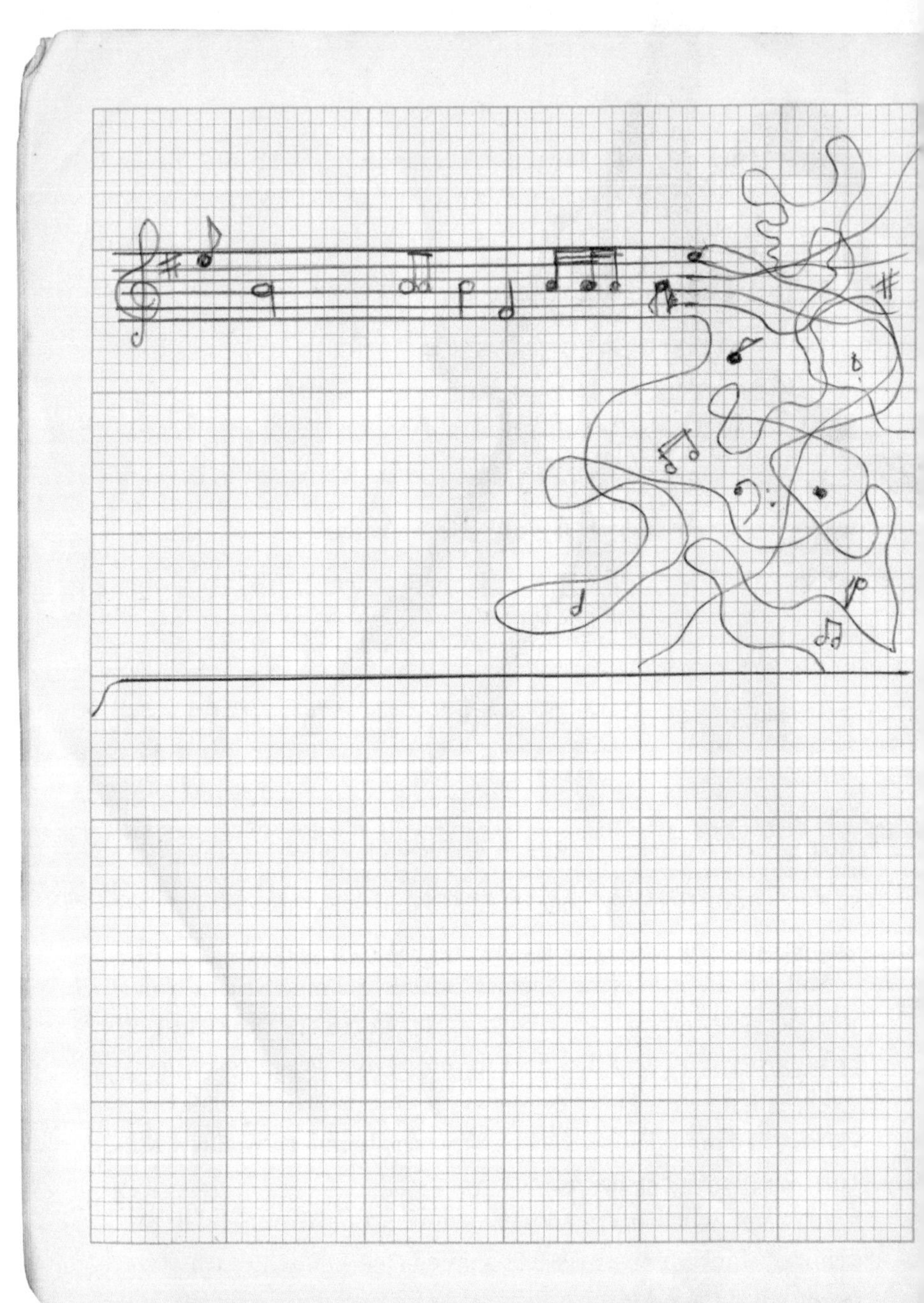

Platte zu machen oder ein Buch zu schreiben oder einen Dachboden leer zu räumen. Aber dann fällt mir ein, wie Äsops Fabel endet: Die Schildkröte gewinnt das Rennen.

Der Gedanke gefällt mir.

Ich werde dieses Ding noch ein bisschen behalten. Wer weiß: Vielleicht meldet sich jemand, wenn das Buch erscheint, & erklärt mir, was es ist? BLEIBT.

Gegenüber seht ihr eine weitere Seite aus dem Schulheft mit dem Manifest. Es handelt sich um eine grafische Darstellung der Art & Weise, wie Pulp-Songs die Musik, wie wir sie kennen, revolutionieren werden.

Vor Pulp: Musik läuft mehr oder weniger so wie schon seit Jahrhunderten.

Nach Pulp: Die Notenlinien mutieren zu sich windenden Spaghetti-Formen, die der Menschheit bisher unbekannt waren.

& um das Ganze noch mal unmissverständlich klarzumachen, schrieb ich noch eine Erläuterung zu der Illustration:

»Nachdem Pulp bei der Bevölkerung des Landes (& der Welt) bekannt & beliebt geworden ist, wird die Gruppe die Grenzen zeitgenössischer Musik erweitern. Durch Experimentieren mit neuen Instrumenten & Prozessen wird Pulp sodann versuchen, neue musikalische Formen zu entwickeln & zu fördern. Durch ihre eigenen Bemühungen & die ihrer Plattenlabel-Genossen werden sie der zeitgenössischen Musik ein neues Gesicht geben.«

Ziemlich großmäulig für jemanden, der keine Note lesen konnte (& immer noch nicht kann).

Der Traum kannte (wie wir jetzt wohl überzeugend dargelegt haben) keine Grenzen – aber was passierte derweil auf dem Planeten Erde? Welche Schritte wurden unternommen, um diesen Traum Wirklichkeit werden zu lassen? Überhaupt irgendwelche? Diese mythischen Songs würden sich nicht von selbst schreiben …

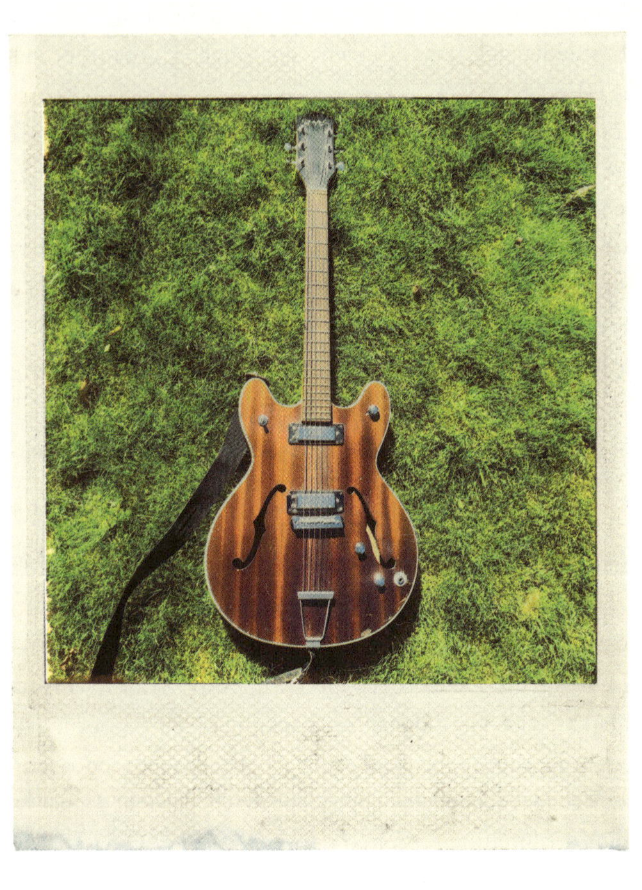

Diese Gitarre änderte alles.

Als Punk aufkam & meine Versuche, die Akkorde zu »Annie's Song« zu lernen, unnötig machte, wollte ich immer noch die Akustikgitarre verwenden, die meine Mutter zu ihrer Zeit an der Kunsthochschule gekauft hatte. Aber Punkbands benutzten keine akustischen Gitarren. Akustikgitarren gehörten zu der alten, spießigen Welt, die Punk zerstören wollte. Punk wollte dieses ganze hübsche, folgenlose Geklimper durch den verstärkten E-Gitarren-Lärm des Jahres null übertönen. Ich brauchte eine.

Großes Problem. Wie bereits klargestellt, hatte ich kein Geld – & eine elektrische Gitarre würde ich niemals auf einem Wohltätigkeitsbasar finden.

Die Lösung kam aus unerwarteter Richtung: Ibiza.

Im Sommer 1976 machte ich zum ersten Mal Urlaub im Ausland. Meine Großeltern beschlossen, meiner Mutter, meiner Schwester & mir eine Freude zu machen & mit uns vierzehn Tage in die Sonne zu fliegen. Meine Schwester & ich waren unfassbar aufgeregt. Meine Schwester ist zwei Jahre jünger als ich & heißt Saskia – noch so ein ungewöhnlicher Name für die Vorstadt von Sheffield. Rembrandts Ehefrau hieß Saskia. Meine Mutter hatte den Namen in einem ihrer Kunstgeschichtsseminare an der Hochschule gehört.

Aber zurück zum Urlaub. Wir hatten noch nie in einem Flugzeug gesessen. Meine Schwester & ich wechselten uns am Fenstersitz ab, um die Wolken & ab & zu ein Fleckchen Erde darunter betrachten zu können. Das Flugzeugessen wurde auf einem Tablett gebracht, wo alle Bestandteile in einzelnen Fächern serviert wurden, darunter auch ein winziges Gewürzset, das wir behalten durften, wie man uns sagte (& was wir auch taten). Flugzeugessen wurde sofort unser Lieblingsgericht.

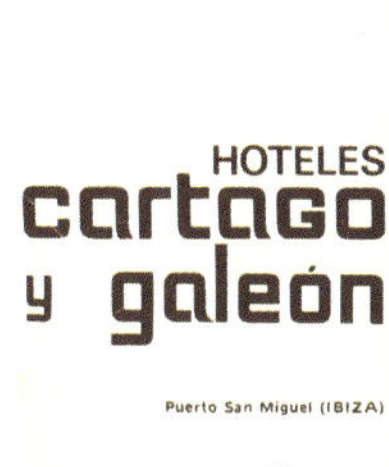

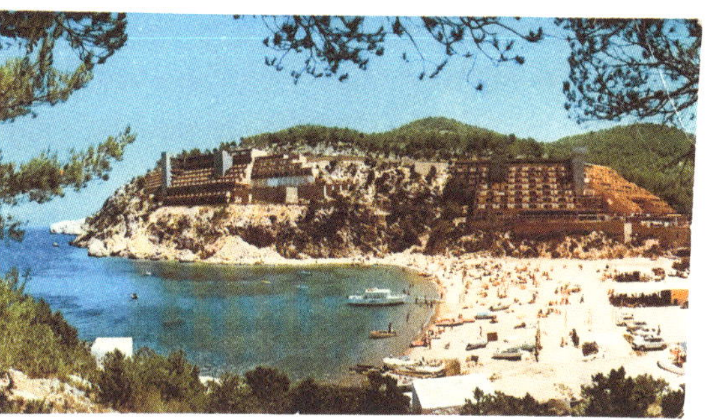

Es war ein Pauschalurlaub. Das wird keine Geschichte über »Ibiza in alten Zeiten« – die Wurzeln der Gegenkultur & dergleichen. Wir waren in einem großen, modernen Hotel namens Hotel Cartago untergebracht, mit Vollpension. Bei jedem Essen gab es als Nachtisch *Crème Caramel*. Manchmal versuchte die Speisekarte das zu vertuschen, indem sie der Karamellcreme andere Namen gab. An einem Abend hieß sie »Cartago-Pudding«, am nächsten »Zwei-Geschmäcker-Pudding« (dafür wurde Schokoladensoße zugegeben), an einem anderen Abend gab es »Rätsel-Pudding« (aber keine Preise für des Rätsels Lösung) & einmal gar »Orangenmousse« (schlichtweg gelogen). »Finde die Karamellcreme« wurde ein beliebtes Familienspiel beim Abendessen.

Für weitere Begeisterung sorgte die Tatsache, dass meine Schwester & ich ein eigenes Zimmer hatten. Das kam uns unglaublich kultiviert & luxuriös vor. Besonders beeindruckte uns der begehbare Kleiderschrank. »Der ist so groß, man könnte darin schlafen«, sagten wir ehrfürchtig. Interessante Idee …

Eines Abends beschlossen wir, genau das zu tun. Wir nahmen ein paar Kissen vom Bett, um den Boden bequem zu polstern, zogen die Lattentür von innen zu & »legten uns schlafen«. Als Nächstes leuchtete mir jemand mit einer Taschenlampe ins Gesicht & plötzlich war die Hölle los. Was war los? Tja, meine Schwester hatte nicht schlafen können & war in das »richtige« Bett zurückgekehrt. Als meine Mutter nach uns sah, ehe sie sich selbst hinlegte, sah sie, dass eines der beiden Betten belegt & das andere leer war – & sie geriet in Panik. Ein Suchtrupp wurde nach einem vermissten zwölfjährigen Engländer ausgeschickt. Ohne Ergebnis. Meine Mutter kehrte in unser Zimmer zurück, weckte meine Schwester & fragte verzweifelt, ob sie wisse, wo ich sei. »Der schläft im Schrank«, gähnte Saskia. & da war ich auch.

Den Rest unseres Aufenthalts schauten mich all die Hotelangestellten schräg an, die an der nächtlichen Suche nach dem seltsamen Jungen beteiligt gewesen waren, der so gern im Schrank schlief. War mir egal – es war trotzdem der beste Urlaub aller Zeiten.

Meiner Mutter gefiel er auch sehr: Sie angelte sich einen neuen Freund. Er hieß Horst Hohenstein, war Deutscher & gab den Hotelgästen Tauchunterricht. Er fuhr mit einem alten, weiß lackierten Panzerwagen herum, deshalb fanden Saskia & ich ihn natürlich toll. Außerdem stand er auf Musik. Vor allem auf Pink Floyd. Pink Floyd war keine »Radiomusik«. Ein Song fesselte mich vor allem: Er klang, als würde er unter Wasser gespielt, & war endlos lang. (Später fand ich heraus, dass es »Echoes« war – das Stück, das die gesamte zweite Plattenseite von *Meddle* einnahm.) Genau die richtige Musik für einen Tauchlehrer. Der Panzerwagen hatte hinten, wo meine Schwester & ich saßen, winzig kleine Fenster aus sehr dickem Glas, also taten wir so, als säßen wir in einem U-Boot, während Pink Floyd als Hintergrundmusik aus den Boxen dröhnte. Horst war lustig.

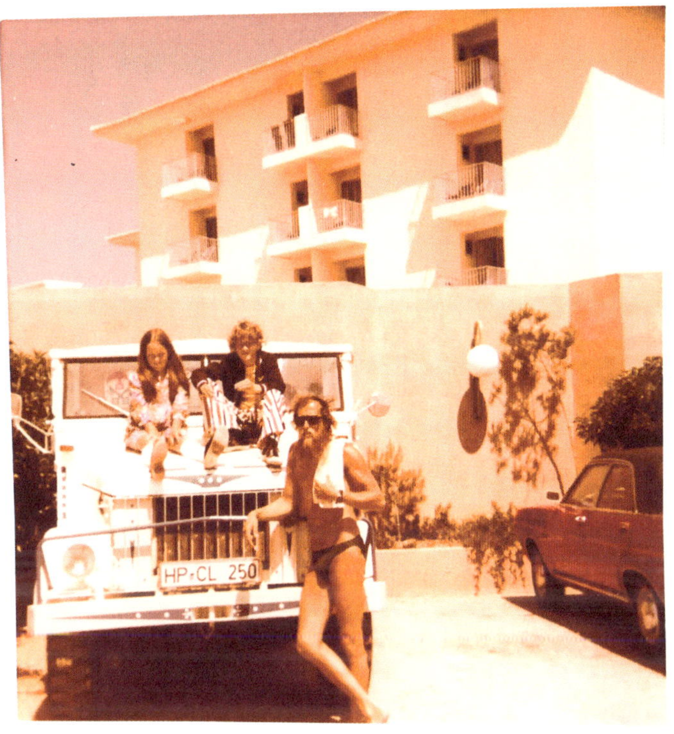

Er war der erste Erwachsene, dem ich meinen Wunsch gestand, in einer Band zu spielen. Er erzählte mir, er habe in seiner Heimatstadt Hamburg mal in einer Band gespielt. Ich vertraute ihm auch meine geheime Sehnsucht nach einer E-Gitarre an. Er hörte mir tatsächlich zu. Er schien das sogar für eine gute Idee zu halten.

Als der Urlaub zu Ende ging, fuhr Horst uns im Panzerwagen zum Flughafen von Ibiza. Bevor er uns in der Abflug-Lounge zum Abschied winkte, sagte er mir, er habe mit meiner Mutter gesprochen & würde uns zu Weihnachten in Sheffield besuchen kommen. & er würde etwas mitbringen. Eine elektrische Gitarre. Für mich.

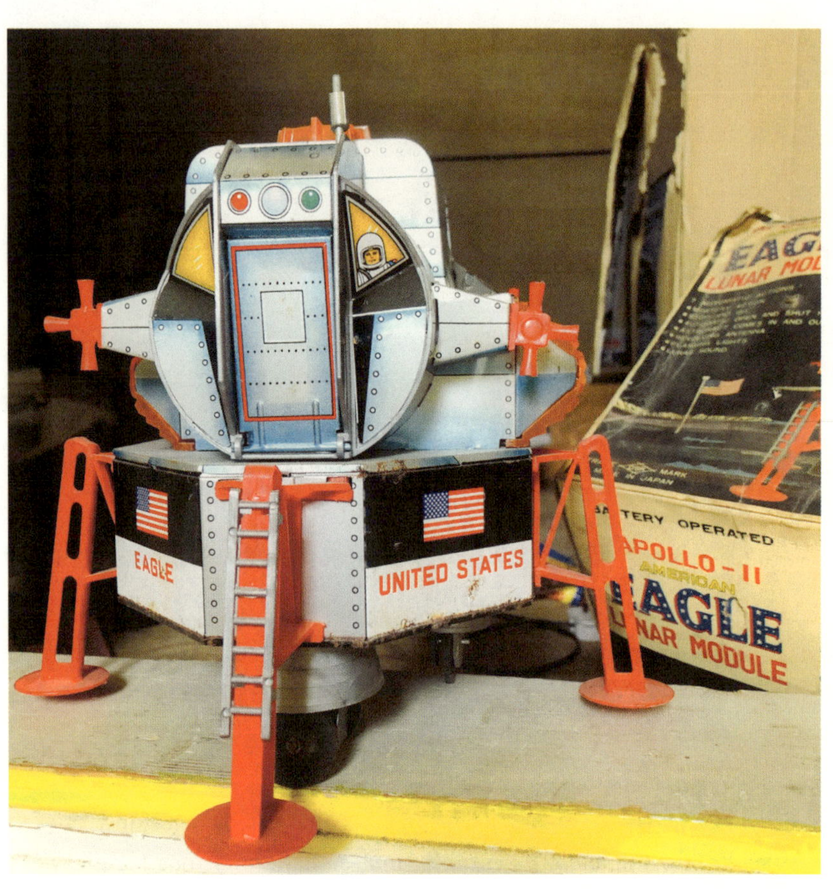
EAGLE
UNITED STATES
APOLLO - II
AMERICAN
EAGLE
MODULE

Kapitel Sieben

Bevor wir die Geschichte meiner musikalischen Entwicklung weiterverfolgen, möchte ich euch dies zeigen.

Das ist ein batteriebetriebenes Blechmodell der Mondlandefähre von Apollo 11. Vor der Ankunft der E-Gitarre war das das beste Weihnachtsgeschenk, das ich je bekommen hatte. Die Mondlandung fand am 20. August 1969 statt, & ich bekam das Modell im selben Jahr an Weihnachten, was bedeutet, dass ich damals sechs Jahre alt war. Meine Weltraumbegeisterung geht jedoch noch weiter zurück.

Auf der Seite gegenüber seht ihr ein Dia, das mein Opa zwei Weihnachten früher geschossen hat. Löst den Blick von den rosigen Wangen & den »interessanten« Socken & betrachtet den Gegenstand auf der rechten Bildseite. Er wirkt ziemlich fehl am Platz in einem normalen Vorstadtwohnzimmer, oder? Ist es eine Rakete? Ein Roboter?

Nah dran: Das Ding hat mein Großvater gebastelt, & es war sein Versuch, einen Dalek zu bauen. Doctor Whos Reisen durch Zeit & Raum begannen im Fernsehprogramm der BBC im Jahr 1963, in dem ich geboren wurde. Ich war Fan. Damals sah ich die Nachempfindung der Nemesis des Doctors als exakte Kopie. Ich hielt Opa für ein Genie. Inzwischen erkenne ich, dass das Modell nicht sonderlich originalgetreu war. Aber trotzdem ziemlich beeindruckend – & interaktiv. Der Dalek war auf Rollen montiert & hatte hinten eine Einstiegstür mit Scharnieren, sodass ich hineinklettern & ihn durchs Haus schieben & dabei »Eliminieren!« brüllen konnte. Das war ein sehr lautes Weihnachten.

Als ich größer wurde & nicht mehr hineinpasste, schob ich ihn unbemannt in ein Zimmer & rief von hinter der Tür: »Eliminieren!« Fernbedienung. Bald darauf landete er in einem Gartenfeuer.

Ich habe schon erwähnt, dass mein zweiter Traumberuf als Kind Astronaut war, & es ist unschwer festzustellen, woher das kam. Als ich klein war, war der Weltraum allgegenwärtig: der Traumweltraum von Fernsehserien wie *Doctor Who* & *Star Trek* & das wahre Weltall des Apollo-Programms. Als Kind war das für mich schwer auseinanderzuhalten.

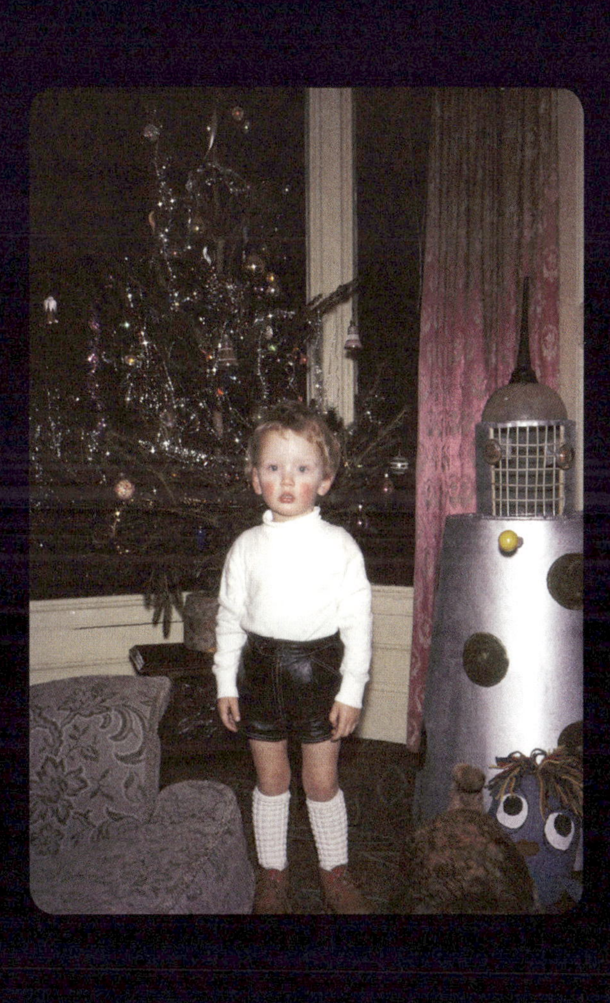

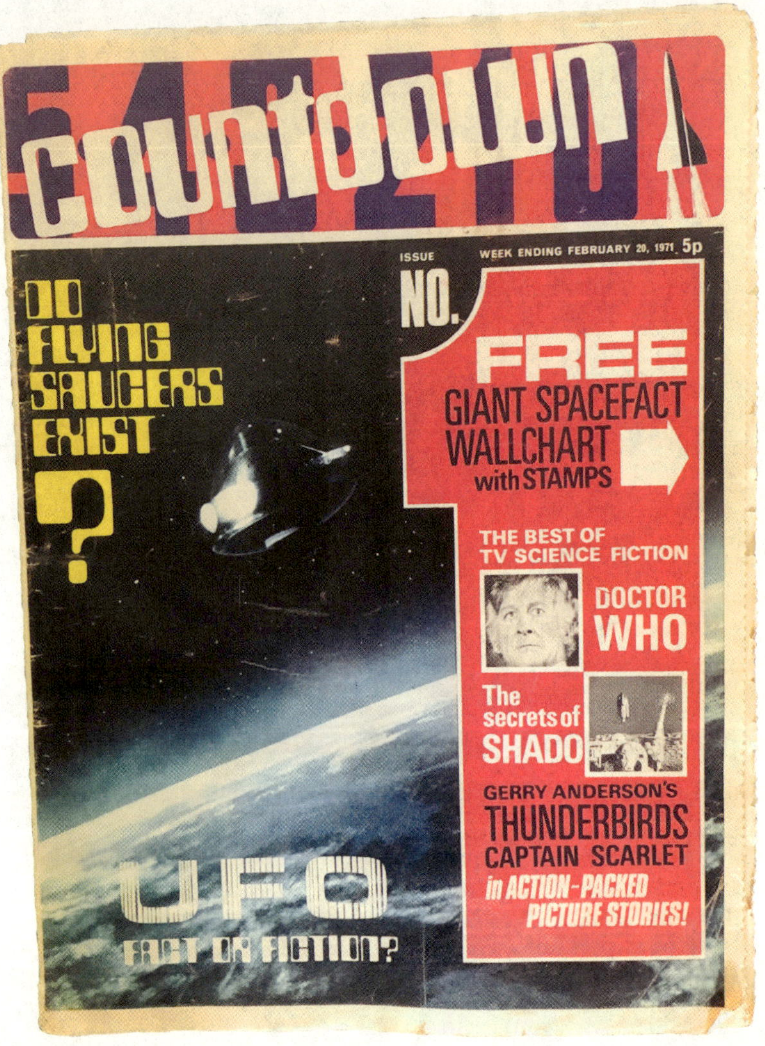
countdown
ISSUE
WEEK ENDING FEBRUARY 20, 1971 5p
NO. 1
DO FLYING SAUCERS EXIST ?
FREE
GIANT SPACEFACT WALLCHART
with STAMPS
THE BEST OF TV SCIENCE FICTION
DOCTOR WHO
The secrets of SHADO
GERRY ANDERSON'S
THUNDERBIRDS
CAPTAIN SCARLET
in ACTION-PACKED PICTURE STORIES!
UFO
FACT OR FICTION?

Dieser Comic trug viel zu dieser Verwirrung bei.

Er heißt *Countdown*, & dies ist die allererste Ausgabe (hoher Sammlerwert). Doctor Who ist auf dem Titel – aber die Hauptschlagzeile lautet: »UFOS: FAKT ODER FIKTION?« Gute Frage. Meine anderen Großeltern (väterlicherseits) wohnten neben einem Zeitungskiosk & besorgten mir jede Woche das neue Heft. Die Seiten sind rückwärts nummeriert, sodass sie einen beim Durchlesen wie ein Countdown dem Start näher bringen. Ich nahm das ganz wörtlich.

Es ist wie eine Mischung aus Comicheft & Zeitung gestaltet. Auf der abgebildeten Doppelseite sieht man auf einer Seite den Comicstrip *Thunderbirds* & auf der anderen einen Tatsachenbericht über die Entwicklung des Spaceshuttles.

& wenn man genauer hinschaut, wird es noch verwirrender.

»STELLEN FREI: Erfahrener Astronaut gesucht, interessante Aufgabengebiete, Bewerber müssen bereit sein, weit zu reisen; eine Gelegenheit nicht von dieser Welt.« Wo kann ich mich bewerben? Mein junger Geist war verblüfft. Die Grenze zwischen Realität & Fiktion fatal verwischt. Ich war überzeugt, dass ich als Erwachsener im Weltraum leben würde. Darum hatte ich auch keinen Grund, mich groß um irdische Dinge wie Fahrradfahren zu kümmern – wozu sollte ich das lernen, wer fuhr schon im Weltall Fahrrad? Absurde Vorstellung. (Mein erstes Fahrrad erwarb ich erst, als ich 1988 nach London umzog – fast zwanzig Jahre später.)

Jede Woche gab es Gratisaufkleber im Heft, die man auf das Wandbild kleben konnte, das der ersten Ausgabe beilag. Auf meinem Poster sind sämtliche Aufkleber angebracht (noch höherer Sammlerwert). Dieses Wandbild war der Fahrplan für mein bevorstehendes Leben im Weltall. Es ist eine Karte des Mondes darauf, damit man sich nicht zwischen den Kratern verläuft. Eine

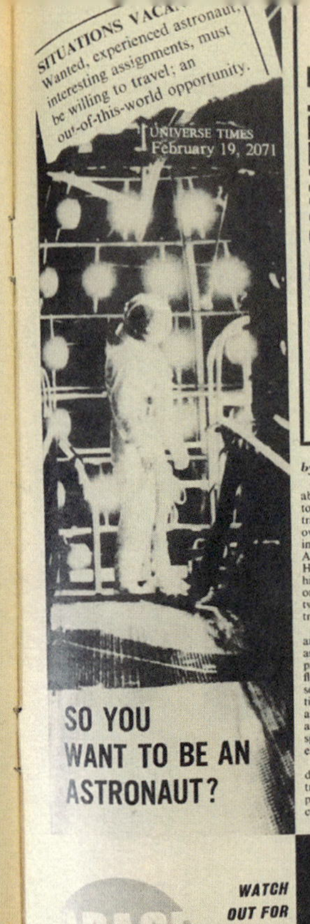

SO YOU WANT TO BE AN ASTRONAUT?

● SPACE SHUTTLE

U.K. STUDIES UNDER

New astronauts will be needed to man NASA's Space Shuttle, the transportation system of the future. Starting in 1977 the Shuttle will fly once every two weeks, carrying cargo or passengers to an orbiting space station. Both the booster and the orbiter (which rides piggy-back) have two-man crews. After separation, the booster lands like an airliner, using ordinary jet engines, and is re-used. The orbiter completes its mission, then re-enters and lands conventionally, also to be used again. British Aircraft Corporation is doing design studies for the Shuttle.

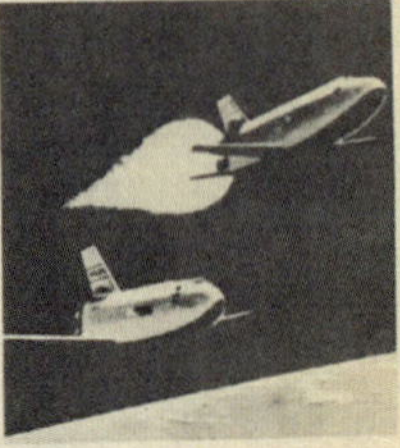

by our Space Correspondent

An astronaut of the 21st century may be able to pick and choose his next job, but today's spaceman undergoes years of rigorous training to prepare for a single mission. Moreover, he spends only a few days of actual time in space. James Lovell, commander of the Apollo 12 moon mission, is a good example. He has the most experience in space, yet in his seven years as an astronaut he has spent only 30 days in space. That means that between flights there are months and years of training, studying and more training.

Where do astronauts come from? Many are former jet pilots. The seven Mercury astronauts were chosen in 1958 from over 100 pilots who had volunteered to give up their flying careers for space training. Each of the seven was a test pilot with 1,500 hours flying time in jets. They were also qualified engineers and in perfect physical condition. Other astronauts have a scientific background, specialising in geology or astrophysics, for example.

During a one-week examination, teams of doctors probe into the mind and body of each trainee to make sure he is both mentally and physically fit to pilot a spacecraft through conditions varying from 8g to weightlessness.

Basic training for an American astronaut lasts 18 months. And it starts in the classroom —three days a week for the first four months, the astronauts' school bell rings at 8 a.m. at the Manned Spacecraft Centre in Houston, Texas.

Each lesson lasts two hours; after two lecture periods the astronauts take a two-hour break. But less than half of this is spent over lunch. Before they sit down at the table the men have a brisk work-out in the gym. Keeping in peak condition is essential, especially while they are studying.

Half the instructors at the School for Astronauts are on the Houston staff. The other half are experts from leading universities who are brought in to lecture.

No astronaut gets to the top of his class, because there is no grading. But tests are carried out nearly every day.

Two days a week there's a break from school. This gives the trainees a chance to keep their jet-plane flying up to scratch or to get acquainted with the workings of Mission Control and have a look at the launch complex from which they will later blast off into space.

Next week in Part 2: the astronauts are dropped by helicopter into a tropical jungle with three days to find their way out.

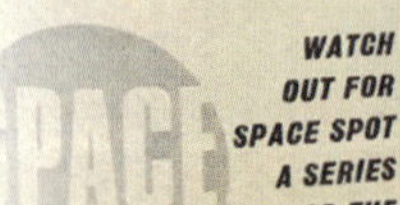

WATCH OUT FOR SPACE SPOT A SERIES FOR THE SPACE ENTHUSIAST

what's this?

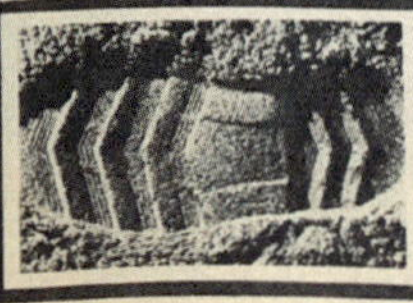

To many of you the answer is simple. No, it's not a Wellington boot on Yarmouth beach. Try somewhere a quarter of a million miles further away. It's a footprint of a space boot on the moon's surface.

In next week's COUNTDOWN we begin a great free competition. Look out for your chance to win a super space souvenir.

IN COUNTDOWN NO. 2

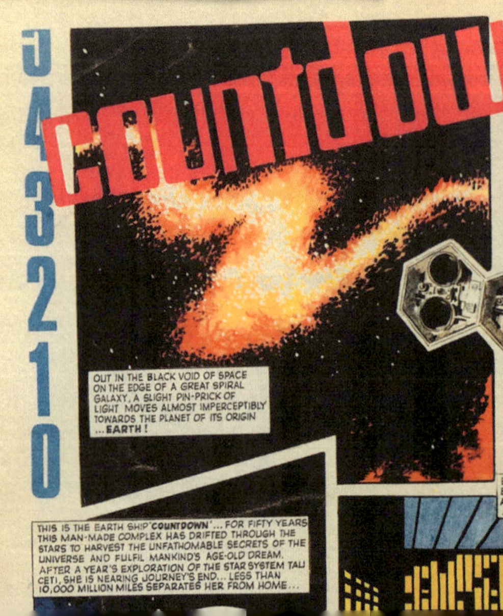

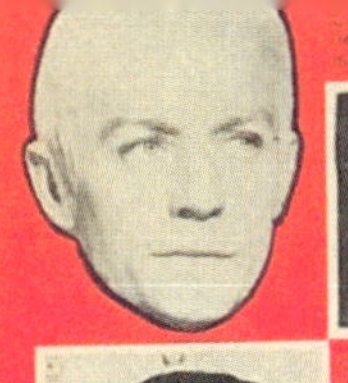

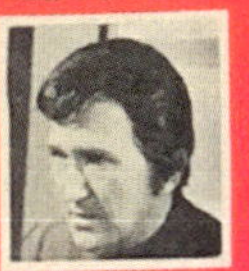

SPACE INTRUDER DETECTOR: the eyes and ears of earth: detects and reports UFO activity, completing the three-pronged SHADO defences including MOONBASE and SHADO control in earth orbit, directly opposite the moon.

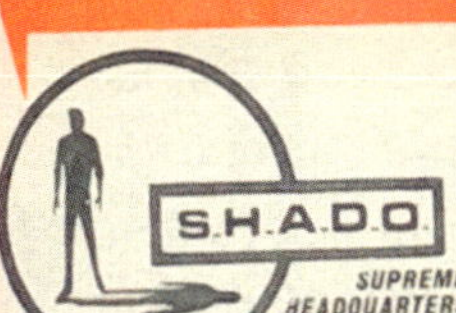

S.H.A.D.O.
SUPREME HEADQUARTERS ALIEN DEFENCE ORGANISATION

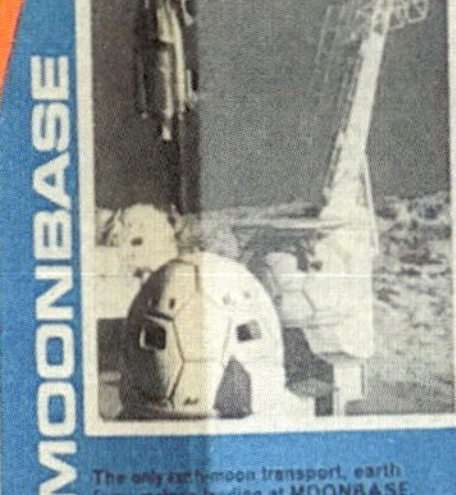

MOONBASE
The only earth-moon transport, earth ferry, makes a landing at MOONBASE.

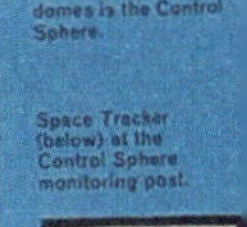

the five pressurised domes is the Control Sphere.
Space Tracker (below) at the Control Sphere monitoring post.

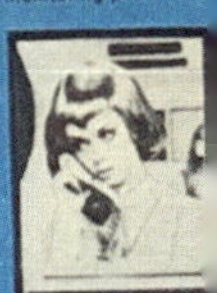

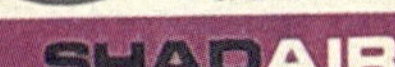

SHADAIR

INTERCEPTORS

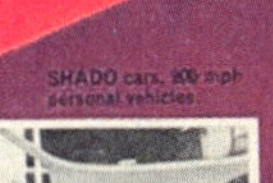

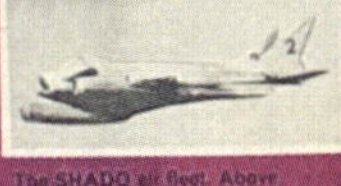

SHADO MOBILES
SHADO cars, 200 mph personal vehicles
The SHADO air fleet. Above the lifting body that carries the earth-moon ferry to the limit of the atmosphere.

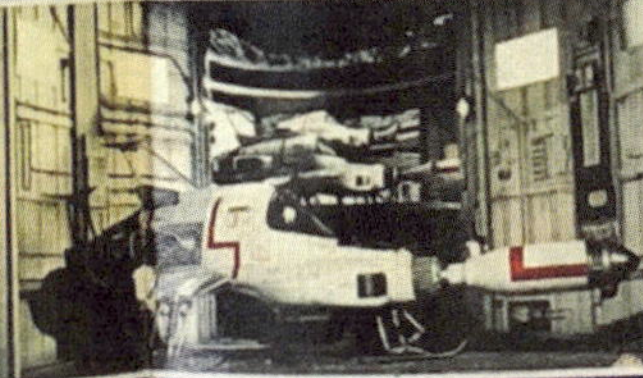

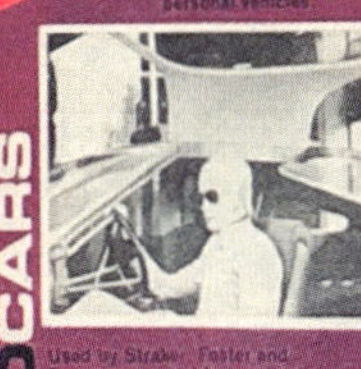

MOBILES—all-purpose vehicle to investigate UFO landings in any terrain condition.
SHADOCARS

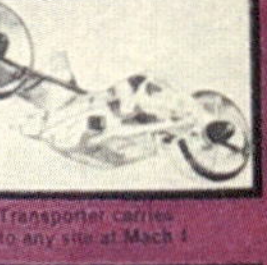

Used by Straker, Foster and Freeman; special feature "gull-wing" doors for quick entry.
Shadair Transporter carries Mobiles to any site at Mach 1
INTERCEPTORS (above) lunar strike power with computer-assisted missile; housed sub-surface in craters, they prevent UFO's from entering earth's atmosphere.

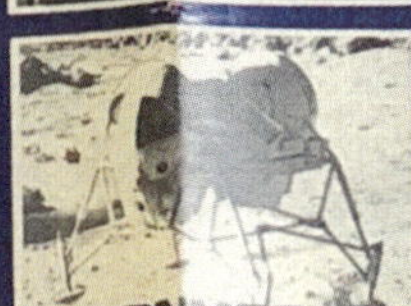

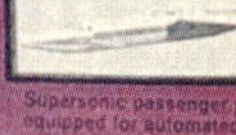

Harlington-Straker Film Studio trailers, used for secret ground transport of SHADO Mobiles. Mobiles top speed: 50 mph (land), 30 knots (water).
Supersonic passenger jet equipped for automated landing.
MOONMOBILE
MOONMOBILE (left), moon-based vehicle for lunar surface transport of men and equipment.

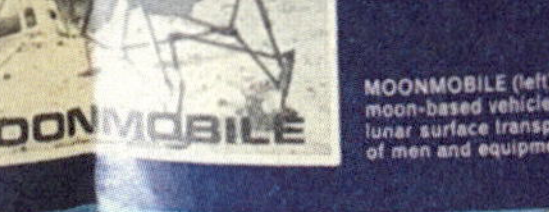

he PEOPLE...the MACHINES...that defend EART
ntdown at
12
countdown at

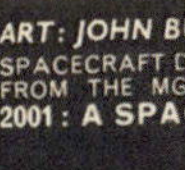

ART: JOHN BU
SPACECRAFT D
FROM THE MG
2001: A SPAC
SPACE AT
OND...

countdown
To complete your chart, collect picture stamps in the first six issues of Countdown, Space Age Comic.

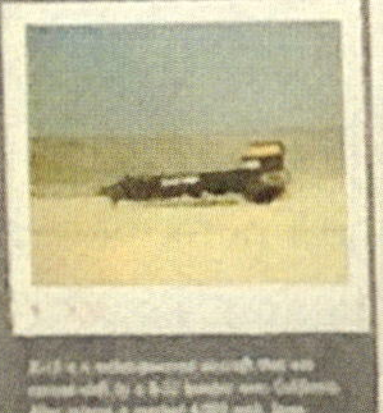

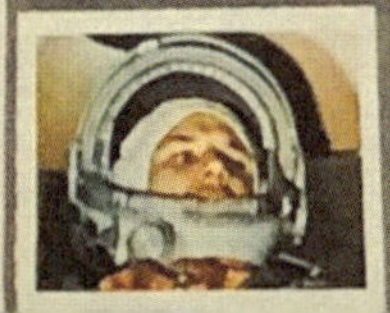

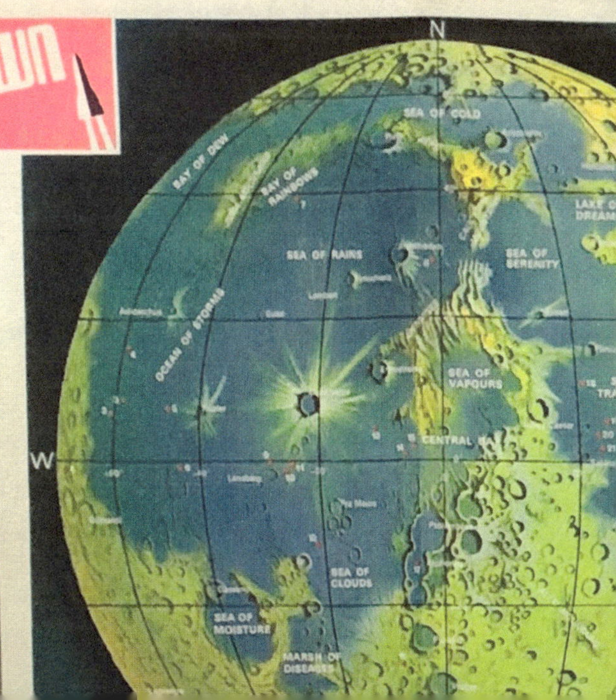

N
W
SEA OF COLD
BAY OF DEW
BAY OF RAINBOWS
LAKE OF DREAMS
SEA OF RAINS
SEA OF SERENITY
OCEAN OF STORMS
SEA OF VAPOURS
CENTRAL BAY
SEA OF CLOUDS
SEA OF MOISTURE
MARSH OF DISEASES

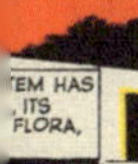

TEM HAS ITS FLORA,
ON AND ON T CORRIDORS L THE STERN OF BARRED BY A

Karte der Milchstraße für interstellare Missionen – »bei Alpha Centauri links abbiegen & dann drei Lichtjahre geradeaus. Nicht zu verfehlen.« Man kann sich sogar die Fahrzeuge anschauen, in denen man reisen wird. »Ich sehe, Sie haben gerade einen Blick auf die Saturn 5 geworfen, Sir. Hervorragende Wahl. Probeflug gefällig?«

Die Krönung war in meinen Augen »Countdown« – der Comic, der dem ganzen Heft seinen Namen lieh –, denn er zeigte »RAUMSCHIFFENTWÜRFE AUS DEM MGM-FILM *2001: A SPACE ODYSSEY*«.

Ich schaute mir Stanley Kubricks Science-Fiction-Meisterwerk als Geschenk zum sechsten Geburtstag an, als der Film in Großbritannien im Zuge der echten Mondlandung erneut in die Kinos kam. Wieder mischten sich Fantasie & Wirklichkeit. Ich hatte das Filmplakat bei einer Einkaufstour mit meiner Mutter in die Innenstadt von Sheffield gesehen. Er lief in einem Kino in der Nähe des Busbahnhofs, das *Cinecenta* hieß & so eine Art Programmkino war – das einzige damals in Sheffield. Meine Mutter lehnte meinen Wunsch ab, den Film zu sehen, denn er wäre »zu erwachsen« für mich, wie sie meinte. Aber ich blieb hartnäckig, & schließlich gab sie nach. & so wurden meinem Schulfreund John White (der wahrscheinlich nur wegen des Besuchs in der Eisdiele hinterher dabei war) & mir am 19. September 1969 wirklich & wahrhaftig das Hirn weggeblasen.

Was kann ich all dem, was schon über *2001: A Space Odyssey* geschrieben wurde, noch hinzufügen? Der Film ist unerreicht.

Es gibt bestimmte Kunstwerke, denen man im Lauf seines Lebens begegnet & die das Bewusstsein & die Wahrnehmung der Welt erweitern. Das sind die wichtigen. Die einem bleiben. *2001* erweiterte nicht bloß meine Weltwahrnehmung: Es führte mich in den gesamten Kosmos ein! Vom Ursprung der Menschheit bis zu den äußersten Rändern der Galaxie – & als Zugabe noch eine zehnminütige abstrakte, halluzinatorische »Stargate«-Sequenz. Natürlich verstand ich nichts. Meine Mutter hatte recht: Es *war* zu erwachsen für mich. Zu groß. Zu lang. Zu tiefsinnig. Zu komplex. Zu ... alles. Aber ich liebte den Film. & er ist mir immer im Kopf geblieben. Ich glaubte ihn. Ich glaubte, das Leben würde ein Abenteuer im epischen Maßstab werden, das niemand so richtig begreifen konnte, & irgendwo draußen im Weltraum stattfinden. »Bis zur Unendlichkeit & noch viel weiter«, wie jemand ein paar (Licht-)Jahre später sagte. Es gab kein Zurück.

Ich war zur richtigen Zeit am richtigen Ort. Eine Woche später wäre ich vielleicht grundlegend gewandelt worden von *The Italian Job*. Stellt euch das vor.

Meine Mutter war offensichtlich auch beeindruckt, denn sie kaufte sich den Soundtrack von *2001*. Manchmal gab sie Tupperpartys bei uns & legte die Platte beim »geselligen« Teil des Abends auf. Es ist großartige Filmmusik – aber ganz bestimmt keine Partyplatte. Die langen, textfreien Vokalstücke von György Ligeti waren beängstigender als alle Musik, die ich durch die Bodendielen meines Kinderzimmers zu hören bekam. Es wirkte eher, als finde unten im Wohnzimmer eine satanistische Messe statt & keine unschuldige Tupperparty.

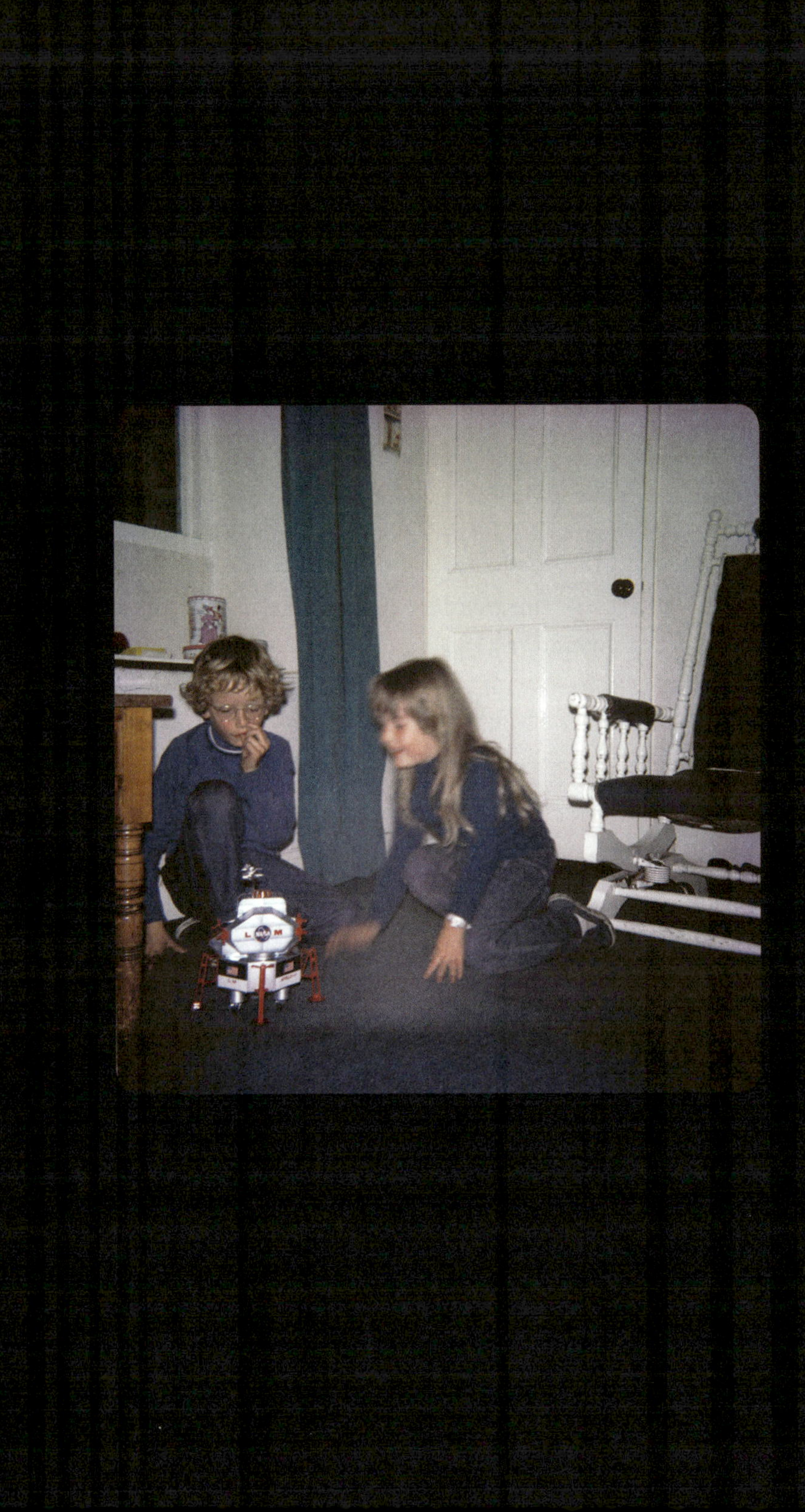

Hier bin ich in selbigem Wohnzimmer. Dies ist eine sehr seltene Aufnahme der batteriebetriebenen Mondlandefähre *American Eagle* von Apollo 11. Wenn ich auf dem Foto ein wenig »unterwältigt« wirke, dann deshalb, weil mir gerade klar geworden ist, dass man mit diesem Spielzeug nicht wirklich »spielen« kann. Ist der »An«-Schalter einmal betätigt, saust das Fahrzeug wie verrückt aus eigenem Antrieb über den Teppich, die »Mondantenne« rotiert rasend schnell & macht einen Heidenlärm. Am interessantesten ist noch, dass es ab & zu anhält & eine Rampe mit einem silbernen Raumfahrer darauf herablässt. Meine Schwester wirkt, als würde sie sich viel mehr amüsieren als ich. Das liegt daran, dass sie gleich einen grünen Smartie auf die Raumfahrerrampe legen will, sobald die sich wieder senkt, damit er »was zu essen hat«. Wenn die Rampe wieder hochfährt & die Fähre ihren irren Tanz über den Fußboden wieder aufnimmt, wird der Smartie ins Innere des Spielzeugs fallen & schmelzen & einen Kurzschluss im Motor verursachen. Woraufhin die Mondfähre knirschend zum Stehen kommen & sich von jenem Tag bis zum heutigen nie wieder bewegen wird.

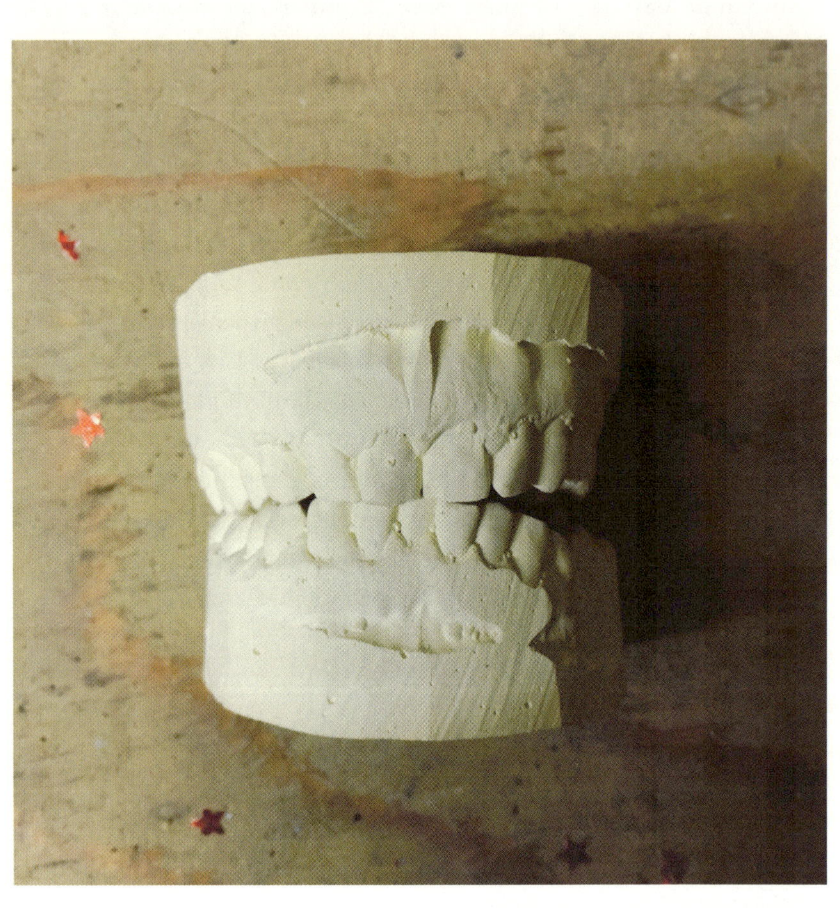

Kapitel Acht

Ich glaube, inzwischen haben wir uns richtig reingebissen in die Sache. Wir entdecken entscheidende Gegenstände & finden die Wurzeln einiger Obsessionen / Inspirationen.
(Gibt es überhaupt einen Unterschied zwischen den beiden?)

Ich hoffe nur, wir haben nicht so viel abgebissen, dass wir uns daran verschlucken …

Das sind meine Zähne – genauer gesagt, ein Gipsabdruck meiner Zähne. Als Kind musste ziemlich viel an meinen Zähnen gemacht werden. Es hieß, ich hätte zwei Zähne zu viel im Oberkiefer & die müssten gezogen werden, & dann müsste ich ziemlich lange eine Zahnspange tragen. Ob ihr es glaubt oder nicht, dies ist der Abdruck von »nachher«.

Der erste Zahnarzt, der sich der Herausforderung stellte, mir ein gewinnendes Lächeln zu verschaffen, war Dr. Tinker, dessen Praxis auf meinem Schulweg lag. Dr. Tinker hatte im Krieg ein Auge verloren & trug eine Augenklappe über der Wunde. Zu behaupten, das hätte ihm einen finsteren Ausdruck verliehen, wäre stark untertrieben. Alle Kinder fürchten sich schrecklich vor Zahnärzten, aber die Augenklappe hob diese Angst noch mal auf ein ganz anderes Niveau. Damals war das bevorzugte Betäubungsmittel Lachgas mit Sauerstoff oder »Zauberluft«, wie es Kinderärzte gern nannten. Dr. Tinker setzte einem die Atemmaske über Mund & Nase & bat einen dann, laut bis zehn zu zählen. Etwa bei sieben, wenn alles allmählich unscharf wurde & rauschte, kam er zum Stuhl, nahm die Maske ab & begann mit der Arbeit. Das letzte Bild im jungen, empfindsamen Geist, kurz vor der drohenden Bewusstlosigkeit & während er sich mit dem Bohrer in der Hand über einen beugte, war Dr. Tinkers aufklappende Augenklappe, die den Blick auf den darunterliegenden Schrecken freigab. »Is it safe?«

Nachdem eine Reihe der von Dr. Tinker eingesetzten Füllungen sich als »unsafe« erwiesen (sie fielen heraus), ging ich zu einem anderen Zahnarzt, der ein wenig weiter weg residierte. Dr. Khalsi war Sikh, trug einen Turban & war insgesamt viel angenehmer als sein Vorgänger. Der Rest meiner »Oralsanierung« verlief problemlos. Dieser Abguss muss von Dr. Khalsi zur Feier des Behandlungsendes angefertigt worden sein. Früher hatte ich ihn auf dem Bücherregal in meinem Zimmer ausgestellt, & zwei kleine Plastikbeine einer Modellbaufigur schauten zwischen den Schneidezähnen hervor. Eine Trophäe aus meinen Jahren im Zahnkrieg.

Ich habe einmal in einem Traumlexikon gelesen, dass ein Traum über Zahnausfall Angst vor Potenzverlust symbolisiert, also sollten wir diesen Zahnabguss in Sicherheit bringen, hm? BLEIBT.

Im Zahnkrieg wurde kurz vor Weihnachten 1976 eine Feuerpause ausgerufen.

Horst Hohenstein hielt Wort & stand am Heiligabend vor unserer Haustür. Meine Schwester & ich rannten nach draußen in den Vorgarten. Er hatte einen großen silbernen Metallkoffer bei sich. Keine Gitarre in Sicht. Ich wappnete mich für eine Enttäuschung. Damit hatte ich Erfahrung.

Ich habe ja schon erzählt, dass mein Vater die Familie verließ, als ich sieben war. Was ich nicht erzählt habe: dass er nach Australien auswanderte. Es gab also keine »Übergabe bei McDonald's« (die erste McDonald's-Filiale öffnete in Sheffield sowieso erst 1985, aber ihr wisst schon, was ich meine) – keine zwei Haushalte. Er verschwand einfach über Nacht aus unserem Leben. Ich bekam allerdings Geburtstagskarten von ihm. Mit handgeschriebenen Botschaften, die stets mit folgenden Worten endeten: »Dein Geschenk habe ich losgeschickt.« Ihr könnt euch wahrscheinlich denken, wie die Geschichte endet. Nur so viel: An vielen Tagen bewachte ich morgens ergebnislos die Tür in Erwartung des Postboten.

Als ich nun also Horst sah, wie er sein Gepäck ins Haus schleppte, ohne Anzeichen eines Gitarrenkoffers, machte ich mich innerlich auf eine ähnliche Erfahrung gefasst. Der Koffer war zwar groß, aber nicht lang genug, um eine Gitarre aufzunehmen. Wahrscheinlich hatte er sie vergessen. So war das bei Erwachsenen.

Doch ich erlebte eine erfreuliche Überraschung.

Wahrscheinlich hatte er meine Reaktion bemerkt, denn kaum war er drinnen, klappte er den Koffer auf, & darin war … eine halbe Gitarre.

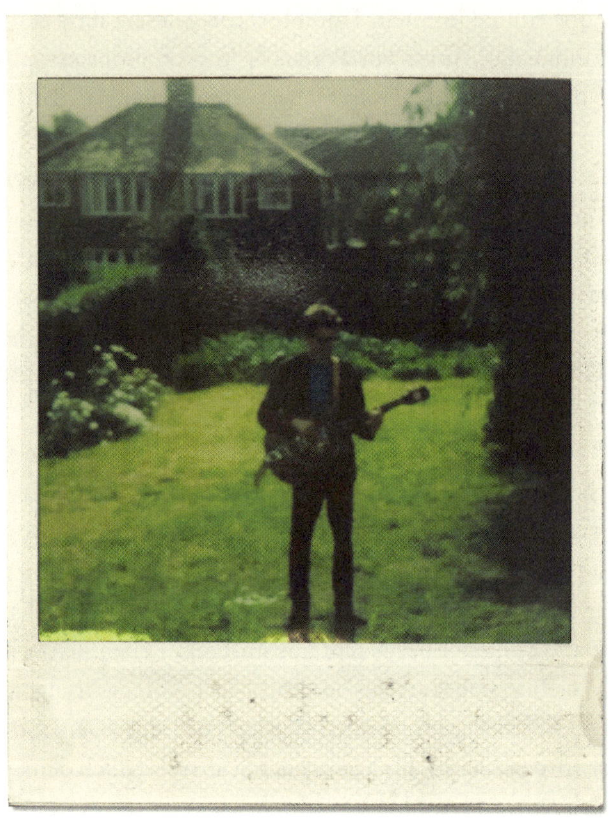

Es war nur der Schallkörper einer Gitarre, ohne Hals. Zerhackt. Wie sich herausstellte, war auf seinem Flug nur ein Gepäckstück erlaubt gewesen, & so hatte er die Gitarre zerlegt, um sein Versprechen halten zu können. In einem anderen Teil des Koffers lag der in Kleidungsstücke gewickelte Hals. Er bat meine Mutter um einen Schraubenzieher & setzte die beiden Teile wieder zusammen. Dann zog er die Saiten wieder auf & reichte mir das Instrument. & mein Leben war nicht mehr dasselbe.

Die Gitarre war in Deutschland hergestellt worden, von einer Firma namens Hopf. Keine besonders verehrte Marke, kein Sammlerstück. Sie hat »F-Löcher« wie ein Cello oder eine Geige, was sie zu einer »halbakustischen« Gitarre macht. War sie deshalb auch nur halbelektrisch oder halbpunk? Bis dahin hatte ich mich nur mit der »Idee« einer elektrischen Gitarre beschäftigt & wie ich damit meinen Traum verwirklichen könnte, Popstar zu werden. Sie war so eine Art Totem zur Wunscherfüllung, wie die McCulloch-Haare, der Cornwell-Kinnbart & die Costello-Brille. & jetzt lag sie hier in unserer Küche.

Was sollte ich damit anfangen? Wie musste ich sie halten? Wie stimmen?

Ein Freund von mir erzählt gern die Geschichte, wie er seine erste elektrische Gitarre bekam & versuchte, das mitgelieferte Klinkenkabel mit einer Steckdose zu verbinden. Er dachte, eine elektrische Gitarre sei wie ein elektrischer Toaster oder ein elektrischer Wasserkocher & müsse ans Stromnetz angeschlossen werden. Zum Glück schritt sein Vater ein, bevor er den Stecker in die Steckdose stöpseln konnte. Das wäre eine sehr kurze Musikerkarriere geworden.

So ahnungslos war ich nicht – aber auch nicht viel schlauer. Horst erklärte mir, die Gitarre würde mit einem Verstärker viel besser klingen als akustisch. Zum Glück hatte ich so etwas vorausgesehen & meine Großeltern überredet, mir zu Weihnachten ein ordentliches Stück Technik zu schenken.

Das muss auch irgendwo hier drinnen sein …

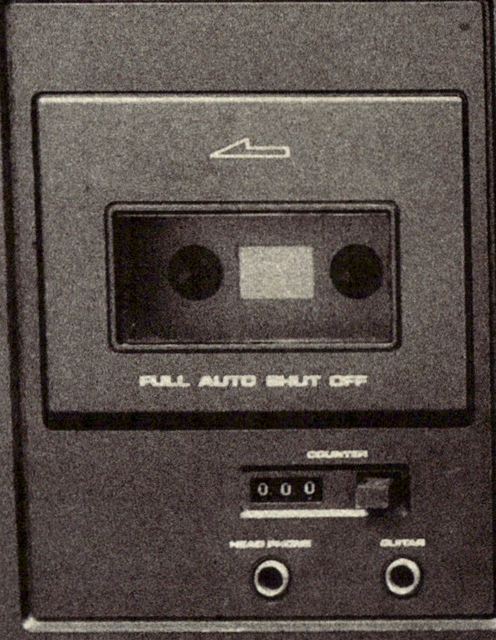
After Recording System
FULL AUTO SHUT OFF

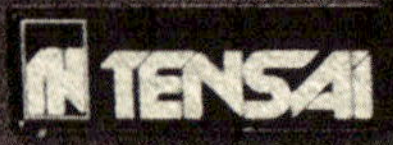
TENSAI
RHYTHM MACHINE

(Guitaraok

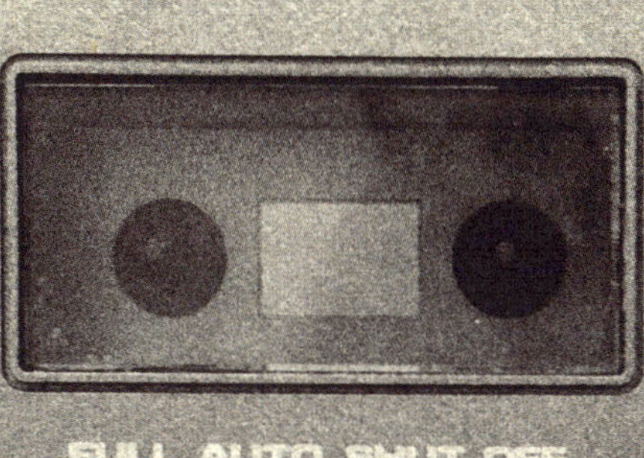

SLOW ROCK ROCK BEAT

RADIO
TAPE RHYTHM

MAL

NCTION SELECT

anyone?)

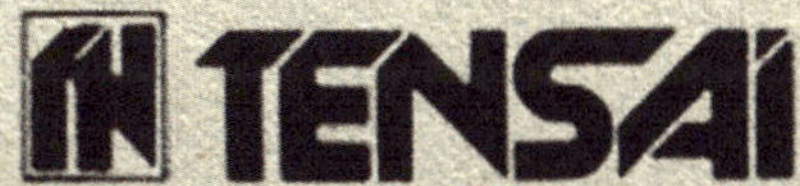

Das ist kein normaler Kassettenrekorder: Er hat einen Eingang, man kann also eine Gitarre daran anschließen. Außerdem gibt es einen Schalter, mit dem man sich selbst aufnehmen & dann die Aufnahme erneut abspielen & etwas hinzufügen kann. Mehrspuraufnahmen.

Es steckt sogar ein eingebauter »Drum-Computer« darin (natürlich noch kein richtiger Computer), man konnte seiner Aufnahme also auch einen Rhythmustrack unterlegen. & als wäre das alles noch nicht genug, konnte man sich auch noch aufnehmen, während man Songs aus dem Radio begleitete. (Lust auf Gitarraoke?) Eine vielseitige Maschine.

Leider funktionierte das Kassettengerät nicht mehr, weshalb ich euch all diese Möglichkeiten nicht mehr vorführen kann. Aber ich habe es nicht übers Herz gebracht, es wegzuwerfen. (Ich vermute, das überrascht inzwischen niemanden mehr.) Dieses Gerät in Verbindung mit der Hopf-Gitarre stellte für die nächsten drei Jahre mein gesamtes außerschulisches Leben dar.

Ich hing nicht mehr mit anderen Jugendlichen an Straßenecken herum. Ich kam nach Hause, sah ein bisschen fern, aß zu Abend & ging dann in mein Zimmer & spielte. Meine Mutter nannte das »Geklimper« (macht sie immer noch manchmal).

Ich nehme an, es gibt peinlichere Dinge, die ein männlicher Teenager in seinem Zimmer anstellen kann ... aber die Vorstellung, dass meine Mutter & in geringerem Maße auch meine Schwester hören konnten, was ich da oben trieb, fand ich schon problematisch. Eine musikalische Idee zu entwickeln ist eine konfuse Angelegenheit. Sehr konfus. & ich hatte keinerlei Unterricht genossen. Ich lernte beim Herumprobieren. Ich tastete mich in nervöser Anspannung vor & hoffte, dass irgendwas herauskam, was ... nach mir klang.

Mein »Schöpfungsprozess« hat sich in den zurückliegenden Jahren nicht so sehr verändert. Ich muss mich immer noch »anspornen« – mich »in die Zone« bringen, oder wie man das nennen möchte –, wenn ich etwas Neues schreiben will. Normalerweise stöpsele ich eine Gitarre oder ein Keyboard ein & drehe den Verstärker ziemlich laut, damit ich mich anstrengen muss, darüber hinwegzusingen. Das ist wichtig: Ich hoffe, der Lärm löst etwas in mir. Ein unerwartetes Gefühl oder eine Einsicht. Die Anstrengung, meine Stimme hören zu lassen, scheint dabei zu helfen. Aber diese Kombination aus lautem, ungelerntem musikalischem Experimentieren & emotional aufgewühltem Gejaule kann sich ziemlich durchgeknallt anhören. Unbeteiligte Zuhörer könnten vermuten, hier sei eine Guantánamo-mäßige Lärmfolter im Gang.

Den Gedanken, dass meine Mutter & meine Schwester unten diesen Zufallsprozess mithören konnten, fand ich damals höchst peinlich. Vor allem, weil ich ja noch ein blutiger Anfänger war.

Ich versuchte, meine eigene Stimme zu finden, ohne dabei gehört zu werden. Ziemlich unmöglich.

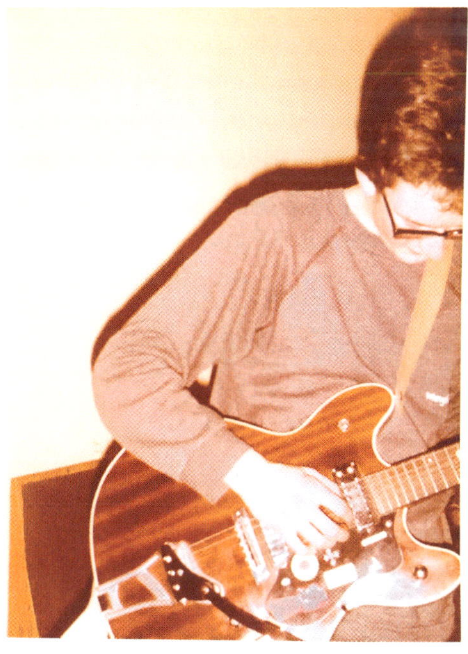

Rückblickend war es wahrscheinlich kein Zufall, dass meine Musikversuche mit der Pubertät zusammenfielen. Ich hatte den Sex nicht in mein Leben *gedacht*. Der kam von ganz allein (anständig, bitte). Es war, als hätte er die ganze Zeit in meinem Körper gesteckt & nur aufs Stichwort gewartet, um sich in den Mittelpunkt zu drängen.

Die ersten Anzeichen, dass sich in dieser Hinsicht was bewegte, war das Auftauchen von Schambehaarung. Meine Schwester ertappte mich eines Tages dabei, wie ich sie inspizierte, & lief hysterisch lachend aus dem Zimmer & erzählte es meiner Mutter. Bis dahin hatten wir uns ein Zimmer geteilt – ich hatte oben im Stockbett geschlafen & sie unten. Jetzt wurde sie ins Gästezimmer verbannt, das Etagenbett abgebaut & durch ein altes Doppelbett aus dem Haus meiner Großeltern nebenan ersetzt.

Wenn etwas so Mächtiges wie der Sexualtrieb jahrelang unbemerkt in mir geschlummert hatte, wer konnte wissen, was da noch so alles herumschwirren mochte? Vielleicht sogar angenehme Dinge. Mit den Versuchen, Gitarre zu spielen & Songs zu schreiben, wollte ich es herausfinden. Ein Song ist ein Abenteuer, das man in seinem Inneren erlebt. Indem ich allein in meinem Zimmer herumschrammelte, ließ ich eine Angelleine in die trüben Tiefen hinab & hoffte, dass etwas anbiss. Dass ich mich selbst überraschte. Das Genie am Haken.

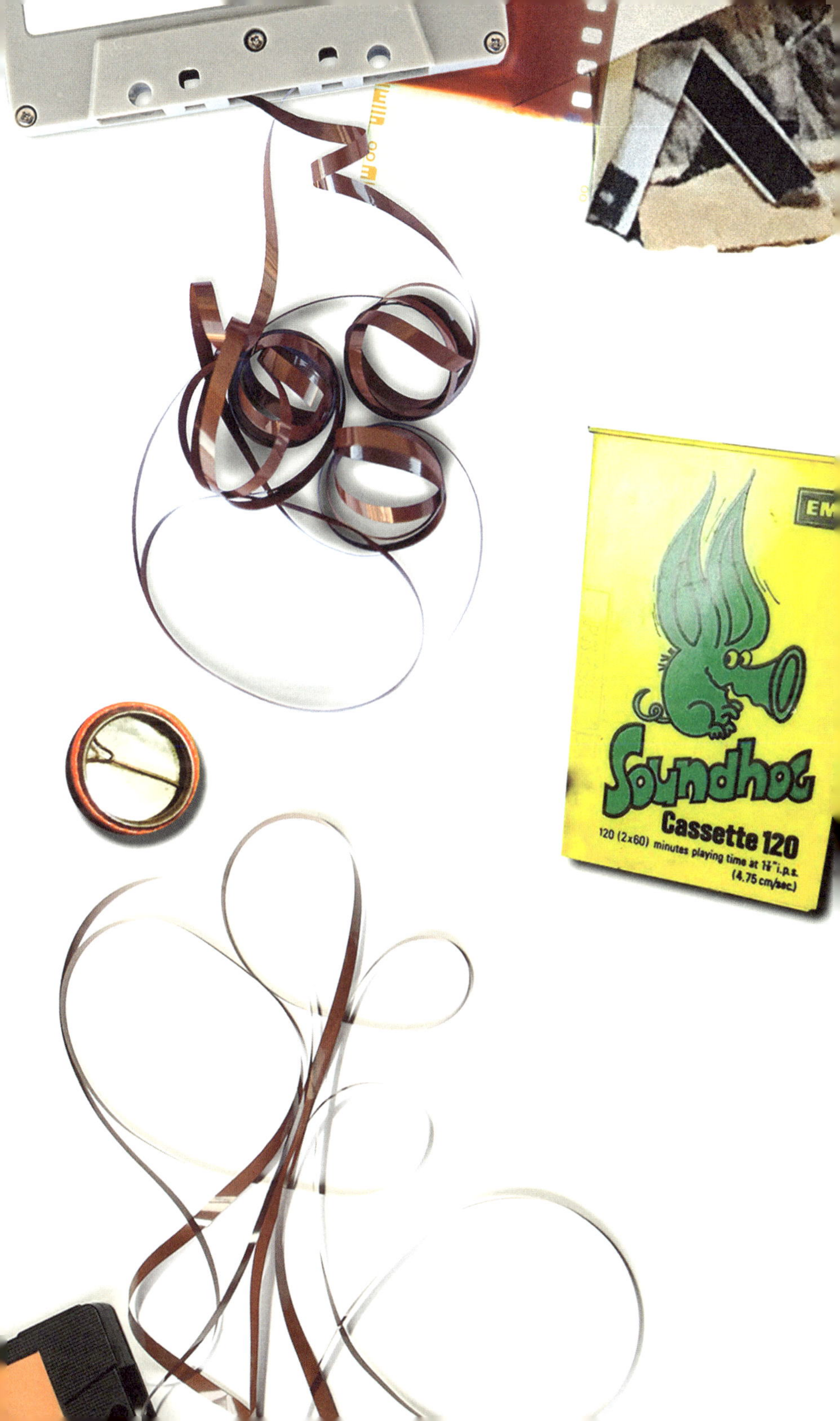
Soundhog
Cassette 120
120 (2x60) minutes playing time at 1⅞" i.p.s.
(4.75 cm/sec.)

Zu viel musikalische Selbsterkundung konnte allerdings auch ermüden. Außerdem versuchten meine Mutter & meine Schwester womöglich, während meiner »Expeditionen« unten fernzusehen. Sobald jemand nach oben rief, ich solle »den Lärm leiser machen«, war der Bann gebrochen. Kein Problem: Mit einem Schalterklick konnte die *In Tensai Rhythm Machine* vom »Zweispurmodus« (Gitarre spielen, dazu jaulen & die Resultate aufnehmen) zum »Normalmodus« wechseln (bereit für Aufnahmen aus dem Radio). Auch auf diese Weise dominierte dieser Kassettenrekorder meine Teenagerjahre. Montags bis donnerstags lag ich von zehn Uhr bis Mitternacht in meinem Doppelbett & lauschte der *John Peel Show* auf BBC Radio 1, stets den Finger an der Aufnahmetaste, falls mir etwas gefiel. Eine andere Art von Angelleine.

In den siebenunddreißig Jahren, die John Peel bei der BBC auf Sendung war, bot er die einzige Plattform für alternative Musik im britischen Radio. Diese Leistung lässt sich überhaupt nicht beziffern. Ohne seine Sendung würde so viel Musik, mit der wir alle aufgewachsen sind & die wir für selbstverständlich halten, überhaupt nicht existieren.

Ich entdeckte ihn zufällig.

Als Punk losging, konnte man leichter darüber lesen als ihn hören. Nachdem die Sex Pistols in der Bill-Grundy-Show aufgetreten waren & live im Fernsehen mit Schimpfwörtern um sich geworfen hatten, las man in allen Zeitungen davon – »Schmutz & Wahn« etc. –, doch im Radio war kein Punk zu hören. Viele Radiosender sprachen sich sogar offen dagegen aus. Sie hielten ihn für eine Bedrohung des nationalen Charakters & der Moral (wie lustig das heute klingt, dass Musik als »gefährlich« gelten konnte).

Eine solche Station war Radio Hallam, Sheffields Privatsender. Ich erinnere mich noch, wie Colin Slade, der Moderator der *Hallam Rock Show,* seinen Hörerinnen & Hörern versicherte, er werde in seiner Sendung keinen Punkrock spielen, weil das keine »richtige Musik« sei. Natürlich war ich danach umso entschlossener, welchen zu hören. Ich ging zum Radio & drehte am Senderknopf.

Ich war schon fast am Ende der Skala, als ich innehielt. Ein Typ sang mit einer seltsamen hohen Jammerstimme. Die Musik dahinter war weder laut noch aggressiv, so wie ich mir Punk vorstellte, aber die Gesamtwirkung war … anders. Ich nahm die Hand vom Regler & hörte zu. Als der Song endete, informierte mich eine tiefe Stimme (die mir noch sehr vertraut werden sollte), dass ich gerade Elvis Costello gehört hätte. In der *John Peel Show*. Meine musikalische Erziehung war in ihre nächste Phase eingetreten.

Meine liebste Freizeitbeschäftigung bestand nun darin, aus den Songs, die ich in seiner Sendung hörte, Mixtapes zusammenzustellen. Diese Musik war so ganz anders als der Hitparadenpop, mit dem ich aufgewachsen war. Ich fand den Punk, nach dem ich gesucht hatte – aber auch so viel mehr. Reggae, Noise, Experimentalmusik, moderne Klassik – eine ganz neue Welt der Musik.

Ein Beispiel: An meinem vierzehnten Geburtstag (19. September 1977) lief in seiner Sendung die erste Radiosession der Slits. The Slits waren eine reine Frauenband. Sie hatten noch keinen Plattenvertrag, als sie die Session für Peels Show aufnahmen. Einer ihrer Songs hieß »Shoplifting«, war nur ungefähr eine Minute lang & klang tatsächlich so, als würden sie mittendrin Ladendiebstahl begehen. Ein Bandmitglied rief: »Los, abhauen!«, während die anderen kreischten. Die Musik war ziemlich planlos & klang ständig wie kurz vor dem Zusammenbruch. Das war ermutigend. Wenn ich normalerweise die Ideen, die ich mit der *Rhythm Machine* aufgenommen hatte, mit aus dem Radio mitgeschnittenen Songs verglich, bestürzte mich der gähnende Abgrund zwischen den beiden Welten. Ich war immer noch so meilenweit entfernt davon, mich »anständig« anzuhören. Aber die Slits-Session klang nicht so viel anders. Das war ungeschliffen – aber auf gute Art. & es klang lebendiger als sonst irgendwas, was Peel an diesem

Abend spielte. Das bestärkte meinen Gedanken, dass es bei Songs nicht bloß auf reines musikalisches Können ankam. Musikalisches Können hatte die Rockmusik in eine Sackgasse geführt. »Shoplifting« zeigte einen Fluchtweg. Ich war absolut bereit, mit ihnen abzuhauen.

Die Klänge, die ich hervorbrachte, hörten sich nicht »professionell« an, aber es waren *meine*. & das war letztendlich wichtiger, als den Ton zu treffen oder den Takt zu halten oder andere langweilige Details. Es gab Hoffnung für mich.

Wenn ich gefragt werde: »Was ist Ihr größter musikalischer Einfluss?«, dann antworte ich immer: »John Peel.« Diese Jahre, die ich im Dunkeln lag & seiner Sendung lauschte – den Radiorekorder direkt neben dem Bett, damit ich weiter leise, aber richtig hören konnte & keinen Ärger bekam, weil ich am nächsten Tag Schule hatte –, waren unschätzbar wertvoll. Es war meine wirkliche Bildung.

& die Woge von Würdigungen nach John Peels Tod im Jahr 2004 zeugt davon, dass ich ganz sicher nicht der Einzige war, dem er dazu verhalf. In seiner stillen, bescheidenen Art hatte er fast vierzig Jahre lang die Horizonte von Musikliebhabern erweitert.

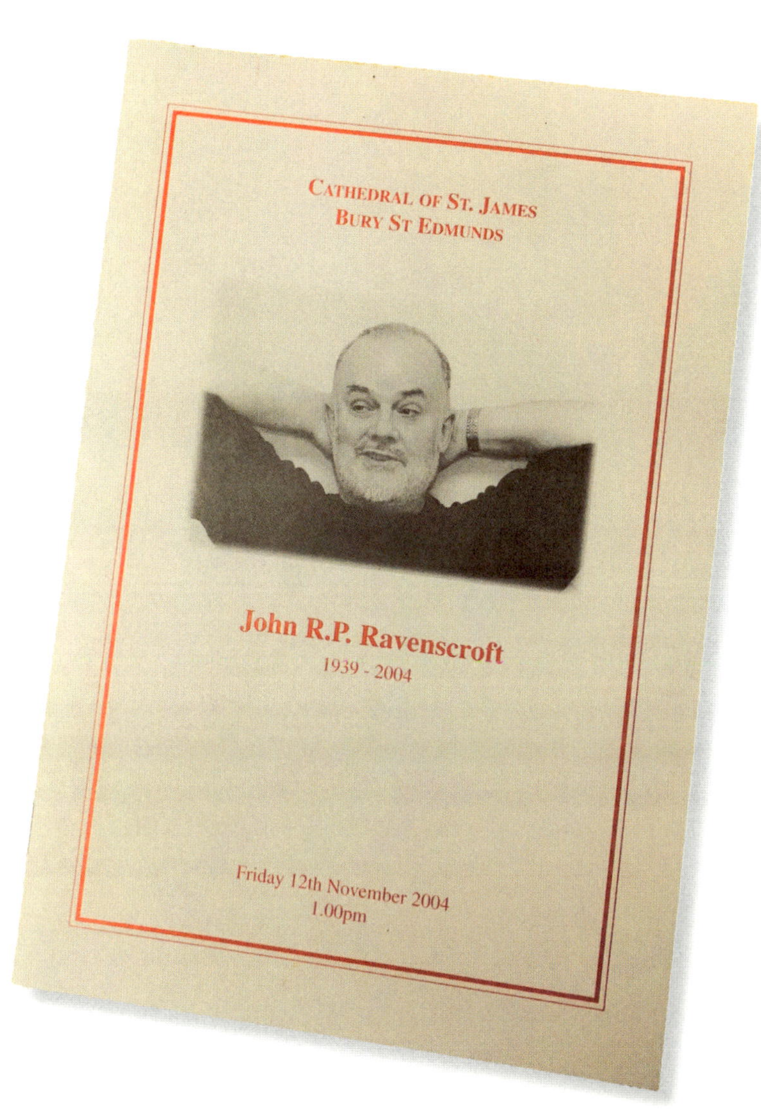
CATHEDRAL OF ST. JAMES
BURY ST EDMUNDS
John R.P. Ravenscroft
1939 - 2004
Friday 12th November 2004
1.00pm

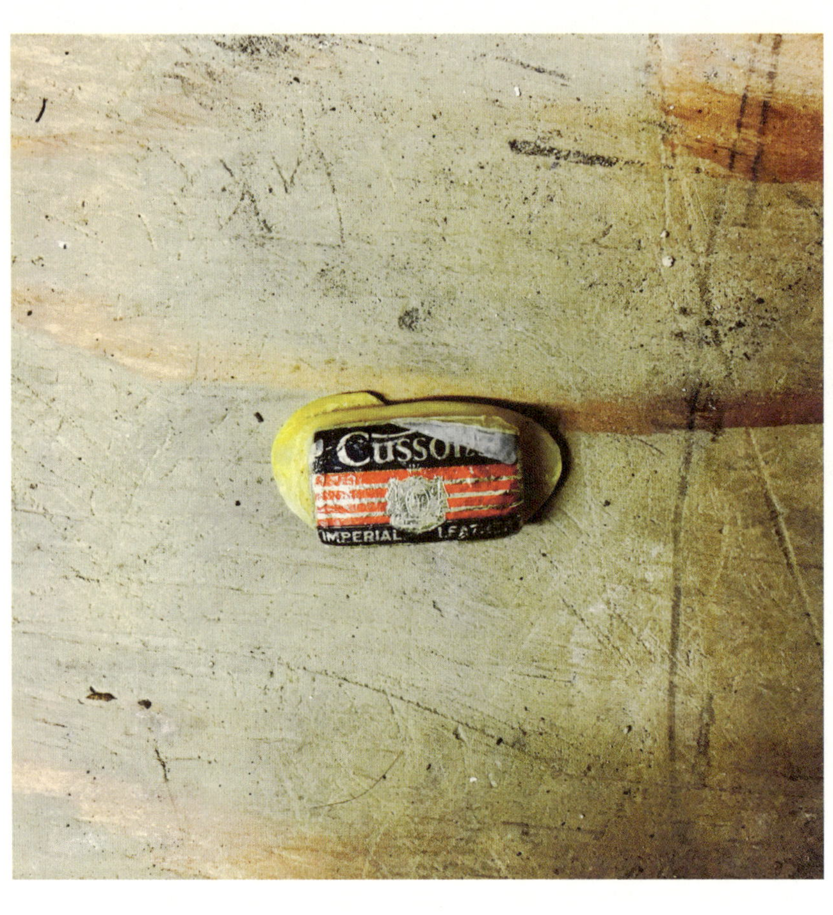
Cusso
IMPERIAL

Kapitel Neun

Dies sind die Überreste
eines Stücks Seife der Marke
Cussons Imperial Leather.

Um genau zu sein: Es handelt sich um das Etikett eines Seifenstücks der Marke *Cussons Imperial Leather,* an dem noch eine sehr kleine Menge der Seife selbst klebt. Ich wasche mich für gewöhnlich nicht auf Dachböden: Das liegt hier oben, weil Cussons das Design von Imperial Leather irgendwann Mitte der 90er geändert hat, was mich sehr ärgerte. Das ist der Rest des letzten Seifenstücks, das ich noch mit der alten Verpackung finden konnte. Deshalb ist es wertvoll. Ich weiß noch, zu wie vielen Supermärkten ich gelaufen bin, um Imperial Leather in der alten Hülle zu finden, als der Wechsel anstand. Jede Menge Herumtasten in den hinteren Regionen staubiger Regale. Irgendwann waren überall nur noch die neuen Seifenstücke. Dieses Stück habe ich so lange wie nur möglich benutzt & brachte es dann nicht über mich, es wegzuwerfen, als es aus mehr Verpackung als Seife bestand. Hier ist es also.

Die Werbespots für Imperial Leather, die in meiner Kindheit im Fernsehen liefen, zeigten einen luxuriösen Lebensstil. Ich erinnere mich besonders an einen Film, in dem eine Familie mit der transsibirischen Eisenbahn reiste, in einem Waggon mit eingelassener Badewanne. Das war Luxus in Seifenform.

Die einzigen Menschen in meiner Bekanntschaft, die Imperial Leather benutzten, waren die Eltern meines Vaters. Saskia & ich besuchten sie manchmal für ein paar Tage. Sie betrieben ein Postamt & wohnten in der Wohnung darüber. Ganz bestimmt *kein* luxuriöser Lebensstil. Ihre Wohnung ging nach hinten auf eine Bahnlinie hinaus, & wenn ich mir vor dem Schlafengehen die Hände wusch, sah ich durch das Milchglas des Badezimmerfensters die verschwommenen Lichter der vorbeifahrenden Züge. Der Geruch der Seife verband sich mit dem Geräusch der Räder auf den Schienen zu einem intensiven sinnlichen Erlebnis. Manchmal verstärkte ich die Wirkung noch, indem ich den Heißwasserhahn nur ganz schwach aufdrehte, was seltsame Folgen für die Druckverhältnisse in der Wasserleitung hatte & die Rohre heftig tröten & zittern ließ. Es klang, als würde eine Gans in einem Wäschetrockenschrank gefoltert. Ich fand es toll. Dieses Gipfelerlebnis währte jedoch nie lange, denn stets kam meine Oma hereingestürmt & schimpfte, ich würde die Rohre zum Platzen bringen. Aber ich hatte einen Blick ins Paradies erhascht …

Diesen Seifenrest besitze ich nun seit einem Vierteljahrhundert. Als ich ihn also auf dem Dachboden wiederentdeckte, dachte ich mir: »Könnte es allmählich Zeit sein, loszulassen? Ist das vielleicht die Gelegenheit, darüber hinwegzukommen? Es ist schließlich bloß ein schreckliches Stückchen alte, vertrocknete Seife …« Wach mal auf.

Aber wie ihr seht, habe ich es nicht weggeworfen.

Ich habe es behalten, weil es mich an einen wichtigen Charakterzug erinnert, mit dem ich mich schon mein ganzes Leben herumschlage: eine tiefe Abneigung gegen Veränderung.

Ich kann das mit Überzeugung sagen, weil weitere Beispiele dieses Verhaltensmuster belegen.

Beweisstück B: Marmite-Gläser hatten früher einen gelben Metalldeckel mit einem roten Streifen quer darüber, auf dem »Marmite« in Blockbuchstaben stand. Mitte der 80er wurde der Blechdeckel abgeschafft & durch einen schlichten gelben Plastikdeckel ersetzt, der sich bis heute gehalten hat. Ganz ähnliche Geschichte: Ich habe einen der alten Metalldeckel behalten, & immer wenn ich ein frisches Glas Marmite kaufte, drehte ich den Plastikdeckel ab, warf ihn weg & ersetzte ihn durch den metallenen. Das ging etwa ein Jahr gut, bis jemand anderes in der Wohn-

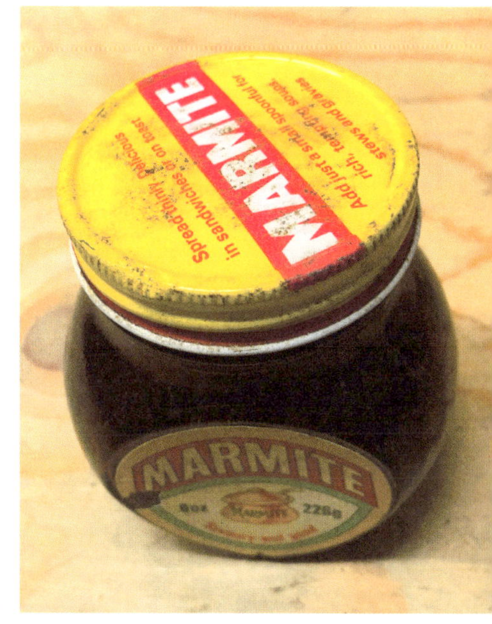

gemeinschaft, in der ich lebte, die Marmite aufaß & dann Glas & Deckel zusammen wegwarf. Das war ein schlimmer Tag. »Aha«, höre ich euch rufen, »warum ist es dann hier zu sehen, wenn es weggeworfen wurde?« Okay – da habt ihr mich voll erwischt: Ein paar Jahre später fand ich dieses Glas in einem Trödelladen & konnte nicht widerstehen & kaufte es. Es braucht seine Zeit, mit solchen Gewohnheiten zu brechen. Jede & jeder darf mal einen Rückfall haben. Seid nicht so streng mit mir.

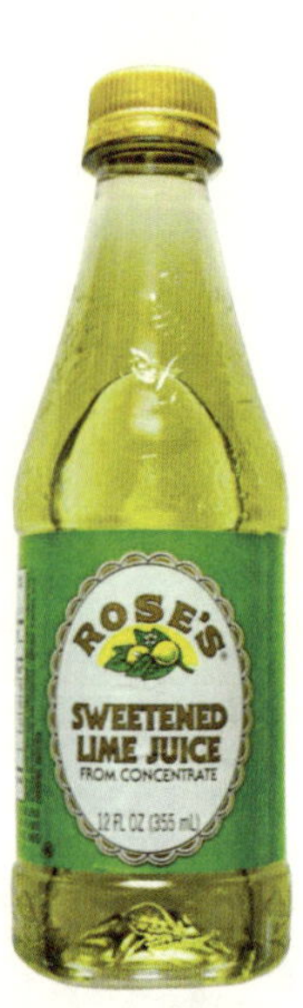

alt

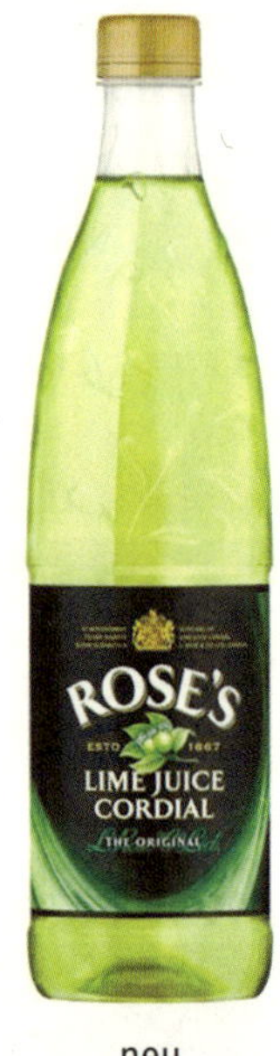

neu

Beweisstück C: In jüngerer Zeit hat Rose's Lime Juice Flaschendesign & Etikett verändert. (Vielleicht sogar erst in diesem Jahrhundert.) An der Stelle merkte ich, dass es da womöglich ein Problem mit meinem Verhalten gibt. Cussons Imperial Leather Soap war mit einer lieb gewonnenen Kindheitserinnerung verknüpft. Marmite war ein Produkt, das ich als Kind verabscheut hatte, auf das ich aber nach der Pubertät total stand. Rose's Lime Juice hingegen mochte ich nicht mal ansatzweise. Mein einziger Kontakt damit war der Anblick der Flaschen im Supermarktregal oder im Küchenschrank meiner Oma. Aber sobald ich die neue Gestaltung im nächsten Eckladen sah, kaufte ich sofort eine Flasche im alten Design. & dann stand sie auf meiner Arbeitsplatte neben dem Herd & staubte voll, weil mir das Zeug gar nicht schmeckte. Viel zu beißend. Ich hatte die Flasche nur gekauft, weil ich sah, dass sich das Äußere veränderte, & nicht wegen irgendeiner persönlichen Beziehung.

Zeit für eine »Intervention«. Ich warf die Flasche Limettensaftkonzentrat weg. Die Fotos davon habe nicht ich geschossen. Vielleicht das Werk eines anderen »Änderungsverweigerers«. Vielleicht gibt es eine Selbsthilfegruppe für dieses Problem. Ich persönlich habe inzwischen das Gefühl, diese Veränderungsphobie abgeschüttelt zu haben. Hoffe ich jedenfalls. Das hat Rose's Lime Juice bewirkt. Der hat es mir ins Bewusstsein gerufen. Aber ein Schritt nach dem anderen ...

Als ich vor ein paar Jahren das Fragment der Cussons-Seife fand, war das einer der Anstöße für dieses Buch. Fünfundzwanzig Jahre lang war es in diesem dunklen Dachbodenraum herumgegeistert, ein Teil des Morasts. Es machte mir keinerlei Freude, weil ich keinen Zugriff darauf hatte. Jetzt ist es ein Gesprächsanlass & wird stolz zur Schau gestellt. Seht ihr, es hat sogar einen eigenen Schaukasten.

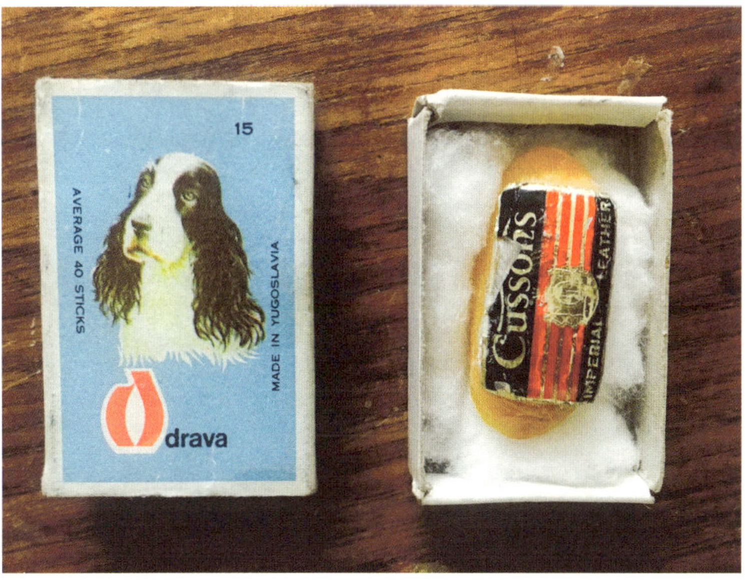

Als ich es erst einmal ausgestellt hatte, fiel mir auf, dass der Dachboden, statt Grund zu Scham & Ärger zu sein, auch etwas Positives für mich bewirken konnte. Er konnte mir helfen, mit bestimmten Aspekten meiner Persönlichkeit ins Reine zu kommen.

Warum misstraue ich Veränderungen so sehr? Bin ich ein zwanghafter Sammler? Was versuche ich zu verbergen? Das sind wichtige Fragen. Nicht jeder Gegenstand, den wir hier oben ausgraben, wird eine so prominente Stellung erlangen (es ist sogar ein Film über dieses Stück Seife gemacht worden!), doch jeder einzelne zählt. Weil sie alle da sind. Sie sind alle passiert. Sie sind die unbestrittene Wahrheit.

Die Wahrheit, die sich aus dem Rest Imperial-Leather-Seife gewinnen lässt, lautet (hoffe ich): Ich habe mein Problem mit Veränderungen überwunden. Ich begrüße Veränderungen. (»Begrüßen« ist vielleicht ein zu starker Begriff: Sagen wir lieber, ich »schüttele Veränderungen verlegen die Hand«.) Ich entwickele mich weiter.

& überhaupt:

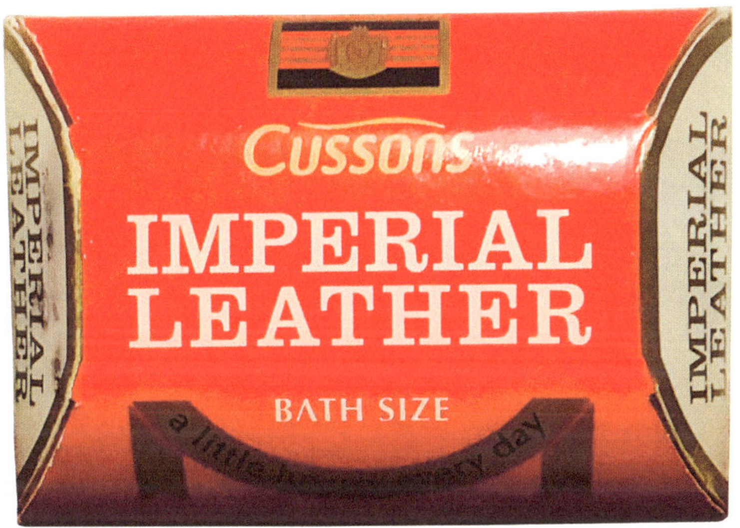

Seht mal, was ich neulich gefunden habe, als ich meiner Mutter beim Umziehen geholfen habe. Das Originaldesign. Badewannengröße. Noch ungeöffnet. & versiegelt.

Nur in Erinnerung an alte Zeiten.

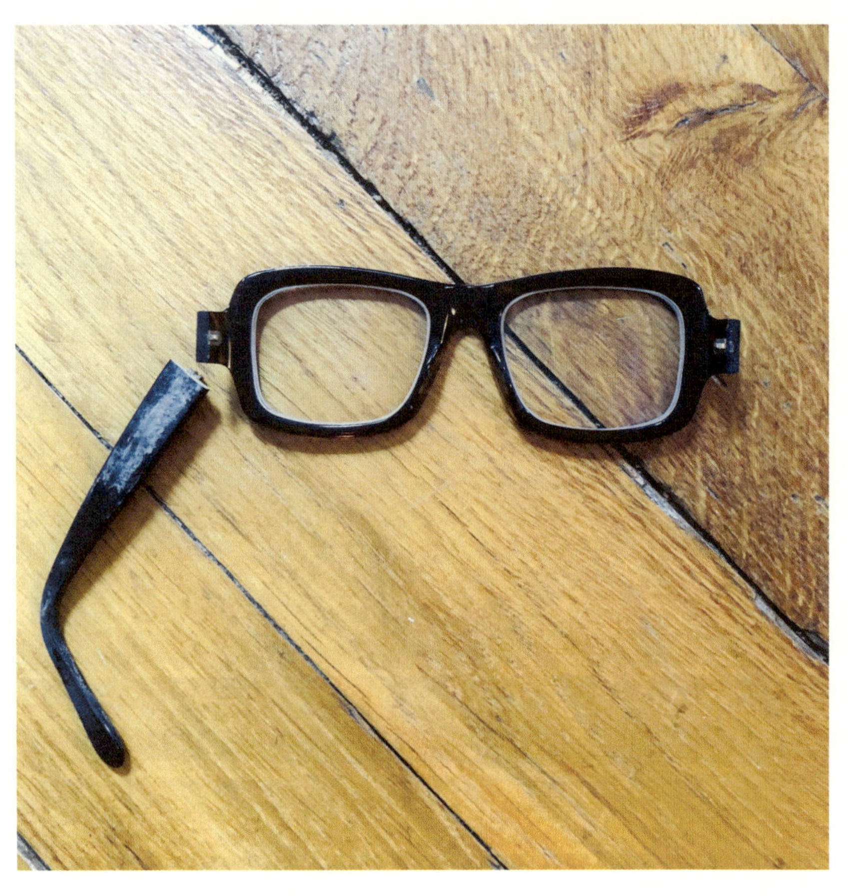

Kapitel Zehn

Hier oben auf dem Dachboden liegen jede Menge kaputte Brillen. & das liegt nicht daran, dass ich ständig in Schlägereien gerate.

Tatsächlich habe ich mich in meinem ganzen Leben nur ein einziges Mal geprügelt. Wir spielten in der Mittagspause Fußball auf dem Schulhof, & ich war Torwart. Wir hatten Jacken & Pullover als Torpfosten hingelegt. Ein Junge namens Peter Cook hatte auf mein Tor geschossen & behauptet, der Ball sei drin gewesen, ich sagte, das war er nicht, & keiner von uns wollte nachgeben, bis er aus heiterem Himmel sagte: »Willst du dich schlagen?« Die anderen Kinder auf dem Schulhof umringten uns & fingen an zu skandieren: *»Fight! Fight!«* (Was allerdings in ihrem South-Yorkshire-Akzent mehr wie *»Feet! Feet!«* klang.) Ich ließ mich von der Stimmung mitreißen & antwortete: »Ja.« Genau in dem Augenblick klingelte es zum Ende der Mittagspause. Doch die Klingel rettete mich nicht – hastig wurde ein Kampf nach Schulende auf dem Sportplatz verabredet.

Der Rest des Schultages war furchtbar. Ich konnte mich nicht konzentrieren. Jedes Mal, wenn mir wieder einfiel, was mich nach Schulende erwartete, bekam ich ein schrecklich flaues Gefühl im Magen. Hätten wir uns einfach gleich an Ort & Stelle geprügelt, wäre die Sache im Fieber der Erregung sekundenschnell vorbei gewesen & dann vergessen worden. Die in die Länge gezogene Erwartung machte alles so viel schlimmer.

Das wirklich Verrückte an der Sache war, dass wir befreundet waren. Weil wir beide eine Brille trugen, hatten wir uns verbunden gefühlt; & jetzt wollten wir uns prügeln! Ich glaube, deshalb hatten die anderen Kinder auf dem Schulhof auch so bereitwillig Öl ins Feuer unseres Streits gegossen. Sie wollten sehen, wie ein Faustkampf zwischen zwei »Brillenschlangen« aussah. Ein exotischer Leckerbissen.

Es klingelte zum Schulende. Ring frei, erste Runde …

Auf dem Weg zum Sportplatz merkte ich, dass auch Peter keine Lust mehr auf die Sache hatte – aber keiner von uns beiden brachte es über sich, einen Rückzieher zu machen & »Feigling« genannt zu werden.

friends at City School 1976

VS.

Name Me (alias Spider-man)
Address 130 Mansfield Rd. Sheffield 12

Name Rookoo (alias Peter Le
Address

Wir kamen zum Fußballplatz, & die Zuschauer bildeten einen Kreis um uns. Wir reichten beide unsere Brille an einen Mitschüler weiter. Der selbst ernannte Ringrichter teilte uns mit: »Wer zuerst heult, hat verloren.« Wir nickten zustimmend, & der längste Faustkampf in der Geschichte der Grundschulen von Sheffield begann.

Vielleicht lag es daran, dass wir Freunde waren. Vielleicht auch daran, dass wir uns beide noch nie geprügelt hatten. Vielleicht daran, dass wir uns ohne Brillen nicht richtig sehen konnten. Ich jedenfalls fand es völlig unmöglich, Peter mit der Faust ins Gesicht zu schlagen. Man sieht so was zwar dauernd im Fernsehen, aber im wirklichen Leben fühlte es sich so ... falsch an. Unfassbar brutal. Also entschied ich mich für viele schnelle Körpertreffer. Ich musste in irgendeiner Sportsendung gesehen haben, wie ein Boxer so auf einen Sandsack eindrosch. Ein großer Teil des »Kampfes« bestand darin, dass wir uns umkreisten & die Menge nach Blut verlangte. Dann stürmten wir aufeinander los & suchten Körperkontakt. Peter wollte mir offenbar auch nicht ins Gesicht schlagen. Darum wurde eher ein Ringkampf daraus. Einmal rang er mich zu Boden, & ich weiß noch, wie ich meine bleiche & irgendwie fleckige Hand vor dem Grün des Fußballrasens sah, während er mir in den Rücken boxte. Der »Ringrichter« fragte ständig, ob einer von uns »das Handtuch werfen« wolle. Den Ausdruck hatte er offenbar bei Wrestling-Sendungen aufgeschnappt, die samstagmorgens auf ITV liefen: Mick McManus & Catweazle & all die anderen seltsamen Gestalten in Kostümen, die da auftraten. »Zwei Niederschläge oder Aufgabe« & so was.

Am Ende warf das Publikum noch vor uns das Handtuch. Die Leute zogen ab, weil sie nicht zu spät zum Abendessen kommen wollten. Philister. In einem letzten Aufwallen gingen Peter & ich aufeinander los, ich handelte mir ein blaues Auge ein & Peter ein geschwollenes Ohr. Aber keiner von uns heulte. Der Kampf wurde als Unentschieden gewertet (auch das noch nie da gewesen in der Geschichte der Schule).

Heulen musste ich dann auf dem Heimweg. Von dieser verhältnismäßig harmlosen Begegnung mit Blutgier wurde mir übel. & davon, wie leicht man sich durch Gruppendruck zu so etwas drängen ließ.

Da ich nun einen Faustkampf aus erster Hand erlebt hatte, schwor ich mir, nie wieder an einem teilzuhaben. & das habe ich auch nicht. (Soweit ich weiß, steht unser Rekord für den längsten Schulkampf immer noch.)

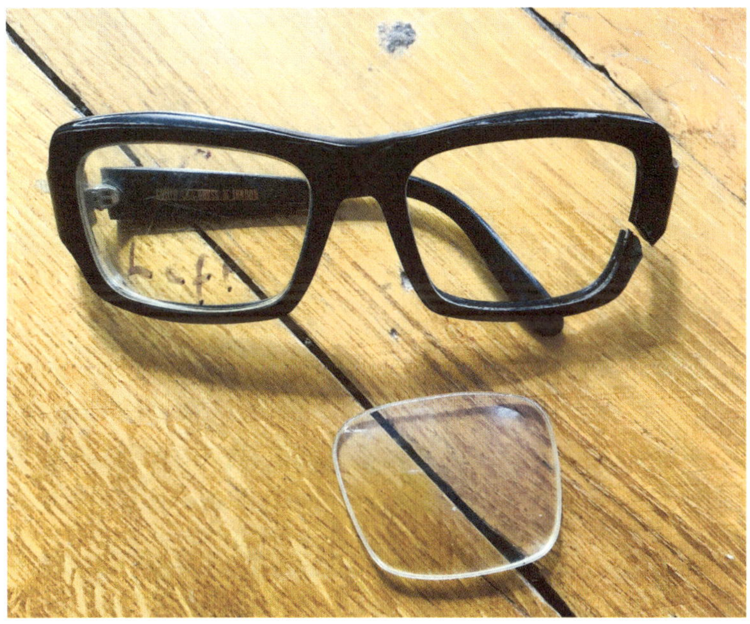

Diese Brillen sind also nicht zerbrochen, weil ich mich schlage. Der Grund für die vielen zerbrochenen Brillen auf dem Dachboden ist, dass auf sie getreten wurde. Von mir.

Ich bin äußerst kurzsichtig, darum muss ich darauf achten, wo ich sie hinlege, wenn ich abends ins Bett gehe. Als ich noch in prekäreren Verhältnissen lebte, war das ein Problem, denn mein Bett war immer eine Matratze auf dem Boden. Wenn ich aus irgendeinem

Grund (Alkohol/extreme Müdigkeit/Sex) nicht richtig aufpasste, wo ich sie hinlegte, spielte ich nach dem Aufwachen russisches Roulette. Nachdem ich eine Weile angestrengt ins Dämmerlicht des Schlafzimmers gespäht hatte, hüpfte ich in unbequem gebückter Haltung herum, in der Hoffnung, eine Linse glitzern zu sehen. Irgendwann hörte ich dann ein scheußliches Knirschen unter meinem Fuß. Ach, da bist du …

Was für ein beschissener Start in den Tag. Oft ging ich danach einfach wieder ins Bett.

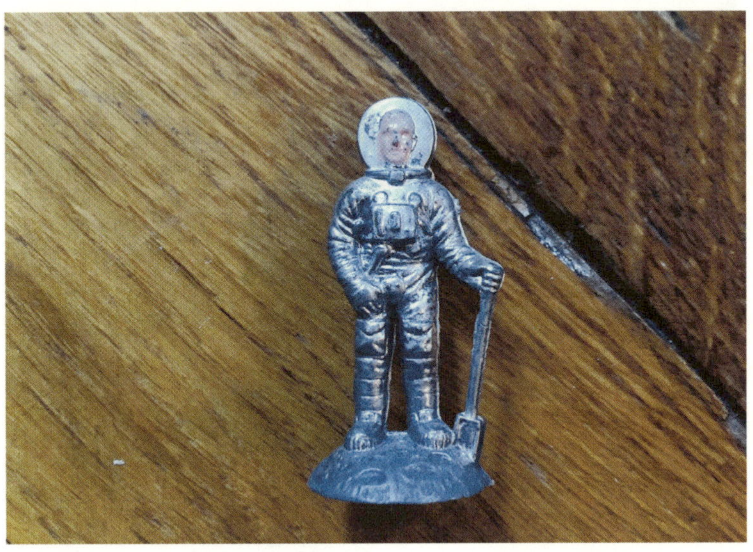

Vieles hier oben auf dem Dachboden könnte leicht zertrampelt & zerbrochen werden. Wie dieser kleine Kerl zum Beispiel. Aber Vorsicht – er ist unbezahlbar: Jahrelang hat er allein mich daran erinnert, warum ich überhaupt eine Brille trage.

Als ich sechs Jahre alt war, bekam ich Meningitis oder Hirnhautentzündung. Das ist eine Entzündung der Schutzmembranen um Gehirn & Rückenmark. Wenn sie nicht schnell genug behandelt wird, kann sie tödlich verlaufen. Nach einem Familienausflug ins Schwimmbad klagte ich über Schmerzen in den Beinen. Die Schmerzen gingen nicht weg & wurden sogar schlimmer, als ich im Bett lag. Meine Mutter sorgte sich & rief unsere Hausärztin Dr. Fantham an, die gleich die Symptome erkannte & meiner Mutter sagte, sie solle mich sofort ins Krankenhaus bringen. Davon weiß ich schon nicht mehr viel, denn wegen des Hirndrucks verursacht die Krankheit auch Delirium & Lähmungen. Meine nächste Erinnerung ist, dass mir ein Arzt sagt, ich solle mich in Embryohaltung zusammenrollen, weil er eine Lumbalpunktion durchführen wollte. Ich hatte keine Ahnung, was das bedeuten sollte, aber es klang nicht gut. Als ich die Spritze sah, mit der er mich »punktieren« wollte, wusste ich sicher, dass es nicht gut war. Sie war so groß wie eine dieser Witzspritzen aus einem Zeichentrickfilm. Die Nadel war fast fünfzehn Zentimeter lang. Stellen Sie sich vor, wie bedrohlich sie für einen Sechsjährigen aussah. Vor allem, wenn sie von diesen Worten begleitet wird: »Das wird jetzt sehr wehtun, aber wenn du ein braver Junge bist & nicht weinst, darfst du hinterher deine Mutter sehen.« Ich versprach, nicht zu weinen.

Der Wikipedia-Eintrag zu Lumbalpunktion (oder Spinalpunktion, wie es auch genannt wird; *»spinal tap«* in den USA) erklärt: »Eine Hohlnadel wird zwischen den Lendenwirbeln eingeführt & hineingedrückt, bis ein ›Nachgeben‹ anzeigt, dass sie in den Lumbalen Spinalkanal eingedrungen ist. Die Nadel wird weitergedrückt, bis ein zweites ›Nachgeben‹ bedeutet, dass sie die Dura Mater durchdrungen hat.« Für Laien bedeutet das: Eine riesige Nadel wird durch die Rückenwirbel in die Wirbelsäule hineingestochen. Zweimal. Der Schmerz war unglaublich. Aber ich weinte nicht.

»Kann ich jetzt meine Mum sehen?«, wimmerte ich, nachdem die Nadel wieder herausgezogen worden war.

»Die ist schon nach Hause«, lautete die Antwort. Einfühlsam. Sie war ganz offensichtlich auch nicht da gewesen, als er mir zuvor das Versprechen abgenötigt hatte, nicht zu weinen. Wie wir schon festgestellt haben: Erwachsene lügen.

Ich lag in einer Isolierstation im Kinderkrankenhaus von Sheffield. Ich bekam jede Menge handgeschriebene Karten von meinen Mitschülerinnen & Mitschülern. Unsere Lehrerin musste etwas an die Tafel geschrieben haben, das sie abschreiben konnten, denn auf allen Karten stand das Gleiche. Vielleicht hatte das Schulamt von Sheffield auch einen Standardbrief – »Sätze für Grußkarten im Fall der lebensbedrohlichen Erkrankung eines Mitschülers oder einer Mitschülerin«.

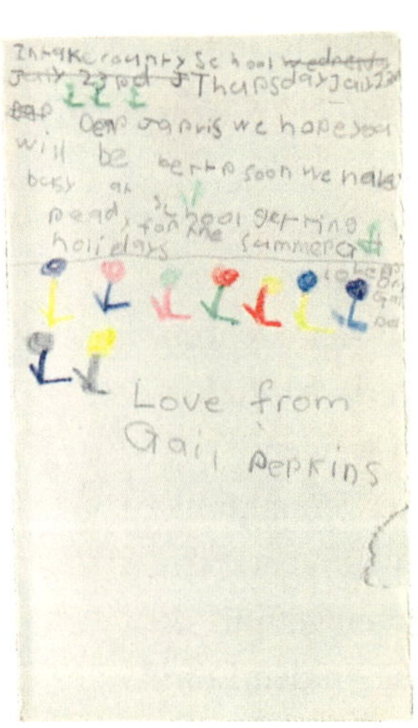

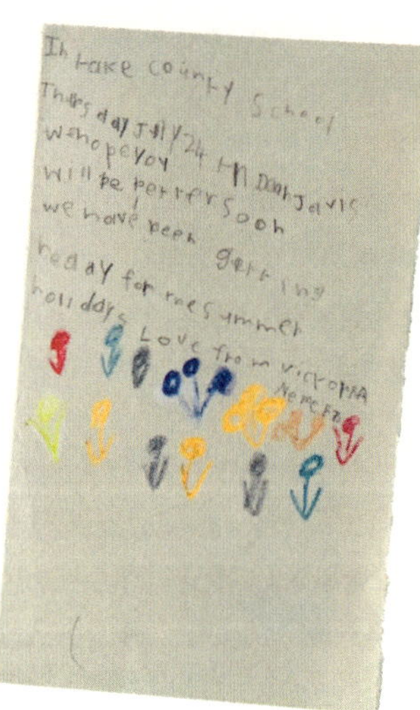

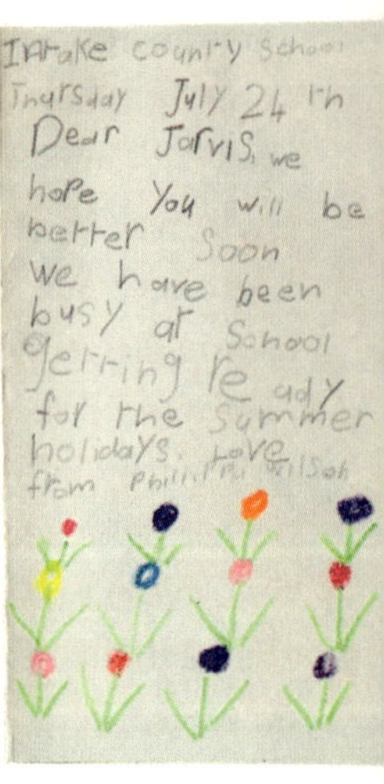

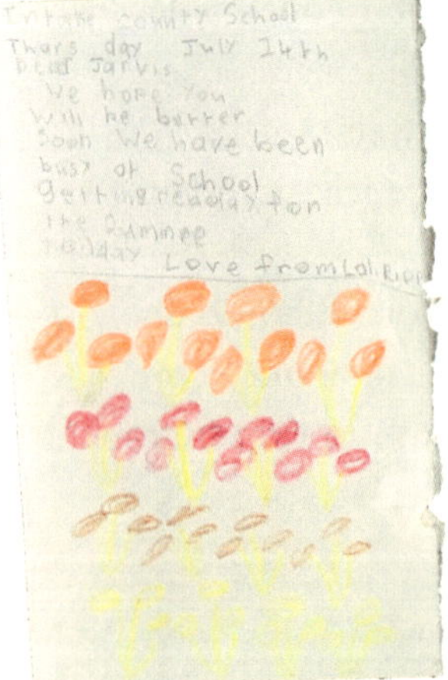

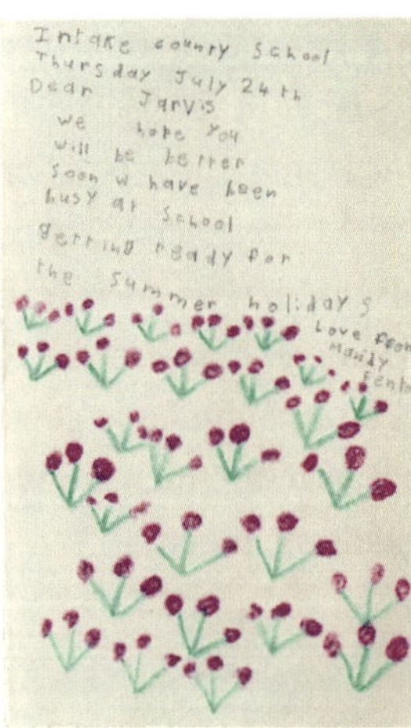

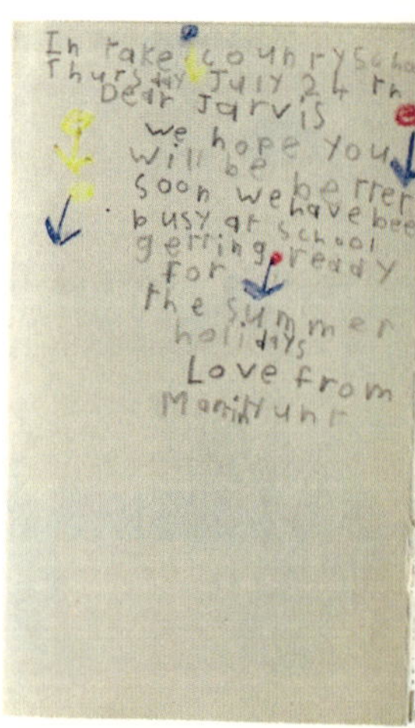

Außerdem bekam ich eine Menge toller Geschenke. Die Leute müssen wirklich geglaubt haben, dass ich den Löffel abgebe. Habe ich aber nicht. Die Krankheit ging langsam vorüber, & nach ungefähr zwei Wochen sagte man mir, ich würde am nächsten Tag entlassen. & dann kam der Hammer: Weil sie womöglich mit dem Virus befallen waren, das ich gerade überwunden hatte, mussten all die fantastischen Geschenke, die ich gerade bekommen hatte, eingeäschert werden. Alle.

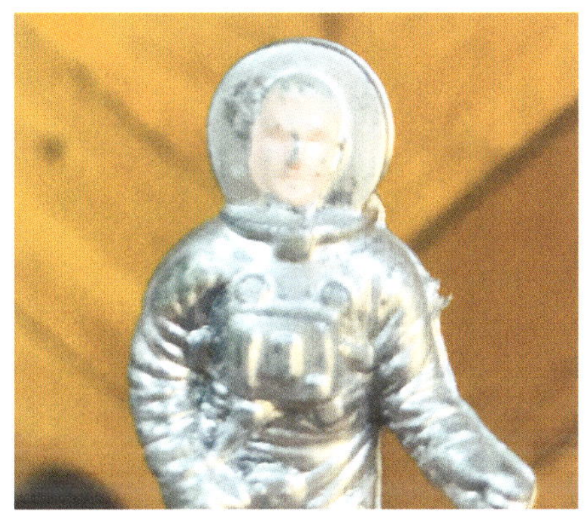

Alle außer diesem Burschen. Ein Verwandter, der von meiner Weltraumfaszination wusste, hatte mir ein paar Plastikraumfahrer gekauft, mit denen ich spielen konnte. Sie waren das billigste Ramschspielzeug von all meinen Krankengeschenken. Wahrscheinlich hatten sie im Laden an der Ecke 20 Pence gekostet. Aber eben wegen ihrer geringen Qualität überlebten die Raumfahrer: Weil sie aus Plastik waren, konnten sie in kochendem Wasser sterilisiert werden. & deshalb konnte ich sie mit nach Hause nehmen. & hier ist das letzte Mitglied der Mission, das sich noch in meinem Besitz befindet – der letzte lebende Astronaut sozusagen.

Die wenigsten Menschen überstehen eine Meningitis unbeschadet. Es gibt unterschiedliche Nachwirkungen. Eingeschränkte Sehkraft ist eine der häufigsten. Seither trage ich eine Brille.

Das ist jedenfalls die Geschichte, die ich mir selbst (& allen anderen, die Interesse zeigten) mein Leben lang erzählt habe. Eine bewegende Geschichte. Beinahe eine Heldengeschichte. & sie ist absolut wahr. Bis auf ein sehr wichtiges Detail.

Das ist nicht der Grund, warum ich eine Brille trage.

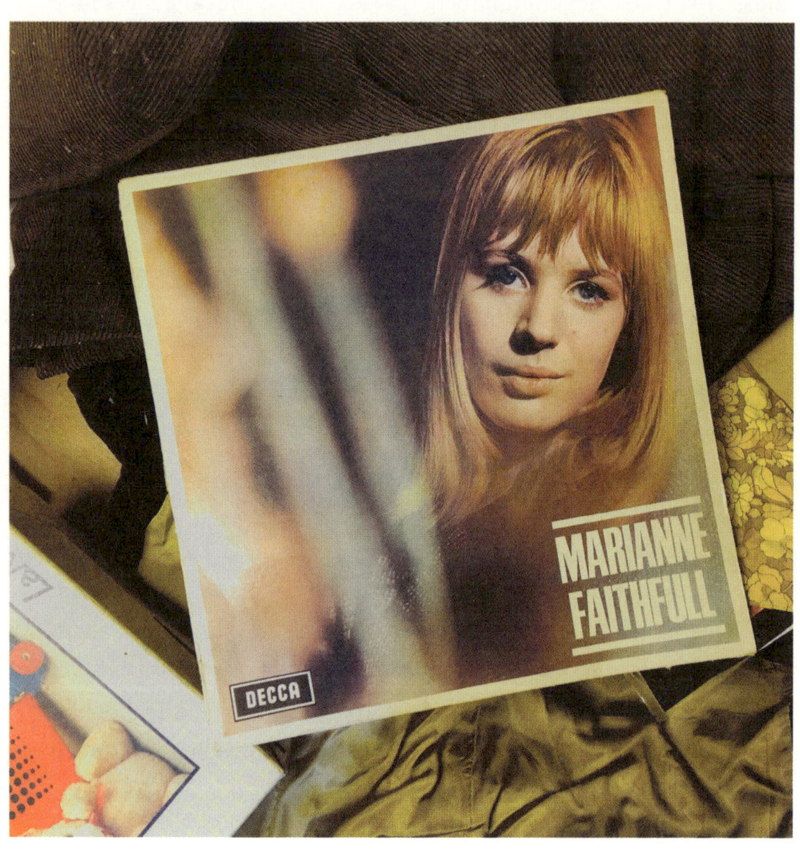

Ach, sieh an, da ist die erste LP von Marianne Faithfull, erschienen im April 1965. Ich hörte sie erst Weihnachten 1985, als ich sie von meiner damaligen Freundin geschenkt bekam. Ich sage: »damalige Freundin«: Unsere Beziehung lag in den letzten Zügen – diese

Phase, in der man sich trennt, dann wieder zusammenkommt, nur um sich dann wieder zu trennen. So hingeschrieben klingt es sehr kalt. Aber es war meine erste längere Beziehung, & dass sie so schiefgelaufen war, tat richtig weh. Uns beiden. & uns fehlte das emotionale Vokabular, damit umzugehen.

Es ist zum Beispiel schon mal richtig scheiße, um Weihnachten herum Schluss zu machen. Man ist umgeben vom Geist des »Friedens & Wohlgefallens für alle Menschen«, was es besonders fies wirken lässt, jemanden zu verlassen. So als wäre man Dickens' Geizkragen auf romantischem Gebiet. Also machten wir uns gegenseitig Geschenke. Wir wussten es nicht besser.

Als ich Weihnachten diese Platte auflegte, machte sie mich fertig. Der allererste Song heißt »Come & Stay With Me«. Gleich mal die Karten auf den Tisch.

Es folgt »If I Never Get to Love You«, was so anfängt:

If I never get to love you,
It won't be that I didn't try.
I'll be trying to possess you
'Til the day I die.

Wenn ich dich nie lieben darf
Dann nicht, weil ich's nicht versucht habe.
Ich werde dich zu besitzen versuchen
Bis ich einmal sterbe.

Noch so eine heftige Botschaft. Das ganze Album war gespickt damit. Weitere Titel lauten: »He'll Come Back to Me«, »In My Time of Sorrow«, »What Have I Done Wrong?«, »I'm A Loser« – am Ende der zweiten Seite war ich ein Gefühlswrack. Meine Freundin vernichtete mich mithilfe dieser Lieder, gesungen von Mariannes reiner, unschuldiger Stimme. O, *Come All Ye Faithfull.* Ich hatte ganz & gar kein »frohes Fest« in diesem Jahr.

Anderes Jahr, andere Weihnachtszeit: Kurz vor dem Fest 2012 gab Pulp ein Heimkonzert in Sheffield. Es war der Abschluss einer Reunion-Tour, bei der einige alte Wunden geheilt, Gräben zugeschüttet & Rechnungen beglichen wurden. Es gibt einen Film von Florian Habicht namens *Pulp: A Film About Life, Death & Supermarkets,* der sich um das Konzert dieses Abends dreht. In einem Interview im Film beschreibe ich meine Motivation für die Wiedervereinigung der Band als den Wunsch, irgendwie »Ordnung zu machen«. Ich fand das Ende der Band »unordentlich«. (Es gibt offensichtlich Vorboten des Prozesses, den wir hier auf dem Dachboden gemeinsam durchlaufen. Ich habe eine Vorgeschichte derartigen Verhaltens.) Bei der Party nach dem Konzert traf ich zu meiner Überraschung meine erste Freundin. Die mir die Marianne-Faithfull-Platte geschenkt hatte. Im Zeichen der »Heilung & Wiedergutmachung«, unter dem die ganze Tournee gestanden hatte, sagte ich ihr, dass es mir sehr leidtue, wie es zwischen uns zu Ende gegangen war & wie sehr es mich gerührt hatte, dass sie ihren Schmerz vor mehr als einem Vierteljahrhundert durch ihr Weihnachtsgeschenk auszudrücken versucht hatte. Sie sah mich an & grinste. »Diese Platte von Marianne Faithfull habe ich gekauft, weil sie bei WHSmith im Angebot war & ich nicht allzu viel für dein Geschenk ausgeben wollte, denn ich wusste ja, du willst mit mir Schluss machen. Ich habe sie mir nie angehört.«

Wir erzählen uns Geschichten, die auf den Beobachtungen basieren, die wir von der Welt haben. Wir stellen die Informationen in eine uns logisch erscheinende Ordnung, & die wird dann zu dem Narrativ, an das wir glauben. Das wird *Die Wahrheit*. Solche Wahrheiten können Jahre, Jahrzehnte überdauern. Oft genug ein ganzes Leben. Aber ab & zu passiert etwas, das uns neu darüber nachdenken lässt.

Vor ein paar Jahren wurde meine Mutter krank, & ich fuhr hin & kümmerte mich um sie, während sie sich zu Hause erholte. Es ist eigenartig, lange nachdem man das Nest verlassen hat, wieder in so eine Eltern-Kind-Dynamik zurückzufallen. & es fällt schwer, alte Verhaltensmuster zu vermeiden. Ich lief nicht in kurzer Lederhose durchs Haus oder so, aber ihr wisst schon, was ich meine. Nippes im Wohnzimmerschrank, Bücher im Regal, Gegenstände, die mich täglich umgaben, ließen den Abstand zwischen Vergangenheit & Gegenwart papierdünn werden. Beim Essen erinnerten wir uns an Familiengeschichten. Normalerweise schneide ich bei solchen Gesprächen immer ziemlich schlecht ab, denn meine Mutter legt mit irgendeiner Geschichte über Onkel Branson oder Tante Sailie los, & ich habe keinen Schimmer, von wem sie redet. Dann ärgert sie sich & schimpft mit mir: »Daran musst du dich doch erinnern!«, & sie beschreibt die betreffende Person in allen Einzelheiten, was mir auch nicht weiterhilft. Ein Witz meiner Familie lautet, dass ich keinerlei Erinnerung an alle wichtigen Lebensereignisse habe, aber genau weiß, wer die ersten *Spiderman*-Comics gezeichnet hat (Steve Ditko, gefolgt von John Romita) oder wer in der originalen Fernsehserie aus den 1960ern Batman & Robin gespielt hat (Adam West & Burt Ward). Weitere Beispiele dafür, wie sehr mich die Popkultur in meiner Kindheit im Griff hatte.

Eines Abends wollte ich selbst was zu dieser Atmosphäre der Familienbesinnung beitragen & Erinnerungen teilen. Ich fragte, wie lange es nach meiner Entlassung aus dem Krankenhaus gedauert hätte, bis die Schule merkte, dass ich schlechter sehen konnte, & mich zum Sehtest beim Optiker schickte.

»Was redest du denn da?«, entgegnete meine Mutter. »Du hast schon eine Brille getragen, bevor du ins Krankenhaus kamst.«

»Bist du sicher?« Sie hatte gerade eine ernste Krankheit überstanden, vielleicht war sie noch ein bisschen durcheinander.

»Klar bin ich sicher«, sagte sie. »Ich kann es beweisen.« & damit mühte sie sich vom Stuhl hoch, ging nach nebenan & kam ein paar Minuten später mit einem Foto zurück.

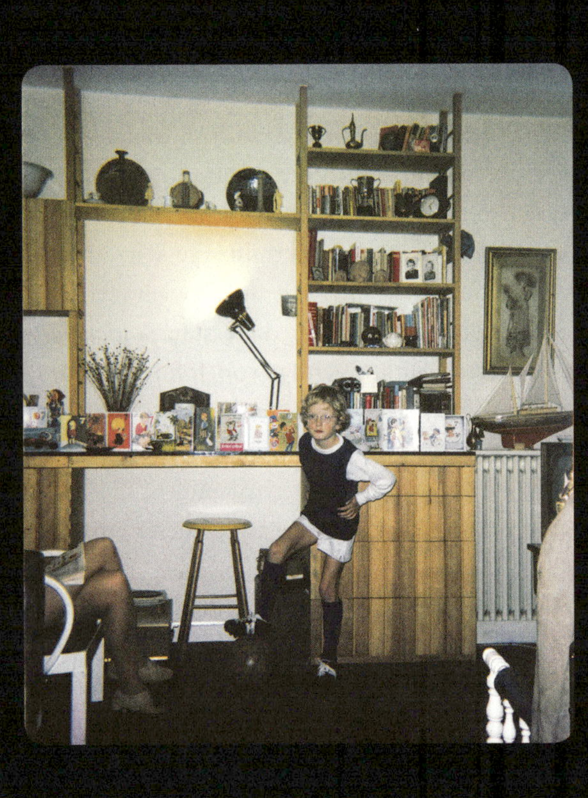

Es sieht ganz unschuldig aus – ich präsentiere stolz mein Fußball-Outfit von Sheffield Wednesday. Umgeben von all den Büchern & dem Schnickschnack, den meine Mutter immer noch besitzt. Aber hinter mir steht eine Reihe von Glückwunschkarten. Zum Geburtstag. Ich gebe mit meiner Fußballausrüstung an, weil ich sie gerade zum sechsten Geburtstag geschenkt bekommen habe. Ich habe also mein Lieblingsgeschenk schon an – & außerdem eindeutig eine Brille auf. & mit Hirnhautentzündung ins Krankenhaus kam ich erst zwei Monate nach dieser Aufnahme.

Es ist eine eigenartige Entdeckung, wenn sich eine Geschichte, die man sich fast sein ganzes Leben lang selbst erzählt hat, als völlig falsch herausstellt. Vor allem, wenn sie von einem selbst handelt. Wenn *ich selbst* meine Lebensgeschichte nicht kenne, wer dann?

Nach der Erzählung meiner Mutter wurde meine Kurzsichtigkeit kurz nach meiner Einschulung mit fünf Jahren entdeckt. Ich konnte nichts von dem erkennen, was die Lehrer an die Tafel schrieben oder malten. Ich wurde in die erste Reihe gesetzt, hatte aber immer noch Probleme. Also wurde ich mit einem Brief an meine Mutter nach Hause geschickt. Als sie den nächsten Teil der Geschichte erzählte, wirkte sie etwas verlegen. »Wir wussten es nicht«, sagte sie. »Du hast nie irgendwas gesagt oder dich beklagt. Ich vermute, deine Augen waren von Geburt an so schlecht.«

Moment mal! Ich bin gerade vom Schreibtisch aufgestanden & habe mir ein Maßband geholt. Wenn ich die Brille abnehme & die Hand vor mein Gesicht halte, kann ich sie bis zu einem Abstand von etwa 25 Zentimetern scharf sehen. Weiter weg ist alles komplett verschwommen. Meine Brillenstärke hat sich eigentlich kaum verändert, seit ich zum ersten Mal eine Brille verschrieben bekam. Vielleicht einen Zentimeter weiter oder so. Das heißt aber, dass ich meine ersten fünf Lebensjahre IN DICHTEM NEBEL VERBRACHT HABE!

Die Geschichte, dass ich in der Klasse nach vorn gesetzt wurde, weil ich das Tafelbild nicht erkennen konnte, hatte ich schon gehört. & auch die Geschichte vom Optikerbesuch, als ich mit meiner ersten Brille auf der Nase auf die Straße trat, nach oben schaute & sagte: »Oh, da sind ja Löcher in den Bäumen!« Was bedeutete, dass die Bäume bis dahin für mich bloß grüne Flecken gewesen waren & ich jetzt kleine Stückchen Himmel durch die Lücken im Blattwerk sehen konnte. Mit diesen Teilen der Familienchronik war ich vertraut. Ich hatte bloß die chronologische Ordnung vertauscht & diese Ereignisse beim Basteln meines persönlichen Zeitstrahls hinter die Entlassung aus dem Krankenhaus nach meiner Hirnhautentzündung geschoben.

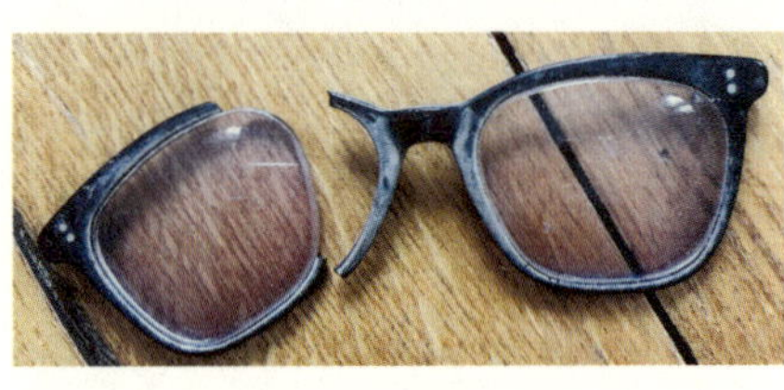

Wie komme ich mit dieser Enthüllung über die Nebel-Ära klar? Es liegt eine gewisse Enttäuschung darin, wenn etwas für wahr Gehaltenes widerlegt wird. Es ist so ähnlich wie mit meinem Ur-Wogan, an dem ich noch festhalten wollte, nachdem ich den echten Wogan in *Blankety Blank* gesehen hatte. Ich fand meinen besser. Muss ich mich wirklich der Realität stellen?

Es liegt auf der Hand, dass es meine Entwicklung entscheidend beeinflusst haben muss, wenn ich mich die ersten fünf Jahre meines Lebens in einer Art Weichzeichner-Dunst bewegt habe – aber ICH KANN MICH AN NICHTS ERINNERN.

Ich kann raten. Liegen deshalb hier oben so viele kleine Plastikfiguren, die aussehen wie aus einem Weihnachtsknallbonbon? Weil die das einzige Spielzeug waren, das ich als Kind in vollem Umfang erkennen konnte? Habe ich deshalb schon so jung angefangen zu lesen? Weil ich mir Bücher im richtigen »Tiefenschärfebereich« vor die Augen halten konnte? Liebe ich darum Musik so sehr? Weil ich mir dabei keine Gedanken darüber machen muss, ob etwas scharf ist oder nicht? Meine Ohren können alles problemlos hören. War ich darum mein Leben lang so besessen von den Einzelheiten & Feinheiten all meiner Arbeiten? Weil das eine Zeit lang ALLES war, WAS ICH SEHEN KONNTE? Meine ganze Existenz musste aus Einzelheiten bestanden haben – der Rest war bloß verschwommene Unbestimmtheit. Ich hatte sicher keine Vorstellung & keinen richtigen Begriff vom Großen & Ganzen.

Ich werde nie wissen, wie stark die Wirkung der Nebel-Ära war. Aber fünf Jahre *sind* eine lange Zeit. Vor allem, wenn es zufällig die ersten fünf Lebensjahre sind. Der Nebel hatte großen Einfluss.

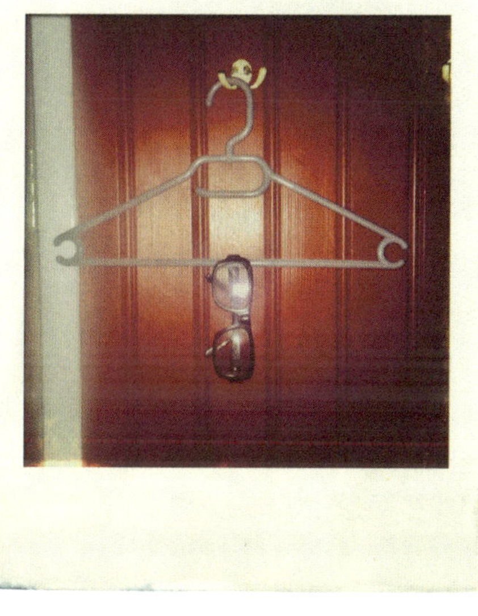

Der Nebel hat sich zwar nicht vollständig gelichtet, doch im Lauf der Jahre habe ich gelernt, damit zu leben. Ich treffe inzwischen Vorkehrungen (siehe rechts). Das Foto habe ich aufgenommen, als ich neulich bei Freunden übernachtete & es in dem Zimmer, in dem ich schlief, keinen Nachttisch gab. Warum ein unnötiges Risiko eingehen? Inzwischen genieße ich den Nebel. Ich mag es, im warmen, verschwommenen Dämmer aufzuwachen & selbst entscheiden zu können, wann ich die Welt scharf stellen möchte. Die Brille vom Bügel nehmen & von einer Existenzform in die andere wechseln. Das kann nicht jeder Mensch.

Im ersten Teil dieses Buches habe ich versucht, einige der prägenden Erfahrungen zu beschreiben, die dazu geführt haben, dass ich die Welt auf meine ganz eigene Art sehe. Die Zutaten, die meine Vision erzeugt haben. Eure Zutaten sind sicher andere als meine, aber ich bin fest davon überzeugt, das Grundrezept ist für uns alle das gleiche.

Jetzt wird es Zeit, uns an ein paar anderen Menschen auszuprobieren.

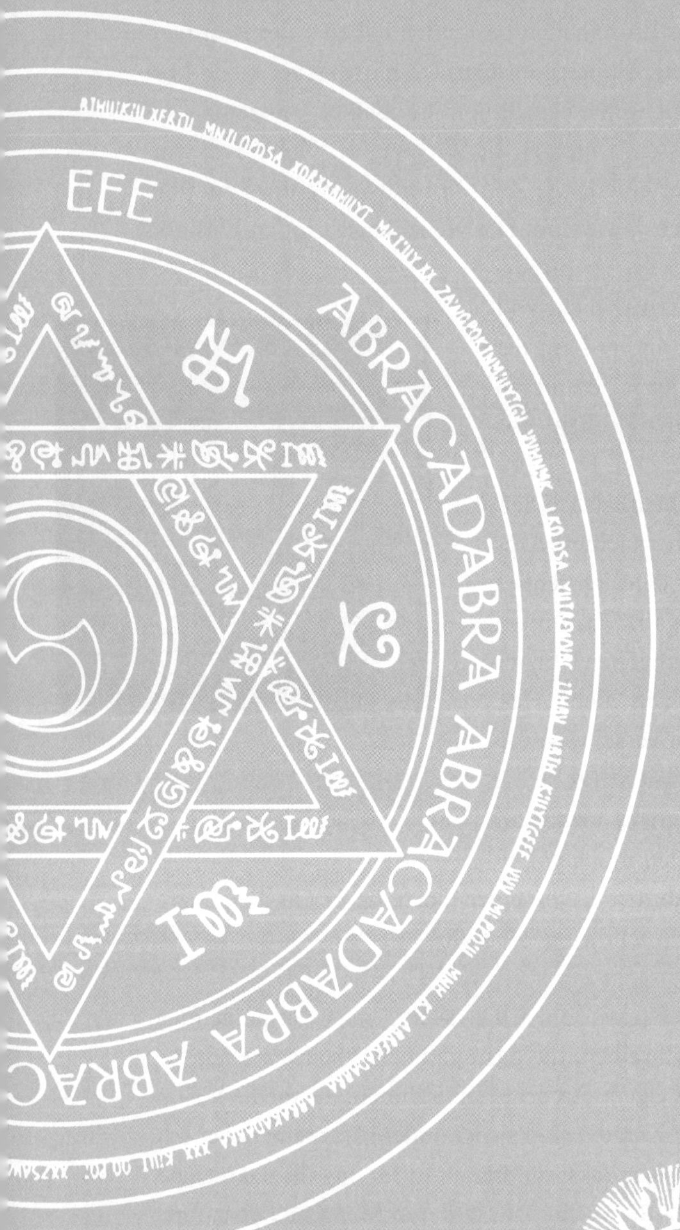
EEE
ABRACADABRA ABRACADABRA ABRAC

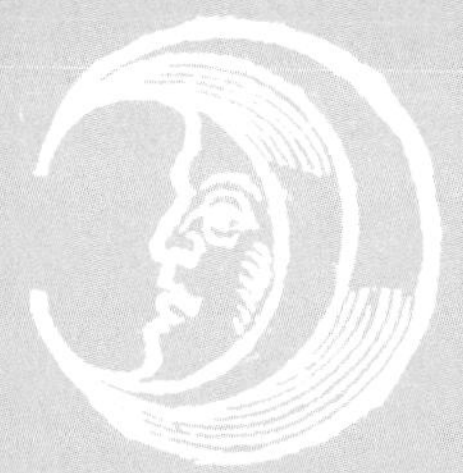

Zwischen-spiel

DER ZAUBERKREIS

Ich habe mir viele Gedanken gemacht, bevor ich dieses Buch schrieb. Die Fundamente meiner Kreativität zu erforschen könnte das ganze Gebäude krachend zum Einsturz bringen.

Stellt euch einen Songwriter wie einen Zauberkünstler vor. Wenn ein Bühnenzauberer oder eine Illusionistin seine oder ihre Tricks & Methoden offenlegt, wird er oder sie aus dem Zauberkreis, dem *Magic Circle,* geworfen. Der

Zauberstab beschlagnahmt. Die Lizenz zum Frauenzersägen entzogen, aus der Zaubergewerkschaft ausgeschlossen.

Ich erinnere mich an eine Veranstaltung im Londoner Kulturzentrum South Bank Mitte der 90er. Der Film *Gummo* von Harmony Korine war gerade herausgekommen. Er hatte einige Kontroversen ausgelöst, darum hatte die Zeitschrift *Dazed&Confused* eine Vorführung organisiert & den Filmemacher eingeladen, sein Werk zu verteidigen.

Während der Diskussion hinterher fragte jemand: »Wie viel von dem Film war Drehbuch & wie viel improvisiert?« Was war echt & was war inszeniert? Vielleicht ein junger Filmemacher, der ein paar Tipps abgreifen wollte.

& daher habe ich die Analogie mit dem Zauberkreis. Harmony Korine weigerte sich schlichtweg, die Frage zu beantworten. Er sagte, das wäre so, als würde ein Zauberkünstler verraten, wie seine Tricks auf der Bühne funktionierten. So was machte man nicht. Das verstieße gegen den Geist der Kreativität. Nächste Frage, bitte.

Viele Künstler werden misstrauisch, wenn sie über ihren Schaffensprozess sprechen sollen. Sie glauben, wenn sie damit anfangen, verjagen sie die Muse. Sie fürchten schöpferische Impotenz.

Ich habe mal ein Interview mit einem anderen Filmemacher gelesen, David Lynch, in dem er gefragt wurde, ob er sich jemals in Psychotherapie begeben habe. Er sagte, er sei einmal zu einem Therapeuten gegangen, aber noch bevor die erste Sitzung begann, habe er ihn gefragt, ob eine Psychoanalyse seine Kreativität beeinträchtigen könnte. Der Therapeut antwortete, wenn er ganz ehrlich sei, könne das passieren. Lynch stand auf & ging. »Tut mir leid, Doc –

aber das Risiko bin ich nicht bereit einzugehen« war sein Abschiedssatz.

Eine ähnliche Reaktion erlebte ich aus erster Hand, als ich anlässlich des Erscheinens seines Albums *Old Ideas* im Jahr 2012 mit Leonard Cohen sprach.

Es kam zu dem Treffen, weil ich von 2011 bis 2017 für den Sender BBC 6 eine Sendung namens *Jarvis Cocker's Sunday Service* moderierte. Es war ein Traumjob: Jeden Sonntagnachmittag konnte ich zwei Stunden lang jede Musik spielen, die ich wollte – & außerdem mit Menschen sprechen, die mich interessierten. David Attenborough war gelehrt & belehrend, John Hurt verließ beinahe gleich wieder das Studio, als ich ihn zu Beginn des Gesprächs auf seinen Alkoholkonsum ansprach (Anfängerfehler von mir), Marina Abramović brachte mich dazu, die Beziehung zwischen Performer/in & Publikum neu zu bewerten – all diese Begegnungen boten faszinierende Einblicke in die Weltsicht anderer Menschen. Ich bin kein ausgebildeter Journalist – ich dimmte einfach die Beleuchtung im Studio herunter (Menschen entspannen & öffnen sich besser, wenn sie sich keine Gedanken darüber machen müssen, wie sie aussehen), legte mein Notizbuch vor mir auf den Tisch (meine einzige Regel lautete, dass ich im Voraus mindestens zehn Fragen zu Papier gebracht haben musste) & begann ein Gespräch. Oft genug merkte ich am Ende des Interviews, dass ich meine Notizen kein einziges Mal benutzt hatte. Trotzdem machte ich sie weiterhin. (Ich glaube, diesen journalistischen Kniff nennt man in der Branche »Dumbos Feder«.)

Vor meinem Gespräch mit Leonard Cohen war ich verdammt nervös. Ich höre seine Musik schon mein ganzes

Leben lang – für mich ist er der Meister –, & so war die Vorstellung, mit ihm einen Raum zu teilen, ziemlich überwältigend.

Das ist auch so ein Aberglaube, der ständig verbreitet wird: »Man soll nie seine Helden treffen.« Der Grund ist wohl, dass sie sich als Menschen wie andere auch herausstellen. Aber genau *deshalb* will ich ja Menschen treffen, die ich bewundere: Dass Arbeiten, die ich schätze, von einem Mitmenschen hervorgebracht wurden & nicht von einem außerirdischen Überwesen, inspiriert mich. Als ich also gefragt wurde, ob ich »Mr Cohens Albumvorstellung« moderieren wolle, nahm ich das Angebot im Handumdrehen an.

Ich machte meine Hausaufgaben. Ich hörte mir die Platte an & notierte Liedzeilen, die mich faszinierten. Ich schrieb pflichtbewusst meine zehn Fragen hinten in mein Notizbuch. Ich zog mein bestes Sakko an. Ich tat, was ich konnte, um mich vorzubereiten. Doch als der große Tag kam, war ich immer noch starr vor Angst.

Es half auch nicht, dass ich vor Beginn des Interviews neben dem Meister selbst sitzen musste, während das gesamte Album dem Publikum vorgespielt wurde. Das hatte mir niemand mitgeteilt. Es erinnerte mich an meinen Faustkampf in der Grundschule. Ich war schon total aufgeputscht & »in der Zone«, aber jetzt musste ich noch vierzig Minuten im Dunkeln sitzen, bevor wir loslegen konnten. Dadurch hatte ich reichlich Zeit, mich von der hoffnungslosen Banalität meiner vorbereiteten Fragen zu überzeugen. Außerdem befürchtete ich vollkommen paranoid, dass er jede kleinste Bewegung meinerseits als Kritik an der Musik empfinden könnte, die wir gemeinsam anhörten. Ich habe noch nie im Leben so still gesessen. Dann ging endlich wieder das Licht an & das Interview los …

Ich kann mich nicht mehr Wort für Wort an unser Gespräch erinnern. Aber Leonard Cohen stellte sich als so charmant & freundlich heraus, wie ich es mir nur wünschen konnte. Er blieb geduldig, wenn ich mitten in der Frage den Faden verlor. Er hörte aufmerksam zu & nahm sich Zeit für seine Antworten. Er war ein absoluter Gentleman. Doch zu einem Thema wollte er sich nichts entlocken lassen: zu seiner Kreativität.

Dieser Widerstand wurde offensichtlich, als ich über einige Textpassagen seiner neuen Platte diskutieren wollte. Er setzte ein klares Warnsignal mit den Worten: »Das ist ein wirklich geheimnisvolles & einigermaßen gefährliches Gebiet, in das wir da vordringen. Ich glaube, wenn man in diesen Prozess zu tief eindringt, wird man am Ende von einer Art Lähmung befallen.«

Das hätte mir eigentlich reichen sollen – aber aus irgendeinem Grund setzte ich nach & zitierte zwei Zeilen aus dem Song »Banjo«.

Er sah mir fest in die Augen & sagte: »Wir müssen sehr vorsichtig sein, wenn wir diesen heiligen Mechanismus erforschen, denn sonst wird jemand einen Schraubenschlüssel hineinwerfen & wir werden nie wieder eine Zeile schreiben, wir beide.«

Autsch, das war ein Treffer unter der Wasserlinie – ich sendete SOS & gab die Bühne für Fragen aus dem Publikum frei.

Ich hätte es eigentlich besser wissen müssen. Als ich vor Jahren von einem Journalisten eines bekannten Rock-Magazins interviewt wurde, fragte er mich, was ich von Musikjournalismus hielte. Ich überlegte eine Weile. Vielleicht sah ich ihm sogar fest in die Augen. & dann sagte ich ihm, er habe den schlimmsten Beruf der Welt. Denn er verbrachte seine Zeit damit, Musiker danach zu fragen, wie Musik funktioniert, & davon haben wir alle keinen Schimmer. Er würde also niemals Antworten auf die Fragen bekommen, die er stellte. Er war in sinnloser Mission unterwegs. Er verschwendete sein Leben.

Der daraus hervorgehende Artikel stellte mich nicht im besten Licht dar (das hat man nun von seiner Ehrlichkeit) … Aber ich glaube wirklich, dass es so ist. & dass gerade diese Unfähigkeit zu erklären, wie Musik & Songwriting funktionieren, alle Musikerinnen & Musiker weitermachen lässt. Es ist magisch.

Ich möchte also auf keinen Fall aus dem Zauberkreis ausgeschlossen werden, weil ich zu viel erklärt habe. Ich schreibe dieses Buch nicht als Spielverderber. Es kommen bloß seit Jahren in Schulfluren nach Vorträgen oder hinter der Bühne nach einem Konzert Leute auf mich zu & fragen, wie sie Künstler oder Künstlerin werden können. Sie haben bei dieser Frage immer so einen besorgten & bedürftigen Gesichtsausdruck. Als wäre es ein richtig schwieriges Problem, das sie zu lösen versuchen. & meine Antwort lautet: Macht euch keine Sorgen darüber, Künstler zu *werden* – ihr SEID SCHON welche! Ihr seid schon lange so verkabelt. Ihr müsst nur die Kontakte sauber & den Strom am Laufen halten (was übrigens gar nicht so leicht ist, wie es sich anhört). Macht euch keine Gedanken, wo die »Inspiration« herkommen soll – die kann von überallher kommen. Die große Frage ist: Seid ihr empfangsbereit, wenn sie kommt? Ist eure Antenne aufgestellt? Wenn ja, dann habt ihr eine neue Nachricht … Das ist meine Motivationsrede.

Ich schreibe dieses Buch, weil ihr wissen sollt, dass auch ihr zaubern könnt. Daher erlaube ich mir überhaupt die Frechheit, diesen »heiligen Mechanismus« zu betrachten, wie Leonard Cohen das so wunderschön genannt hat. Ich möchte, dass ihr euren eigenen »Lehm« betrachtet – den Mutterboden, aus dem eure Ideen keimen & aus dem ihr diese formt. Was ihr hineinpflanzt, ist eure Sache. & geht mich absolut nichts an. Aber die Regeln sind für alle die gleichen. Es ist kein Geheimnis. Sondern ein vollkommen natürlicher Vorgang. & zugleich ein vollkommen magischer. Was für eine Kombination!

& nun zu meinem nächsten Trick …

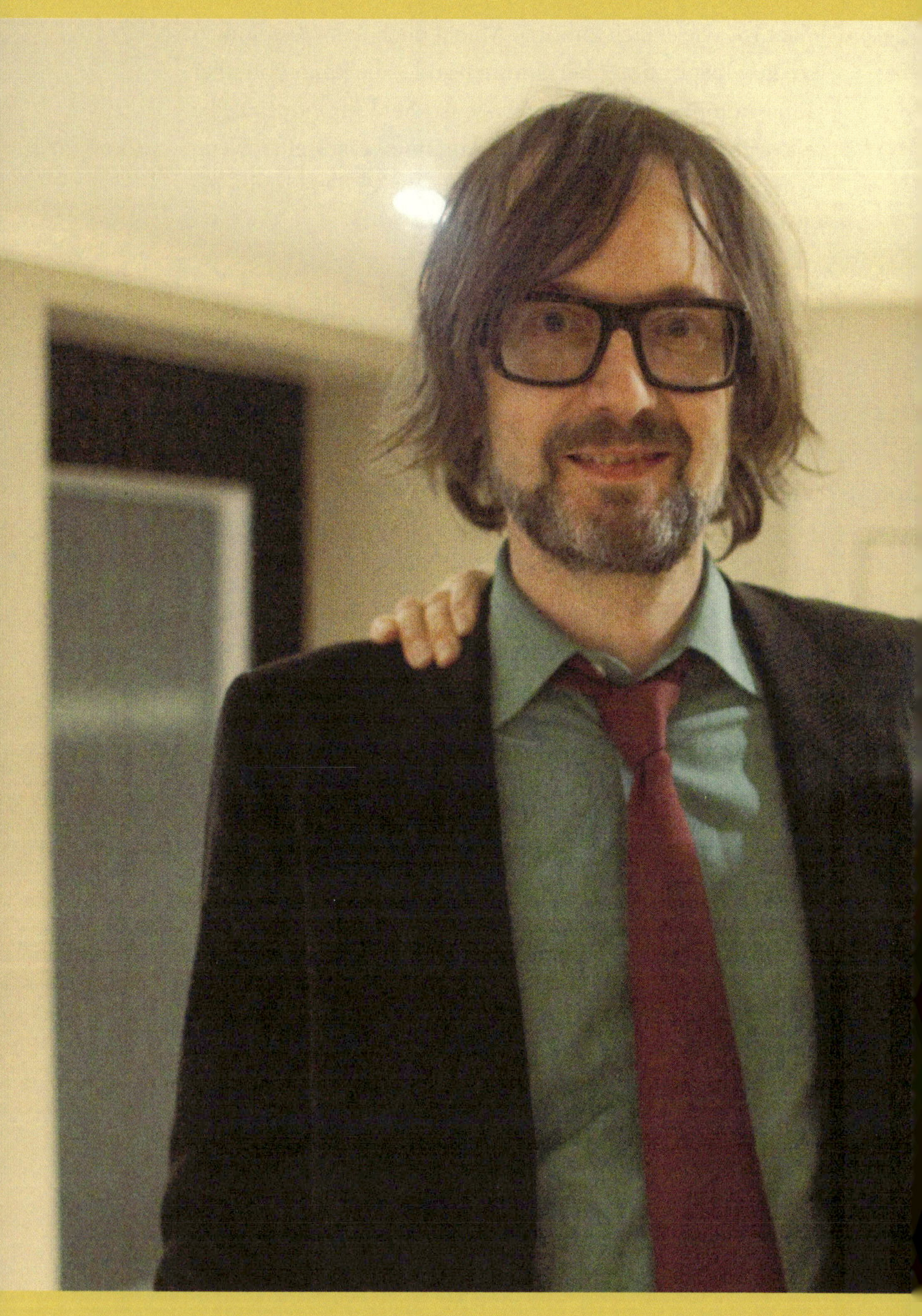

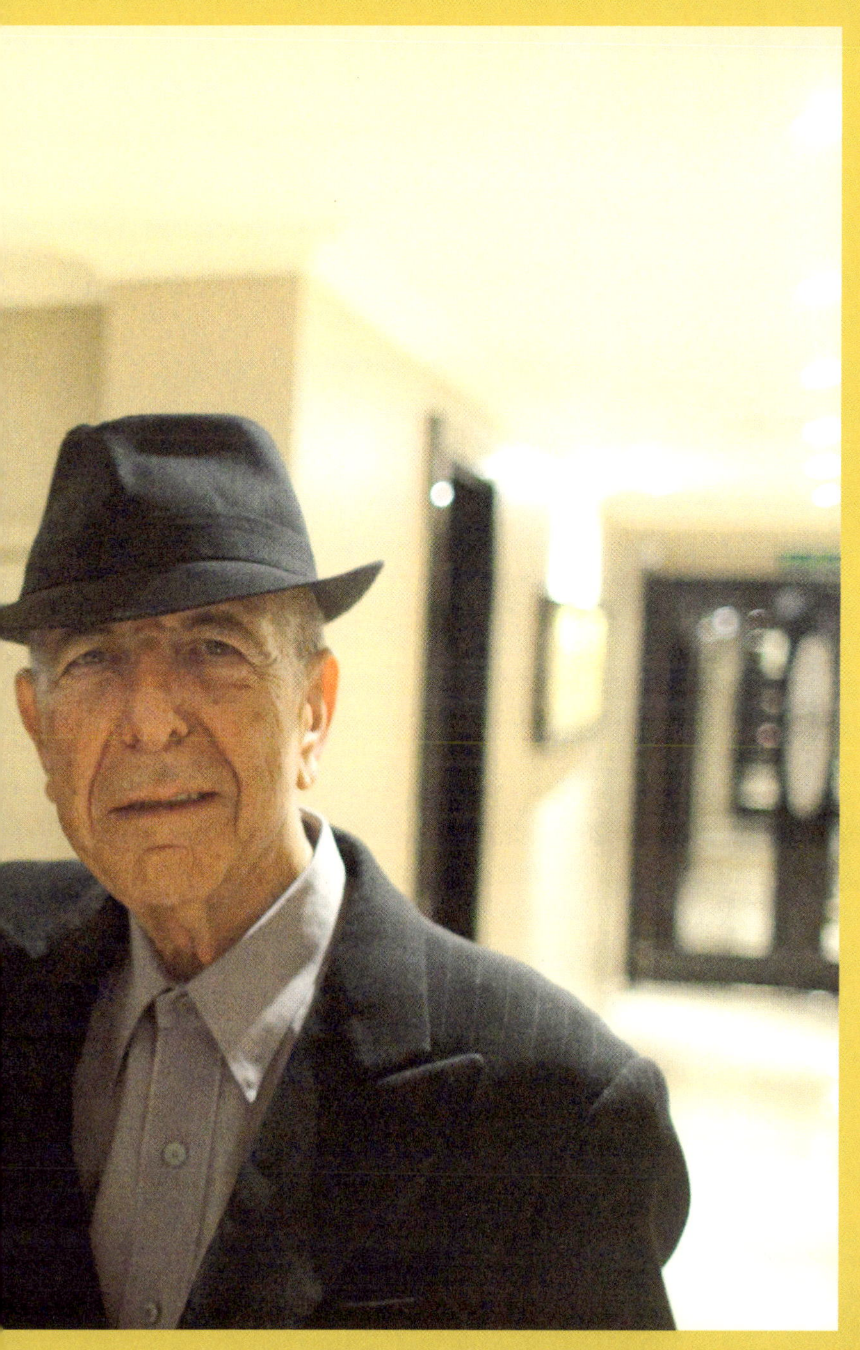

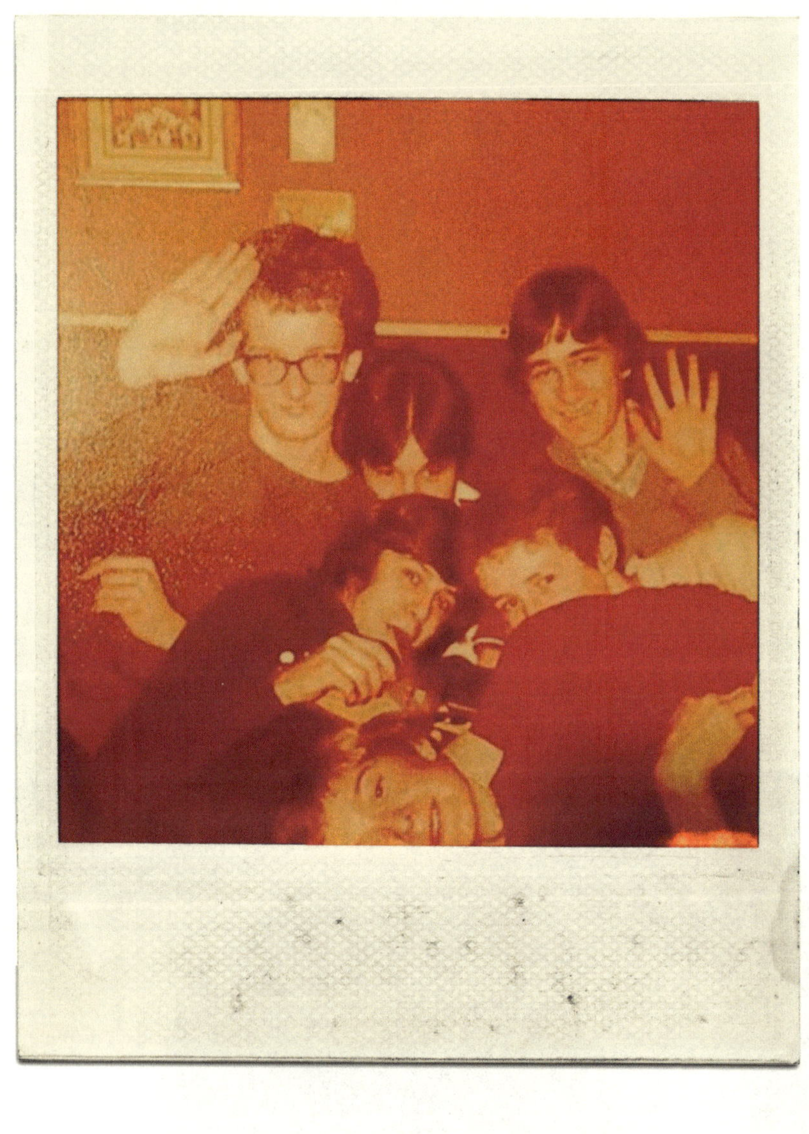

Kapitel Elf

Das sieht vielleicht aus wie ein Schnappschuss von sechs männlichen Teenagern, die sich auf ein Sofa drängen, aber in Wirklichkeit ist es ein Bandfoto. Jedenfalls in meinem Kopf.

Wir sind nach unten umgezogen, vom Schlafzimmer ins Wohnzimmer. Ich habe beschlossen, meinen Traum zu teilen.

Die Menschen auf dem Foto auf der vorigen Seite heißen Jarv, Fungus, Glen, Pip, Dolly & Dixie. Das sind nicht alles die Namen, die ihnen ihre Eltern gaben. Es ist mein Gegenstück zu John, Paul, George & Ringo – die Jungs aus der Band.

Ich hatte schon eine ganze Weile so getan, als sei ich in einer Band. Das machte die Schule interessanter. »Die Band hat die Sporthalle betreten« klang in meinem Kopf viel romantischer als »die Gruppe von sechs pickligen Teenagern hat die Sporthalle betreten«. In einer Band zu sein war meine Version davon, mich einer Gang anzuschließen. Ich war nicht gut in Sport, diese Form der Geselligkeit blieb mir also verschlossen. Wir waren einfach ein paar Jungs, die Spaß haben wollten. & die Gründung einer Band bot uns Gelegenheit dazu.

Nachdem wir uns im Wirtschaftsunterricht den Bandnamen ausgedacht hatten, war der nächste Schritt, ein Logo zu entwerfen. Die Marke zu etablieren. Natürlich arbeitete ich in dem Heft daran, auf das wir schon einen Blick geworfen haben. Hier ist einer meiner ersten Versuche. »Arabicus« nimmt am meisten Platz ein. »Pulp« wirkt fast wie ein Anhängsel unten am Seitenende. Dass eine Linie quer über die Seite gezogen ist, die dem Design einen (fast) quadratischen Rahmen gibt, lässt mich vermuten, dass es ein Plattencover sein sollte. (Das nenne ich mal das Pferd vom Schwanz her aufzäumen – wir hatten noch nicht mal Songs geschrieben!) Diese Hypothese wird durch den extrem präzisen Linealeinsatz beim Schreiben des Wortes »Arabicus« gestützt: Diese Darstellung würde noch jahrelang von »Fans« genauestens untersucht werden, darum musste alles stimmen – aber ist das im Raum oberhalb von »c« & »s« schwebende »u« eine bewusste Gestaltungsidee? Oder hat der Künstler nur gemerkt, dass ihm am rechten Seitenrand der Platz fehlen würde? Wir werden es wohl nie erfahren. Was ich aber

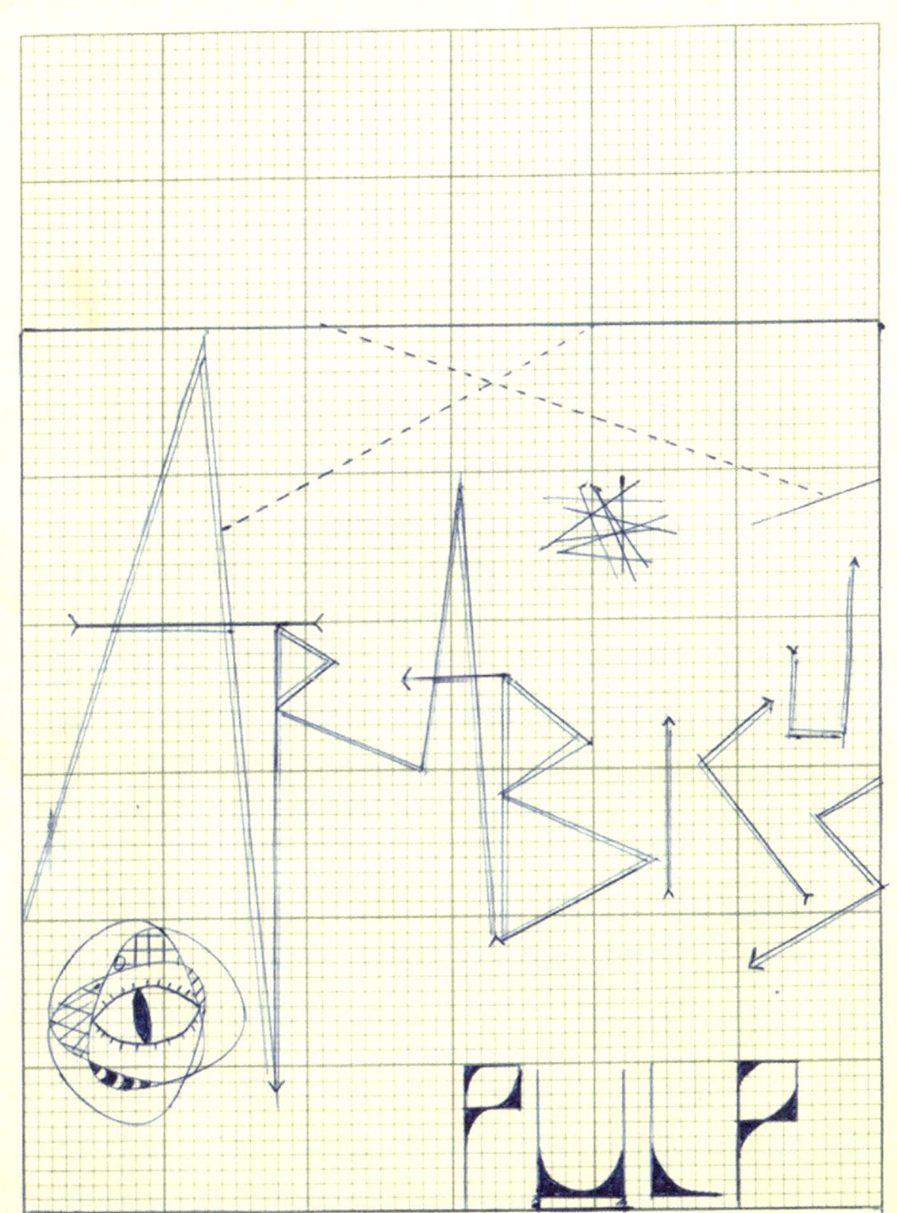

weiß: Das »mystische Auge« in der linken unteren Ecke entstand, indem der Stift mehrmals um ein wechselnd positioniertes Plektrum geführt wurde. Berufsgeheimnisse.

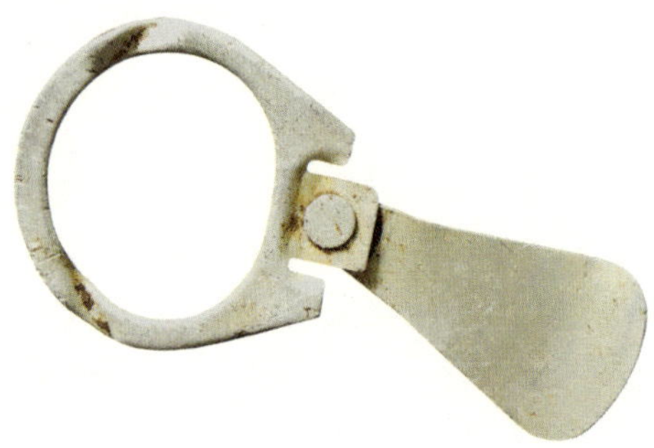

Hier haben wir einen bedeutenden Dosenring ausgegraben.

Eines unserer Bandmitglieder, »Dolly« (richtiger Name: Dalton), hatte einen Wochenendjob in einem Supermarkt. Das hieß, er konnte Dosenbier kaufen, obwohl er damals erst vierzehn war. Wir beide legten zusammen & organisierten eine Palette mit vierundzwanzig Dosen, mit deren Hilfe wir die anderen Bandmitglieder an einem Freitagabend zu einer Bandprobe bei mir zu Hause locken wollten.

Dieses Fundstück stammt aus der Zeit, als der Dosenverschluss sich beim Öffnen noch vollständig von der Dose löste. Dann konnte man viel Spaß damit haben, indem man die »Zunge« abbrach & in einen der Schlitze am unteren Ringende steckte, worauf man den Ring mit erstaunlicher Wucht auf einen Freund/Passanten schießen konnte. Dass dieser Dosenring intakt & »ungeschossen« so viele Jahre überlebt hat, macht ihn zu einer unglaublichen Rarität. BLEIBT.

Alkoholische Lockmittel waren nötig, weil einige Bandmitglieder es als unangenehmsten Teil des Band-Daseins betrachteten, sich wirklich an Musik zu versuchen. Ihr dürft nicht vergessen, dass niemand sich der Band wegen musikalischer Fähigkeiten angeschlossen hatte – eher wegen gesellschaftlicher Verfügbarkeit: Wir waren die Jungs, die sonst nichts zu tun hatten.

Zur allerersten Probe waren bloß drei Leute gekommen. Außer mir noch Dolly & sein jüngerer Bruder Ian (der gar nicht in der Band war, es waren bloß Schulferien & Dolly durfte nicht ohne ihn aus dem Haus). Wir gingen zu meinen Großeltern, weil in deren Wohnzimmer eine elektrische Orgel stand. Dolly »spielte« die Orgel, ich schrammelte auf meiner Gitarre & Ian hieb auf einen Kohleneimer, weil wir kein Schlagzeug hatten. Eine Kassettenaufnahme dieser allerersten Probe hat bis zum heutigen Tag überlebt. Sie ist ziemlich unhörbar. Es sind eigentlich keine Stücke – es klingt eher wie ein Wettbewerb darum, wer am meisten Krach machen kann. Es überrascht kaum, dass der Kohleneimer als Sieger daraus hervorging.

Als Erwachsener habe ich Musikkurse mit noch jüngeren Kindern geleitet, als wir es damals waren. Noch nicht mal Teenager. Zuerst gebe ich ihnen irgendwelche Instrumente zum Spielen. Dann halte ich mir die Ohren zu. Ich habe gelernt, mich damit abzufinden, dass die ersten zehn Minuten eine furchtbare Kakofonie werden. Die Kinder sind aufgeregt, weil sie Lärm machen dürfen, ohne ausgeschimpft zu werden, darum hauen sie natürlich auf alles drauf & machen so viel Getöse wie nur irgend möglich.

Nach zehn Minuten lässt der Radau im Allgemeinen nach. Erstens werden ihnen die Arme müde. Zweitens kriegen sie vielleicht sogar selbst Kopfschmerzen von ihrem Krach. & dann kann man mal die Idee in den Raum werfen, dass sie vielleicht gern »zusammen« spielen würden – vielleicht sogar einander zuhören –, & so machen sie dann die ersten zögernden Schritte in Richtung von etwas, was man »Musik« nennt.

Musik ist bloß organisierter Krach.

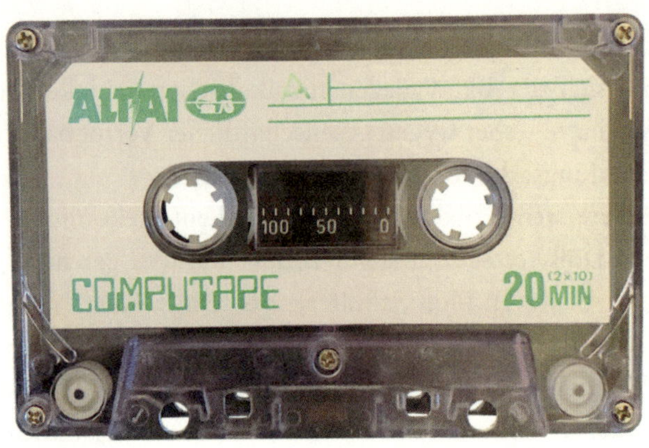

Als wir uns nach der ersten Probe im Wohnzimmer meiner Großeltern die Kassette anhörten, waren wir schwer enttäuscht. An dem Lärm, den wir da hörten, war nichts »organisiert«. Nichts hatte sich auf magische Weise zu Songs gruppiert. Das Anhören war zugleich schmerzhaft & ungeheuer langweilig. Bis auf einen winzigen Augenblick, als ein blendender Sonnenstrahl ins Zimmer gefallen war, weshalb wir alle ein paar Sekunden zu spielen aufgehört & uns die Hand vor die Augen gehalten hatten. In diesem kurzen Moment der Stille hatte ich »Aaah, die Sonne!« gerufen. Das war der einzig interessante Teil der ganzen Aufnahme. Es war kein Song – aber es war ... irgendwas. Ein Hinweis – ein Hinweis darauf, dass es beim Spielen in einer Band um Kooperation ging, darum, Dinge gleichzeitig passieren zu lassen, um gemeinsame Bemühungen. Es war kein Wettkampfsport.

In diesem Wissen setzten wir eine weitere Probe an. Diesmal bei mir zu Hause. Meine Mutter ging normalerweise an Freitagabenden aus, also verabredeten wir uns von acht bis zehn Uhr abends zum Proben. Dolly brachte die Palette Dosenbier mit, um vollzählige Anwesenheit zu erreichen. Meine Schwester versprach, uns nicht zu stören. Ich sperrte den Hund in den Garten, damit er sich nicht in den Kabeln der Instrumente verhedderte. (Auf allen frühen Pulp-Proben ist an den ruhigeren Stellen ein Staffordshire Bullterrier zu hören, der jaulend bettelt, wieder ins Haus gelassen zu werden.)

Einer der ersten Songs, die wir zu lernen versuchten, war »Stepping Stone« von den Monkees. Ich hatte mich gründlich vorbereitet & schätzte, dass er aus sieben Akkorden bestand, was sich angesichts der Regel »Hier ist ein Akkord, hier noch einer, jetzt gründe eine Band« ziemlich viel anhörte. Aber ich hatte eine Vereinfachung entdeckt: den Barré-Akkord. Beim Barré greift man einen Akkord (in meinem Fall E-Dur) & verschiebt ihn dann auf dem Griffbrett rauf & runter & macht ihn zu anderen Akkorden, indem man mit dem Zeigefinger eine »Barriere« am entsprechenden Bund setzt. Um von »E« zu »A« zu wechseln, muss man den gleichen Griff nur fünf Bünde den Hals hinauf verschieben. So kann man im Grunde alle Akkorde abdecken, solange man schnell genug zum jeweiligen Bund kommt. Das war großartig. Ich hatte das Punk-Credo noch zugespitzt: »Hier ist EIN Akkord – jetzt gründe eine Band.«

Niemand aus der Band wusste, wie die Noten & Akkorde hießen, die sie auf ihren Instrumenten spielen sollten, also rief ich ihnen einfach zu, welchen Bund sie anpeilen sollten. »Stepping Stone« also war »5, 5, 8, 8, 10, 10, 13, 13« dreimal wiederholt, gefolgt von einmal »5, 5, 3, 3, 2, 2, 1, 1«. Die Nachbarn dachten womöglich, dass wir eher eine sehr rudimentäre Partie Bingo spielten, als Musik zu proben.* Songs mit komplizierteren Strukturen lagen für uns außer Reichweite. Es blieb uns also nichts anderes übrig, als selbst welche zu schreiben. & weil ich die Aufgabe des Sängers übernommen hatte & weil wir in meinem Haus probten & ja, wohl auch weil die Band letztlich meine Idee war, oblag es mir, die Sache ins Rollen zu bringen.

---

* Mein Gitarrenspiel hat sich zwar im Lauf der Jahre entwickelt, basiert aber im Großen & Ganzen immer noch auf dieser Technik.

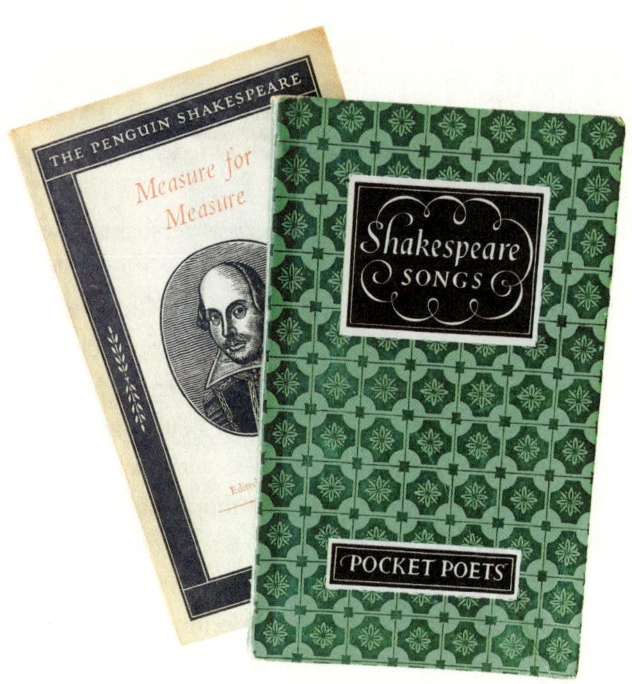

Der erste Song, den ich überhaupt schrieb, hieß »Shakespeare Rock«. Der erste Vers lautet:

I got a baby only one thing wrong
She quote Shakespeare all day long
I said, »Baby, why you ignoring me?«
She said, »To be or not to be.«

Ich hab einen Schatz, nur eins läuft falsch
Den ganzen Tag zitiert sie Shakespeare
Ich sagte: »Baby, wieso ignorierst du mich?«
Sie sagte: »Sein oder nicht sein.«

Gefolgt vom Refrain:

Shakespeare Rock,
Shakespeare Roll [2x]

Ihr dürft nicht vergessen, dass ich noch zur Schule ging. Die Pflicht, Songtexte zu schreiben, fühlte sich wie eine Zusatzhausaufgabe an. In Englisch nahmen wir damals gerade *Hamlet* durch. Vielleicht lag darin der Keim für diesen Song. Aber es gehört natürlich noch viel mehr dazu …

Seinen ersten Song zu schreiben ist ein monumentales Unterfangen. Man wechselt die Seite vom Konsumenten zum Kreativen, vom Publikum zum Performer. & die erste große Frage, die man sich stellen muss, ist: »Worüber werde ich schreiben?« Das ist eine sehr einschüchternde Frage. Vor allem mit fünfzehn Jahren.

Darum versuchte ich, einen Witz aus der Sache zu machen. Das fühlte sich sicherer an. Sicherer als über Persönliches zu schreiben & zu riskieren, von den Freunden verspottet zu werden. Meine musikalische Laufbahn hatte bis dahin im Verborgenen stattgefunden. Immer in der Angst, entdeckt zu werden. Ich war noch nicht bereit für ein »Coming-out«. Ein witziges Lied über etwas, was wir in der Schule alle langweilig fanden, war also ein guter Einstieg. Ich wollte, dass diese Proben weitergingen – & dafür durften die anderen Bandmitglieder nicht das Interesse verlieren.

Es funktionierte. »Shakespeare Rock« war ein Hit – jedenfalls beim Rest der Band – & wir lernten ihn noch an jenem Abend (in gewissem Umfang) gemeinsam spielen. Wir waren eine richtige Band!

So hatte sich ein Muster etabliert. Zwei Stunden lang konnten wir herumprobieren & Krach machen & billiges Bier trinken.* Gegen Viertel vor zehn rief eine ältere Nachbarin an & beschwerte sich, dass unser Lärm ihre Gürtelrose verschlimmerte. Der Hund jaulte & rieb die Nase an der Terrassentür, bis wir ihn schließlich wieder ins Haus ließen. Das war die nächsten anderthalb Jahre unser üblicher Freitagabend.

---

* Tatsächlich wurde das Bier allmählich ausgemustert, weil es sich als ein wenig kontraproduktiv erwies.

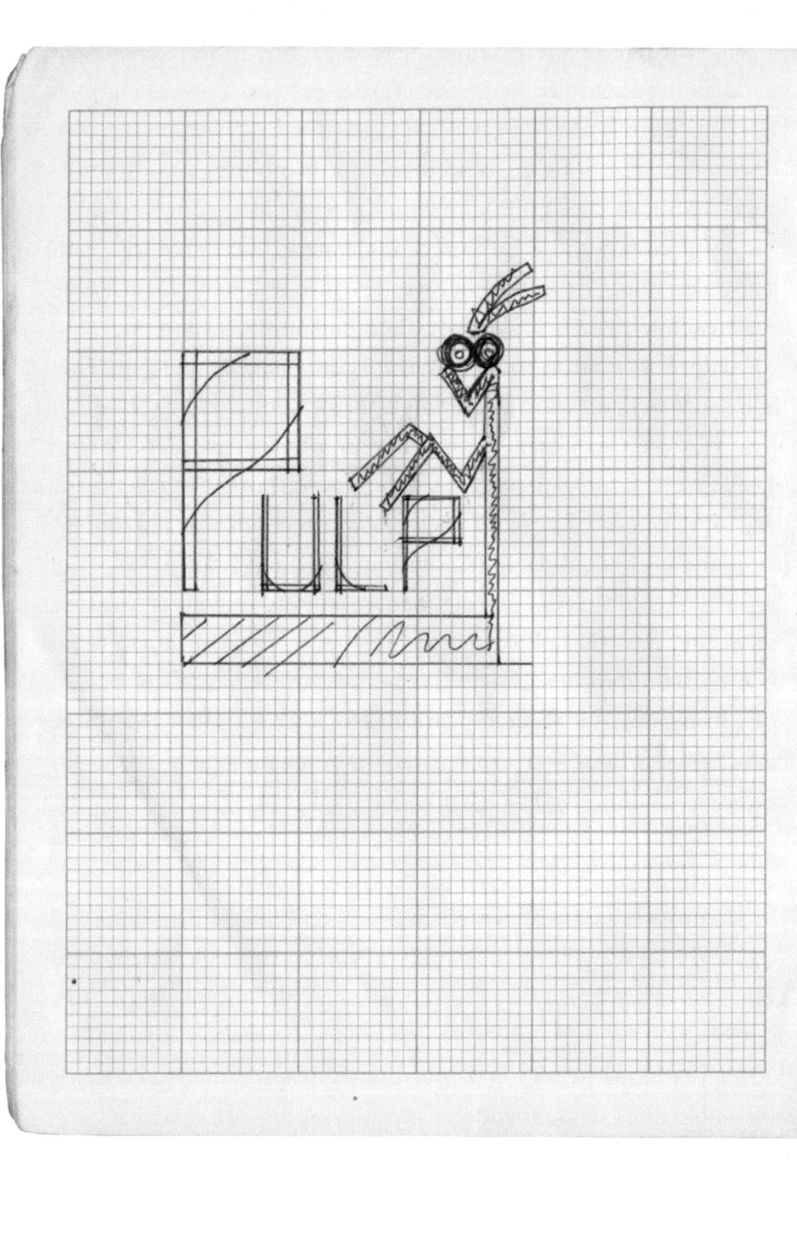
PULP

Kapitel Zwölf

Pulp hatte mal ein Maskottchen: eine Gottesanbeterin.

Das Logo auf der vorigen Seite stellte einen Sieg für mich dar. »Arabicus« ist weg & nur »Pulp« ist geblieben – was mir immer als Bandname vorschwebte. Aber um meinen Willen zu kriegen, musste ich eine der Regeln des Bandlebens lernen: die Kompromissregel. In diesem Fall ging es um den Gottesanbeterinnen-Kompromiss.

Der erste Bassist der Gruppe war David »Fungus« Lockwood. Das ist der Queen-Fan, den ich schon erwähnt habe, der sich einen Schnauzer wachsen lassen wollte, damit er wie Freddie Mercury aussah. Diesem Ziel ist er sogar ziemlich nahegekommen, körperlich war er nämlich Frühentwickler. Mit vierzehn ging er schon als Mitte zwanzig durch. Das war echte Ironie, denn außerdem war er der absichtlich kindischste (»voll kindi«, wie wir das damals nannten) der ganzen Band. Was für eine Kombination.

Zum Beispiel blieb er nicht lange unser Bassist, weil er ein Raser war. Das soll nicht heißen, dass er Autos knackte & damit Tempolimits überschritt: Nein, er betrachtete jeden Song als Wettrennen. Wenn ich nach guter alter Sitte »1, 2, 3, 4« eingezählt hatte, spielte er alle Töne seines Basslaufs so schnell wie möglich, schrie dann »Fertig!« & legte sein Instrument weg. Der Rest der Band war erst irgendwo beim ersten Refrain. In einer Staubwolke zurückgeblieben. Beim ersten Mal war das natürlich zum Totlachen. Ein Geniestreich der Komik – aber dann MACHTE ER DAMIT WEITER. So wurde beschlossen, dass Fungus in der Band eine eher konzeptuelle Rolle spielen sollte. & sein wichtigster Beitrag in dieser Rolle war die Idee einer Gottesanbeterin, einer *praying mantis,* als Bandmaskottchen/visuelles Symbol. Er war dagegen, dass wir »Arabicus« aus dem Bandnamen streichen, & wollte es nur unter drei Bedingungen akzeptieren:

1. »Arabicus« wird durch die grafische Darstellung einer Gottesanbeterin ersetzt.

2. Pulps (bis dahin rein imaginäre) Platten werden auf dem Label *Mantis Inc.* veröffentlicht.
3. Der Name der Gottesanbeterin ist Obidiah.

Klingt vollkommen vernünftig – wo soll ich unterschreiben?

So entwickelte sich die Band in einem langsamen Prozess aus Kompromiss & Kollaboration. Mitglieder kamen & gingen. Fungus & Glen konzentrierten sich auf den visuellen Aspekt der Band. Sie stellten Sweatshirts mit dem neuen, um die Gottesanbeterin erweiterten Bandlogo her. Glen lieh sich die Super-8-Kamera seines Vaters & drehte zwei Filmproduktionen für *Mantis Inc.*, in denen Bandmitglieder & andere Schulfreunde mitspielten. Die erste, *Die drei Spartaner,* war ein Remake eines obskuren B-Movies namens *Die 300 Spartaner.* Die zweite hieß *Star Trek (mit Spaghetti-Western-Unterton),* & darin beamte die Crew des Raumschiffs Enterprise sich auf einen Planeten, dessen Bewohner ausschließlich Figuren aus einem Spaghetti-Western waren. Ich bekam die Rolle von Clint Eastwood – vor allem, weil ich im Jahr zuvor zu Weihnachten von einer Tante ein Paar Cowboystiefel geschenkt bekommen hatte. Außerdem durfte ich mir von meiner Mutter ihren Strickponcho leihen.

Wir fanden auch Zeit, weitere Songs zu schreiben. Sie waren immer noch eher witzig. Dolly dachte sich eine ironisch royalistische Antwort auf »Anarchy in the UK« von den Sex Pistols aus, die »Monarchy in the UK« hieß. Dann hatten wir noch einen Song namens »Message from the Martians«, bei dem der Basslauf von Joy Divisions »New Dawn Fades« geklaut war & Fungus »Alien-Geräusche« machte, während meine Schwester auf der Bratsche improvisierte, die sie in der Schule gerade zu spielen lernte. Die Proben waren immer noch hauptsächlich Kakofonie, aber wie bei dem winzigen Zwischenspiel von »Die Sonne!« bei der allerersten Bandprobe gab es gelegentlich Momente der Klarheit, in denen alles zusammenspielte & ... musikalisch klang. & das wirklich Positive war, dass diese Momente immer länger wurden.

Wir machten Fortschritte.

Die *John Peel Show* war weiterhin ein Haupteinfluss. Abgesehen von der Aneignung des Joy-Division-Basslaufs inspirierte mich vor allem das erste Album von The Cure, *Three Imaginary Boys*. Die sparsame & einfache Instrumentierung & Produktion ließ mich hoffen, dass wir mit unseren begrenzten Mitteln Ähnliches erreichen konnten. Ich versuchte, Robert Smiths äußerst dünnen, blechernen Gitarrensound nachzuahmen, & wir regelten den Klang des Basses herunter, damit er sich dumpfer & »bassiger« anhörte. Weil der Bass über einen billigen 5-Watt-Plastikverstärker lief, klang er dadurch knarzender & »furzender«, denn der Lautsprecher war überlastet, aber wir beschlossen, dass uns dieser Effekt gefiel. »Dünne Gitarre, furzender Bass, klapperndes Schlagzeug« wurde unser Markenzeichen – eine Hommage an das erste Cure-Album.

John Peels absolutes Lieblingsstück war natürlich »Teenage Kicks« von The Undertones, & als die Single 1978 erschien, waren wir davon genauso begeistert wie der Rest von Peels Zuhörerschaft. So sehr, dass Dolly das Gitarrenriff vom Anfang klaute & für einen Song verwendete, den er zu einer unserer Freitagsproben mitbrachte. Das Stück hieß »Queen Poser«, & obwohl der Text immer noch nicht viel taugte (ein Auszug: *»Poses for the men in all the trendy clubs/Never relaxes by going down the pub«* – *»Posiert für die Typen in schicken Clubs/Entspannt sich nie beim Bier im Pub«*), waren wir doch alle der Meinung, es sei unser bestes bislang. Es klang wie ein »richtiger« Song (vielleicht hatte das auch damit zu tun, dass 50 Prozent von einem Song stammten, der bereits ein Hit war). Das Herumtasten im Dunkeln schien tatsächlich irgendwohin zu führen.

Das ist der ideale Start für eine musikalische Laufbahn – mit ein paar Freunden unbekanntes Terrain erforschen. Darum habe ich diese Abenteuerlust auch in allen Musikkursen, die ich später im Leben gegeben habe, zu bewahren versucht. Das Tolle an der Arbeit mit Kindergruppen ist, den Enthusiasmus zu sehen, mit dem sie einfach nur Lärm & Geräusche mit einem Instrument machen wollen. Ihre Begeisterung zu spüren, wenn sie das Instrument irgendwie zum »Funktionieren« bringen. Ich versuche immer, in diesem Geist zu arbeiten, weil so Neues passieren kann. Vielleicht entdecken sie eine neue Art, ein Instrument zu verwenden, die einem Erwachsenen niemals einfallen würde. Ganz ohne Hintergedanken – nur wegen der puren Freude am Krachmachen.

& wie ich vor so vielen Jahren entdeckte: Wenn man immer weiterspielt, gerinnt das Chaos irgendwann zu etwas Festem. Dagegen kann man gar nichts machen. Man wird einfach gelangweilt davon, die ganze Zeit bloß Lärm zu machen, & gibt sich ganz von allein die Mühe, die es braucht, um es in so etwas wie einen »Song« zu verwandeln. Das ist unvermeidlich. Das ist der logische nächste Schritt. Er dauert vielleicht ein paar Monate, vielleicht auch ein Jahr, aber wenn man dranbleibt, hat man am Ende nicht bloß einen Song – sondern womöglich sogar neun oder zehn.

Mit anderen Worten: ein Programm.

& dann fängt man an nachzudenken: »Könnten wir das vor anderen Leuten spielen?« Es Wirklichkeit werden lassen? »Offiziell«?

Nach etwa anderthalb Jahren, in denen wir jeden Freitagabend die Gürtelrose der Nachbarin verschlimmert hatten, spielte Pulp das allererste Konzert. In der City Comprehensive School während der Mittagspause an einem Mittwoch im März 1980.

So lange dauerte es, bis unser Lärm sich verfestigt hatte & wir den nächsten, riesigen Sprung wagen konnten.

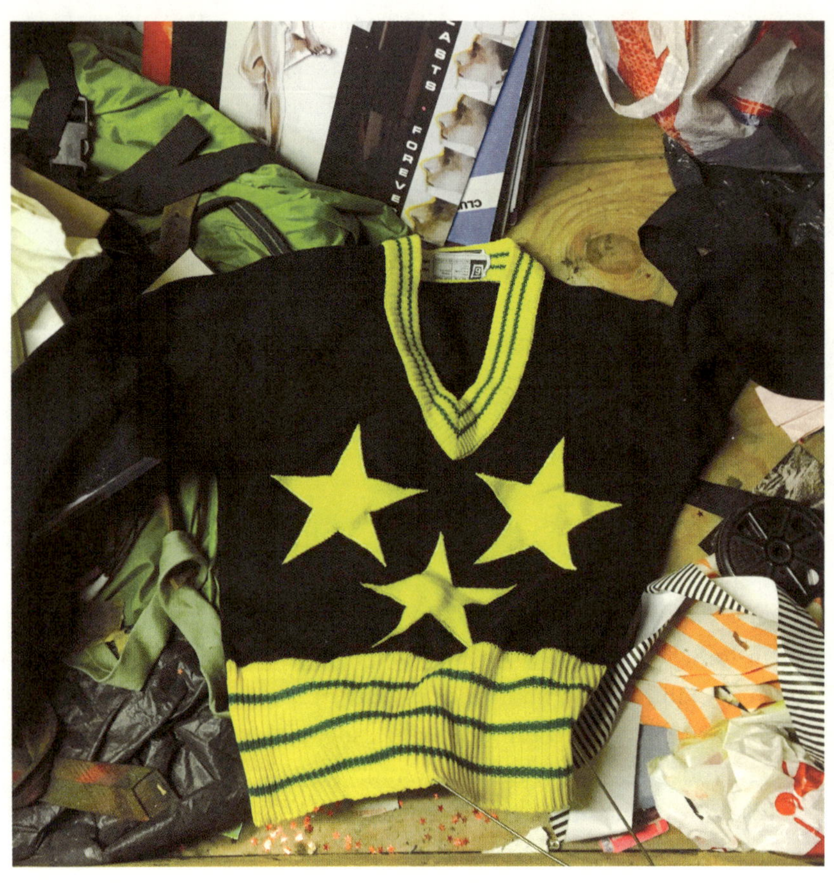

Kapitel Dreizehn

Der Ruhm wartet.

Es ist eine Weile her, dass wir ein Kleidungsstück betrachtet haben, darum wollen wir uns dieses hier mal genauer anschauen. Es handelt sich um einen Pullover mit Sternenmuster, einen *Star Jumper* – die waren in der Phase unmittelbar vor Punk ein Modetrend. Auf dem Etikett innen steht »TOPSPIN – Hergestellt in Hongkong aus 100 % Polyacryl«. Diese Pullover waren an unserer Schule ständig zu sehen – normalerweise kombiniert mit »Birmingham Bags«, das waren Hosen mit enorm weitem Schlag.

Vielleicht habt ihr schon mal was von »Oxford Bags« gehört – Tweedhosen, die in den 1920ern von Studenten in Oxford getragen wurden. Die Birmingham Bags waren die Version für die unteren Schichten, aus Polyester gemacht & von Kindern & Jugendlichen in Gesamtschulen in den 1970ern getragen. Ein weiterer Unterschied waren die zusätzlichen Taschen auf halber Beinlänge. Wie bei Armeehosen. Niemand benutzte diese Taschen. Man müsste wie ein Buckliger herumlaufen, um die Hände in diese Taschen zu stecken. Kein wünschenswerter Effekt. Außerdem waren sie hochtailliert mit Bundknöpfen: zweimal drei Knöpfe im Abstand von etwa fünfzehn Zentimetern am Hosenbund. Dieser Star Jumper ist sehr eng anliegend & hat ebenfalls ein hohes, geripptes Bündchen. Stellt euch also diese Kombination aus sehr schmaler oberer Körperhälfte mit ausladend breiten Beinen & Plateauschuhen darunter vor: definitiv ein starkes Stil-Statement.

Ich habe mal gehört, dass diese weiten Hosen in Mode kamen, weil sie den Tanzenden bei den Northern-Soul-Partys genug Beinfreiheit für ihre extremen Tanzbewegungen boten. Solche Moves wie der Hechtsprung in die Menge, dessen Opfer ich auf einer Teenagerparty wurde, wie weiter vorn beschrieben.

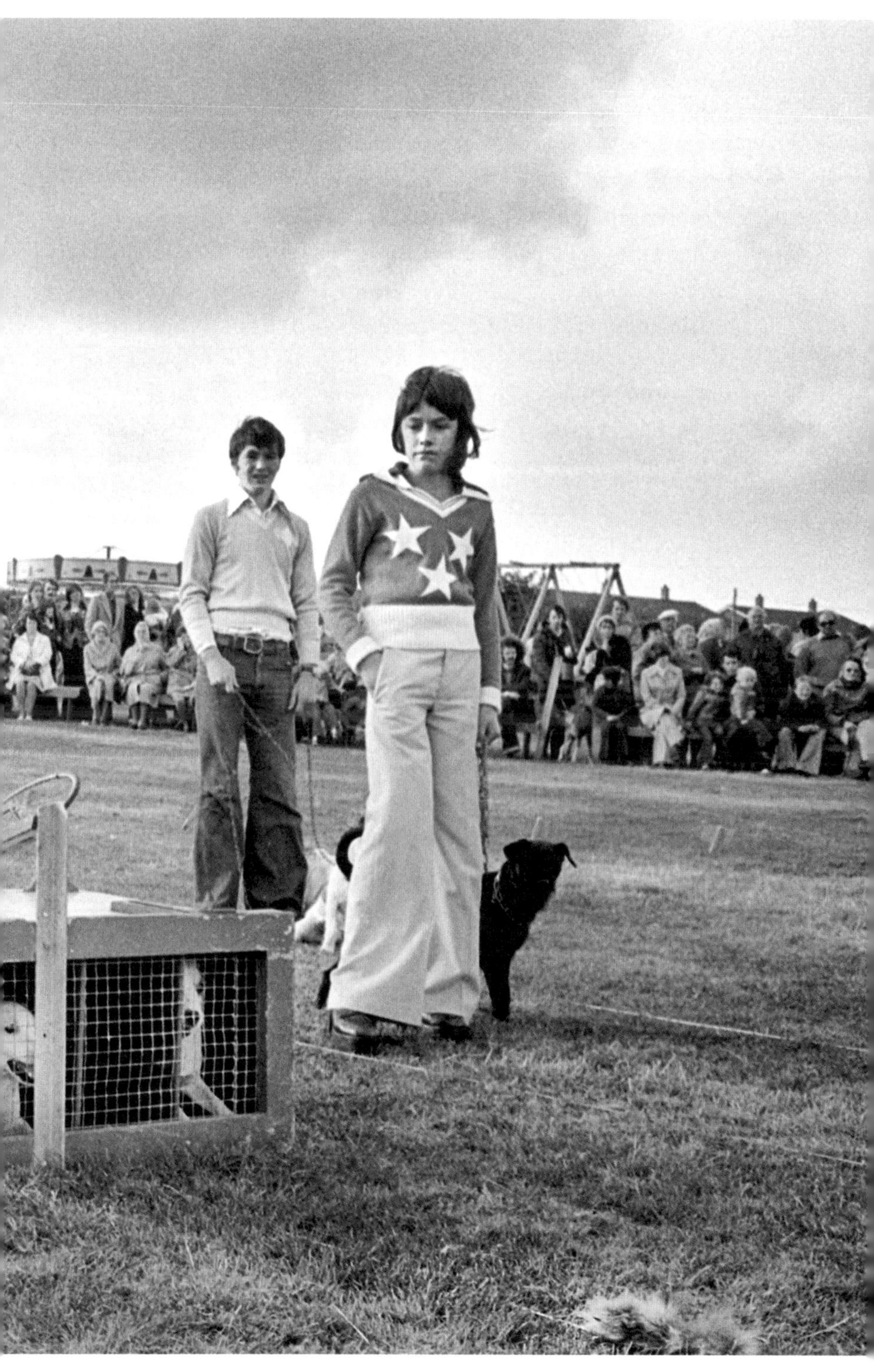

Jugendliche mit Birmingham Bags waren bei windigem Wetter auf dem Schulweg lustig anzusehen, weil ihre Hosenbeine so wild herumflatterten. Noch amüsanter war es, wenn Menschen damit Motorrad fuhren. Wenn sie näher kamen, hörte man sie schon aus weiter Ferne. Wie ein mechanischer Vogel, der verzweifelt abzuheben versucht.

Ich trug weder einen Star Jumper noch Birmingham Bags, als sie »in« waren, denn meine Mutter hielt beides für »überteuerten Müll«. Womöglich hatte sie sogar recht – aber ich war enttäuscht, weil ich noch in meiner Prä-Punk-Phase war, wo ich »dazugehören« wollte.

Irgendwann kaufte ich mir auf einem Basar einen Star Jumper, als sie schon längst außer Mode waren. Ich trug ihn ein paarmal als antimodisches/Anti-Elternautoritäten-Statement.

Dass ich damals überhaupt so etwas wie ein »Anti-Fashion-Statement« denken konnte, lag ganz allein an dem Mann auf dem Bild gegenüber.

Mark E. Smith trägt auf diesem frühen Bandfoto von The Fall keinen Star Jumper. Aber der Pullover gehört mit Sicherheit zur gleichen Familie. The Fall waren John Peels Lieblingsband. Er liebte an ihnen, dass sie immer ihr Ding machten & Trends gegenüber völlig gleichgültig blieben. Mark E. Smiths Look bildet diese Haltung perfekt ab: Die Band fing gleich in den Nachwehen des Punk an, Musik zu veröffentlichen, doch ihr Image ist ganz sicher nicht das einer Standard-Punkband. Indem er einen Pullover aus 100 Prozent Polyacryl anzog, der noch kurz zuvor Mainstream-Mode gewesen war, stellt Mark E. Smith die sich bereits manifestierende Punk-Orthodoxie bloß. Beim Punk sollte es schließlich darum gehen, sich selbst neu zu erfinden & kein blödes Schaf zu sein. & ein Pullover aus 100 Prozent Acryl hat sicher nichts mit Schafen zu tun.

Ich hatte die konservative Seite des Punk aus erster Hand erlebt, als ich 1979 zu einem Stranglers-Konzert ging. Ich war nicht bloß da, um mir von ihrem Leadsänger/Gitarristen Hugh Cornwell

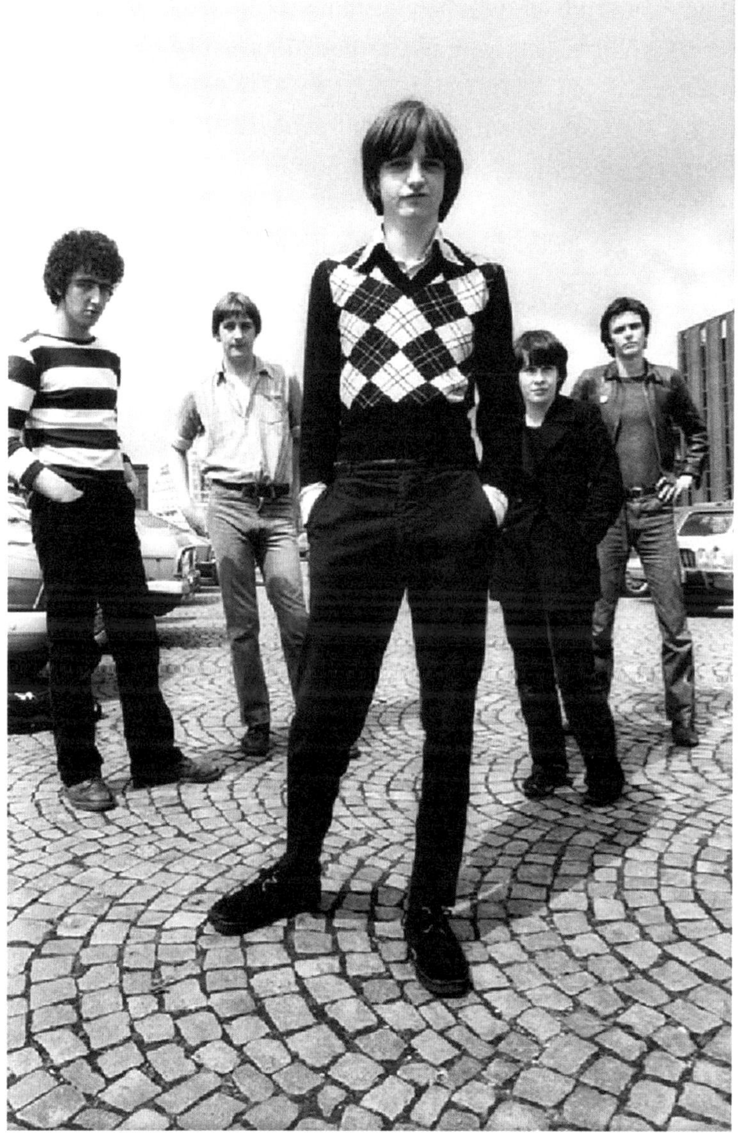

Bartinspirationen zu holen, nein: The Stranglers waren die erste Punkband, die ich wirklich gut fand. (Ihr werdet euch erinnern, *Rattus Norvegicus* war das zweite Album überhaupt, das ich kaufte.)

Ich konnte keinen meiner Schulfreunde überreden, mit mir zum Konzert zu kommen, also ging ich am Ende allein hin. Ich trug ein meliertes Tweedjackett vom Flohmarkt, ein schlichtes Hemd, sandfarbene Röhrenjeans, die ich von einem älteren Cousin geerbt hatte, & einen blauen Wollschlips, den meine Mutter mir für die Grundschule gestrickt hatte. Das sorgte bei den Typen in Lederjacken & Stachelfrisuren in der Schlange vorm Eingang für einige Bestürzung. Sie warfen mir vor, ein »Mod« zu sein. Ich war überrascht & enttäuscht – & verängstigt, denn sie sahen ziemlich hart aus. Wie ich es sah, bedeutete Punk: Alles ist möglich. Ich war gegen die Herdenmentalität & für Freiheit des persönlichen Ausdrucks. & das hieß, wenn ich einen schlecht gestrickten blauen Schlips tragen wollte, dann war es eben so. Immerhin trug ich keine Uniform wie sie. Nichts davon sprach ich natürlich laut aus – ich stellte mich bloß ans Ende der Schlange & hielt den Kopf gesenkt.

Es war mein erstes großes Konzert. Zu meinem Erstaunen sah ich, dass der Bereich direkt vor der Bühne komplett leer war. Ich ging bis an die Barriere & stellte mich genau in die Mitte. Die beste Sicht im ganzen Saal. Das würde großartig werden. Ein paar weitere Zuschauerinnen & Zuschauer gesellten sich zu mir, als die Vorgruppe auf die Bühne kam, aber als sie fertig waren, lichtete sich die Menge wieder & die Leute gingen an die Bar. Meine Vorfreude stieg. Bald würde ich meine Lieblingsband zum ersten Mal live spielen sehen! Aus der ersten Reihe! Das Saallicht erlosch, & Intro-Musik ertönte vom Band.

& dann passierte etwas sehr Beängstigendes.

Als die Band die Bühne betrat & ihre ersten Töne spielte, stürzte eine riesige Horde Schwarzgekleideter nach vorn & fing an, auf & ab zu hüpfen. Ich wurde heftig gegen die Barriere gepresst &

versuchte, mich zurück in die Masse von Körpern zu drängen. Ich schaffte es ein paar Meter in die Menge hinein, aber dann geschah etwas noch Unschöneres: Meine Füße berührten den Boden nicht mehr. Ich levitierte nicht etwa – ich war in einer Moshpit. Was mich davor bewahrte, zu stürzen & zertrampelt zu werden, war allein das Gedränge: Die wogende Menge war so dicht gepackt, dass kein Platz zum Fallen war. Es war wie hektisches Wassertreten in einem äußerst stürmischen Meer aus Körpergeruch. Ich hatte schreckliche Angst. Ich wandte mich von der Bühne ab & mühte mich in Richtung Ufer (mit anderen Worten: zur Rückwand des Konzertsaals). In diesem sicheren Hafen verbrachte ich den Rest des Abends & betrachtete eine gleichförmige Masse junger Männer, die vor mir Pogo zu tanzen versuchten. Sie kamen mir vor wie eine Gang harter Jungs in der Schule, die auf Fußball standen. Das waren Punker?

Mark E. Smiths »Kritik« an dieser Karikatur des Punk sah ich bei einem anderen Konzert, zu dem ich ein paar Monate nach dem Stranglers-Gig ging. John Peel hatte jede Menge Stücke von The Falls Album *Live at the Witch Trials* gespielt. Als ich also sah, dass sie in der Polytechnic in Sheffield spielten, musste ich hin. Diesmal konnte ich meine Schwester überreden, mitzukommen. Saskia & ich hatten normalerweise einen ähnlichen Musikgeschmack – aber das änderte sich, als wir The Fall sahen. Sie fand die Band grauenhaft – »Das ist nicht mal Musik, finde ich«, sagte sie. Ich war zwar ganz & gar anderer Meinung, aber ich verstand schon, wie sie zu dieser Ansicht kam. The Fall nahmen die Ansage des Punk ernst, etwas Neues zu erfinden. In ihrem Fall hieß das: infrage zu stellen, was überhaupt Musik sein konnte. Musste es im Takt sein? Mussten die Instrumente gestimmt sein? Musste der »Sänger« tatsächlich singen? & durfte man wirklich »-ah« ans Ende eines jeden Wortes hängen? Die einzige Textzeile, die ich während des ganzen Konzerts verstehen konnte, lautete »male slags [oder genauer gesagt ›male slags-ah‹] in tight black pants« – »männliche Schlampenah in engen schwarzen Hosen«. Das sag ich immer noch gern mal zu meiner Schwester, wenn ich sie besuche, bloß um sie aufzuregen.

Im Gegensatz zu ihr fand ich den ganzen Abend toll. Es war wieder ein Hoffnungsschimmer. Als Mitglied einer Band, die oft Probleme mit Takt, gestimmten Instrumenten & dem ganzen Mist hatte, war es höchst inspirierend zu sehen, dass so etwas nicht unbedingt von Nachteil sein musste. Es zeigte »Charakter«. The Fall nahmen diese ungeschliffenen Ecken & Kanten, die normalerweise aus einer musikalischen Darbietung herausgefiltert werden, & stellten sie mitten auf die Bühne. Zwangen uns dazu, sie anzuhören & ihre Bedeutung anzuerkennen. Sodass wir ganz neu bewerten mussten, was ein Song sein konnte. Es öffnete mir die Augen (& Ohren). Erweiterte mein Hirn. Ich bin immer noch dankbar.

Mark E. Smiths Konfrontation mit den Punk-Puristen kam gegen Ende des Konzerts. Er schaute ins Publikum & entdeckte einen weiblichen Fan, die von Kopf bis Fuß in »korrekten« Punk-Klamotten steckte. »Ooh, sieh mal an – da ist Siouxsie Sioux! Hallo, Siouxsie«, sagte er trocken. Er selbst trug einen Lederblouson, wie man ihn an einem mittelalten Typen im Wettbüro erwarten würde. Das war ein Schlüsselmoment für mich. Die Erkenntnis, dass spießige oder bürgerliche Kleidung subversiver war als absichtliches Schockieren. Dieser Aspekt von Punk hatte sich nämlich schnell totgelaufen – er war einfach zu leicht zu kopieren & zu karikieren. Gefärbte Haare, Sicherheitsnadeln – gähn. Mark E. Smith »schockierte«, indem er unauffällig blieb, glänzend getarnt wie ein Zivilbulle. Das Schockieren überließ er der Musik. Das Konzert in der Polytechnic hatte alles, was dem Stranglers-Auftritt fehlte. Ich war bekehrt. Sehr bald darauf kaufte ich den Star Jumper. & als es in einer der ersten Konzertbesprechungen über Pulp hieß, wir klängen wie »eine Kreuzung aus Abba & The Fall«, war ich mehr als stolz.

Aber jetzt greife ich weit vor …

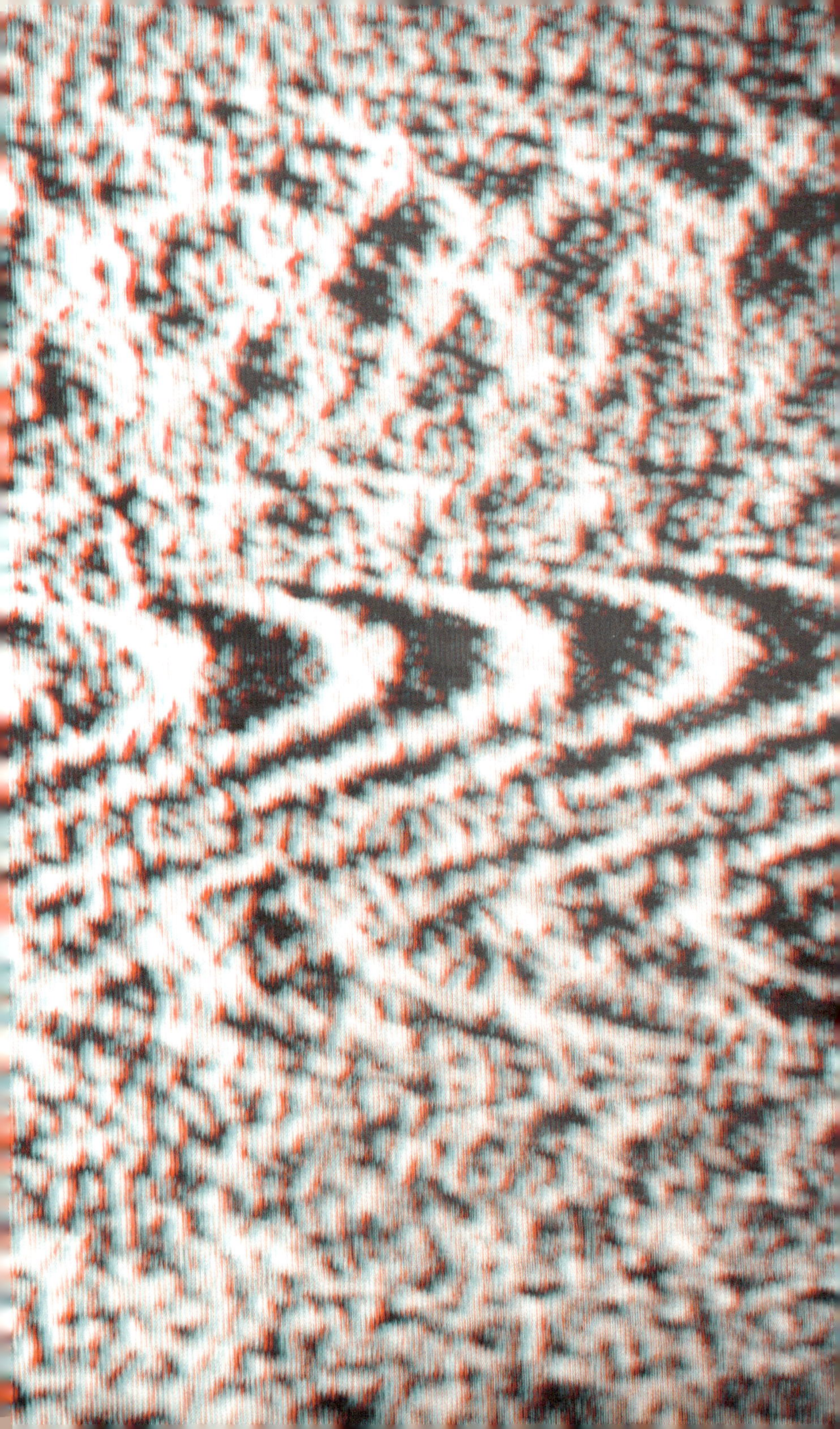

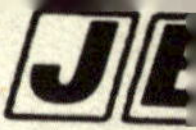

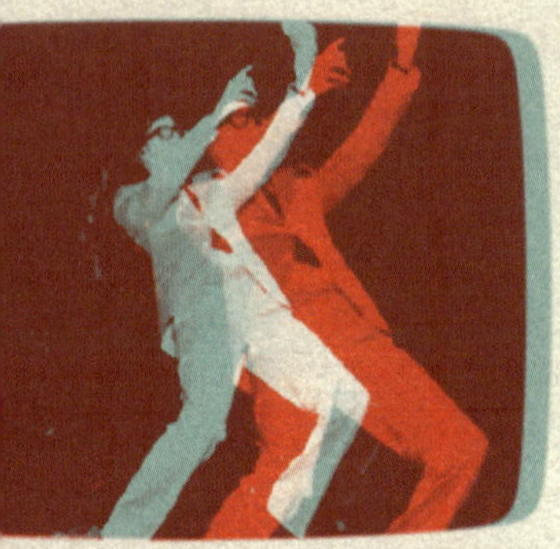

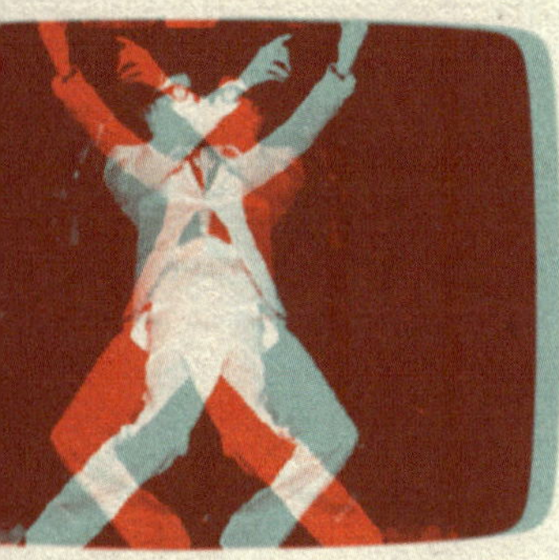

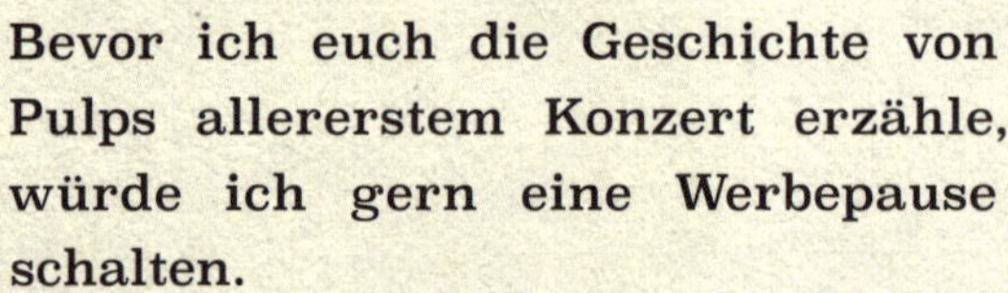

Bevor ich euch die Geschichte von Pulps allerererstem Konzert erzähle, würde ich gern eine Werbepause schalten.

Sehen wir fern.

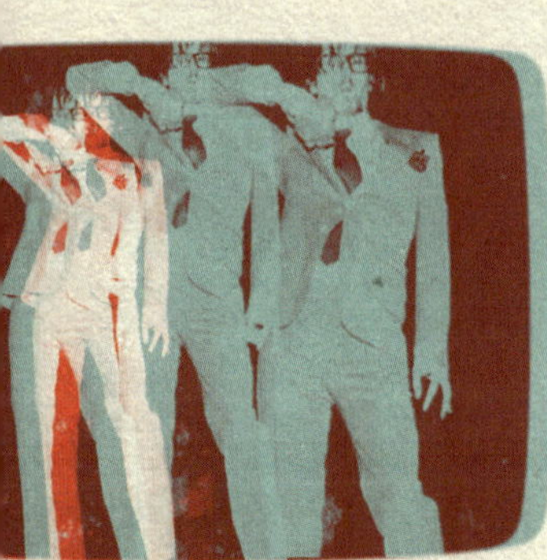

Schaut mal, was ich gefunden habe: Dies ist ein JVC-3020-UK-Fernseher. Ich weiß nicht, ob ihr anhand des Fotos die Größe so richtig ermessen könnt, denn das Besondere an dem Gerät ist seine Winzigkeit. Der Bildschirm ist ungefähr zehn Zentimeter breit & knapp sieben Zentimeter hoch.

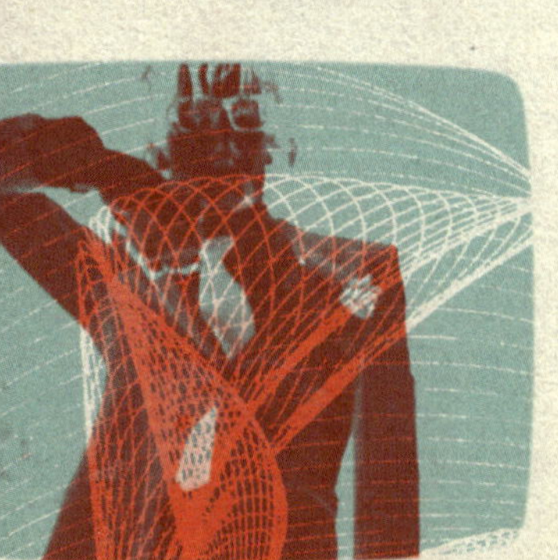

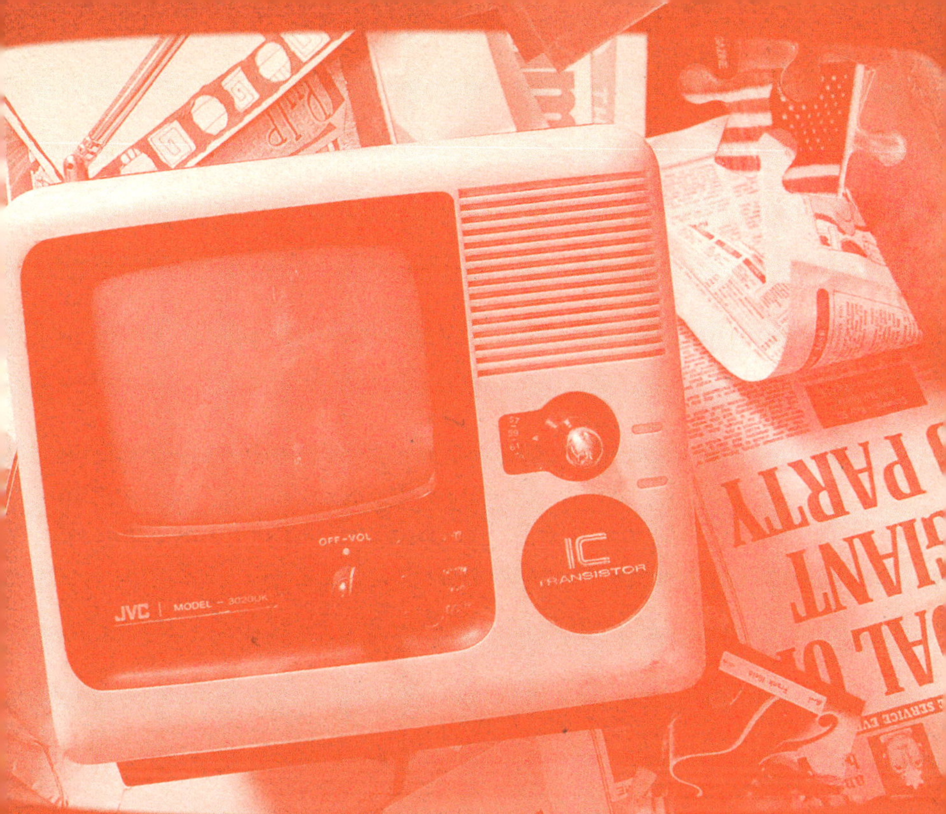

Kleiner Fernseher – Großer Einfluss.

Fernseherbesitz war damals noch ein relativ neues Phänomen, aber da ich mit einem TV-Gerät aufgewachsen bin, kann ich mir das Leben nicht anders vorstellen. Wir haben ja schon festgestellt, wie formbar & empfänglich die Seelen kleiner Kinder sind. Alles geht hinein. & eine ganze Menge bleibt auch drin.

NOVEMBER 21–

JBC 1

SIXPENCE LONDON AND SOUTH-EAST

Mich fasziniert schon lange die Frage nach einer genauen Bemessung, wie prägend der Einfluss dieses frühen Fernsehkonsums für mich war. Vor allem, weil ich das Gefühl habe, dass sich einige falsche Lebensentscheidungen darauf zurückführen lassen. Hier ein Standfoto von einer Bühnenshow mit dem Titel *Room 29*, die ich gemeinsam mit dem Pianisten Chilly Gonzales 2016 konzipiert habe, um genau dieses Thema zu erforschen. Er ist auf dem Foto links am Klavier zu sehen – ich bin auf der rechten Seite in einem Fernsehgerät gefangen (symbolisch).

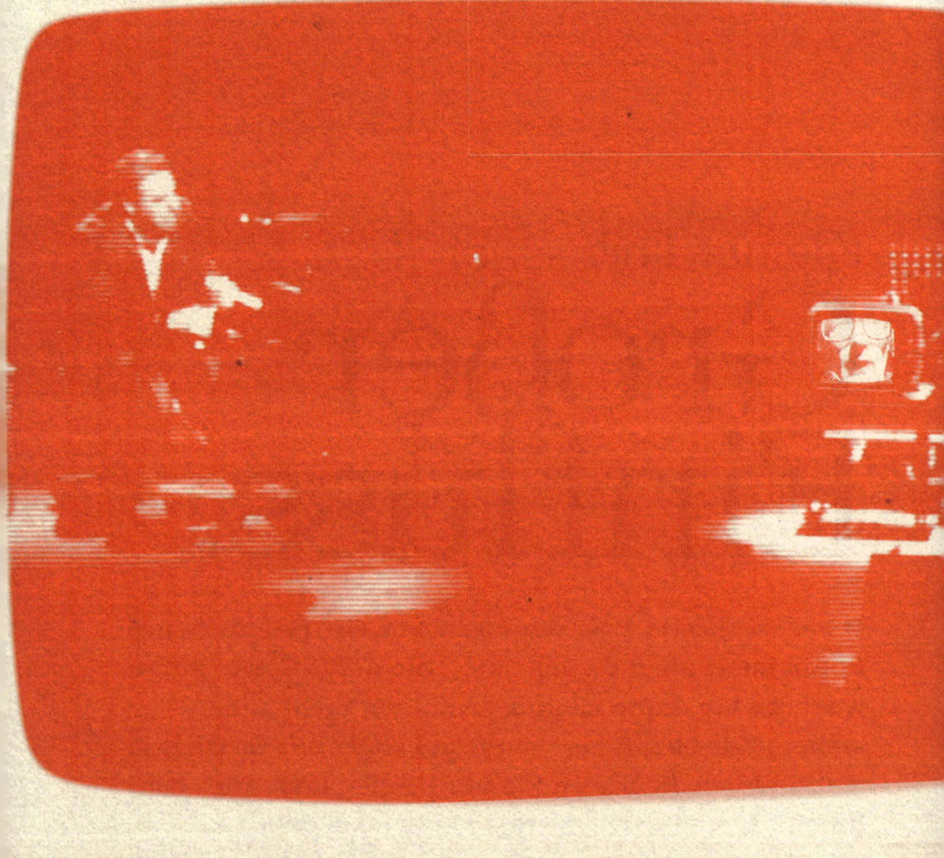

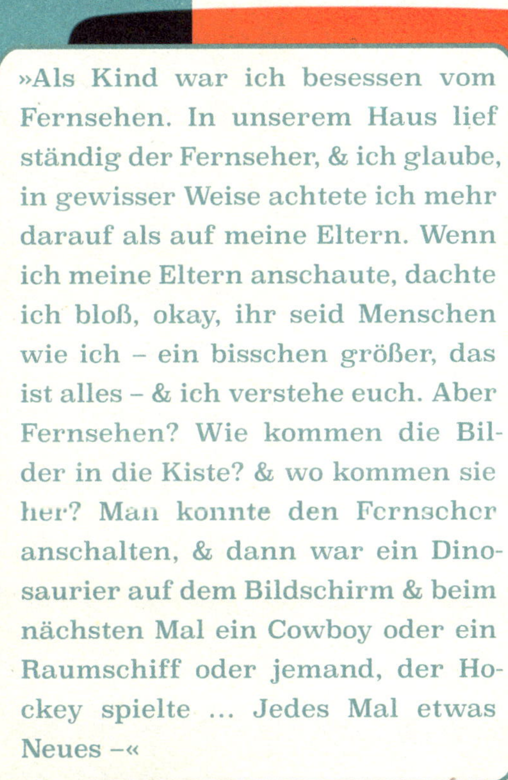

NOVEMBER 21—27

JBC 1

tv

Als kleines Kind (vor der Brille) konnte ich, wenn ich im richtigen Abstand vor dem Bildschirm saß, diese mysteriöse televisuelle Welt in allen Einzelheiten sehen. Sobald ich dann meine Augen vom Gerät abwendete, wurde die Welt verschwommen. Vielleicht ist es also nicht so schwer zu verstehen, wieso ich dem Fernsehen mehr Aufmerksamkeit schenkte als meinen Eltern.

Ich glaube, meine Mutter hat diesen subversiven Einfluss in unserem Haushalt irgendwann spitzgekriegt, denn sie hatte eine raffinierte Idee, um »die Kontrolle zurückzugewinnen«: Sie lieh einen Münzfernseher aus. Ich habe das im Lauf der Jahre einigen Freunden erzählt, aber ich habe noch keinen anderen Menschen getroffen, der mit einem solchen Apparat im Wohnzimmer aufgewachsen ist, darum müsst ihr mir einfach glauben. Es war ein Schwarz-Weiß-Fernseher mit weißem Plastikgehäuse – absolut ununterscheidbar von jedem anderen Gerät dieser Zeit, abgesehen von dem großen schwarzen Metallkasten mit Münzschlitz, der hinten festgeschraubt war. Man warf ein Zehn-Pence-Stück in den Schlitz, drehte einen Knopf, bis man die Münze fallen hörte, & dann erwachte der Fernseher zum Leben. Dann konnte man nach Herzenslust glotzen, bis die Zeit nach etwa einer Stunde abgelaufen war. Willkommen in der Welt der Sucht: Ich glotzte ALLES, egal was, weil ich dafür bezahlt hatte. Wenn der Bildschirm dann plötzlich schwarz wurde (begleitet von einem sanften »Ping«), quälten mich sofort Entzugserscheinungen. Worauf ich wie wild durchs Haus rannte, um eine Münze für meinen nächsten Schuss zu finden. Sinn & Zweck dieser Münzautomaten-Flimmerkiste war natürlich nicht, Kinder in fanatische Fernsehsüch-

PROGRAMMES IN COLOUR THIS WEEK

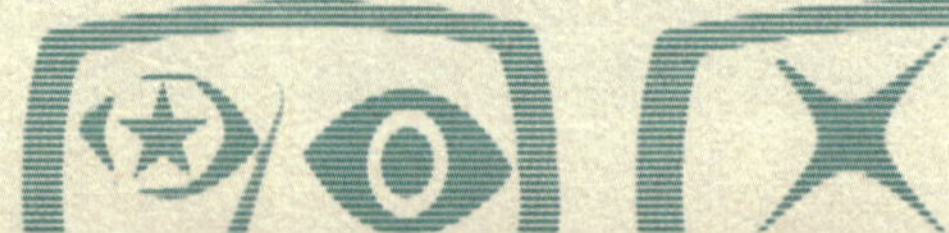

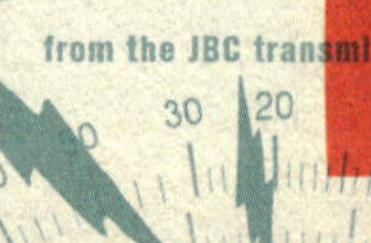

tige zu verwandeln, sondern beim Zahlen der Rundfunkgebühren zu helfen (einmal im Monat kam ein Mann vorbei & leerte dafür den Kasten), aber diese Verbindung von Fernsehen & Geld verlieh der Tätigkeit den Reiz des Verbotenen. Machte es zu einer Art Peepshow-Automaten, wie es sie auf Jahrmärkten gab, bei denen man an einem Griff kurbelte, woraufhin man einer Frau beim Ausziehen zuschauen konnte. Die Zeit lief immer ab, kurz bevor man wirklich Nacktheit zu sehen bekam. & unser Fernsehgerät zu Hause war nun genauso: Wenn der Bildschirm plötzlich schwarz wurde, bekam man zwangsläufig das Gefühl, dass man etwas Wichtiges verpasste. Die gute Stelle, auf die man die ganze Zeit gewartet hatte. So blieb ich am Haken.

Der Versuch elterlicher Disziplinierung durch meine Mutter führte also nur dazu, dass meine Abhängigkeit schlimmer wurde.

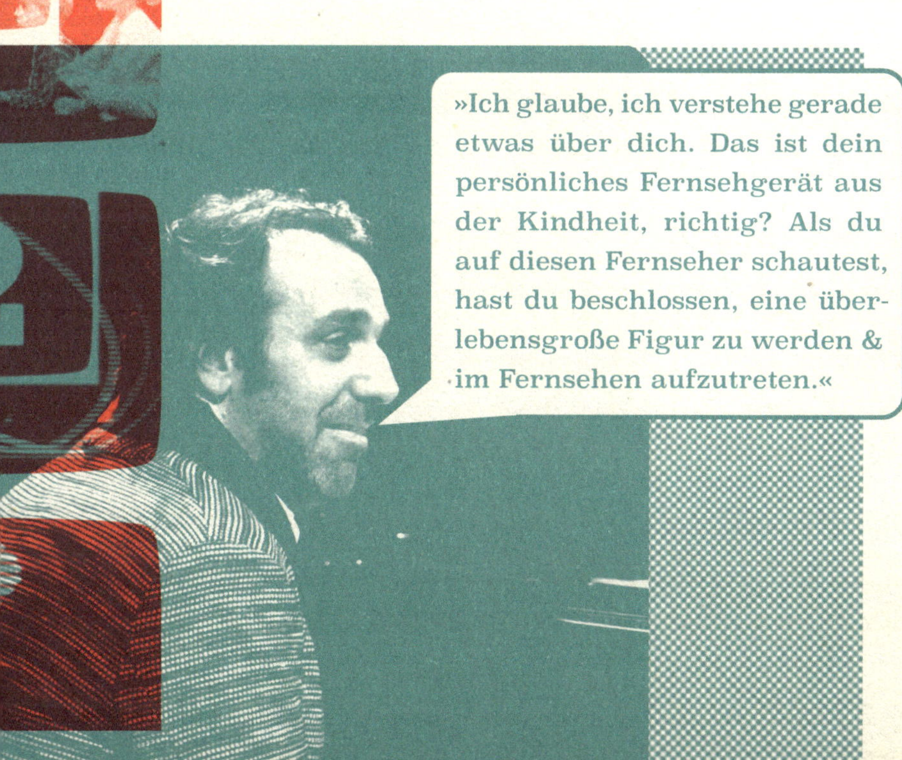

Auf jeden Fall habe ich auf dem Fernsehbildschirm zum ersten Mal Menschen Musik aufführen sehen. Jahre vor meinem ersten Livekonzert schaute ich eifrig *Top of the Pops*. So sah ich Musik zum ersten Mal gespielt: für die Kamera. Gonzales erzählte auch, wie er mich zum ersten Mal auf der Bühne sah & das Gefühl hatte, er sehe einen Zwölfjährigen, der versucht, die Bewegungen seiner liebsten Popstars nachzuahmen, wie er sie aus dem Fernsehen gelernt hat.

Ich finde es also gar nicht überraschend, dass ich, als Pulp viele Jahre später tatsächlich bei *Top of the Pops* auftrat (Lebensziele & so), auf Playback bestand, statt zu singen. Weil mir das authentischer vorkam. So hatten es alle Stars getan, als ich klein war. So tun als ob war der echte Scheiß, fand ich. Der Rest der Band würde ohnehin bloß so tun als ob, warum also nicht auch ich?

(Früher hatten natürlich einige Punkbands gegen die »Künstlichkeit« von *TOTP* protestiert. Darum sind The Clash nie dort aufgetreten. & ich weiß auch noch, als die Stranglers einmal dort auftraten, »spielte« JJ Burnel einen Bass ohne Saiten. Das war seine Version von »echt«. Aber in meinen Augen lag er daneben: Pop hatte nichts mit Realität zu tun – Pop war eine Verbesserung der Realität.)

»Ich wollte richtig IM Fernsehen sein & nicht bloß AUF dem Bildschirm. Ich wollte diese Welt hinter mir lassen & mit den Seeungeheuern schwimmen, mit Raumfahrern durchs Weltall fliegen. Ich wollte wirklich im Inneren des Fernsehgeräts leben.«

& als Kind dachte ich, in den Fernseher kommt man hinein, wenn man berühmt ist. Wenn ich also Popstar werden könnte, würde ich Zutritt ins Fernsehland bekommen. & dann könnte ich endlich mit den Delfinen schwimmen & durch den Wilden Westen reiten. In *Room 29* konnte ich diese Kindheitsfantasie realisieren (ganz buchstäblich, wie man auf dem Foto sehen kann) – & das in der sicheren, kontrollierten Umgebung eines Theaters. Ganz so sauber & ordentlich lief es im wahren Leben allerdings nicht. Wenn man Fernsehbilder dem richtigen Leben vorzieht, muss das offensichtlich zu Problemen führen. Vor allem mit den Menschen, die einem in diesem Leben nahestehen. Ich versuche inzwischen seit vielen Jahren bewusst, mir das Fernsehen abzugewöhnen.

Ich habe den Eindruck, dass ich damit weit gekommen bin – aber jeder Tag ist ein Kampf. Wenn ich in einem Hotel übernachte, lege ich eine Decke über den Fernseher, damit ich nicht in Versuchung komme, ihn anzuschalten. Als mein Sohn noch kleiner war, habe ich in gleicher Absicht Zeichnungen von ihm auf den Bildschirm geklebt. & wenn ich einen Raum oder eine Bar betrete, wo ein Fernsehgerät in der Ecke läuft, kann ich mich immer noch nicht beherrschen & muss hinschauen. Das ist unangenehm, wenn ich mich mit Freunden treffe, weil ich am Ende in die Ecke starre, statt auf sie zu achten. Es ist sogar unhöflich. Aber ich kann nichts dagegen tun. Das geht noch auf die Zeiten zurück, als der Fernseher ein magisches, halb-verbotenes Gerät war, das Visionen aus einer anderen Welt in meinen Alltag beamte. Ein Ding, das so etwas mal geschafft hat, ist schwer zu ignorieren. Vielleicht warte ich immer noch darauf, die gute Stelle zu erwischen.

Das Beste, was man über den Fernseher JVC 3020 sagen kann, ist wohl, dass er »tragbar« ist. Das war praktisch, als ich oft die Wohnungen wechselte. Aber diese Bequemlichkeit hatte ihren Preis: Darauf zum Beispiel Snooker zu gucken, war reine Zeitverschwendung. Erst mal ist es ein Schwarz-Weiß-Fernseher, man konnte also die Farbe der Kugeln nicht erkennen, was es schwer machte, dem Spiel zu folgen.

Das war schon nervig genug, aber das wirklich unüberwindliche Problem war, dass die beiden unteren Löcher am Billardtisch hinter der Bildschirmeinfassung aus schwarzem Plastik verschwanden. Man wusste also nie, ob eine Kugel an dem Tischende eingelocht wurde oder

nicht. Offensichtlich war das Gerät nicht von einem Fan des Sports gestaltet worden, den manche »Schach mit Kugeln« nennen.
Das hätte mich eigentlich warnen sollen: Das Fernsehen zeigt einem nicht das ganze Bild. Aber von dieser Lebenslektion war ich noch Jahre entfernt.

Okay, Ende des »Werbeblocks«, aber ein Verständnis des Ausmaßes meiner Fernsehsucht ist ein wesentlicher Teil dieser Geschichte. Daher stammen viele meiner ursprünglichen Vorstellungen von der Welt. Ein Hauptbestandteil meines »Mutterbodens«. Von hier bekam ich überhaupt erst alle Informationen darüber, wie ein Pop-Auftritt aussehen sollte.
Womit hoffentlich die Bühne ausreichend bereitet ist, dass ihr verstehen könnt, wieso das allererste Pulp-Konzert so eine Komplettkatastrophe wurde.

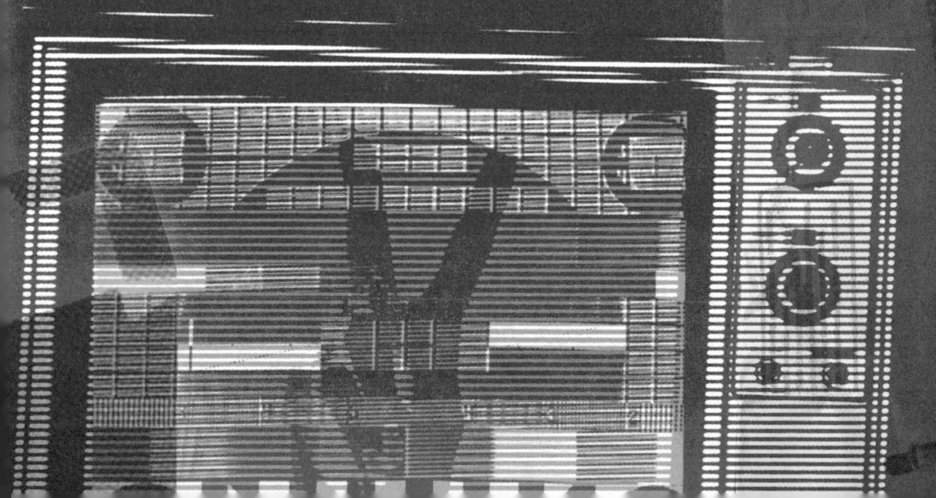

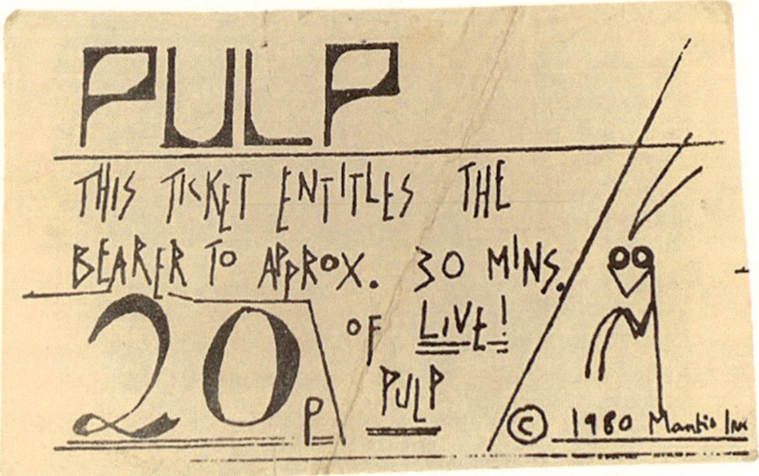
PULP
THIS TICKET ENTITLES THE
BEARER TO APPROX. 30 MINS.
OF LIVE!
PULP
20p
© 1980 Mantis Inc

Kapitel Vierzehn

Diese Eintrittskarte habe ich für das allererste Pulp-Konzert entworfen. Das Logo ist da, die Gottesanbeterin Obidiah ist da. Zwanzig Pence für »ca. 30 Min. Live! Pulp«.

Unser erstes Konzert mittags in der Schule zu geben, war praktisch & konsequent. Wir hatten keine Ahnung, wie wir es in die Sheffielder Clubs schaffen sollten, in denen andere Bands auftraten. Außerdem waren wir noch zu jung für Läden, in denen Alkohol ausgeschenkt wurde. & es wäre ohnehin keiner zu unserem Konzert gekommen. Weil uns ja niemand kannte. Die Leute in der Schule schon – wir waren die »Weirdos«.

In der Schule hatten wir bereits einen Ruf weg, weil wir dort ein paar Monate zuvor in einer Mittagspause die beiden Filme von Fungus & Glen vorgeführt hatten. Glen hatte *Die drei Spartaner* & *Star Trek (mit Spaghetti-Western-Unterton)* mit ein paar Quatschwerbespots & einem Promovideo für »Shakespeare Rock« (in dem Fungus, Dixie & ich mit einer Puppe meiner Schwester Volleyball spielen) zu einer Filmrolle zusammengeschnitten. Da es sich um Stummfilme handelte, baute Glen bei einer unserer Freitagabendproben in unserem Wohnzimmer den Super-8-Projektor seines Vaters & eine Leinwand auf, & wir versammelten uns um die *In Tensai Rhythm Machine* & nahmen eine Voice-over-Kassette auf. Weil wir ständig Lachanfälle bekamen, brauchten wir einige Anläufe, aber am Ende gelang uns eine Aufnahme, mit der wir zufrieden waren, & den Rest des Abends schauten wir uns das Ergebnis in Dauerschleife an. Es war ziemlich gut – obwohl die Tonspur nicht immer lippensynchron lief, weil es nicht einfach war, Kassettenrekorder & Filmprojektor gleichzeitig zu starten.

In der Schule hatte sich schnell herumgesprochen, dass wir »einen Film gedreht« hatten. Der coolste Lehrer an der City Comprehensive School war unser Mathelehrer Mr Jarvis (guter Name). Mr Jarvis hatte lange Haare plus Fusselbart & stand auf »progressive« Bands wie Van der Graaf Generator. Er hatte Wind von unserem Film bekommen & gefragt, ob wir ihn unseren Mitschülern zeigen wollten. Er würde sich vom Direktor das Okay holen. Ja, bitte.

& so warteten wir ein paar Wochen später in einem Zustand nervöser Erregung um kurz vor halb eins am Seitenrand der Bühne in unserer Aula. Die nervöse Erregung setzte sich aus der normalen Aufgedrehtheit von Teenagern & nackter Angst zusammen. In den Wochen seit Mr Jarvis' Anfrage hatten wir fieberhaft überlegt, wie wir das Problem, den Soundtrack synchron zum Bild abzuspielen, lösen konnten. Wir hatten den Filmanfang auf dem Super-8-Band markiert, die Kassette mit dem Soundtrack entsprechend zurückgespult & das Zählwerk des Rekorders auf »null« gestellt. Dann hatten wir von fünf runtergezählt & sobald wir bei »null« angekommen waren, die »Start«-Tasten beider Geräte gedrückt. Trotzdem blieb es ein Glücksspiel. Hinzu kam, dass wir bei unseren Versuchen immer nebeneinandergesessen hatten. Jetzt stand ich mit dem Kassettenrekorder am seitlichen Bühnenrand & Glen hatte sich meilenweit entfernt im hinteren Teil der Aula mit dem Filmprojektor postiert. Wir konnten uns nicht sehen, geschweige denn hören. Wie sollte das jemals klappen?

Die Aula füllte sich. Ein solches Ereignis hatte es bei uns noch nicht gegeben. Alle waren neugierig, was die Weirdos da angestellt hatten. Die Leute nahmen ihre Plätze ein, & allmählich verstummte das Schaben der Metallstühle auf dem Parkettboden. Nur noch wenige Sekunden bis 12.30 Uhr. Ich war wie versteinert. Gleich würden wir uns vor der versammelten Schule bloßstellen. Die Blamage würde für immer an uns kleben. Hilfe. In unserer Verzweiflung bot Dolly an, neben dem Bühnenvorhang den Countdown zu dirigieren: Eine Hand sollte zu mir auf der Bühne zeigen, die andere zu Glen im hinteren Teil der Aula. Das war unsere einzige Chance. Stunde null kam. Es gab kein Entrinnen. Dolly postierte sich. In der Aula wurde es still. Mein Finger schwebte über der »Pause«-Taste des Kassettenrekorders.

5, 4, 3, 2, 1 …

Der Film war ein überwältigender Erfolg. Wie durch ein Wunder war der Ton mit dem Bild absolut synchron. Es klappte viel besser als bei unseren Trockenübungen. Die Leute lachten. Am Schluss klatschten sie sogar. Ein Triumph. Wir waren im Geschäft!

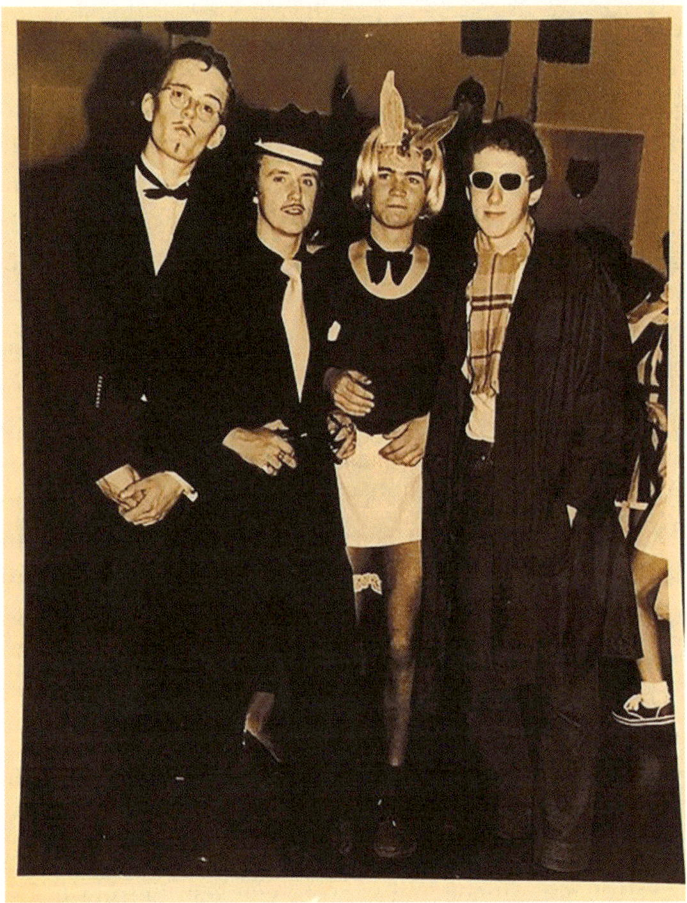

Inzwischen hatte sich die Besetzung der Band herauskristallisiert: ich an Gitarre & Gesang, Jimmy Sellars am Schlagzeug, Jamie Pinchback an Bass & Gesang, Peter »Dolly« Dalton an Gitarre, Keyboards & Gesang. Das Foto zeigt uns NICHT in unseren Bühnenoutfits. Auf der Weihnachtsverkleidungsparty in der Schule lief ein Fotograf herum, & wir nutzten die Gelegenheit für ein kostenloses Bandfoto. Oberkellner, Gangster, Playboy-Bunny & Rupert Bär – was für ein Line-up.

Jimmy war zu uns gestoßen, weil Mark »Dixie« Swift die Band für die Fußballmannschaft der Schule verlassen hatte. Jamie hatten wir bei einer Heavy-Metal-Band an unserer Schule abgeworben, die von Black Sabbath beeinflusst war & sich Satan nannte. Seine Mutter arbeitete bei einem Friseur in meiner Straße.

Ermutigt durch den Filmerfolg fragten wir in der Schule, ob wir in einer Mittagspause ein Konzert geben durften, & bekamen das Okay.

»30 MIN. LIVE! PULP« klingen vielleicht nicht lang, aber für eine Band, deren Publikum bisher aus einem Hund & einer gebrechlichen Nachbarin bestand, ist das schon eine Ansage. Der Sprung auf die Bühne macht einem Angst. Es ist in etwa so, als hätte man immer nur Selbstgespräche geführt & wollte nun öffentlich eine Rede halten. Ein Quantensprung. Im Wohnzimmer klangen wir ziemlich gut, doch abgesehen von dem Hund, unserer Nachbarin & (gelegentlich) meiner Schwester konnte das bisher niemand bezeugen. Wie würde es sein, vor anderen aufzutreten? Wir wussten, für die Band war es der nächste Schritt, trotzdem machte uns die Vorstellung Angst. Immerhin war der Film gut angekommen, das gab uns ein wenig Selbstvertrauen.

Der Erfolg des Films hatte uns tatsächlich einige Türen geöffnet. Mr Jarvis hatte angeboten, das Konzert mit seinem 4-Spur-Tonbandgerät aufzunehmen. Jetzt war es nicht nur unser erstes Konzert, sondern auch noch unser erstes Album! Unsere Träume wurden kühner: Wir brauchten Pyrotechnik, entschied ich. Wir sprachen unseren Chemielehrer an, & er erklärte sich bereit, uns zu helfen. Dann entdeckte ich in einem Schrank in der Schule ein paar bunte Stoffe & fragte, ob wir sie für Bühnenoutfits verwenden durften. Wieder lautete die Antwort ja. Alle schienen auf unserer Seite zu sein.

Eigentlich hätten die Sirenen angehen müssen. Im Lauf der Jahre habe ich begriffen, wie gefährlich es ist, »zu viele Eier in den Pudding rühren« zu wollen. Eine Show auf die Beine zu stellen – den Leuten etwas fürs Auge zu bieten – ist eine gute Idee, aber es wird bedenklich, wenn man sich damit von der eigentlichen Aufgabe ablenken will. Im Grunde hatte ich Schiss, mich auf die Bühne zu stellen, & hoffte, niemand würde es merken, wenn nur genug Rauch durch die Aula waberte & wir knallige Kostüme trugen.

& die Kostüme waren richtig knallig. Damals stand ich total auf Devo, & in dieser Band trugen alle die gleichen Papieroveralls, die ich ziemlich cool fand. Im Schulschrank hatte ich eine rote Stoffrolle mit Blumenmuster & ein paar Meter eines glänzend grünen Kunststoffs gefunden. Vermutlich waren sie für Möbelbezüge oder Vorhänge gedacht. Alles andere als »cool«. Ich nahm die Stoffe mit

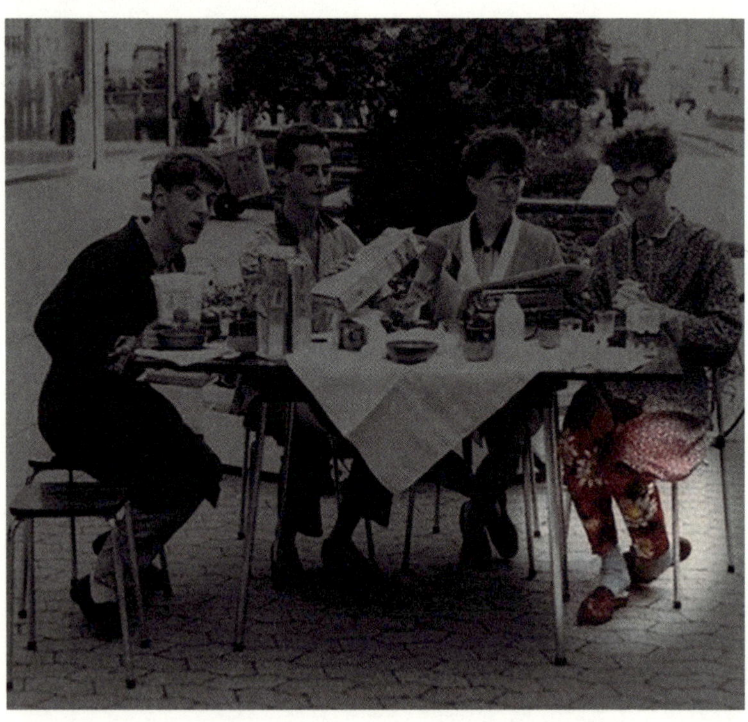

nach Hause & überredete meine Schwester, mit der Nähmaschine meiner Mutter Kostüme für uns herzustellen. Da meine Schwester nur über rudimentäre Schneidereikenntnisse verfügte, nähte sie kurzärmelige Oberteile mit U-Boot-Ausschnitt & Gummibundhosen im Pyjamastil. Die kompletten Outfits trugen wir nur beim ersten Konzert. Von dem Auftritt gibt es keine Fotos – aber auf dem Bild gegenüber, das ein paar Monate später entstand, trage ich eine der Hosen.

Stellt euch die Hose in Kombination mit einem knappen lindgrünen Oberteil vor. Definitiv ein »Hingucker«.

An das Konzert selbst habe ich nur noch verschwommene Erinnerungen. Im Lauf der Jahre habe ich in Interviews oft gesagt, ich würde mich an Liveauftritte kaum erinnern. Vor allem nicht an gute. Sie scheinen fast ohne mich stattzufinden. Ein, zwei Stunden lang benutzt die Musik dich als Kanal & zieht dann weiter. Doch das erste Konzert war nicht gut. Wie auch? Wir hatten uns ziemlich übernommen. Die ambitionierte Bühnenshow. Die schrägen Kostume. Die Liveaufnahme. Nicht gerade ein »sanfter Einstieg«. Ein klassischer Fall von vorprogrammiertem Scheitern. Das Trauma des Scheiterns dürfte wohl der Grund sein, warum das Konzert fast vollständig aus meinem Gedächtnis getilgt wurde.

»Fast vollständig« heißt, dass ich mich an ein, zwei Details durchaus erinnere. Zum einen wäre da die »Pyrotechnik«.

Auf die Idee brachte mich ein Magnesiumband-Versuch im Chemieunterricht. Wie jeder Schüler einer weiterführenden Schule weiß, verbrennt ein Magnesiumband mit intensiver weißer Flamme, entwickelt dabei viel Rauch & hinterlässt ein Pulver, das sogenannte Magnesiumoxid (das bei Verstopfung eingesetzt wird). Unser eigenes Abführmittel hatten wir allerdings nicht herstellen wollen – wir hatten es auf den dichten Rauch & das grelle weiße Licht abgesehen. Bei *Top of the Pops* arbeiteten die Bands mit Licht-&-Rauch-Effekten, also brauchten wir so was auch. Bei den Versuchen im

Chemielabor hatten wir Schutzbrillen tragen müssen, & der Lehrer hatte gesagt, wir dürften nicht direkt in die Flamme schauen (deshalb taten es natürlich alle). Es war, als würde man die hellste Wunderkerze aller Zeiten sehen. Der perfekte Auftakt zu einem Konzert.

Das Problem war nur, dass die Aula ungefähr dreißigmal größer war als der Unterrichtsraum – außerdem hatte unser Chemielehrer mit seinen beiden Schülergehilfen das »Labor« im hinteren Teil der Bühne aufgebaut. Als sie in ihren weißen Kitteln auf die Bühne kamen, den einsamen Bunsenbrenner anschalteten & das Magnesiumband verbrannten, war der Effekt alles andere als überwältigend. Vor allem, weil wir vergessen hatten, die Vorhänge in der Aula zuzuziehen. Es war eher »spontane Chemiestunde« als »Hallo, Wembley!« & dann »preschte« die Band auch noch in Rentnergardinen gekleidet auf die Bühne. Mitten am Tag. Vor der versammelten Schule. Die absolute Blamage. Wenn ich nur daran denke, überläuft es mich eiskalt.

Danach ging es nur noch bergab. Von dem schlappen Start erholten wir uns nicht mehr.

Auf der Bühne fühlt man sich manchmal wie in einer anderen Dimension – im Kopf hat man eine Fantasie entwickelt & lebt sie nun vor dem Publikum aus. Läuft alles glatt, kann man das Gefühl mit keinem anderen vergleichen – doch bei der kleinsten technischen Panne landest du unsanft auf der Erde, & wenn du einmal dort angekommen bist, kannst du dich oft nur sehr schwer wieder in den anderen Zustand versetzen. Auf der Bühne können tausend Sachen schiefgehen. Es reicht ein loses Kabel, eine verstimmte Gitarre, & der Zauber, den du heraufbeschworen hast, ist gebrochen.

Mit der Zeit bin ich besser darin geworden, solche unvermeidbaren Pannen zu überspielen – aber ich bin durch eine harte Schule gegangen.

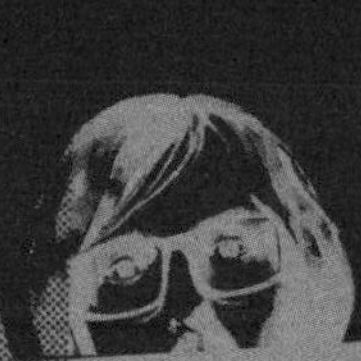

OI DEN RAMPEN-MAULWURF GEBEN

Ein paar Jahre nach dem Aula-Debakel treten wir in Sheffield im Library Theatre auf. Es ist unser bisher größtes Konzert. Alles läuft nach Plan, doch dann steigere ich mich in einen Song zu sehr rein, & meine Brille fällt runter. Wie wir inzwischen wissen, bin ich ohne Brille so gut wie blind. Ich gehe auf die Knie & taste die Bühne nach ihr ab. Vergeblich. Andere aus der Band legen ihre Instrumente beiseite & helfen mir bei der Suche. Immer noch vergeblich. Ein Albtraum. Das Publikum wird unruhig. Wo ist das verdammte Ding hin? Nach einer halben Ewigkeit findet der Schlagzeuger sie – in seiner Bassdrum! Was einem Wunder gleichkommt, denn im Fell seiner Bassdrum ist nur ein ca. fünf Zentimeter großes Loch fürs Mikrofon. Dort ist meine Brille irgendwie reingerutscht. Zauberer wie David Blaine oder Dynamo wären stolz auf diesen Trick. Doch die zehn Minuten, die wir für das Aufspüren der Brille brauchten, haben die »Magie«, die wir im Publikum heraufbeschworen hatten, völlig zerstört. Wir geben alles, aber wiederherstellen können wir sie nicht.

LÖSUNG

1) Kopf auf der Bühne nicht bewegen (ungeeignet)
2) Kontaktlinsen (funktionierten eine Zeit lang, führten aber zu Augenentzündungen)
3) Elastisches Brillenband – bis heute in Gebrauch

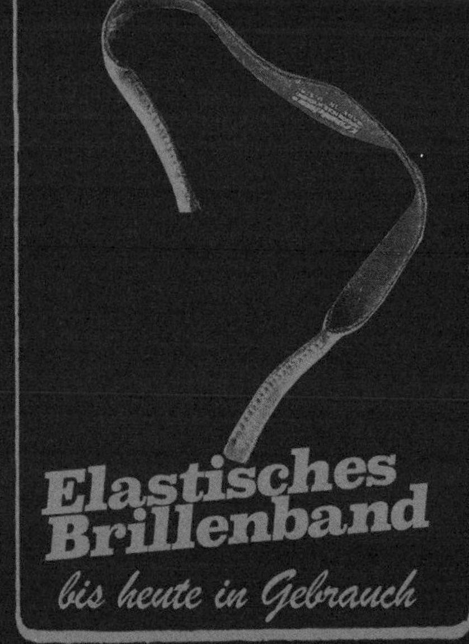

02 TOMMY, CAN YOU HEAR ME?

Ein Mikrofon ist nicht nur Instrument, es ist auch Requisite – ein Sänger, eine Sängerin kann auf der Bühne damit spielen –, deshalb benutze ich immer Kabel- statt moderne Funkmikros. Durch das Kabel ist das Mikrofon vielseitig einsetzbar – man kann es sich über die Schulter werfen, um den Hals hängen oder während eines Instrumentalparts einfach baumeln lassen. Ein berühmtes Beispiel für eine »Bühnentechnik«, die nur mit Kabelmikro möglich ist, ist der durch Roger Daltrey von The Who bekannt gewordene Trick, es wie ein Lasso über dem Kopf zu schwingen. Eine klassische »Rock«-Pose. Ich selbst habe sie nie ausprobiert, aber einmal miterlebt, wie der Leadsänger einer bekannten Band (der hier namenlos bleiben soll) beim Versuch, den »Daltrey zu machen«, gehörig baden ging.
Vor ein paar Jahren war ich nämlich zu Gast bei den NME Awards. (Da die Veranstaltung im Fernsehen übertragen wurde, muss es schon etwas her sein.) Die Produktionsfirma hatte einen kleinen Club angemietet, um eine »authentische, verschwitzte Rock-'n'-Roll-Atmosphäre« zu schaffen. Verwegen – aber gut ausgeleuchtet. Die Bühne war nicht mal einen halben Meter hoch. Wir Gäste wurden an runden Tischen platziert, von denen einige nur zwei, drei Schritte von der Bühne entfernt standen. Klein & intim, wie gesagt.

Die fragliche Band betritt die Bühne & legt dabei so viel Rock-'n'-Roll-Attitüde wie nur möglich an den Tag. Vor allem der Sänger. Während seine Kollegen ein Intro spielen, fängt er an, das Mikro über seinem Kopf herumzuwirbeln. Die Leute an den vorderen Tischen müssen in Deckung gehen. Mich erinnert das Ganze an eine Greifvogelschau bei einem Dorffest – an den Moment, wenn der Falkner den Adler loslässt & der Vogel davonfliegt. Als Nächstes bläst der Falkner in seine Pfeife & lässt ein Stück Fleisch an einer Schnur durch die Luft sausen, um das Tier zurückzulocken. Aus Angst vor dem Vogel reißen die Zuschauer die Arme über den

Kopf & ducken sich weg. Vor der Bühne spielt sich eine ähnliche Szene ab (natürlich ohne Greifvogel). Ich bin froh, dass ich an einem Tisch weiter hinten sitze. Doch lange werde ich mich nicht in Sicherheit wiegen können: Der Sänger gibt nach & nach mehr Kabel, & die »Gefahrenzone« weitet sich aus. Seine Bandkollegen müssen schon zu ihren Boxen zurückweichen. Geprobt haben sie das nicht, so viel steht inzwischen fest. Das Intro-Riff dauert bestimmt schon eine Minute. Ich versuche, den Gesichtsausdruck des Sängers zu deuten. Er macht sich Sorgen, weil er keine Ahnung hat, wie er das Mikrofonkabel einfangen soll, um mit dem Singen anzufangen. Solange er es herumwirbelt, hält sich das Mikro in der Luft – wie soll er da gleichzeitig das Kabel einholen?
Für eine nähere Untersuchung des physikalischen Phänomens bleibt keine Zeit – die Antwort liefert das unmissverständliche »Klonk« des aufschlagenden Mikrofons (zum Glück war es ein Tisch, kein Kopf), das im Anschluss geräuschvoll über den Boden gezogen wird. Im Laden wird es totenstill. Die Musik hat aufgehört. Der Sänger versucht, die Panne zu überspielen, indem er stur auf die gegenüberliegende Wand starrt. Das Publikum seufzt erleichtert auf. Ich versuche so angestrengt, ein Lachen zu unterdrücken, dass ich Gefahr laufe, mich selbst einzunässen.

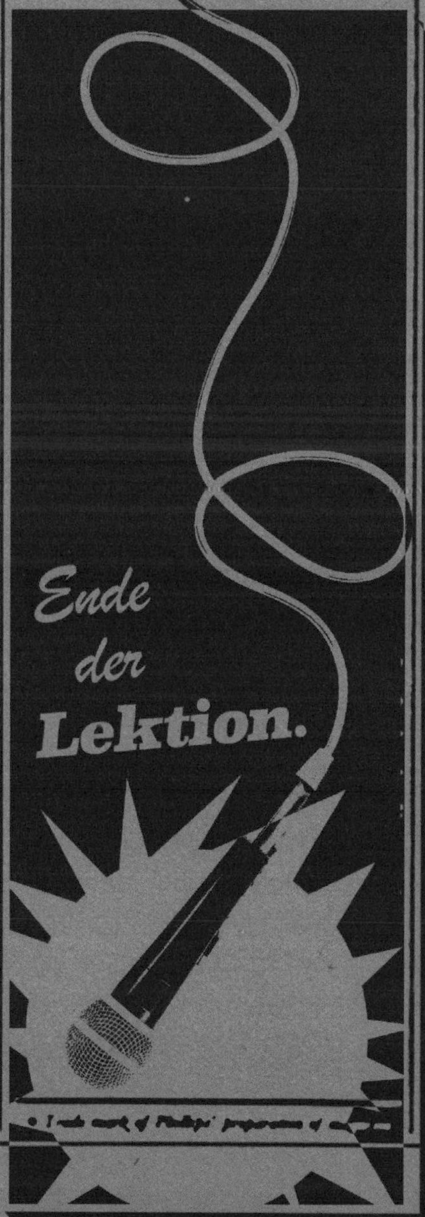

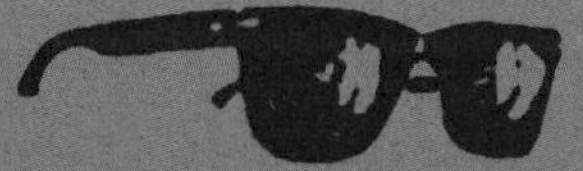

In jener mittäglichen Schulpause Anfang der 1980er war ich von dieser wertvollen Lebenslektion allerdings noch Jahre entfernt. Damals wusste ich nur, dass die Dinge nicht so liefen, wie ich es mir vorgestellt hatte. & je länger ich darüber nachdachte, umso unkonzentrierter wurde ich, & das führte zu weiteren Pannen. Im Fernsehen werden Pannen herausgeschnitten – weshalb ihr auch nichts von dem soeben geschilderten »monumentalen Roger-Daltrey-Fehlversuch« wisst. Dass wir nicht im Fernsehen waren, habe ich auf die harte Tour gelernt. Einen zweiten Take gab es nicht. Bald stürzten wir in ein Loch aus jugendlicher Verzweiflung.

Zum Glück kann ich mich an den Rest des Konzerts nicht mehr erinnern. Es wurde vollständig aus meinem Hirn getilgt. Ähnlich erging es auch der Liveaufnahme, die Mr Jarvis mit seinem 4-Spur-Rekorder gemacht hatte. Als er uns in der nächsten Mathestunde auf das Tonband ansprach, bat ich ihn, es zu löschen. »Willst du denn kein Andenken an deinen ersten Auftritt haben?«, fragte er ungläubig. »Wenn ich die Aufnahme überspiele, bereust du es mit Sicherheit irgendwann.« Aber ich bestand darauf – der Gedanke, dass der Moment unserer absoluten Blamage für die Nachwelt aufbewahrt wurde, war mir unerträglich. Es war der akustische Beweis, wie ein Traum mit Vollgas gegen die Wand gefahren wird. Wer würde sich das jemals wieder anhören wollen? Mit der Band war es aus, davon war ich überzeugt. Wir waren beim Vorspielen durchgefallen. Nie würde ich erfahren, wie es sich im Fernsehland lebte. Also: Tonband löschen, alle Beweise vernichten, die Geschichte neu schreiben. Für mich war es der Tag, den es nicht gab.

Die aus meinem Schulheft stammende Seite gegenüber bezeugt die stalinistische Säuberungsaktion: Das Jahr null für Pulp beginnt dort am Samstag, dem 5. Juli 1980 – dem Tag, als wir mit »The Naughtiest Girl Was a Monitor« im Rotherham Arts Centre auftraten. Das Konzert, das wir nur wenige Monate zuvor in der Schule gegeben hatten, findet keine Erwähnung. So funktioniert Revisionismus.

(Übrigens ist Mr Jarvis meiner Bitte nach einigem Zögern doch noch nachgekommen, & ja, natürlich BEREUE ich heute, dass es das Tonband nicht mehr gibt. Aus späteren Erfahrungen weiß ich, dass es nicht so schlimm gewesen sein kann, wie ich damals geglaubt habe. So schlimm ist es nämlich nie.)

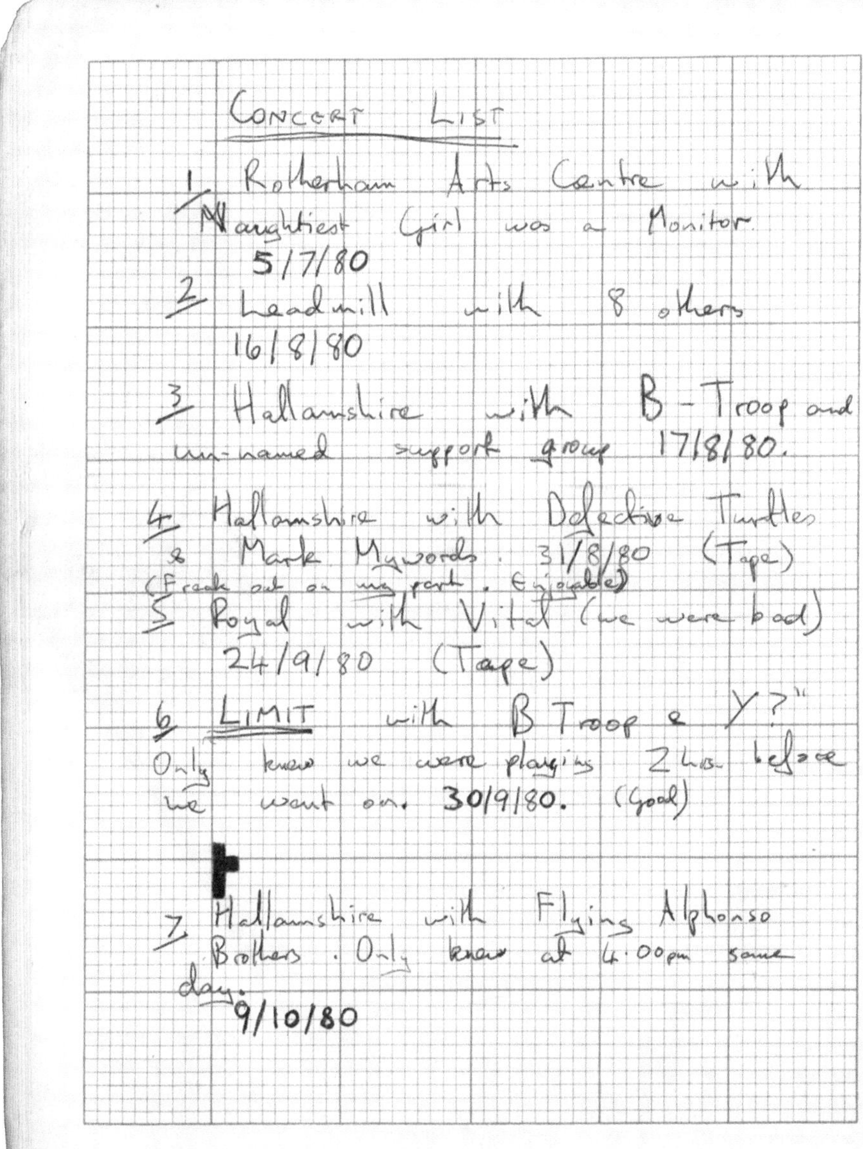

CONCERT LIST

1. Rotherham Arts Centre with Naughtiest Girl was a Monitor 5/7/80
2. Leadmill with 8 others 16/8/80
3. Hallamshire with B-Troop and un-named support group 17/8/80.
4. Hallamshire with Defective Turtles & Mark Mywords. 31/8/80 (Tape) (Freak out on my part. Enjoyable)
5. Royal with Vital (we were bad) 24/9/80 (Tape)
6. LIMIT with B Troop & Y?" Only knew we were playing 2 hrs before we went on. 30/9/80. (Good)
7. Hallamshire with Flying Alphonso Brothers. Only knew at 4.00pm same day. 9/10/80

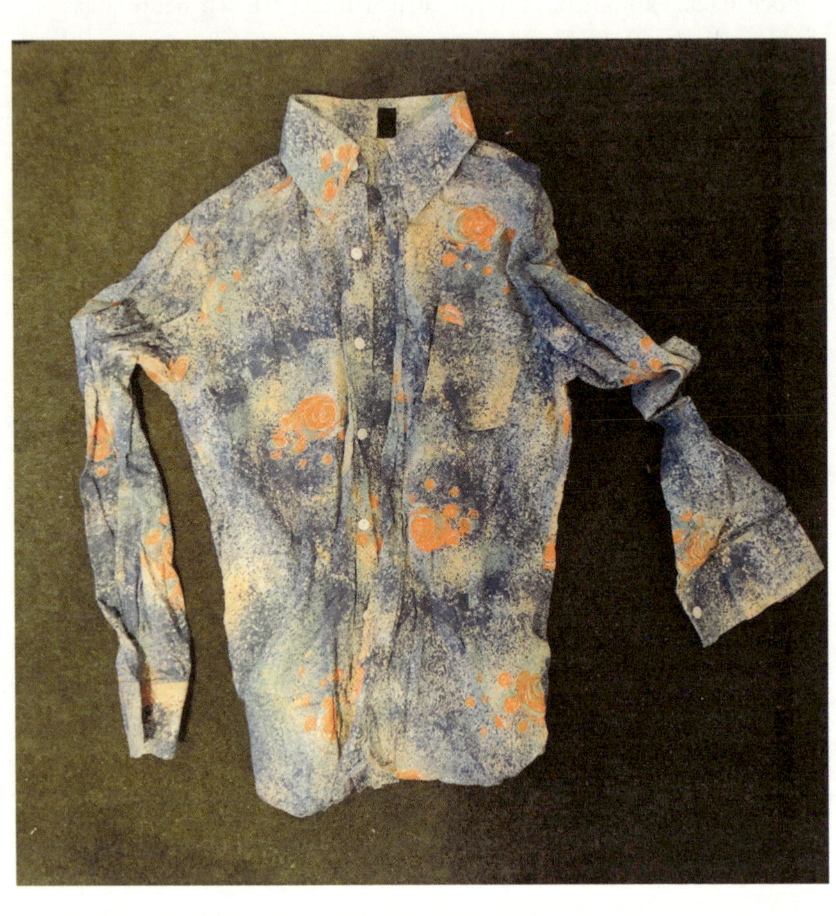

Kapitel Fünfzehn

Hemden, Hemden, Hemden.

Hier haben wir ein echtes Schmuckstück – eine Zeit lang war das Hemd auf der vorigen Seite mein Lieblingsteil bei Auftritten. Es stammt zur Abwechslung mal NICHT vom Flohmarkt. Meine Großeltern hatten es mir von einem Griechenlandurlaub mitgebracht. Ich war total baff. Ich hatte mit einer nachgemachten Amphore oder einem Gipsmodell der Akropolis gerechnet, aber niemals mit dem COOLSTEN HEMD ALLER ZEITEN. & noch dazu aus einem atmungsaktiven Baumwoll-Polyester-Mischgewebe.

Wie soll ich das Muster beschreiben? »Orange Spiralgalaxie vor beigem Wolkennebel im unendlichen tiefgrünen Weltall schwebend« trifft es nicht mal ansatzweise. Es ist die »Stargate«-Sequenz aus *2001* als Hemd – aber wieso haben meine Großeltern meinen Geschmack so hundertprozentig getroffen? Das darf doch eigentlich nicht sein.

Erst jetzt, wo ich hier auf dem Dachboden die ganzen Sachen sehe, werden mir bestimmte Zusammenhänge klar. Hatten meine Großeltern vielleicht mitbekommen, dass meine Schwester die schreiend bunten Kostüme für uns genäht hatte, & sich in Griechenland beim Anblick des Hemds gedacht: »Ach! Auf so was steht er doch!«, & waren schnurstracks zum Verkaufsstand marschiert? Doch das Allerschrägste war, dass mein Opa sich auch so ein Hemd gekauft hat. Er war zuerst Bestatter gewesen & hatte sich später mit einem Heimwerkerladen selbstständig gemacht. Außerdem war er Freimaurer. Immer zog er Wände hoch, besserte etwas aus oder baute Sachen. Einen weniger psychedelischen Menschen hat es vermutlich nie gegeben. Warum hat ihm das Hemd gefallen?

Dass aus dem Geist der experimentellen Kunst der 1960er-Jahre entsprungene Ideen & Produkte in den 1970ern ihren Weg ins tägliche Leben meiner Kindheit fanden, ist schon ein Wunder. Gegenüber sehen wir noch ein Beispiel:

Ist das Op-Art? Gewagt kontrastierende Farbstreifen, die in einem Fluchtpunkt zusammenlaufen & die Illusion einer schnellen

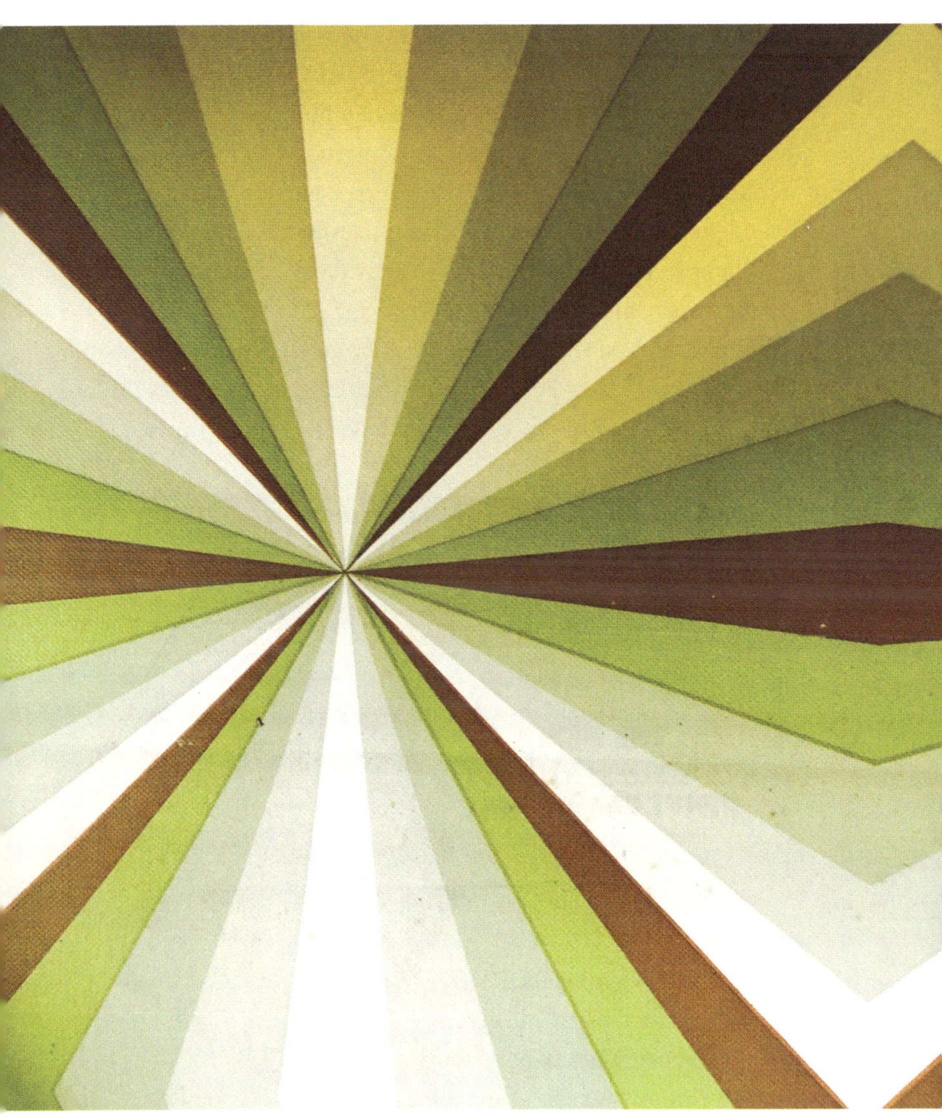

Vorwärtsbewegung schaffen. Ist es eine weniger bekannte Arbeit von Bridget Riley? Von Vasarely? Eine Abbildung aus dem Katalog einer angesagten Galerie in der Londoner Cork Street?

Nein – in Wahrheit stammt sie aus dem Tapetenbuch *The New Indoor Rainbow Vinyl Collection* von Crown Wallpapers.

Auch hierbei handelt es sich um einen Flohmarktfund. Gekauft habe ich es Anfang der 1990er in London, weil eine der darin abgebildeten Tapeten in meiner Teenagerzeit bei mir im Zimmer hing. Stundenlang habe ich dieses Muster angestarrt & mich dabei selbst in Hypnose versetzt. Ob meine Mutter das beabsichtigt hatte, als sie die Tapete an die Wände klebte, wage ich zu bezweifeln. Wahrscheinlich hatte sie in der Zeitschrift *She* gelesen, dass man mit starken visuellen Reizen die geistige Entwicklung seines Kindes fördern könne. Für diese Theorie spricht auch der Name der Tapete:

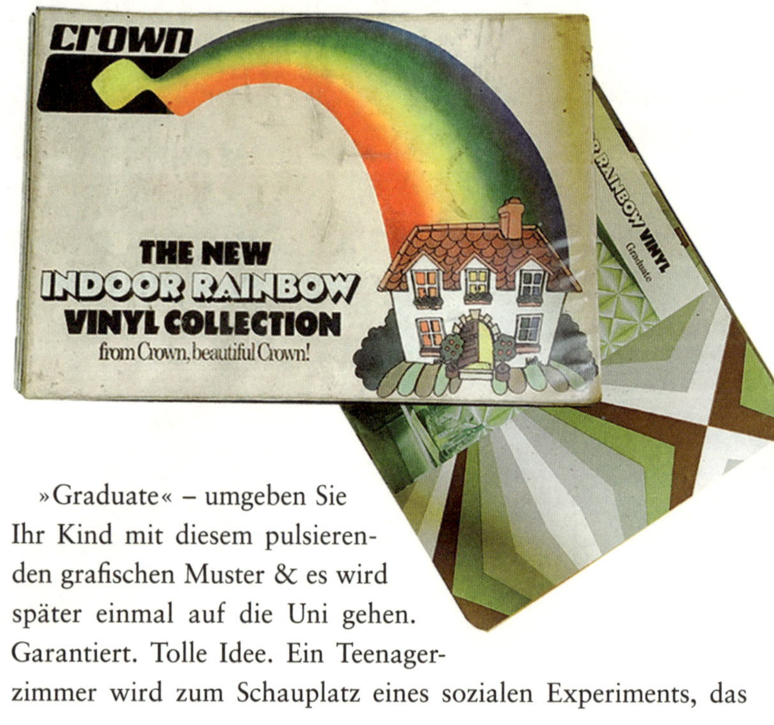

»Graduate« – umgeben Sie Ihr Kind mit diesem pulsierenden grafischen Muster & es wird später einmal auf die Uni gehen. Garantiert. Tolle Idee. Ein Teenagerzimmer wird zum Schauplatz eines sozialen Experiments, das die Auswirkungen von Umweltfaktoren auf die Lernfähigkeit erforscht.

Als ich das Tapetenbuch in den frühen 90er-Jahren gekauft habe, dachte ich wohl, es würde sich später bei meinen eigenen Kindern als nützlich erweisen, weil ich dann einfach eine der Tapeten hätte kaufen & im Kinderzimmer eine geistig anregende Umgebung hätte schaffen können. Da mein Sohn allerdings gerade mit der Schule fertig geworden ist & nun auf die Uni geht, das Tapetenbuch aber immer noch auf dem Dachboden herumliegt, habe ich es offenbar versäumt, dieses ehrgeizige Vorhaben umzusetzen. So gern ich euch *The New Indoor Rainbow Vinyl Collection* auch gezeigt habe, nun wandert das Tapetenbuch auf den »WEG«-Haufen.

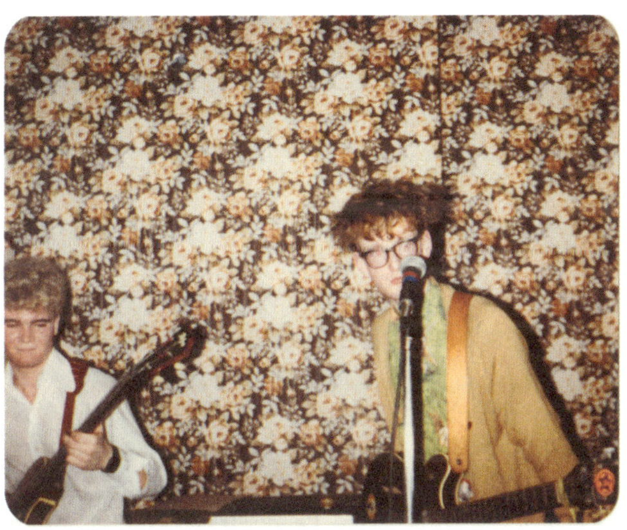

Zu gern würde ich behaupten, dieses Foto von einem frühen Pulp-Auftritt sei Zeugnis eines unserer eigenen Experimente zur Erforschung der Auswirkungen von gewagt gemusterten Tapeten auf Konzertgänger. In Wahrheit aber zeigt es nur, wie ich am Sonntag, dem 31. August 1980, im Sheffielder Hallamshire Hotel mit leicht mürrischem Ausdruck vor der Vliestapete im ersten Stock auftrete.

Warum schaue ich so betrübt aus der Wäsche? Ich bin sechzehn. Zwei Wochen zuvor habe ich zum ersten Mal vor »echtem« Publikum (sprich: nicht nur vor schulpflichtigen Kindern) gespielt. Daraus haben sich weitere Auftritte ergeben. Wir sind in die Sheffielder Musikszene aufgenommen worden. Ich lerne ständig neue Leute kennen. Zwei Jahre bevor ich es vom Gesetz her darf, trinke ich in Pubs. Erfolg.

Natürlich hat Pulp sich nach dem »Tag, den es nicht gab« nicht aufgelöst. Sobald wir die Blamage einigermaßen verdaut hatten, trafen wir uns wieder zum Proben. Als in der Lokalzeitung dann Bands aufgefordert wurden, Demotapes für eine geplante Compilation mit dem Titel *Bouquet of Steel* einzusenden, gaben auch wir eine Kassette ab. Auf das Album schafften wir es zwar nicht, aber wir wurden in das der Platte beiliegende Booklet aufgenommen, in dem alle Sheffielder Bands aufgelistet waren. Außerdem wurden wir eingeladen, am 16. August 1980, einem Samstag, beim Album-Release-Festival um 14 Uhr im Leadmill aufzutreten. Dieses Konzert gilt inzwischen als offizielle »Geburtsstunde« von Pulp.*

Die Geburt war ... ereignisreich.

Das Hinkommen war ein Problem. Zwar besaßen wir nicht allzu viel Equipment, aber doch zu viel, um es im Bus oder im Auto meiner Mutter zu transportieren. Zum Glück war meine Mutter mit einem Mann aus unserer Straße befreundet, der aus einem Lieferwagen heraus Obst & Gemüse verkaufte. Er erklärte sich bereit, uns & unsere Instrumente am Samstagmittag vor seiner wöchentlichen Runde zum Leadmill zu bringen. Zu unserem ersten öffentlichen Auftritt fuhren wir also im Laderaum eines Lieferwagens, wo wir unsere Instrumente umklammerten, während in jeder Kurve Kohlköpfe, Kartoffeln & Karotten um uns herumpurzelten. Als wir vor dem Leadmill aus einem Lieferwagen mit der Aufschrift »Gemüse auf Rädern« ausstiegen, ernteten wir

---

* Heute weist neben dem Eingang des Leadmill sogar eine Tafel auf das Ereignis hin.

LOCAL BAND ~ FESTIVAL ~

AUG 16 ENTRANCE £1 2-10PM

ARTERY, THE FLYING ALPHONSO BROS.
THE SCARBOROUGH ANTELOPES,
REPULSIVE ALIEN, DIFFICULT DECISION,
THE NAUGHTIEST GIRL WAS A MONITOR,
TREMMERS, CORRIDOR, PULP, STATION 4.

TEA COFFEE SOFT DRINKS + FOOD

THE LEADMILL, LEADMILL RD, SHEFFIELD 1

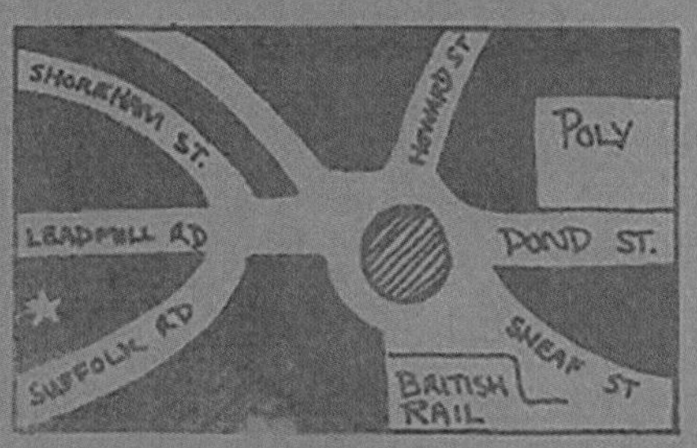

belustigte Blicke vom Technikteam. Vielleicht hielten sie es für den Namen der Band.

Wie sich herausstellte, hätten wir gar nicht so viel Zeug mitbringen müssen, denn ein Mitarbeiter des Leadmill erklärte uns: »Damit wir keine Zeit mit Umbauen verlieren, benutzen alle Bands dieselbe Backline.« Wir nickten wissend, obwohl wir keine Ahnung hatten, wovon der Typ redete. Noch waren wir im Muckerjargon nicht firm. Damit wir unseren Einsatz nicht verpassten, postierten wir uns nach kurzem Überlegen am seitlichen Bühnenrand.

Beim Leadmill handelt es sich um ein ehemaliges Busdepot, & wir schauten zu, wie sich der höhlenartige Raum allmählich mit alternativ aussehenden Menschen füllte, die sich vor der hinteren Wand des Ladens aufstellten.

Jamie (unser eigentlicher Bassist) war mit seinen Eltern in die Ferien gefahren, deshalb sprang unser Schulfreund Pip (in echt: Philip) Thomson für ihn ein. Mit fast siebzehn war ich der Älteste in der Band. Dolly war erst vor Kurzem sechzehn geworden. Pip war ziemlich schmächtig & sah, obwohl er älter war als Dolly, erheblich jünger aus. Etwa wie zwölf. (Pip widersprach vehement: »Dann muss ich ein RIESIGER Zwölfjähriger sein.«) Das genaue Gegenteil war unser Schlagzeuger Jimmy, denn er sah aus & benahm sich wie Mitte dreißig. Den Gerüchten nach hatte er was mit einer verheirateten Frau am Laufen. Für jemanden wie mich, der noch nicht mal eine feste Freundin hatte, lag das jenseits aller Vorstellungskraft. Seinem Aussehen & Ruf entsprechend fuhr Jimmy allein zum Leadmill & kam dort verspätet & reichlich angetrunken an.

Es zeichnete sich ab, dass dieses Konzert genauso stressig & desaströs werden würde wie das in der Schule. Schlecht vorbereitet, überfordert & mit alkoholisiertem Schlagzeuger – wir hatten alle Zutaten für die nächste Pleite beisammen.

Trotzdem war ich nicht halb so nervös wie beim letzten Mal. Wir kannten die Leute im Publikum nicht. Wenn wir es vermasselten, würden wir am nächsten Morgen in der Schule nicht ihr hämisches Grinsen ertragen müssen. Falls wir den Auftritt gegen die Wand fuhren, konnten wir einfach Fahrerflucht begehen & so tun, als wäre nichts gewesen. Nach dem Konzert in der Schule hatte unser Mathelehrer Mr Jarvis mir einen Rat gegeben, den ich nie vergessen habe. »Jarvis«, sagte er, »denk immer dran: Bisher hat niemand eure Lieder gehört. Also weiß auch niemand, ob ihr sie richtig spielt.« Anders formuliert: Solange du es nicht durchblicken lässt, kriegt es niemand mit, wenn du was vergeigst. Weise Worte, die ich mir eingeprägt hatte & unbedingt beherzigen wollte. Vergiss jeden Gedanken an Perfektion – geh auf die Bühne, gib dein Bestes & pass auf, dass dir deine Gesichtszüge nicht entgleisen.

Als wir an die Reihe kamen, war der Laden zu einem Drittel gefüllt. Ich stellte mich ans Mikrofon, wollte mit unserem ersten Stück beginnen, aber der nächste Zuschauer stand fast zehn Meter weit weg. Ich sagte so was wie: »Ihr könnt ruhig näher kommen – wir beißen nicht.« Zu meiner Überraschung bewegten sich zwei, drei Leute tatsächlich einige Zentimeter auf uns zu. Ich hatte mir die Macht des Mikrofons zunutze gemacht. Das Konzert lief jetzt schon besser als das in der Schule – dabei hatten wir noch keinen einzigen Ton gespielt.

Beginnen wollten wir mit »Stepping Stone«. Da es das allererste Stück war, das wir jemals geprobt hatten, glaubten wir es gut zu beherrschen. Wir hatten uns sogar etwas »Kreatives« einfallen lassen: eine dramatische Pause mitten im Stück – nach dem zweiten Refrain hörten wir alle auf zu spielen, um, mit dem Schlagzeug beginnend, nach & nach wieder einzusteigen & uns zu einem fulminanten letzten Refrain plus Outro zu steigern. Auf das Arrangement war ich mächtig stolz. Wir fingen an. Es klang ziemlich gut. Noch ein paar Leute aus dem Publikum traten näher an die Bühne heran. Wir bauten eine Beziehung zu den Leuten auf. Der zweite Refrain ging zu Ende & wir hörten abrupt auf zu spielen. Perfekt. 1, 2, 3, 4 & dann …

& dann nichts. Betrunken wie er war, hatte Jimmy gedacht, das Stück wäre bereits zu Ende. Ich drehte mich zu ihm um, er grinste mich mit glasigem Blick an & wartete darauf, dass ich den nächsten Song anzählte. Ich wollte ihn schon auf seinen Fehler aufmerksam machen, da fiel mir Mr Jarvis' Rat wieder ein: »Bisher hat euch niemand gehört – also weiß niemand, ob ihr die Lieder richtig spielt.« Ich hielt den Mund & hörte hinter meinem Rücken ein ungewohntes Geräusch. Klatschen. Tatsächlich war den Leuten der Fehler gar nicht aufgefallen, ihnen gefiel unsere Version von »Stepping Stone« sogar! Auch wenn sie nur anderthalb Minuten lang gewesen war.

Der andere Patzer, der uns an dem Tag unterlief, ließ sich nicht so leicht als geplant verkaufen. Wir wollten unser episches Instrumental »Message From the Martians« spielen – das Stück mit dem Basslauf aus Joy Divisions »New Dawn Fades« plus Sci-Fi-Soundeffekten – & Pip drehte seinen Bass auf, der bei dem Song das Lead-Instrument war. Plötzlich setzte ein lauter, tiefer, unangenehmer Dröhnton ein – eine Rückkopplung.

Selbst wenn ihr noch nie in einer Band wart, habt ihr mit Sicherheit schon mal eine Rückkopplung gehört. Denkt nur an Fahrten mit der Bahn, wenn der Schaffner eine Ansage über die Lautsprecheranlage machen will. »Reisende in den – wuuuuuu – ersten beiden – wiiiiiii – Abteilen müssen …« Während er sich durch den Hagel aus elektronischen Verzerrungen zum Ende der Durchsage quält, zuckt das gesamte Abteil immer wieder zusammen. Als wäre der Zug von einer Death-Metal-Band entführt worden. Rückkopplungen entstehen, wenn das Mikrofon sich selbst »hört«; im Fall unserer imaginären Zugfahrt hält der Schaffner das Mikrofon zu nah an einen Lautsprecher.

Im Leadmill überfiel Pip panische Angst. Bei den Proben hatten wir mit Rückkopplungen schon zu tun gehabt & wussten, dass man sich sofort von den Boxen entfernen musste. »Sich außer Hörweite bringen«, wenn man so will. Pip versuchte das auch. Er trat vom Bassverstärker weg. Immer noch Rückkopplungen. Er trat etwas weiter weg. Immer noch Rückkopplungen. Er trat noch einen Schritt weg.

& fiel von der Bühne.

Die Bühne im Leadmill war nur knapp einen Meter hoch (heute ist sie, soweit ich weiß, etwas höher), & verletzt hatte er sich zum Glück nicht. Das änderte aber nichts an der Tatsache: Er war von der Bühne gefallen. Vor etwa zweihundert Leuten. Aua. Sein Stolz war mit Sicherheit verletzt. Das Publikum schien sich an der Panne nicht zu stören – im Gegenteil: Für die Leute trug sie zu unserem naiven Charme bei. Eine Konzertkritik (unsere allererste!) im Sheffielder Fanzine *The Bath Banker* gibt die Stimmung im Leadmill wieder:

PULP – TEENAGE KICKS RIFF ON 2 ACOUSTIC GUITARS BUT DIFFERENT WORDS.
THEY CLAIM TO HAVE WRITTEN "STEPPING STONE" – IT'S THE DEFINATIVE VERSION!
"SUBTLETY TIME, DEDICATED TO ELVIS" SOUNDS LIKE "DONT FEAR THE REAPER" A BIT.
A DIRGE. "MESSAGE FOR THE MARSHIANS" WITH A KEYBOARDIST WHO HADN'T LEARNT
THE OTHER SONGS. ANOTHER DIRGE. THE APPEARENCE OF THE FRONTMAN IS ENTERTAINING
A FUN BAND. TUNING UP OF HOPELESSLY OUT OF TONE SEMI-ACC. "HAPPY HOUSE" RIFF OUT
OF TUNE, DIFFERENT WORDS. "I WONT SAY THAT THIS IS THE PENULTIMATE SONG
BECAUSE THAT'S PRETENTIOUS". "THIS IS FOR DANCING BUT I DONT SUPPOSE ANYBODY'S
GOING TO DANCE. SOUNDS LIKE "CHRISTINE" AND IS A DISCO SPOOF. I WONDER WHAT
KIETH STRONG WOULD SAY. VAST CHEERING FOR ENCORE.'

Der letzte Satz gefiel uns am besten: »LAUTE ZUGABE-RUFE.« Dass wir unfallgefährdet & planlos waren, hatte uns offenbar Pluspunkte beim Publikum verschafft, das, ehrlicherweise, hauptsächlich aus anderen Bands & ihren Bekannten bestand. Sie hatten alle schon ähnliche Pannen erlebt & fanden es gut, dass wir uns davon nicht unterkriegen ließen. Die klassische Underdog-Geschichte. Wir gehörten jetzt dazu.

Als wir danach im Publikum standen & uns die nächste Band anschauten, kamen immer wieder Leute zu mir & sagten, wie sehr ihnen unser Auftritt gefallen habe. Das fühlte sich gut an. Eigentlich war das Konzert kaum anders gewesen als das in der Schule. Wieder waren uns etliche Pannen unterlaufen – doch hatte sich unsere Einstellung geändert. Beim ersten Mal hätte ich fast einen Nervenzusammenbruch gekriegt. Dieses Mal hatten wir eine Einfach-weitermachen-Haltung bewahrt. Pannen passieren. Dass

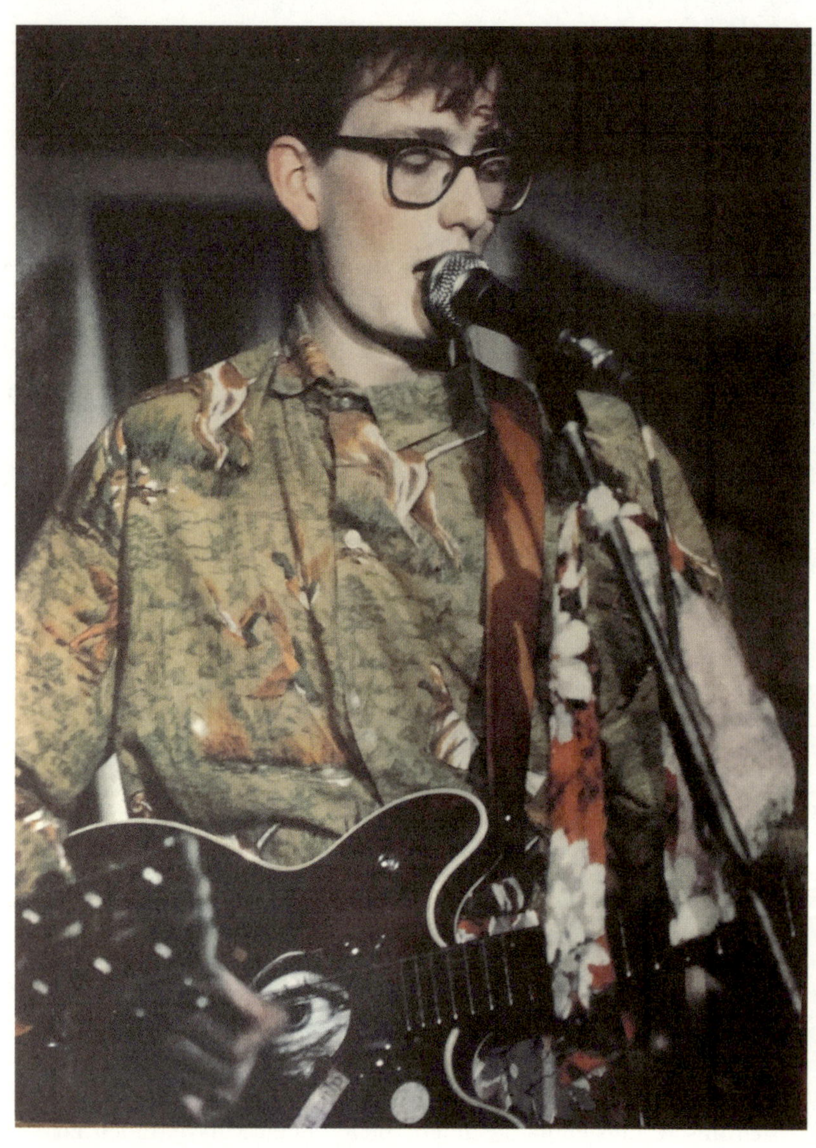

wir gelassen blieben, entschärfte die Situation nicht nur – die Missgeschicke verkehrten sich für uns ins Positive. Dadurch hoben wir uns von den übrigen Bands ab. Das Publikum erinnerte sich an die Trottel, die von der Bühne gefallen waren & zwischen den Songs selbstironische Ansagen gemacht hatten. Wieder hatte ich eine wichtige Lektion gelernt: Haltung ist alles.

Einer von denen, die mir hinterher gratulierten, fragte außerdem, ob wir Lust hätten, am nächsten Tag im Hallamshire Hotel als Vorband für B-Troop (zuerst verstand ich »Beetroot«) aufzutreten. Alter, willst du mich verarschen? Natürlich!

Bitte anschnallen, es geht los …

Bei diesem Konzert lief es dann richtig gut. Deshalb stehe ich vierzehn Tage später zum zweiten Mal auf der Bühne des Hallamshire. Wir spielen wohl schon etwas länger, denn ich habe meine Jacke ausgezogen & präsentiere das nächste interessant gemusterte Hemd. Keins aus der Space-Age-Kollektion – es ist mit Jagdhunden & Wildenten bedruckt. Ich hatte es bei einem Schulausflug nach London in einem Laden namens Flip neu gekauft. Auf dem Dachboden liegt es nicht mehr – vor ein paar Jahren habe ich es meinem Neffen geschenkt. Die Hopf-Gitarre auf dem Foto habe ich mit Zeitungsausschnitten & Aufklebern verschönert. Mein Look entwickelt sich langsam. Das bunte Tuch am Mikrofonständer ist ein Stoffstreifen, der abgefallen war, als meine Schwester die Hosen für unser Debütkonzert genäht hatte. Ich habe ihn dort festgeknotet, damit ich mich daran erinnere, bloß nicht auszuflippen, falls etwas schiefläuft. Viel genützt hat es offenbar nicht, denn in der »Konzertliste« hinten in meinem Schulheft* habe ich vermerkt: »Hallamshire mit Defective Turtles & Mark Mywords. Ich flippe aus. Hat Spaß gemacht (Tape).«

»Ausgeflippt« bin ich, weil meine Gitarre mitten in einem Stück

* siehe Seite 195

aufgab & ich ihr keinen Ton mehr entlocken konnte. Aus ohnmächtigem Frust heraus legte ich mich vor der Bühne auf den Boden & drehte mich eine Minute oder so im Kreis. Wie ein kleines Kind bei einem Wutanfall. Während die stumme Gitarre um meinen Hals hing. Danach blieb ich liegen, schämte mich & überlegte, wie ich aus der Nummer wieder rauskommen sollte. & dann hörte ich erneut dieses ungewohnte Geräusch. Von klatschenden Menschen. Hä? Wieso applaudierten die? Genauso gut hätten sie jemanden beklatschen können, der einen epileptischen Anfall hat. Diese kranken Schweine …

Bisher hatte ich immer stocksteif auf der Bühne gestanden – aus lauter Angst, etwas falsch zu machen, hatte ich nicht gewagt, mich zu rühren. Nun hatte ich gegen die »Nicht ausflippen«-Regel verstoßen – & durch Zufall die nächste wichtige Lektion gelernt: Setz deinen Körper ein, wenn du etwas rüberbringen willst. Die Leute sind gekommen, weil sie dich hören & sehen wollen. Also biete ihnen was fürs Auge.

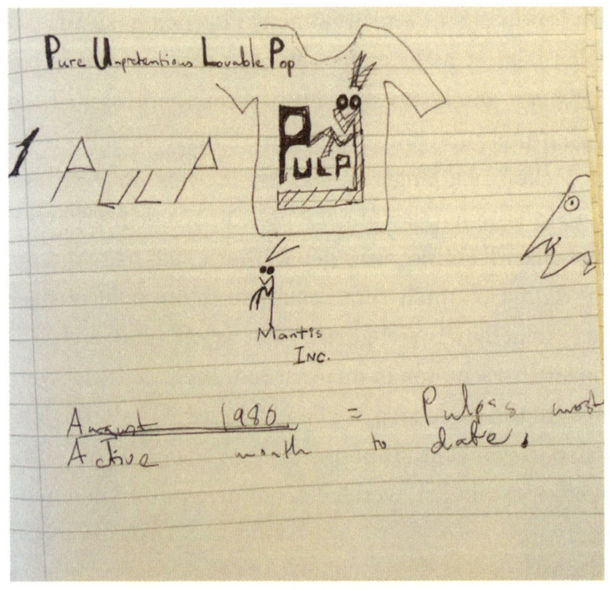

Als Meister der Untertreibung habe ich in mein Schulheft geschrieben: »August 1980 = Pulps bislang aktivster Monat«. Als wäre es unser Geschäftsbuch. Rein statistisch gesehen, hatten wir in nur einem Monat vier Konzerte gegeben – doch das Entscheidende ist, dass Pulp sich im August 1980 von einer Schülerfantasie in eine waschechte Band verwandelte. Wir sind in die Welt entlassen worden – machen Fehler & lernen dazu. Unsere Schulzeit geht im wörtlichen wie übertragenen Sinn zu Ende. Mit meinem Schulheft sind wir zum Beispiel fast durch.

Wir stehen mitten auf der Startrampe.

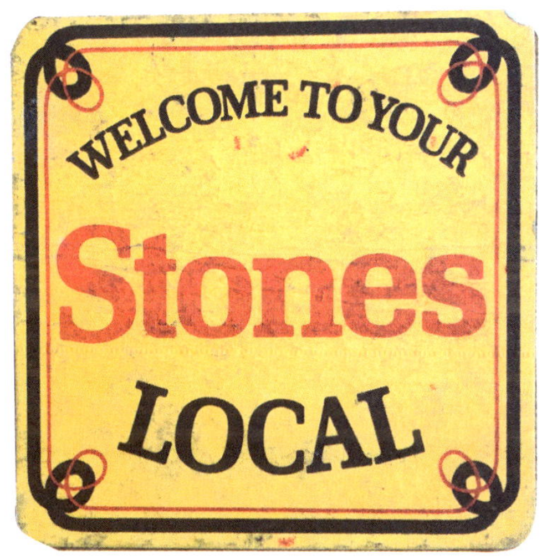

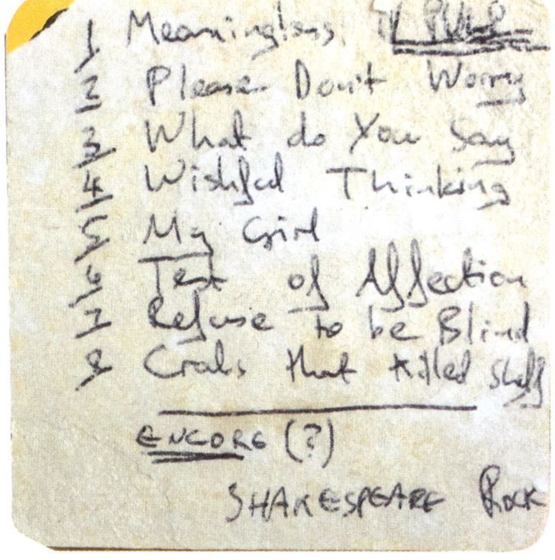

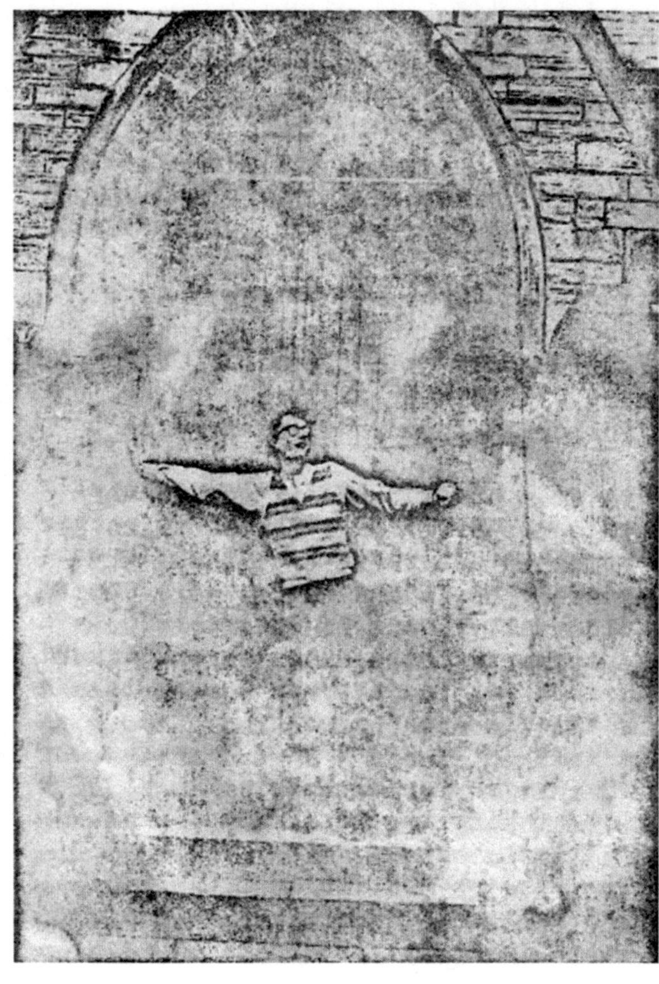

Kapitel Sechzehn

Über die Verbindung von Musik & Technik wurde schon viel geschrieben.

Ohne E-Gitarren hätte es Rock-'n'-Roll nie gegeben. Ohne die Erfindung des *Roland TB-303* wäre der unverwechselbare Sound von Acid House nicht entstanden. & ohne Fotokopierer wäre die Indie-Musikszene im Sheffield der frühen 1980er-Jahre verloren gewesen.

Fotokopierer haben die Printmedien demokratisiert. Sie brachten den »Punk« ins Druckereiwesen. Jeder, der ein paar Pence übrig hatte, konnte in den nächsten Tante-Emma-Laden oder ins Postamt gehen & etwas Geschriebenes, Gemaltes, Geklebtes vervielfältigen. Für wenig Geld konnte man seine Botschaft unter die Leute bringen.

Unsere erste Konzertkritik erschien in dem fotokopierten Fanzine *The Bath Banker* – eine »Underground«-Presse konnte wegen der Kopierer überhaupt erst entstehen & gedeihen. Die Unterstützung, die wir durch diese Presse erhielten, war für unsere Entwicklung maßgeblich. Obwohl Fanzines nur eine winzige Auflage hatten & oft kaum zu entziffern waren, war es wichtig, in ihnen vorzukommen. Jemand war auf uns aufmerksam geworden! Also gab es uns wirklich.

Was Pulp betraf, erfüllten Kopierer noch einen anderen Zweck: Sie waren unser Tor zur Welt der Wildplakatierung.

Hier oben auf dem Dachboden findet man etliche Beispiele, die unsere Zugehörigkeit zu dieser Welt belegen. Im Sheffield der Postpunk-Zeit war Wildplakatieren ein großes Ding. Als Kind hatte ich bei Ausflügen in die Innenstadt selbst gedruckte Plakate für Konzerte von Human League & Cabaret Voltaire gesehen, war aber noch zu jung gewesen, um mir die Bands anzusehen.

Als ich an einer Hauswand neben dem Plattenladen Impulse das gegenüber abgebildete DIN-A4-Plakat für unser Konzert als Vorband für die Defective Turtles entdeckte, kam mir eine Idee. Wir konnten (& mussten) selbst solche Plakate machen! Es war eine weitere Möglichkeit zu beweisen, dass wir Teil der Szene waren.

HALLAMSHIRE
HOTEL

defective
turtles

+

PULP

SUNDAY

31ST AUG

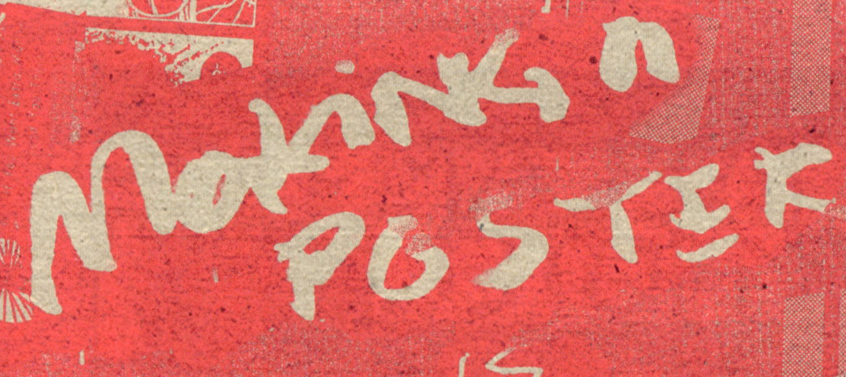

IS FUN & EAS

1 Find a picture you like from an old book or magazine (in my case an illustration of a Plesiosaur from an old encyclopaedia)

2 Add the band logo & some informative text ('there's no substitute for talent'! - another case of 'positive visualisation'?)

3 Go to the photocopy shop. & you're ready to go..

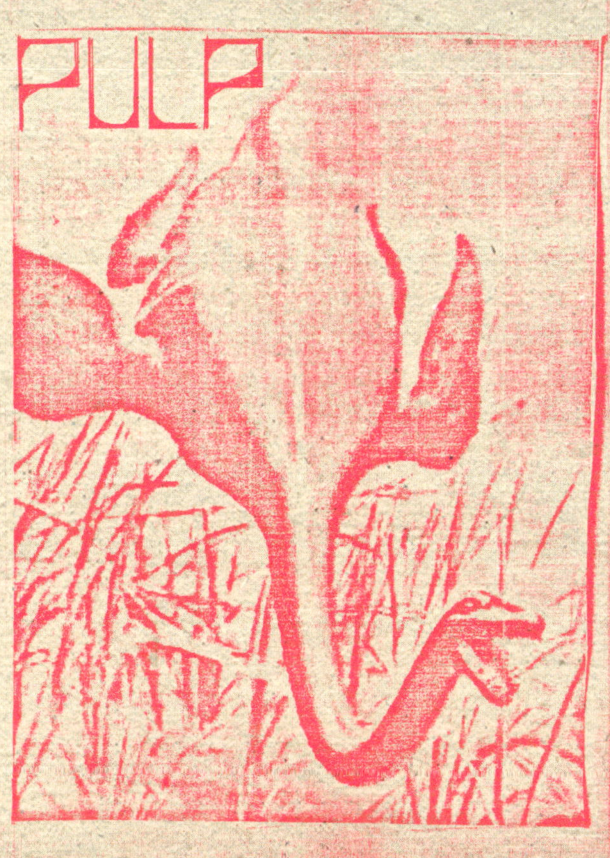

Then comes the exciting part -
putting the posters up.
It's exciting because

FLYPOSTING IS ILLEGAL

Wir vier trafen uns nach dem Abendbrot bei mir zu Hause. Die Plakate hatte ich in der Schulbibliothek kopiert. In einem Eimer hatte ich als Kleisterersatz ein Mehl-Wasser-Gemisch angerührt & bei meinem Opa in der Garage ein paar breite Pinsel aufgetrieben. Wir waren bestens vorbereitet & machten uns auf den Weg zur Bushaltestelle. Kittel oder so was hatten wir nicht angezogen, weil wir Angst hatten, damit sofort aufzufallen. Den Kleistereimer hatten wir in einer großen Einkaufstasche versteckt. Da es Anfang September war, war es draußen noch hell, als wir im Zentrum aus dem Bus stiegen. Die Innenstadt war menschenleer. Unheimliche Stille umgab uns, als wir an geschlossenen Geschäften & Bürogebäuden vorbei unser erstes Ziel ansteuerten – das Loch in der Straße.

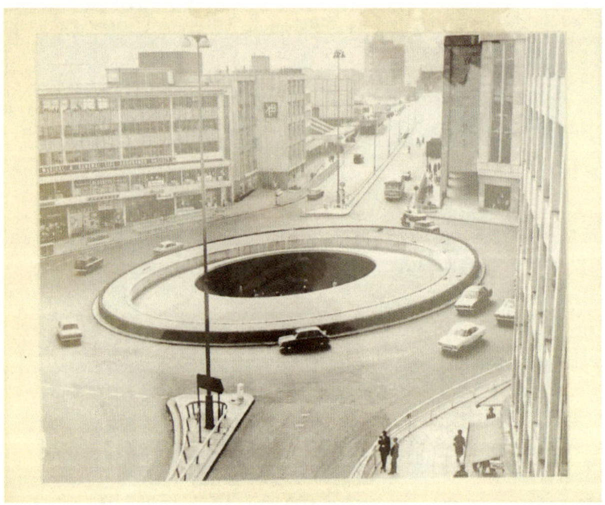

Ich habe das Loch in der Straße geliebt, weil es aussah wie ein UFO, das auf der Erde gelandet ist & sich als Verkehrsinsel getarnt hat. Eigentlich hieß der Platz Castle Square (angesichts des Fehlens einer Burg ein verwirrender Name), & von den umliegenden Straßen führten Fußwege zu einem unterirdischen, kreisförmigen Areal, das in der Mitte offen war. In eine Wand des zentralen »Hub« war ein Aquarium eingelassen, & ich war wie unzählige andere Kinder aus meiner Generation bei Einkäufen in der Sheffielder Innenstadt damit ruhiggestellt worden, dass wir, wenn ich schön brav wäre, hinterher noch »Fische gucken« würden. Das war in den späten 1960ern. Doch nun, Anfang der 1980er, war der Platz ein heruntergekommener Treffpunkt für Alkis & das Aquarium mit einem Gitter vor Vandalismus geschützt. Bei Wildplakatierern erfreute er sich allerdings großer Beliebtheit – es gab viel »Laufkundschaft«, weil die Leute ihn als Abkürzung benutzten, um von einem Teil der Stadt in den anderen zu gelangen.

Einer von uns hielt das Plakat hoch, ein Zweiter strich Kleister darauf & die anderen beiden hielten nach »Bullen« Ausschau. Blöderweise hatten wir uns für den Anfang einen denkbar schlechten Ort ausgesucht, denn in der Mitte kreuzten sich sehr viele Wege. Aus jeder Richtung konnte plötzlich ein Polizist auftauchen. Außerdem erzeugte das domartige Gewölbe einen Klangeffekt wie in der »Flüstergalerie« der St. Paul's Cathedral, sodass man unmöglich sagen konnte, aus welcher Richtung eventuelle Schritte kamen. Stressig. Eile war geboten. Sobald das Plakat an der Wand klebte, zogen wir schnell von dannen & gaben uns dabei so lässig wie nur möglich. Vielleicht pfiff sogar einer. »Hier gibt es nichts zu sehen, Officer.«

Nach unserem »Jungfernplakat« klapperten wir all die Plätze ab, wo andere üblicherweise ihre Plakate hinhängten – in der Umgebung von Veranstaltungsorten & Plattenläden –, suchten aber auch einige abgelegene Orte auf, die ich bei meinen Wanderungen durch die Stadt entdeckt hatte, & klebten auch dort welche hin. Eigentlich waren es Botschaften an die anderen Bands: »Hey, guckt mal – es gibt eine neue Band, & wir gehen dorthin, wo bisher noch keiner gewesen ist. Wir sind anders.« Eine Absichtserklärung. Die Leute sollten mitkriegen, dass wir jetzt da waren.

An diesem Abend war Sheffield die reinste Geisterstadt. Wir sahen keinen einzigen Menschen, geschweige denn einen Polizisten. Als das letzte Plakat hing, stiegen wir wie berauscht in den Bus nach Hause. Wir hatten es getan & waren immer noch auf

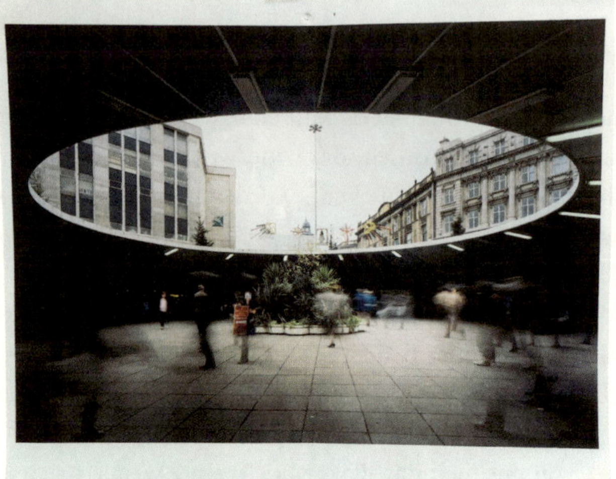

freiem Fuß. Später im Bett lag ich lange wach. Ich konnte es kaum erwarten, am Wochenende in die Stadt zu fahren & die Plakate zu sehen, mit denen wir uns stolz der Welt präsentierten. Unsere allererste öffentliche Ausstellung.

Wir trafen uns am Samstagmorgen & fuhren gemeinsam in die Stadt. Erster Halt: das Loch in der Straße. Kein Plakat. Seltsam.

Wir gingen den Weg vom letzten Mal ab. Überall das gleiche Bild. Kein einziges Plakat. Nicht mal an den abgelegenen Orten. War uns ein geheimnisvoller Unbekannter gefolgt & hatte alle abgerissen? Oder hatte es in der fraglichen Nacht gestürmt, & der Wind hatte die Plakate von der Wand geholt, bevor sie trocknen konnten? Dann kam mir die schreckliche Erkenntnis: Es war alles meine Schuld. Ich hatte den Mehlkleister angerührt. Es war das erste Mal gewesen, & ich hatte das richtige Verhältnis von Mehl & Wasser nicht gekannt & improvisiert. Wahrscheinlich hatte ich nicht das gesamte Mehl aus dem Vorratsschrank nehmen wollen, um zu Hause keinen Ärger zu kriegen. Im Nachhinein fiel mir ein, dass der Kleister recht … dünnflüssig gewesen war. Es gab kein Geheimnis zu enträtseln. Sobald die Plakate getrocknet waren, waren sie von der Wand gerutscht & futsch gewesen. Ich hatte es vergeigt. Die ganze Mühe umsonst. Tut mir leid, Jungs.

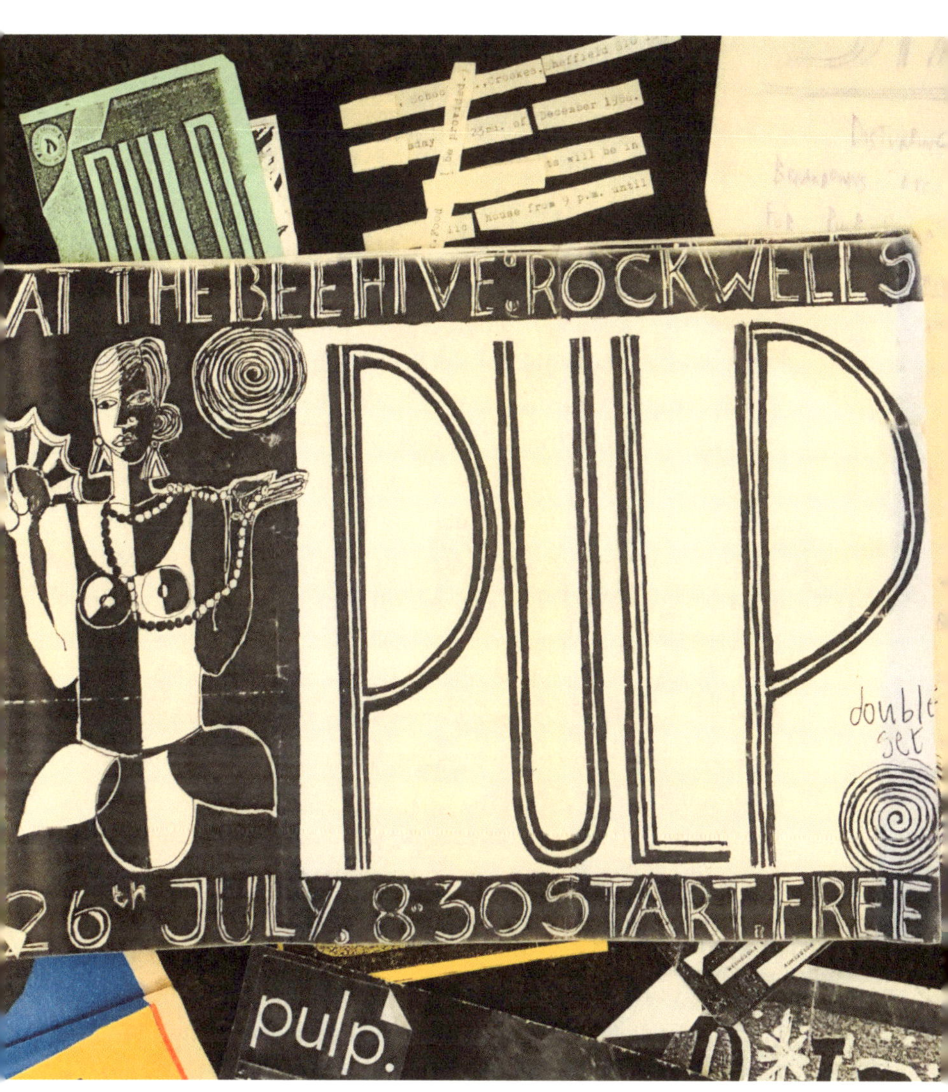

Nach diesem missglückten Start gaben wir aber nicht auf – als Wiedergutmachung für meinen Fehler spendierte ich eine Packung richtigen Tapetenkleister & wir machten uns erneut an die Arbeit. Es war unser erster Beitrag zur Gratis-Freiluft-Dauerausstellung »Indieband-Plakate im Sheffield der frühen 1980er-Jahre«. (Es ist sicher nur eine Frage der Zeit, bis der TASCHEN-Verlag ein Coffee Table Book mit demselben Titel rausbringt.)

Einige unserer Konzertplakate waren ziemlich ausgefeilt. Das auf der vorigen Seite abgebildete enthält eine Zeichnung, die meine damalige Freundin (diejenige, die mir die Platte von Marianne Faithfull schenkte) gemacht hatte. Das Beehive war ein Pub in der West Street – in der Straße befand sich auch das Hallamshire Hotel. Obwohl die Läden nur fünfzig Meter voneinander entfernt waren, lagen Welten dazwischen. Im Beehive hingen die etablierteren Bands der ersten Sheffielder Postpunk-Welle wie Cabaret Voltaire (deren Proberaum/Studio *Western Works* gleich um die Ecke war) ab, während aufstrebende Nachwuchsbands wie wir ins Hallamshire gingen. Manchmal trauten wir uns auch ins Beehive & schielten ehrfurchtsvoll zu The Cabs (wie sie bei uns hießen) & ihren Freunden hin. Verglichen mit uns wirkten sie unerreichbar cool & erfahren. Wir durften eigentlich noch keinen Alkohol trinken, sie hatten »Nag, Nag, Nag« geschrieben & aufgenommen, eine der besten Singles aller Zeiten. Sie wussten, wie man Synthesizer bedient, wir hatten eben erst herausgefunden, wie man Tapetenkleister anrührt.

Als unser Plakat entstand, hatte das Beehive allerdings die Demütigung verkraften müssen, in einen der ersten »Fun Pubs« von Sheffield umgewandelt zu werden, & hieß jetzt Rockwells. The Cabs & ihr Gefolge waren längst weitergezogen. Der Pub holte versuchsweise Bands auf seine Bühne & fragte auch bei uns an. Auf dem Plakat steht »zwei Sets«, weil sie uns gebeten hatten, im Lauf des Abends zweimal aufzutreten – für uns ein Novum. Als Honorar sollten wir 50 £ bekommen; außerdem war der Eintritt frei, & wir konnten so viele Freunde einladen, wie wir wollten. Damals kam es selten vor, dass man für ein Konzert bezahlt wurde, weshalb wir unsere Empörung über die Entweihung dieser geheiligten Musikstätte beiseiteschoben & das Angebot annahmen. Ich überlegte mir für den Abend ein Konzept (ich hatte die Lektionen noch nicht ganz verinnerlicht): Beim ersten Set wollten wir komplett in Schwarz & beim zweiten komplett in Weiß auf die Bühne gehen. Deshalb ist die

Frau auf dem Plakat auch zur Hälfte schwarz & weiß. Als es dann so weit war, hatte ich als Einziger aus der Band Klamotten zum Wechseln dabei. Ich weiß noch, dass ich mich zwischen den Auftritten auf dem Männerklo umziehen musste. Der Glamour des Showbiz. Weil wir nicht zweimal hintereinander dieselben Stücke spielen wollten, probierten wir ein paar neue aus & versuchten uns sogar an einer Coverversion von »Hurry Up Harry« von Sham 69. Die Typen in den lässig-gediegenen Outfits an der Bar waren nicht sonderlich beeindruckt. Für ein weiteres Konzert wurden wir nicht angefragt.

P U L P
P U L P

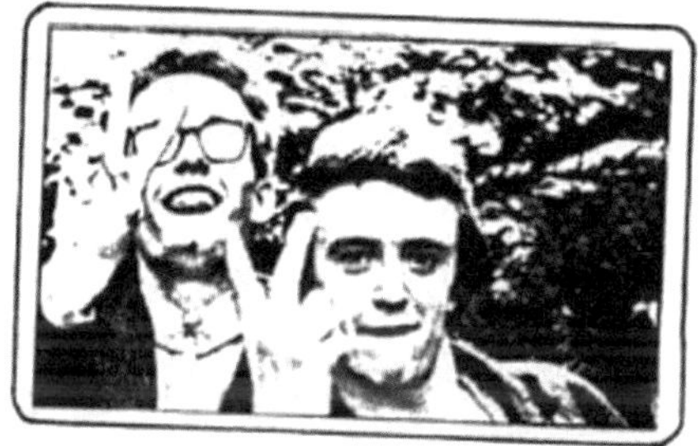

- Unpredictable, whacky, possibly brilliant outsiders. Hard to say anything where they're concerned.

Wenn in der Presse über uns berichtet wurde, dann fast ausschließlich auf den fotokopierten Seiten der lokalen Fanzines. Der Ausschnitt oben stammt aus dem *NMX* – einem der am längsten existierenden Hefte. Eine Zeit lang wollte einem bei Konzerten jeder Zweite ein selbst gemachtes Fanzine verkaufen. (Der Eigenverlagsboom hing womöglich auch damit zusammen, dass man an der Kasse nur sagen musste, man würde eine Konzertkritik schreiben, & so den horrenden Eintrittspreis von 50 Pence sparte.) Auf dem Foto sieht man mich mit unserem Schlagzeuger Jimmy. Unsere unterschiedlichen Temperamente stechen sofort ins Auge: Während ich das Peace-Zeichen mache, dreht er die Hand um &

wirft dem Fotografen den Zwei-Finger-»Fuck off«-Gruß entgegen. Kurz nachdem das Foto entstanden war, sagte Jimmy auch zur Band »Fuck off« & ging seiner Wege.

Aus der Bredouille half uns erneut die Lokalzeitung. Kurz vor Jimmys Ausstieg hatten wir an dem vom *Sheffield Star* initiierten Band-Wettbewerb »Search For a Star« teilgenommen. Die Vorrunden fanden über ganz Sheffield verteilt statt, das große Finale sollte in der Diskothek Top Rank in der Innenstadt über die Bühne gehen. Als erster Preis winkte ein Tag im Tonstudio. Unseren Vorlauf absolvierten wir in einem Gemeindesaal in dem Nachbarvorort Frecheville. Die anderen Bands bildeten die übliche Mischung aus Heavy Metal & Folkies, mit Ausnahme von Vector 77, einer weiteren »New Wave«-Band. Der Sänger hatte auf Hochglanz gespülte Haare, die er wie Phil Oakey halb über der Stirn trug, & schlimme Akne. Jede Band durfte maximal drei Songs vortragen, & von ihrem Auftritt ist mir die Synthieballade »Corner Shop Man« in Erinnerung geblieben. (Ich überlege immer noch, ob ich den Titel klauen soll.) Ihr Schlagzeuger fiel mir sofort auf. Er war schmächtig & trug einen Mohairpulli. Sein Drumset bestand aus unzähligen Trommeln & Becken, & er spielte extrem druckvoll. Ihm bei einem Drum-Fill zuzuschauen war faszinierend, man fragte sich, ob er jemals zum Schluss kommen würde.

Wir spielten nach Vector 77, als letzte Band in unserer Vorrunde. Danach stellten sich alle Bands auf, um sich das Urteil der Jury abzuholen. Als der Jurysprecher die Bewertung unserer Performance mit den Worten »Eure Energie hat uns gefallen …« einleitete, wusste ich, wir hatten die nächste Runde nicht erreicht. Auch Vector 77 fielen bei ihnen durch. Hinterher bemitleideten wir uns gegenseitig & tauschten Telefonnummern aus. Dass es in unserem Stadtteil noch eine andere »alternative« Band gab, hatte mich verblüfft. Es war die reinste Pampa. Alle Bands, die wir bisher kennengelernt hatten, kamen aus den vornehmeren Vierteln. Als Jimmy einige Monate später von Bord ging, fiel mir Wayne, der kleine Schlagzeuger von

Vector 77, wieder ein. Ich grub seine Telefonnummer aus & fragte ihn, ob er bei uns mitmachen wolle. Er sagte Ja.

Die erste Besetzung von Pulp war vollständig, & unsere Musik sollte bald landesweit durch den Äther geschickt werden. (Trommelwirbel.)

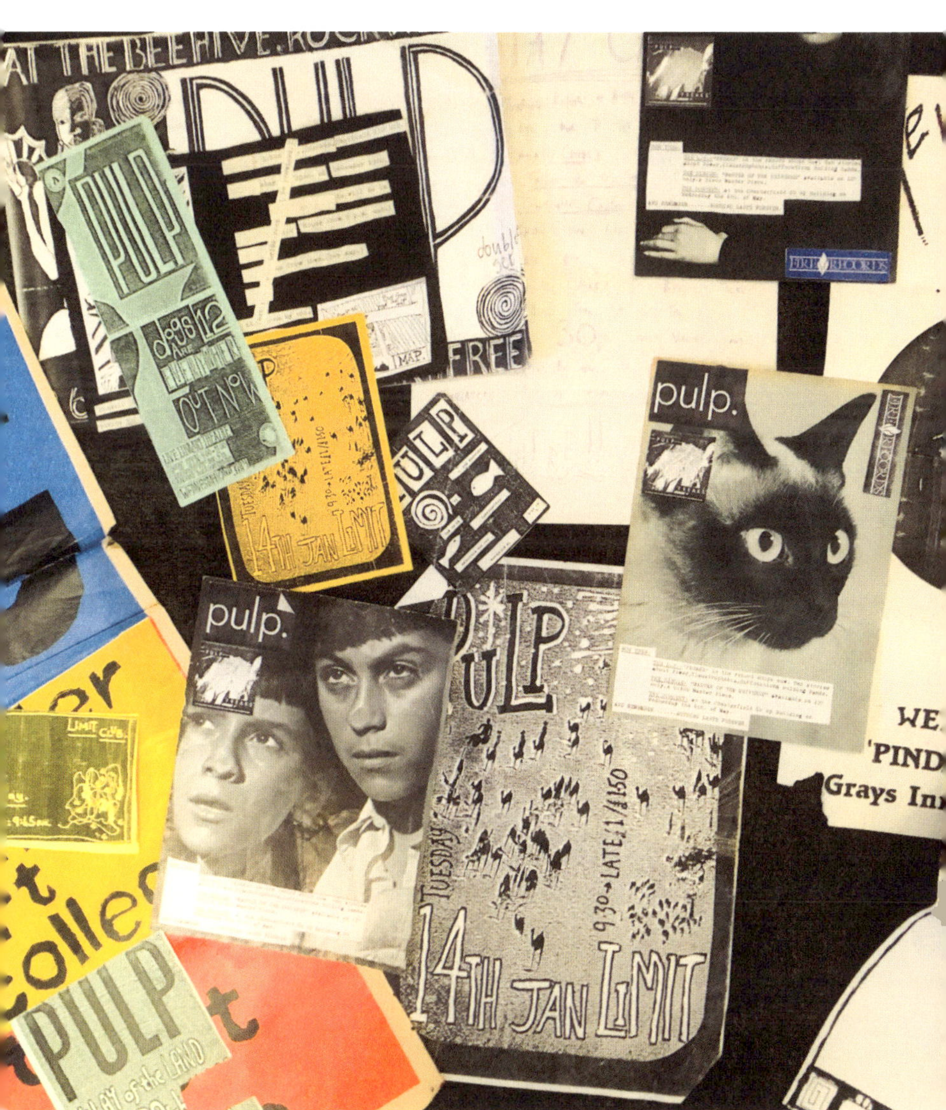

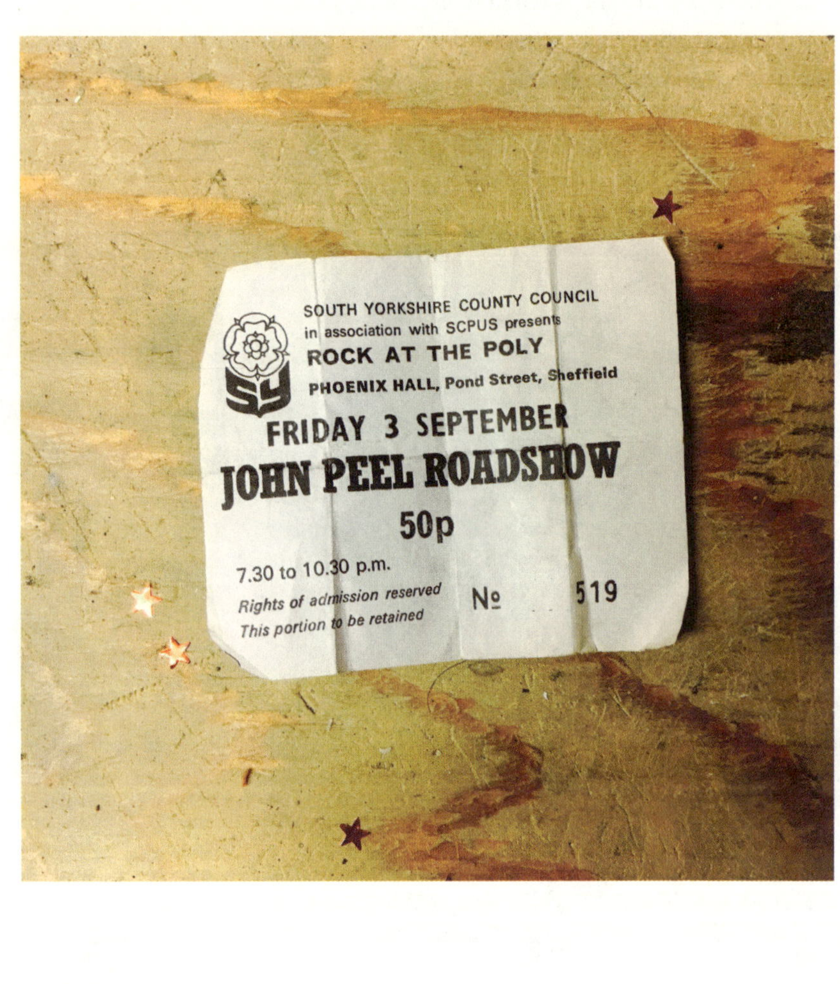
SOUTH YORKSHIRE COUNTY COUNCIL
in association with SCPUS presents
ROCK AT THE POLY
PHOENIX HALL, Pond Street, Sheffield
SY
FRIDAY 3 SEPTEMBER
JOHN PEEL ROADSHOW
50p
7.30 to 10.30 p.m.
Rights of admission reserved
This portion to be retained
№ 519

Kapitel Siebzehn

Diese Eintrittskarte
hat mein Leben verändert.

Dies ist eine Reliquie.

Wir sind hier oben, um Erinnerungsstücke wie diese Eintrittskarte auszugraben. Sie hat uns zum ersten Mal Einlass verschafft. & sie hätte so leicht im Müll landen können, lag sie doch in einem Stapel Altpapier ganz hinten auf dem Dachboden. Was wir hier vor uns haben, ist eine Eintrittskarte für die *John Peel Roadshow* im Sheffield Polytechnic.

Etwa drei Wochen bevor die *John Peel Roadshow* in unserer Stadt Station machte, hatten wir uns zum ersten Mal an einer professionellen Aufnahmesession versucht. Seit Wayne im Mai zu uns gestoßen war, gaben wir uns Mühe, »voranzukommen«. Ich hatte von einem Typen gehört, der in einem Reihenhaus in Handsworth (noch so ein öder Vorort in Gehweite) ein Studio aufgezogen hatte. Erzählt hatte es mir einer aus der Band The Scarborough Antelopes (damals waren einige gute Bandnamen im Umlauf). Er hieß Mark & arbeitete an einem Schlachterstand in der Markthalle, in der ich samstags als Aushilfsfischhändler jobbte. In den Mittagspausen ging ich manchmal rüber & quatschte mit ihm. In allen anderen Mittagspausen schlich ich zu dem Tierfutterstand & schaute nach dem echt hübschen Mädchen, das dort arbeitete. Das Studio in Handsworth hieß absurderweise *Studio Electrophonique* & gehörte einem gewissen Ken Patten. Mark nannte ihn nur den »Colonel«. Mein Interesse war geweckt. Mark wiederholte etliche Male, wie billig das Studio sei. Mein Interesse war noch mehr geweckt. Er schrieb mir die Telefonnummer des Colonel auf. Sobald ich zu Hause war, rief ich ihn an & fragte nach dem Preis. Mark hatte nicht zu viel versprochen. Das Studio war *sehr* günstig. Innerhalb eines Monats hatten wir genug gespart, dass es für einen Tag Aufnehmen & Abmischen reichte.

Das sind wir, auf dem Weg ins Studio. Na gut, nicht direkt, aber das Foto entstand etwa zu der Zeit. Ich mag es sehr. Die Pulp-Garderobe hat konkrete Formen angenommen. Noch dazu befin-

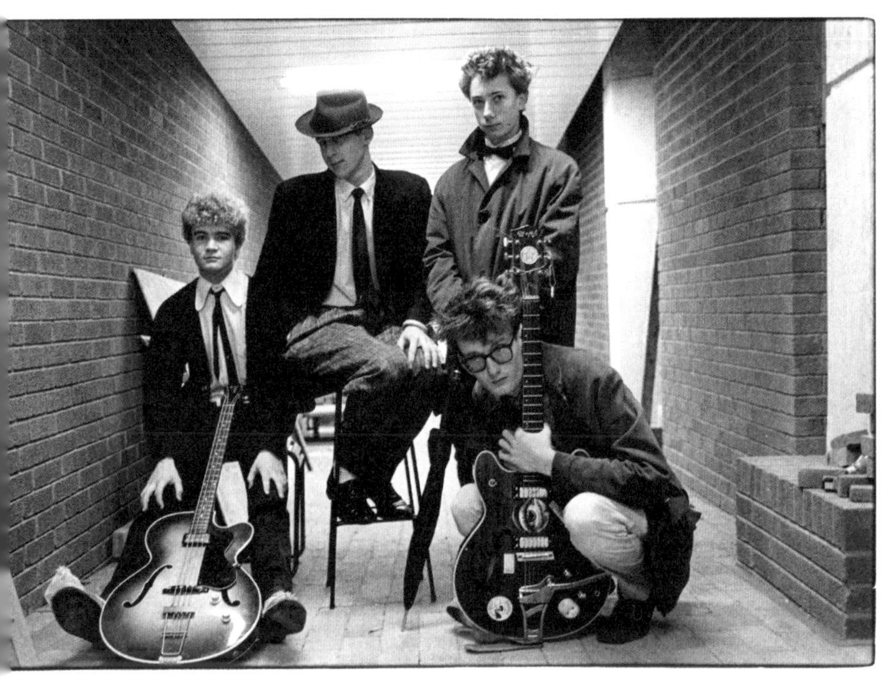

den wir uns in einem dystopischen Fabrik-/Baustellen-Setting. Ich trage das »Stargate«-Hemd, das ich euch schon gezeigt habe. Dolly hat sich einen Trilby aufgesetzt, Wayne sich eine Fliege umgebunden. Der Kragen an Jamies Hemd erinnert an die Ohren eines Cockerspaniels. Jamie & ich haben unsere Instrumente zum Fotoshooting mitgebracht. Endlich kommen sie mal an die frische Luft. Wir wurden oft gefragt, warum wir halbakustische Gitarren spielten. Offenbar glaubten die Leute, wir hätten uns aus musikalischen oder ästhetischen Gründen dafür entschieden. In Wahrheit wollte damals keiner solche Instrumente haben, sie galten als altmodisch. Man bekam sie für wenig Geld (in meinem Fall: umsonst). Im Nachhinein betrachtet passen sie hervorragend zur Pulp-Philosophie: aus dem, was andere wegwerfen, etwas Neues machen. Heute nennt man das »Upcycling«. Damals nannte man es »was Besseres können wir uns nicht leisten«.

Ich fand die Sachen, die ich auf meine Gitarre geklebt hatte, sehr schön. Wahrscheinlich hocke ich hinter ihr, damit sie auf dem Foto so richtig zur Geltung kommt. Kurz danach ließ ich die Allesbekleben-Phase hinter mir, aber komischerweise hat ein Schmuckstück bis heute überlebt.

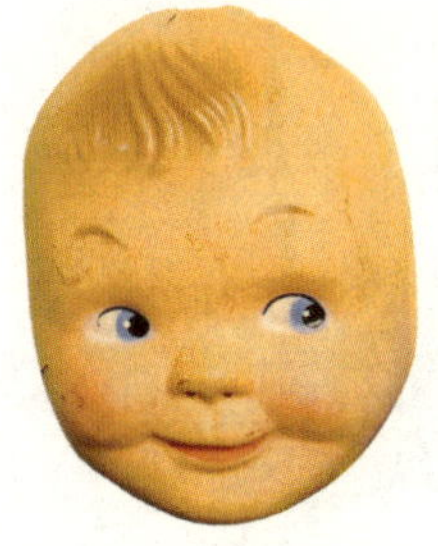

Solche Puppengesichter konnte man damals in Kurzwarengeschäften kaufen. (Vielleicht gibt es sie dort heute noch.) Sie sind für Leute gedacht, die sich ein Plüschspielzeug basteln wollen. Ein überraschend großer Markt. Wenn man das Gruppenfoto genauer betrachtet, sieht man das Gesicht auf meiner Gitarre, rechts unter dem Tremoloarm. Zu Hause war die Tür zu meinem Zimmer von oben bis unten mit Aufklebern & Bildern aus Zeitschriften übersät, & ich hatte dieses Vorgehen auf meine Gitarre übertragen. Heute beschränkt sich mein Dekorierzwang auf den einen oder anderen Autoaufkleber. & was das Puppengesicht anbelangt: Es ist niedlich, & vielleicht haltet ihr mich jetzt für … grausam – denn nun heißt es: WEG damit.

Als wir beim Handsworth Grange Crescent Nummer 32 ankamen, konnten wir erst nicht glauben, dass sich dort das legendäre *Studio Electrophonique* befinden sollte. Das Haus sah nicht anders aus als seine Vorstadtnachbarn. Wohnwagen in der Einfahrt, Kieselrauputz an den Außenwänden. Ken Patten höchstpersönlich machte die Tür auf, brachte uns in die Küche, bot uns eine Tasse Tee an & setzte uns über die Studioregeln in Kenntnis.

1) Im Haus keine Schuhe. (Wir entledigten uns pflichtschuldig unseres Schuhwerks.)
2) Keine Verstärker. (Alle Instrumente wurden direkt ans Mischpult angeschlossen.)
3) Kein Schlagzeug. (Davon war Wayne nicht sonderlich angetan. Weil der Colonel keinen Nachbarschaftsstreit wegen Lärmbelästigung riskieren wollte, hatte er in ein E-Drum-Set von Simmons investiert. Alle Schlagzeuger mussten es anstelle ihrer eigenen krachigen akustischen Instrumente benutzen.)

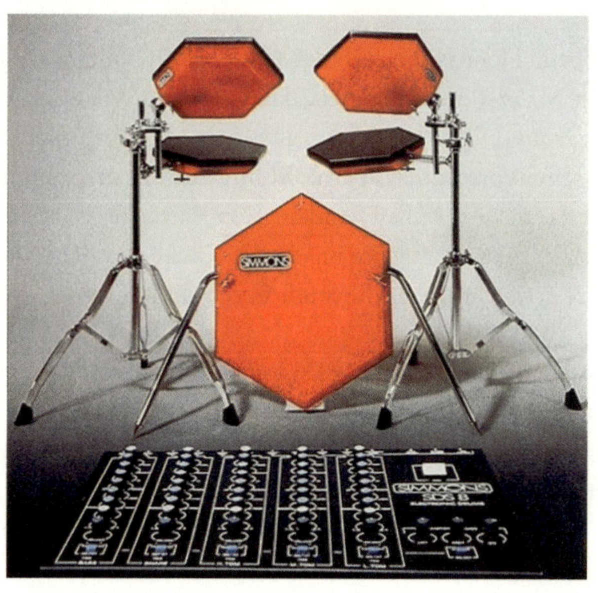

Die E-Drums von Simmons waren eine relativ neue Erfindung. Keine Trommeln: nur anschlagempfindliche Pads, die schlagzeugartige elektronische Sounds triggerten. Total 80er. Der Colonel führte uns nach oben, um uns das topaktuelle Technikteil voller Stolz zu präsentieren. Das Drumset stand im Schlafzimmer. Obwohl wir noch nie in einem Studio gewesen waren, wussten wir, dass das recht ungewöhnlich war. Der Kontrast zwischen dem spacigen Schlagzeug mit den geometrischen Pads & den unzähligen Kabeln & dem in Zartrosa gehaltenen Schlafzimmer mit dem farblich passenden Flauschteppich war sehenswert. Während wir das Ensemble noch auf uns wirken ließen, zeigte der Colonel uns bereits die nächste technische Errungenschaft: Weil seine Frau nicht sonderlich erpicht darauf war, dass Musiker sich unbeaufsichtigt in ihrem Schlafzimmer aufhielten, hatte er an der Decke eine Überwachungskamera angebracht, um sicherzugehen, dass sich dort nichts Ungehöriges zutrug. Okay.

Wayne blieb oben & machte sich mit dem unbekannten Instrument vertraut. (Brav & anständig.) Wir anderen gingen mit dem

Colonel wieder nach unten in die Küche, wo er uns zeigte, wie wir unsere Instrumente anschließen mussten. & natürlich: Auf einem tragbaren Fernseher neben dem Toaster sahen wir einen körnig schwarz-weißen Wayne, der seine Drumparts tonlos durchspielte. Wir waren angemessen beeindruckt.

Weil sämtliche Instrumente direkt ins Mischpult wanderten, mussten wir Kopfhörer tragen, um die Stücke miteinander spielen zu können. So genau hatten wir uns noch nie gehört. Die Lautstärke musste hier & da noch angepasst werden, dann waren wir startklar. Der Colonel drückte die »Record«-Taste auf seinem 4-Spur-Tonbandgerät. Die Spulen fingen an sich zu drehen. Jetzt gab es kein Zurück mehr –

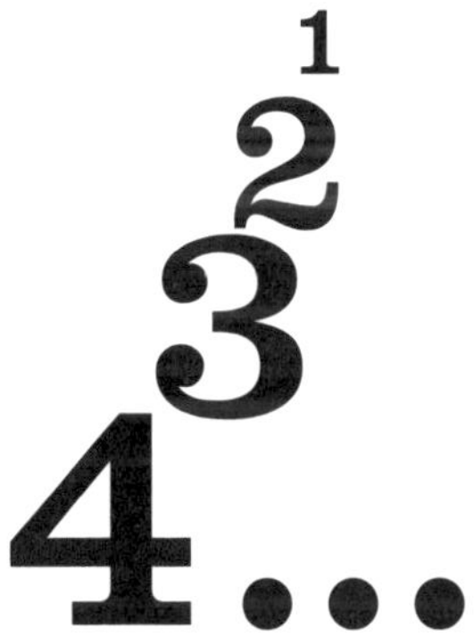

Es macht etwas mit dir, wenn du zum ersten Mal eine professionelle Aufnahme eines von dir geschriebenen Stücks hörst. Bis dahin nimmst du Musik als »in sich geschlossenes Erlebnis« wahr. Ein Song fühlt sich wie ein festes Ganzes an. Er kommt als Einheit aus dem Lautsprecher & gefällt dir oder nicht. Sobald du aber einmal im Studio warst, werden dir die einzelnen Bestandteile eines Musikstücks bewusst. Du begreifst, dass sich die Persönlichkeit eines Stücks grundlegend verändert, wenn man die Bassdrum oder das Keyboard nur einen Tick lauter dreht. Danach hörst du Musik anders. Du hast sozusagen deine Unschuld verloren. Von diesem Moment an fragst du dich bei jedem Stück, was sie im Studio angestellt haben, damit es »funktioniert«. Worin besteht das Geheimnis? Wie haben sie es gemacht?

Im *Studio Electrophonique* bestand das Geheimnis offenbar darin, möglichst viel Hall auf alles zu legen. Ken »Colonel« Patten ließ uns beim Abmischen der Stücke mitreden. Ein folgenschwerer Fehler. Ich hatte meine Stimme zwar schon auf Tonband gehört, auf den Kassetten von unseren Proben –, aber noch nie so klar & deutlich. Ich fand sie schrecklich. Wenn ich sie in Hall ertränkte, klang sie einigermaßen erträglich. Deshalb wandte ich den Trick gleich bei allen Instrumenten an. Wow. Der Colonel war entsetzt. Als hätte ich etwas Verbotenes getan. Er meinte, die Aufnahme sei zu »nass«. Ich hatte keine Ahnung, was das bedeuten sollte. Dass es sich dabei um eine schwere Straftat handelte, war mir natürlich auch nicht bewusst gewesen. Es folgte eine lebhafte Diskussion. Die Uhr tickte. Wir einigten uns auf einen Kompromiss. Er nahm die Effekte wieder raus, ließ sie aber beim Gesang drinnen. Vermutlich waren die Aufnahmen jetzt nur noch »feucht«. Trotzdem musste ich zugeben, dass sie nun besser klangen. Wir waren fertig. Unsere erste Aufnahmesession war vorbei.

Als wir das Haus verließen, wies der Colonel mich auf den Wohnwagen in seiner Einfahrt hin & sagte, er besitze ein »mobiles Studio«, falls wir mal eine Liveaufnahme brauchten. Ich sagte, wir würden es im Hinterkopf behalten, & wir gaben uns die Hand. Was für ein Tag. Was für ein Typ.

Zu Hause legte ich mich gleich ins Bett & hörte mir die Kassette mit den vier Stücken bestimmt fünfzehnmal hintereinander auf der *In Tensai Rhythm Machine* an. Ich war überwältigt. Das, was da aus dem Lautsprecher kam, waren wir! Wirklich. Unfassbar.

Ich wollte, dass es die ganze Welt hörte. Lange musste ich nicht darauf warten.

Offenbar standen die Sterne günstig: Nur eine Woche nach unserer ersten Aufnahmesession verkündete der gute alte *Sheffield Star,* niemand Geringeres als John Peel käme im Rahmen einer Konzertreihe für Arbeitslose mit seiner *Roadshow* ins Sheffield Polytechnic. (*Roadshow* klingt ein bisschen nach Zirkus & Cancan-Tänzerinnen, aber eigentlich legte er lediglich zwei, drei Stunden lang Platten auf.) Wenn ich der ganzen Welt unser Demotape vorspielen wollte, war dies meine Chance: Für mich umfasste die *John Peel Show* das gesamte musikalische Universum.

Ich ging allein zur *Roadshow*. Unsere Kassette mit den vier Stücken hatte ich in meine Jackentasche gesteckt. Aus Karton hatte ich eine Hülle gebastelt & mit Wachsmalstiften bemalt, die ich bei mir zu Hause in einer Schublade gefunden hatte. Das Ergebnis konnte sich sehen lassen, wie ich fand, nur hatte ich nicht bedacht, dass die Farben niemals richtig trockneten, & nun war die Hülle klebrig & konnte leicht verschmieren. Zum Schutz wickelte ich ein Stück Küchenkrepp darum.

Ich stand in der Phoenix Hall der Sheffield Poly & wartete auf meine Chance. Dass man besser niemanden auf dem Weg zur Bühne abfing, wusste ich. In den Augenblicken bevor sich der Vorhang hebt, ist jemand, der auftreten soll, besonders empfindlich. Er muss sich konzentrieren. Muss sich selbst anheizen. Jede Unterbrechung oder Ablenkung kommt dann höchst ungelegen. Unser Demotape wäre wahrscheinlich im nächsten Mülleimer gelandet.

Das Problem war nur, dass John Peel auch in den folgenden beiden Stunden sehr beschäftigt wirkte – er legte Platten auf den Teller & brachte den Tonarm in Position & suchte in seinen DJ-Koffern nach dem passenden nächsten Stück. Ihn zu unterbrechen kam überhaupt nicht infrage. Hier stand ich, im selben Raum wie der Mann, der mir in den vergangenen drei Jahren alles über Musik beigebracht hatte. Mich respektlos gegenüber JOHN PEEL zu benehmen war das Letzte, was ich wollte. Aber ich musste ihm unser Demotape irgendwie zustecken.

Wie immer wartete ich bis zum letzten Moment. Die *Roadshow* war fast vorbei. John Peel fing an, seine Platten wieder in die Koffer zu sortieren. Die ersten Gäste verließen bereits den Saal. Schon bald würde man alle rausschicken, ich hätte meine Chance verpasst & würde es bis an mein Lebensende bereuen. Die Angst zwang mich zum Handeln. Ich ging auf die Bühne zu. Das Glück stand auf meiner Seite, denn John Peel stieg im selben Moment vom Podium runter & kam in meine Richtung. Ich habe mir oft vorgestellt, wie anders mein Leben verlaufen wäre, wenn er von der Bühne aus sofort backstage in seiner Garderobe verschwunden wäre. Aber das tat er nicht. Ich fing ihn ab & stellte mich unbeholfen vor. Dann zog ich die Kassette aus der Tasche & wickelte sie aus. Sie sah aus, als hätte ich sie in Klopapier eingewickelt. Die Hülle fühlte sich in meiner schwitzigen Hand ganz klebrig an. Er musste einen DJ-Koffer abstellen, um sie zu nehmen. Wir hatten kurz Blickkontakt, dann sagte er, er würde sie sich auf der Heimfahrt anhören. & damit war er verschwunden. Mission erfüllt. Puh.

In seiner Radiosendung erzählte John Peel immer, wie viele Kassetten er jede Woche bekam. Ich wusste also, dass ich mir nicht allzu große Hoffnungen machen durfte. Wichtig war in erster Linie, dass ich überhaupt den Mut gehabt hatte, auf ihn zuzugehen & ihm die Kassette zu geben. Immerhin konnte ich in dieser Nacht beruhigt einschlafen.

Etwa eine Woche später kam ein Anruf.

Wir teilten uns das Telefon mit meinen Großeltern, die gleich nebenan wohnten. Mein Opa hatte die Kabel geschickt verlegt, damit beide Häuser dieselbe Telefonnummer benutzen konnten. & so kam es, dass John Peels Produzent Chris Lycett eines Nachmittags bei meiner Oma anrief & sie ins BBC-Studio im Londoner Maida Vale zur Aufnahme einer Radiosession einlud. Gewieft wie sie war, schlussfolgerte sie, dass die Nachricht für mich bestimmt war. Als ich am späten Nachmittag aus der Schule kam, klopfte sie bei uns & berichtete mir von dem Anruf.

Ich weiß, es klingt abgedroschen, aber ich fühlte mich, als wäre ich gestorben & im Himmel wieder aufgewacht. Ist das zu glauben? John Peel möchte mit UNS eine Session aufnehmen?! Mit vier Schuljungs aus Sheffield? Achtzehn wurde ich erst eine Woche später – aber mein Geburtstagsgeschenk hatte ich bereits bekommen. & das für Weihnachten & Ostern gleich mit.

Wenn ich das Ereignis nennen sollte, das mir das Selbstvertrauen gegeben hat, mein Leben der Musik zu widmen, wäre es dieses. Was für ein Empfang in der Welt der Erwachsenen.

130 Mansfiel[...]
Sheffield S[...]
(0742)
Tel. 34897[...]

Dear Chris,

Firstly may we thank you very much for offering us th[e] chance to do a session. Of the two dates you offered we w[ould] prefer Wed. 28th. October if t[his] is possible.

We would also like to [know] whereabouts the studios are a[nd] who to ask for when we [locate] them and also how much equipment we will [be] required to bring down w[ith] us (e.g. Drums & speaker ca[binets])

Thankyou once again & please write or phone to finalise dete[ails]

Yours sincerely

Pulp

Dear Chris,

We would like some information as regards our impending session.

fi Date = Wed. 28th October

Could we know :

1) Where ? (drums ?)
2) How much equipment ?
3) Who to ask for ?

Ta

Pulp

Pulpy Pul

P

Pulp

Ich habe versucht, auf die Ehrfurcht einflößende Einladung so erwachsen wie möglich zu antworten. Auf den beiden vorigen Seiten sind zwei Entwürfe für einen Brief an John Peels Produzenten abgedruckt. Offenbar habe ich nach dem richtigen »Ton« gesucht. Entwurf 1 ist eher förmlich gehalten: »Zunächst einmal möchten wir uns für die Chance bedanken, bei Ihnen eine Session aufzunehmen ... Könnten Sie uns bitte noch mitteilen, wo sich die Studios befinden, nach wem wir bei unserer Ankunft fragen müssen & welche Ausrüstung wir mitbringen sollen.« Dass ich »Ausrüstung« schreibe, finde ich zum Schreien: Als wäre wirklich meine Oma nach London eingeladen worden, um dort ein paar Lieder aufzunehmen.

Entwurf 2 schlägt einen etwas lockereren Ton an, gerade so, als würden solche Anfragen jeden Tag bei uns eintrudeln: »Könnten Sie uns noch mitteilen: 1) Wo? 2) Welches Equipment? 3) Welcher Ansprechpartner?« Auch wurde das »Mit freundlichen Grüßen« aus dem ersten Entwurf durch ein lässiges »Ta« [Abkürzung für Thanks] ersetzt. Ich frage mich, welchen Brief wir verschickt haben. Solange wir nicht mit »Pulpy Pulp« unterschrieben haben (siehe Entwurf 2), ist das aber eigentlich auch egal. Das Resultat war: Am 7. November 1981 fuhren Pulp nach London & nahmen vier Stücke auf, die später landesweit in der *John Peel Show* auf BBC Radio 1 zu hören waren.

Mit dieser Eintrittskarte habe ich hier oben auf dem Dachboden einen echten Schatz gehoben. Doch der Punkt ist, dass der Schatz *vergraben* war – er lag jahrelang unter einem Haufen Müll. Was habe ich mir bloß dabei gedacht? BLEIBT (versteht sich von selbst), aber lass sie dir um Gottes willen einrahmen! Die Eintrittskarte ist kostbar. Sie erinnert an den Tag, als der Traum wahr wurde.

Peel session for city band

SHEFFIELD band Pulp — whose four members are all still at school — have been chosen to record a session for John Peel's prestigious Radio One show.

The band gave Peel — a tape of their music when he appeared at the Polytechnic during the recent concerts for the unemployed.

One phone call later from Peel's producer and Pulp were booked in to record a session in London in November.

Pulp — Jarvis Cocker, aged 18, on guitar and vocals, Peter Dalton, 17, synth / guitar / backing vocals, Jamie Pinchbeck, 17, bass, who all go to City School, and drummer Wayne Furniss, 15, who goes to Frecheville, have only just started to aspire to topping the bill on Sheffield's pub venue circuit.

So it will be quite a leap in status when they are featured on the radio — but other Sheffield bands such as The Comsat Angels and Artery have found out how well a Peel session can work for them.

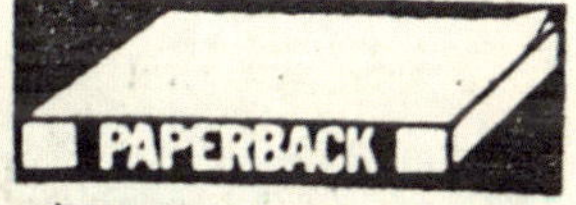

★ **Roman Britain 55BC-AD400** by Malcolm Todd (Fontana History of England, £2.95). Highly readable study of Britain under the Romans — from the conquest of the first century AD. The author draws on archaeological as well as historical evidence.

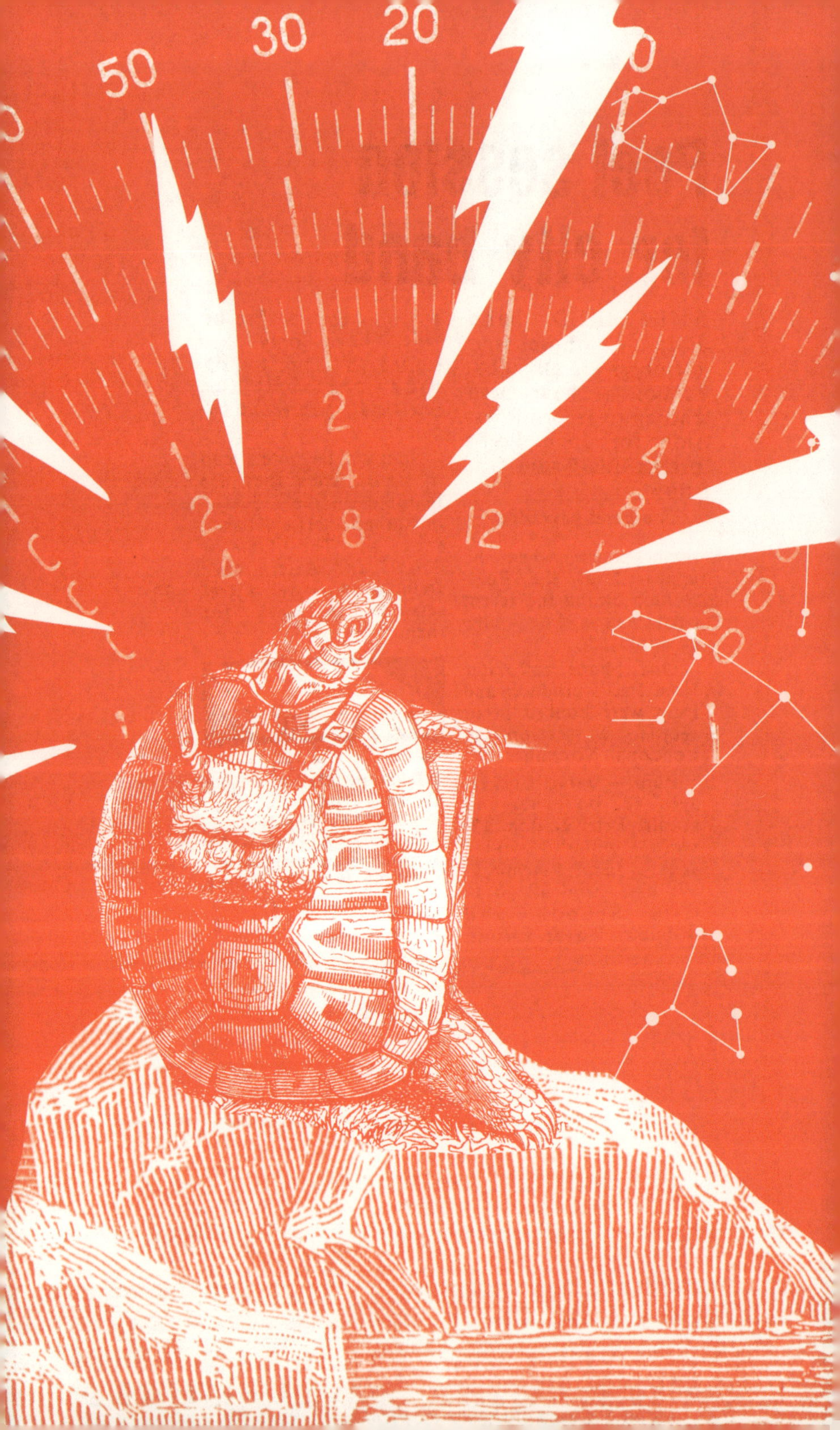

Zwischenspiel 02

Wäre dies ein Rock-Biopic, würde die Geschichte an dieser Stelle enden. Vier Jungs aus dem Norden Englands verwirklichen ihren Teenagertraum & werden Popstars. Der Disney Channel hätte sich längst die Rechte gesichert. Doch im echten Leben fangen wir jetzt erst an.

Gleich seht ihr ein Foto, das uns kurz vor der Reise nach London zeigt, wo wir die Peel-Session aufnehmen werden. Auch dieses Foto stammt aus dem *Sheffield Star*. Die Nachricht, dass vier unbekannte Schuljungs aus der Stadt in einer landesweit ausgestrahlten Radiosendung zu hören sein würden, war ihnen eine Story wert. Die Zeitung schickte einen Fotografen zu mir nach Hause. Der

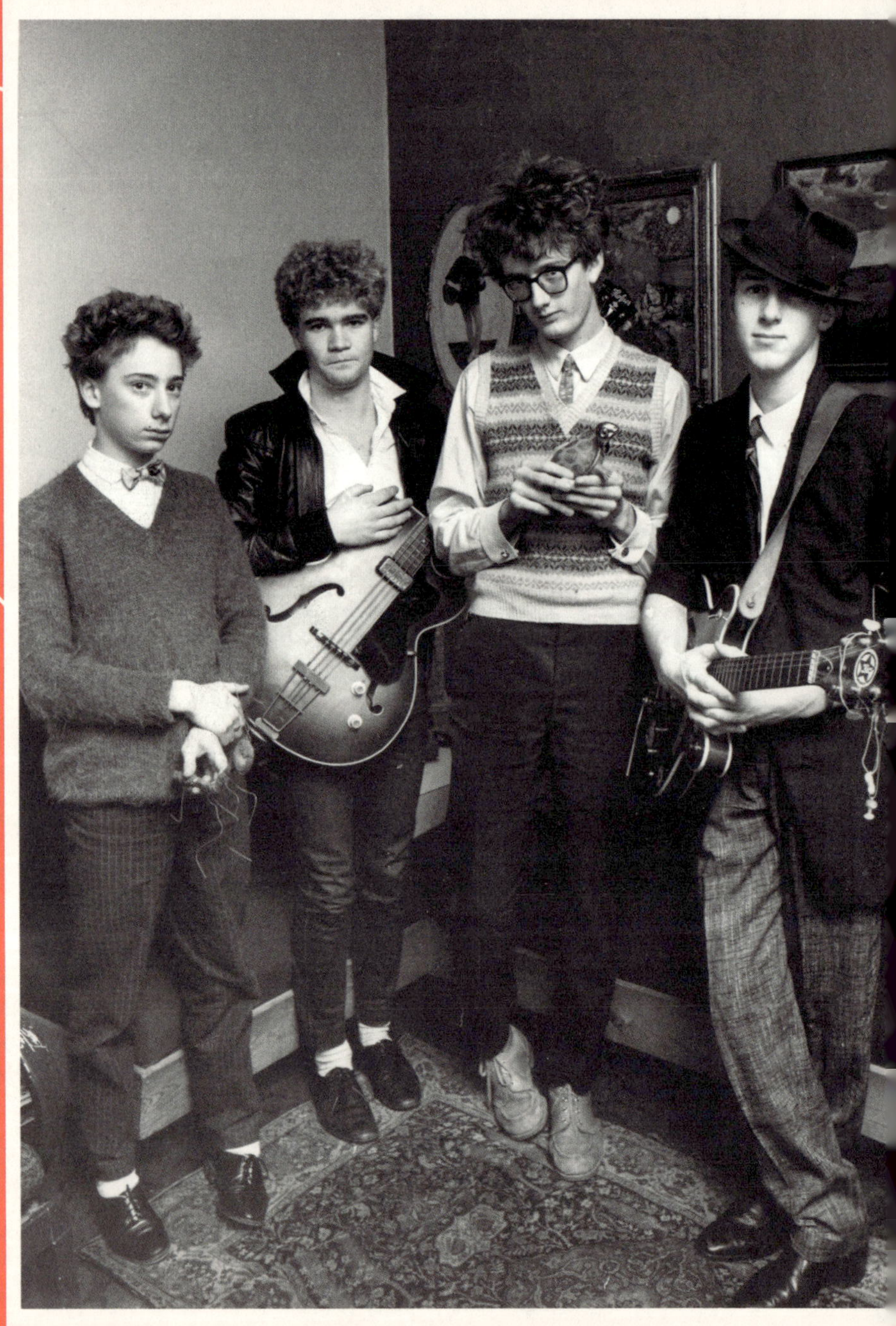

Mann hatte sich ein Konzept überlegt: Er wollte ein Foto von uns in unseren »Bühnenoutfits« & eins in unseren Schuluniformen auf dem Weg zur Schule machen. Selbst in unserem zarten Alter war uns klar, wie unglaublich albern das war, weshalb wir den Vorschlag rundheraus ablehnten, obwohl es sich um unseren bis dahin wichtigsten Pressebericht handelte. Am Ende einigten wir uns auf dieses Foto.

Wir stehen in dem Wohnzimmer, in dem wir freitagabends immer proben. Dolly ist bei seinem Trilby-Look geblieben, Wayne trägt sein Erkennungszeichen – die Fliege, Jamies Kragen hat etwas mehr Haltung angenommen als auf dem letzten Foto & ich trage im Prinzip meine Schuluniform – minus Blazer. Wenn ich allerdings an den Weg denke, den mein Leben danach genommen hat, bleibt mein Blick vor allem an dem Gegenstand hängen, den ich vor meiner Brust halte. Eine Schildkröte.

Wieso, frage ich mich, habe ich damals schon gewusst, dass ich zu einem Leben auf der Kriechspur bestimmt bin?

Damit will ich nicht sagen, dass in meinem Leben nichts Interessantes los gewesen wäre – oder es mir an Erfolg gemangelt hätte –, es hat nur immer alles wahnsinnig lange gedauert. Als Pulp 1995 (vierzehn Jahre nachdem dieses Foto entstand) endlich ein Hit-Album draußen hatte, staunten die Journalisten über die gewaltige Lücke in meiner Biografie. Was hatte ich in der Zwischenzeit gemacht? Noch dazu war Pulp Rekordhalter in der Kategorie »Längster Abstand zwischen zwei Sessions für die *John Peel Show*«. Die erste wurde am 18. November 1980, die zweite am 5. März 1993 ausgestrahlt. Dazwischen elfeinhalb Jahre Funkstille.

Auch meine Arbeitsprozesse ziehen sich ewig hin. Als ich mich an das Abmischen des letzten Songs für mein jüngstes Album (*Beyond the Pale* von JARV IS) machte, ging mir auf, dass ich bereits acht Jahre zuvor mit der Arbeit an dem Stück begonnen hatte. Vor zwei Olympiaden! Bin ich gut drauf, sage ich mir:

»Kreativität ist ein natürlicher Prozess & Erlebnisse müssen erst in dein Bewusstsein einsickern, bevor du sie weiterverarbeiten kannst.« Bin ich schlecht drauf, frage ich mich: »Jarvis, wieso bist du nur so dermaßen lahmarschig?«

Das setzt sich bis in mein Privatleben fort. Vor ein paar Jahren saßen meine Partnerin & ich in einem Restaurant, als ich an einem Tisch den Komiker Ronnie Corbett entdeckte. Sie konnte ihre Neugier nicht zügeln & drehte den Kopf in seine Richtung. Dabei streiften ihre Haare die Kerze auf dem Tisch & fingen Feuer. Ich hatte gerade mal den Mund aufgemacht, um sie zu warnen, da hatte der Mann vom Nebentisch bereits ein Glas Wasser über ihren Kopf geschüttet & das Feuer gelöscht. Wir waren dafür sehr dankbar & ihr war zum Glück nichts passiert. Allerdings war sie, verständlicherweise, etwas aufgebracht, weil ein Fremder sie davor hatte bewahren müssen, in Flammen aufzugehen, während ich untätig danebengesessen hatte. Dass wir immer noch zusammen sind, ist eigentlich ein Wunder. »Was ist bloß mit dir los?«, wollte sie wissen.

Eine berechtigte Frage. Leider habe ich darauf keine Antwort, außer vielleicht: »So bin ich nun mal.« Wie wir weiter vorne im Buch festgestellt haben, sind einige Menschen eben Hasen & andere Schildkröten. Ich bin nicht gern eine Trantüte – habe diese Eigenschaft an mir aber inzwischen akzeptiert.

Im Leben geht es darum, die eigenen Schwächen so zu nutzen, dass sie dir weiterhelfen, statt dir in den Rücken zu fallen. Sonst bist du verloren (& bleibst Single). Ich hoffe, dass wir bei unseren »Ausgrabungen« auf dem Dachboden praktische Einblicke in diesen Prozess gewinnen können. Der Dachboden ist mein Problem (nicht das einzige – aber trotzdem ein großes). Diese willkürliche Sammlung von Objekten, die im Dunkeln vor sich hin modert, belastet mich schon seit Jahren. Über zwei Jahrzehnte habe ich immer wieder Sachen auf den Dachboden getragen. Ich hätte mich längst darum kümmern sollen, konnte mich aber erst jetzt dazu aufraffen. & hier liegt so viel herum. Dabei muss ich an dieses Ding denken, das sie vor ein paar Jahren in der Londoner Kanalisation gefunden haben – den FETTBERG!

All jene mit empfindlichem Magen möchten diesen Absatz vielleicht überspringen. Fettberge entstehen, wenn Fette & Öle in Ausgüsse & Abflüsse gekippt werden & sich mit Gegenständen verbinden, die eigentlich nicht in die Toilette gehören, wie zum Beispiel Feuchttücher, Wattestäbchen & Windeln. Urgh. Der Fettberg, den ich meine, wurde 2019 in der Kanalisation von Greenwich entdeckt. Er wog 40 Tonnen, war so groß wie ein Doppeldeckerbus & verstopfte fast 80 Prozent der Anlage. Wir glauben, sobald wir etwas in den Ausguss kippen oder in der Toilette runterspülen, ist es für immer verschwunden – so wie ich geglaubt habe, ich würde Sachen loswerden, indem ich sie auf dem Dachboden staple –, aber dem ist nicht so. Wenn man lange genug weitermacht, ohne einen Gedanken an die Folgen, steht man am Ende vor einem Problem. Einem Riesenproblem.

Okay – erst mal Hände waschen.

Als ich die Klappe zum Dachboden öffnete, habe ich ein Fenster aufgestoßen, hinter dem mein kreativer Schaffensprozess sichtbar wird (auch wenn das nach dem soeben Geschilderten vielleicht eklig klingt). Ohne das jetzt überdramatisieren zu wollen, glaube ich, dass der Dachboden & die Gegenstände darin den Inhalt meines Hirns ziemlich genau widerspiegeln.

Nein, nicht lachen – lasst es kurz sacken & stellt euch die Gegenstände auf dem Dachboden nicht als den angehäuften Ramsch eines Lebens, sondern als Gedanken & Erinnerungen vor. Die Gedanken & Erinnerungen, die wir mit uns herumtragen & willkürlich zu einer Erzählung zusammenfügen, die wir unsere »Lebensgeschichte« nennen. Ich hoffe, dass ich meine Aufgabe, aus den hier oben gefundenen Objekten ein einigermaßen stimmiges Bild meiner Anfänge als Musiker zu zeichnen, bisher zufriedenstellend erledigt habe. Würde man die Objekte aber in eine neue Ordnung bringen, würden sie eine völlig andere Geschichte erzählen. Oder gar keine. Ich musste mir überlegen, in welcher Reihenfolge ich sie euch präsentiere. Das nennt man Kreativität. & dafür braucht es Zeit.

Das Leben ist eine Abfolge von Zufällen – aber wie sehr wir Geschichten doch lieben. Wir sehnen uns danach, dass alles einen Sinn ergibt. Deshalb bringen wir Dinge in eine Ordnung, damit sie es zumindest dem Anschein nach tun & uns eine Geschichte erzählen. Man kann das mit den Gesichtern vergleichen, die wir in Wolken sehen, oder mit den Umrissen von Fabelwesen, die wir am Nachthimmel zu erkennen meinen. Wir sehen diese Dinge, weil wir sie sehen wollen. Wir projizieren auf alles, was uns umgibt, eine Bedeutung, weil wir uns dann besser fühlen. & um uns unseren »Bedeutungskick« zu holen, benutzen wir alles. Sogar eine Schildkröte aus Plastik …

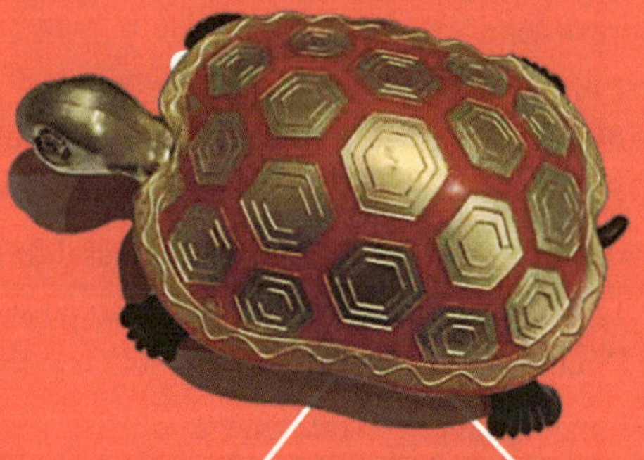

Aber lasst euch nicht täuschen: Das ist keine gewöhnliche Schildkröte aus Plastik. (Es ist ein Radio & schaltet man es ein, leuchten die Augen rot & blinken im Takt der Musik.) Darüber hinaus ist sie mein Totemtier, ein Symbol für meinen Hang, mir bei allem immer sehr viel Zeit zu lassen. Für mich ist sie GLEICHZEITIG ein Stück Nippes & heiliges Objekt.

Ich sage das im Brustton der Überzeugung, weil ich die Schildkröte *tatsächlich* schon auf dem Foto in der Hand halte, das 1981 in unserem Wohnzimmer geschossen wurde. Ich habe sie nicht ins Bild gephotoshopt. Da stehe ich, an der Schwelle zu einem neuen Lebensabschnitt, in dem ich mir meinen innigsten Wunsch erfüllen will. & das *werde* ich auch. Aber nicht so, wie ich es mir in diesem Moment, im Kreis meiner Bandkollegen & Schulfreunde, vorstelle. Ich habe keine Ahnung, was das Leben für mich bereithält. Wie auch? Aber dass ich die Schildkröte an meine Brust drücke, als wüsste ich instinktiv, welch langer, beschwerlicher Weg noch vor mir liegt, treibt mir doch ein paar Tränen in die Augen.

Um den Fettberg aus der Kanalisation von Greenwich zu entfernen, waren Arbeiter drei Wochen lang mit Hochdruckreinigern im Einsatz – inzwischen wird ein Überrest im Museum of London ausgestellt (Buchen Sie jetzt Ihre Tickets!). Ob ich hoffen darf, dass hier oben auf dem Dachboden eine ähnliche Alchemie am Werk sein wird? Damit wir … wie soll ich es formulieren? Damit wir eine »unedle Substanz« in Gold verwandeln. So kann man es wohl vornehm ausdrücken. & nun: zurück an die Arbeit.

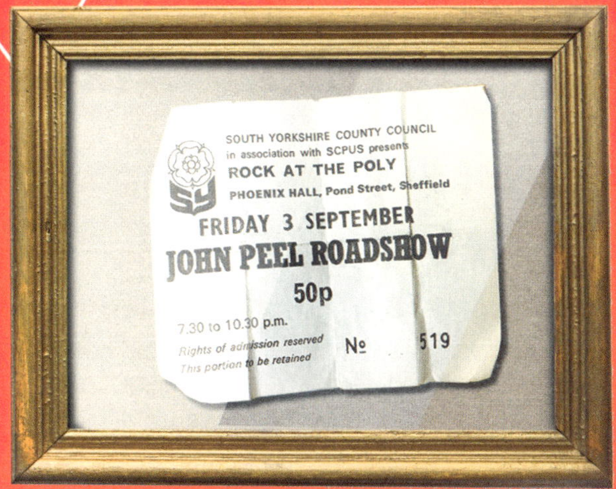

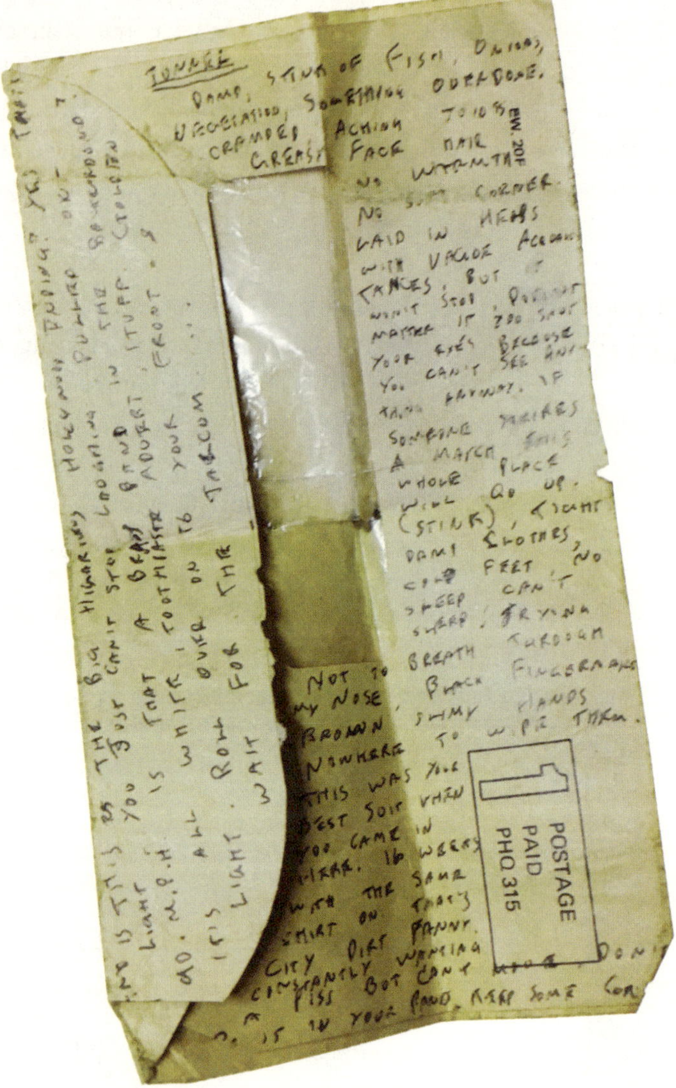

TUNNEL

DAMP, STINK OF FISH, ONIONS, VEGETABLES, SOMETHING OVERDONE. CRAMPED ACHING JOINTS GREASY FACE HAIR EW. 20F

NO WARMTH NO SOFT CORNER. NO HEADS LAID IN WITH VAGUE ACQUAINTANCES, BUT IT WON'T STOP, DOESN'T MATTER IF YOU SHUT YOUR EYES BECAUSE YOU CAN'T SEE ANYTHING ANYWAY. IF SOMEONE STRIKES A MATCH THIS WHOLE PLACE WILL GO UP. (STINK), TIGHT DAMP CLOTHES, NO COLD FEET CAN'T SLEEP NO SLEEP! TRYING NOT TO BREATH THROUGH MY NOSE, BLACK FINGERNAILS BROWN SLIMY HANDS NOWHERE TO WIPE THEM. THIS WAS YOUR BEST SUIT WHEN YOU CAME IN HERE. 16 WEEKS WITH THE SAME SHIRT ON THAT'S CITY DIRT FUNNY. CONSTANTLY WANTING PISS BUT CAN'T ... DON'T ... IS IN YOUR HAND, KEEP SOME COR...

POSTAGE
PAID
PHQ 315

Kapitel Achtzehn

Nachdem ich mit der Schule fertig war, wurde das Schreiben von Songs zu meinem Fulltime-Job.

Es entbehrt nicht einer gewissen Ironie, dass ich den Text zu dem Stück »Tunnel« auf den Umschlag gekritzelt habe, der den Scheck für meine Arbeitslosenhilfe enthielt. Wir sind im Jahr 1985 angekommen, & richtig rund läuft meine Songwriter-Karriere nicht. So wie das Fach »Popstarkunde« nicht auf dem Lehrplan der Schule stand, wird auch im Jobcenter keine Ausbildung zum Popstar angeboten. BLEIBT.

»Feucht, Gestank nach Fisch, Zwiebeln, Vegetation, Verkochtem. Verkrampfte, schmerzende Glieder, dreckiges Gesicht – fettige Haare. Keine Wärme. Keine Kuschelecke. Auf Haufen gelegt mit flüchtigen Bekannten … Schwarz unter den Fingernägeln, Hände braun & schmierig. Nichts, um sie abzuwischen. Als du herkamst, war das dein bester Anzug. Sechzehn Wochen im selben Hemd …« Hmm, wenn ich so darüber nachdenke, gehört der Umschlag vielleicht doch auf den »WEG«-Haufen. Der Text ist einfach nur deprimierend. Wenn ich den Umschlag nur anfasse, fühle ich mich schon schmutzig. Das ist Lichtjahre entfernt von der kindlichen Unschuld aus »Shakespeare Rock«. Was ist in der Zwischenzeit passiert?

Spulen wir ein Stück zurück: Die John-Peel-Session hat uns weder Ruhm noch Geld eingebracht. Ein paarmal wurde sie ausgestrahlt & dann … war's das. Die einzige Plattenfirma, die sich für uns interessiert, ist ein Indie-Label namens *Statik,* das eine Compilation zusammenstellen möchte. Da sie kein Geld für zusätzliche Studiozeit haben, reichen wir ein Stück von dem Demotape ein, das wir bei Ken Patten aufgenommen hatten. Die Compilation trägt den Titel *Your Secret's Safe With Us* – was sich als erstaunlich vorausschauend erweist. Die nächste Enttäuschung.

Nach unserem Schulabschluss schreiben sich alle anderen aus der Band an der Uni ein, nur ich bin noch nicht bereit, den Traum schon aufzugeben. Pulp formiert sich neu. Wir nehmen eine Platte auf, *It,* aber auch diesmal kriegen das nicht viele mit. Die Uni in Liverpool hat mir eine Zusage für einen Studienplatz in Englischer Literatur geschickt, aber ich halte sie hin, bis man mir mitteilt, ich müsse im September mit dem Studium beginnen, weil sonst jemand anderes nachrücke. Ich beschließe, es noch einmal mit der Band zu versuchen. Kein Studentenleben für mich. Das Sicherheitsnetz hat sich aufgelöst. In manchen Nächten frage ich mich, ob ich die richtige Entscheidung getroffen habe. Dazu gehört offenbar auch jene, in der ich den Songtext auf den Umschlag mit dem Sozialhilfescheck geschrieben habe.

Dieses Foto wurde in der Zeit aufgenommen. Es dürfte euch eine Ahnung vermitteln, in welcher Stimmung ich mich damals vorwiegend befand.

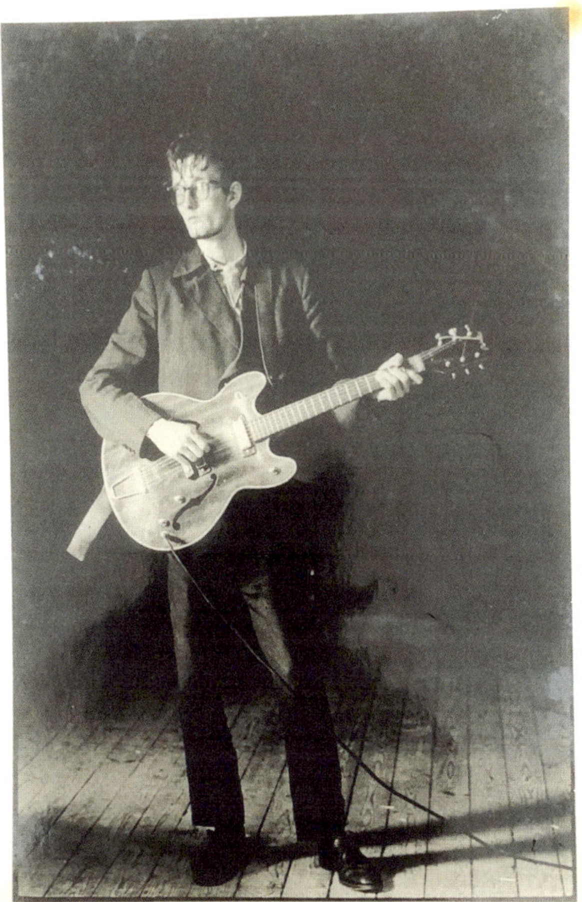

Seit meinem Auszug von zu Hause wohne ich bei einem Freund in einer alten Fabrik im Zentrum von Sheffield. Er heißt Tim & arbeitet dort als Hausmeister, deshalb dürfen wir mietfrei in der oberen Etage wohnen. Das mag sich mondän anhören, aber das Gebäude war nie als Wohnhaus gedacht & hat keine Heizung. Auf dem Foto stehe ich in einer leeren Etage, in der vorher ein Tischtennisverein & ein Laden für vegane Lebensmittel (der wegen einer Rattenplage schließen musste) untergebracht waren & in die bald die Theatergruppe Forced Entertainment einziehen wird. Außerdem hat Pulp dort ein paar Demotapes aufgenommen – doch wenn ich mich recht entsinne, entstand dieses Foto trotz Gitarre nicht bei der Aufnahmesession. Ich stehe allein in der alles verschlingenden Dunkelheit. Unter mir der blanke Boden. In einer unwirtlichen, spartanischen Umgebung. Die treue Hopf-Gitarre, die ich wie einen Schild zwischen mir & der Welt halte, wurde ihres gesamten Schmucks beraubt. Die Zeiten sind hart. Wir sind mitten in einem Bergarbeiterstreik, der Großbritannien nachhaltig verändern wird. Zwei Millionen Menschen sind arbeitslos. Als Stahlstadt ist Sheffield besonders betroffen. Willkommen im Großbritannien Mitte der 1980er-Jahre.

Trotzdem ist nicht alles schlecht …

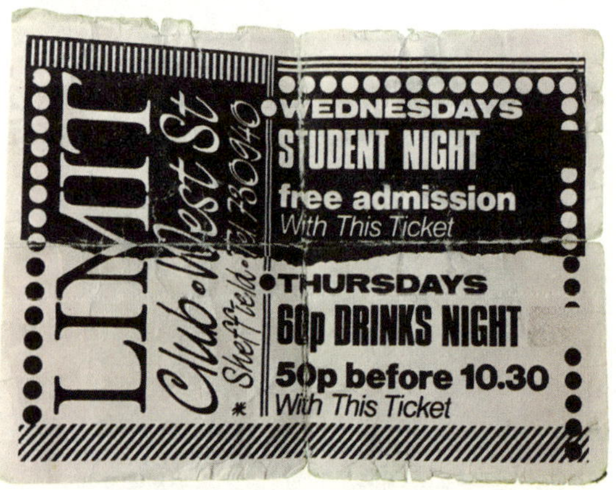

Während meine Ex-Bandkollegen auf die echte Uni gehen, besuche ich die Disco-Universität. In Sheffield gibt es einen Club, der sich The Limit nennt. Er befindet sich in einem Keller & ist in der Stadt der einzige Laden, in dem alternative Musik läuft & man nicht verprügelt wird, nur weil man ein bisschen anders aussieht. Die Toiletten sind unglaublich eklig. (Man kann nicht alles haben.) In dieser Umgebung findet Phase zwei meiner musikalischen Erziehung statt. Mit der gegenüber abgebildeten Eintrittskarte kommt man jeden Mittwoch & montags vor 22 Uhr umsonst rein. (Nützlich, wenn man wie ich von 30 £ die Woche leben muss.) Ich verpasse in der Disco-Universität keine einzige Vorlesung & absolviere gleich noch ein dreijähriges Aufbaustudium. (Bekomme ich einen Doktortitel in Disco Studies?) Sechs Jahre lang spielt sich hier mein Sozialleben ab. BLEIBT.

Heutzutage sind Discos vom Aussterben bedroht – in Großbritannien hat sich ihre Zahl im letzten Jahrzehnt halbiert. 2005 gab es in GB noch 3.144 Diskotheken, heute sind es nur noch 1.733. & offenbar ist das ein weltweites Phänomen.

Die Nachricht verstört mich, denn ich habe in meiner Disco-Phase sehr viel gelernt. Ich wünsche mir, dass auch künftige Generationen diese Möglichkeit haben. Im Limit habe ich erfahren, welche Auswirkungen Musik auf den menschlichen Körper hat – dort habe ich den physischen Aspekt von Musik kennengelernt. Bei unseren Konzerten bewegte ich mich inzwischen zwar auf der Bühne, aber Musik zu hören war für mich nach wie vor ein passives »Kopf-Erlebnis«. Jetzt kamen meine übrigen Körperteile mit ins Spiel. Im Grunde will ich wohl sagen: Im Limit habe ich tanzen gelernt.

Für einen Disco-Tänzer hatte ich mich nie gehalten. In unserer Schule hatte es gelegentlich Feten gegeben (um Geld für wohltätige Zwecke zu sammeln), doch dabei ging es eher ums Flachlegen als ums Tanzen. Meine Schwester & ihre Schulfreundinnen hatten angefangen, ins Limit zu gehen, & ich war neidisch, weil sie zwei Jahre jünger war als ich, das Nachtleben aber vor mir entdeckte. Wenn ich nun selbst in den Laden ging, konnte ich mich damit herausreden, dass ich auf der Suche nach ihr war.

Die Anlage im Limit war nicht unbedingt Hi-Fi, aber sie war laut – & hatte, noch wichtiger, richtig viel Bass. Bässe hatte ich natürlich schon gehört (ihr wisst noch, der durch Rückkopplungen ausgelöste Zwischenfall bei unserem Konzert im Leadmill?), aber diese hier waren eine andere Nummer. Man spürte den Sound im ganzen Körper. Da ich mit dem Blechklang eines Transistorradios aufgewachsen war, entdeckte ich mit den Disco-Bässen einen völlig neuen musikalischen Kontinent & eine völlig neue Art, auf Musik zu reagieren – das Tanzen.

Ein geborener Tänzer war ich nicht. Zuallererst musste ich meine Hemmungen überwinden. Stellt euch eine Hochzeitsfeier vor. Braut & Bräutigam eröffnen den Tanz, dann gehen die Gäste mit auf die Tanzfläche. Am Anfang bewegen sich alle etwas linkisch & steif. Sie müssen sich erst einmal aufwärmen. Im Limit erging es mir ähnlich: Der erste Tanz ist immer ein bisschen peinlich, weil man denkt: »Hilfe, alle schauen mich an« oder »Bewegen die Leute beim Tanzen die Arme oder lassen sie sie einfach hängen?« Man denkt über den Akt des Tanzens nach, statt es einfach zu tun. Doch nach ein, zwei Platten kommst du allmählich rein, & irgendwann bewegst du dich, ohne darüber nachzudenken. Vielleicht ertappst du dich sogar dabei, wie du die Hände in die Luft reißt. Dabei hast du vorher nicht bewusst gedacht: »O Gott, gleich reiße ich die Hände in die Luft!« Sie wedeln wie von allein herum. Es passiert einfach so.

Damals vertraten viele Leute die Ansicht, Tanzmusik wäre nicht »echt«, man müsse sie nicht ernst nehmen. Sie sprachen von

»mindless boogie«, von »hirnloser Hüpfmusik« – als wäre das ein Schimpfwort! Ist es aber nicht – darum geht es ja gerade, wenn du in einem Club zur Musik tanzt. Du schaltest dein Hirn aus & lässt den Körper übernehmen. Wenn man so darüber nachdenkt, ist es eigentlich eine Form von Meditation. Obwohl – denkt lieber nicht darüber nach (damit würdet ihr das eigentliche Ziel verfehlen), sondern: FÜHLT die Musik. FÜHLT, wie der Bass durch euren Körper wandert & euch sagt, wie & wann ihr euch bewegen müsst. Das menschliche Hirn hat den ihm gebührenden Platz zugewiesen bekommen: Es steht mit den anderen wichtigen Organen auf einer Stufe & kommandiert nicht länger herum. Alle befinden sich auf einem Spielfeld. Oder besser: auf einer Tanzfläche. Wir bewegen uns wie eine Einheit & können ein neues Ich an uns entdecken: das Nacht-Ich.

Eigentlich hatte ich mich, wie gesagt, nicht für einen »Disco-Menschen« gehalten, aber sobald ich mich einmal ins Nachtleben gestürzt hatte, liebte ich diese neue Art, auf Musik zu reagieren. Außerdem war Tanzen in all den Jahren, in denen ich Woche für Woche ins Limit ging, mein einziger Sport.

Am Aufbau der Nacht änderte sich nie etwas. Der DJ legte jeden Abend mehr oder weniger dieselben Platten auf. Erstaunlich, wenn man bedenkt, dass ich von 1982 bis 1988 mindestens einmal die Woche im Limit war. Sehr Zen. Als wäre man in einem strengen Kloster im Himalaya gelandet. Doch anstelle eines Gongs, der einen zwei Stunden vor Sonnenaufgang zum Gebet ruft, verkündete der DJ um Punkt 22 Uhr: »Hi, hier ist Paul Lincoln, herzlich willkommen im Limit, heute legen wir los mit …«, & die Zeremonie begann. Sein Lieblingsauftaktstück war »Planet Claire« von den B-52s, & im Lauf des Abends streute er noch »The Passenger« von Iggy Pop, »Sex Machine« von James Brown & »Shack Up« von A Certain Ratio ein. Abgesehen von seinem rätselhaften Intro sagte er zwischen den Platten nicht viel. Seinen zweiten denkwürdigen Spruch »Steve, zur Weinbar!« ließ er in unregelmäßigen

Abständen los. Ich hielt es für eine verschlüsselte Botschaft, deren tiefere Bedeutung ich aber nie enträtselt habe. (Hör auf, dir zu viele Gedanken zu machen …)

»Bela Lugosi's Dead« von Bauhaus kam gegen Mitternacht dran (wann sonst?) – von diesem Stück (& vielen anderen) kenne ich den Text auswendig, obwohl ich die Platte nie besessen habe. Alles nur, weil ich sie so oft im Limit gehört habe. Ich habe nie die Lust verloren, zu diesem Stück zu tanzen. (& bevor ihr jetzt fragt – nein, Grufti war ich nie.) Die Echos der Rimshots hüpfen um dich herum & bieten dir so viele Möglichkeiten, rhythmisch anzudocken. Du kannst eine Schulter im Takt hochziehen (mein persönlicher Favorit). Du kannst einen Schritt vor & einen zurück machen, während du starr auf den Boden blickst (so machten es die Gruftis damals). & unter der komplexen Rhythmik sorgt der wunderbar simple Drei-Ton-Basslauf von David J dafür, dass du nie die Orientierung verlierst.

Ich habe behauptet, jede Sekunde von »Bela Lugosi's Dead« zu kennen, dabei stimmt das offenbar gar nicht: Ich war immer davon ausgegangen, Pete Murphy würde am Schluss singen: »I'm dead, I'm dead, I'm dead«, aber als ich einmal in einer besonders wagemutigen Karaokebar war, musste ich erfahren, dass es im Text eigentlich »Undead, undead, undead« heißt. Meine Version mag ich trotzdem lieber. Wenn wir im Limit zu dieser Stelle kamen, dachte ich unweigerlich an die Zeile »Turn off your mind, relax & float downstream. It's not dying« aus »Tomorrow Never Knows« von den Beatles. Der Tod des Egos auf der Tanzfläche. Regression zu einem älteren, primitiveren Seinszustand. Ein Zustand der Glückseligkeit & des Nichtseins, in dem der mysteriöse Steve fortwährend auf dem Weg zur Weinbar ist.

ADMIT FREE OF CHARGE B 4 10.30 p.m.
THE
JUNCTION
FRIDAYS
70's Funk | Guest DJ's
AT THE LIMIT CLUB
70 WEST STREET
SHEFFIELD 1
PLUS SOUL AND FUNK FROM TODAY

Vor ein paar Jahren wurde ich gebeten, etwas für die Sonderausgabe einer Zeitschrift zu schreiben, in der es um das Thema »Nachtleben« gehen sollte. Sofort musste ich an die Nächte im Limit denken. Dort bin ich meinem »Nacht-Ich« zum ersten Mal begegnet. Geschrieben habe ich das hier:

Wollt ihr eine Geschichte hören?

Es war einmal eine Diskothek, die nahm vor 22 Uhr keinen Eintritt. & irgendwann rauschte es in deinen Ohren, weil dir jemand etwas sehr Ernstes & ungeheuer Interessantes – Philosophisches gar – erzählte, das aber vielleicht nicht so ganz hierher passte, denn im Hintergrund lief »Human Fly«, & dich interessierte das Thema & alles, aber die anderen schreien so laut, weil sie unbedingt zu dir durchdringen wollten, dass es dir richtig wehtat. Deshalb erfindest du irgendeine Ausrede & haust ab & der Weg nach Hause ist für dich eigentlich der schönste Teil der Nacht, denn in dem Gewerbegebiet wohnt sonst niemand & die Gebäude sind riesig & wuchtig vor dem bräunlichen Himmel, wie ein Filmset, das man abzureißen vergessen hat, & jetzt spielst du in dem Film die Hauptrolle & hast das Sagen & beschwörst, was immer du willst, aus der Dunkelheit herauf. Der Dunkelheit um dich herum & der Dunkelheit in deinem Inneren. Den dunklen Winkeln deines Selbst, die zu erforschen du bisher keine Zeit hattest. Tagsüber fällt es dir schwer, dich so zu fühlen, als hättest du irgendetwas im Griff, doch nachts ist deine Stunde im Rampenlicht gekommen. Oder im Lampenlicht. Das macht keinen Unterschied – dir gehört die Stadt. Du bist eine Stadt & spürst, wie das Leben – das Nachtleben – durch dich hindurchrauscht, & in Du-Stadt ist

die Nacht so lang, wie du es willst, denn du bist hier der Herrscher & ein unerlaubter Tagesanbruch ist illegal & da gibt es noch so viel mehr ...
Was, wenn es einen solchen Menschen wirklich gäbe?

Wie zeigen wir unser wahres Gesicht?
Wie zeigen wir uns von unserer besten Seite?

Kontrast.
Indem wir vor einem dunklen Hintergrund stehen
Damit wir leuchten & strahlen
Wie Schmuckstücke auf einem Kissen aus Samt.
Mit vollem Einsatz gegen die unermessliche Leere.

»Mit vollem Einsatz gegen die unermessliche Leere« – in Wahrheit ist es das, was ich auf dem Foto am Anfang des Kapitels tue. Ich stelle mich den Mächten der Finsternis mutig entgegen. Ich werde nicht aufgeben. Sondern meinen Mann stehen & aus dem Tunnel herausfinden.

Was habe ich nach dem Ende der Schulzeit gemacht? Gelebt, das habe ich gemacht.

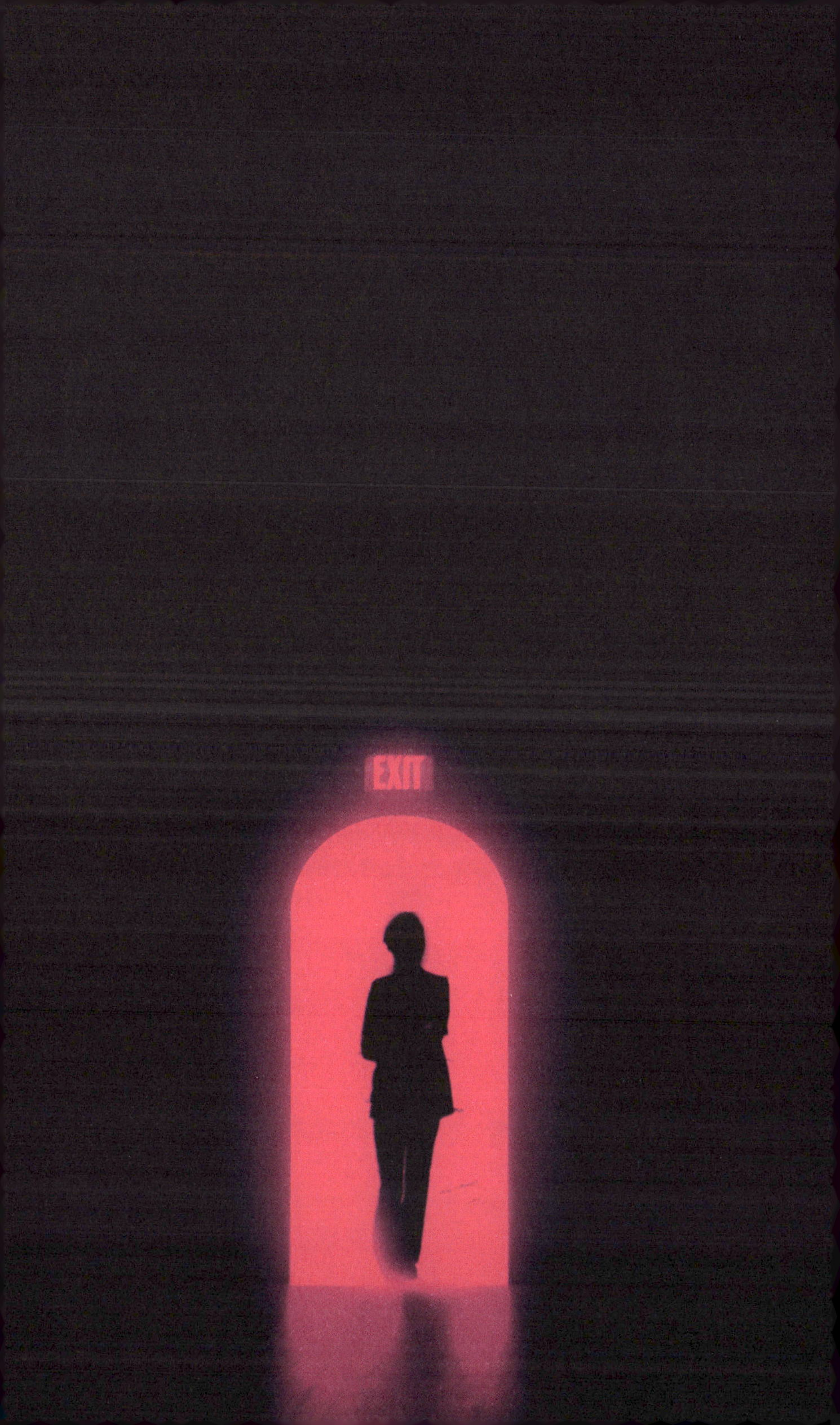
EXIT

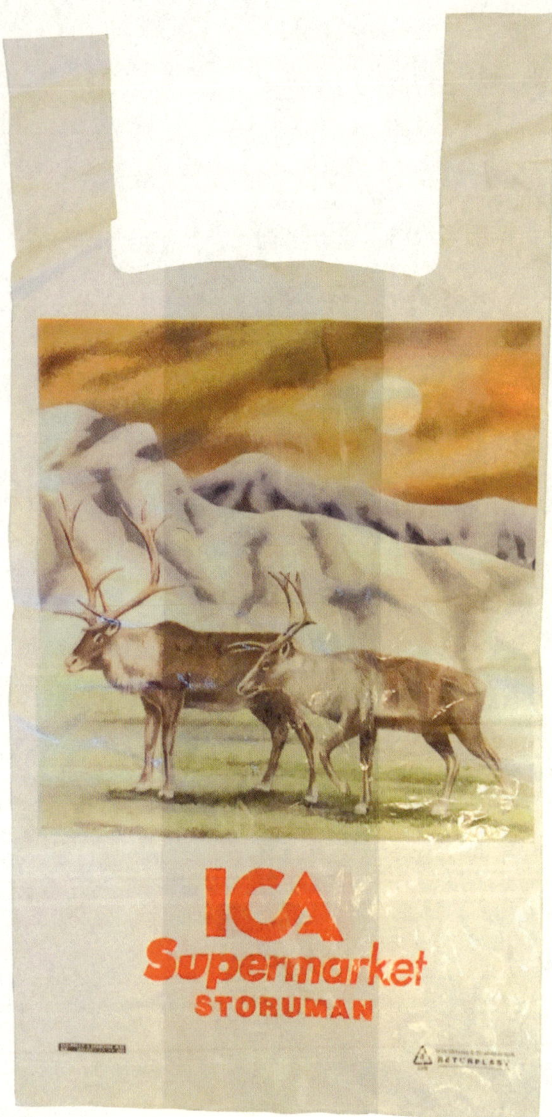
ICA
Supermarket
STORUMAN

Kapitel Neunzehn

Was ihr hier seht, ist das Kronjuwel meiner Tragetaschensammlung.

Meine Tragetaschensammlung entstand durch Zufall – & je häufiger ich auf Flohmärkte ging, umso größer wurde sie. Manchmal gefiel mir das Design einer Tüte so gut, dass ich sie eine Woche lang als »Aktentasche« benutzte.*

Dieses besonders schöne Exemplar stammt aus einem Supermarkt am nördlichen Polarkreis. Das erklärt die beiden unter der Mitternachtssonne grasenden Rentiere. Ich besitze sie seit Anfang der Nullerjahre. Ganz gleich, wo ich auf der Welt bin, immer halte ich nach schönen Tragetaschen Ausschau. Heute findet man sie nur noch selten, weil es inzwischen überall wiederverwertbare Stoffbeutel gibt, aber ich versuche es weiterhin. BLEIBT (oder wird recycelt).

Nachdem ich von zu Hause ausgezogen war, ging ich noch häufiger auf Flohmärkte. Das war sinnvoll – ich musste meine Klamotten & Haushaltssachen jetzt selbst kaufen, & notwendig – ich hatte immer noch so gut wie kein Geld. Ich hatte immer noch so gut wie kein Geld, weil ich von der Stütze lebte.

(Genau genommen bekam ich Arbeitslosenhilfe – »Stütze« klingt nur ein bisschen ... griffiger.) Das hieß für mich, alle vierzehn Tage zum Arbeitsamt gehen & dort das gegenüber abgebildete Formular abgeben & abzeichnen lassen. Zwei Tage später lag dann ein brauner Umschlag mit einem grünen Giroscheck in meinem Briefkasten (wie der mit dem darauf gekritzelten Songtext, den wir hier oben gefunden haben). Den Scheck musste ich bei der Post einlösen & mit dem Geld zwei Wochen auskommen. Das waren, wie gesagt, etwa 30 £ pro Woche. So lebten im Sheffield der frühen 1980er-Jahre fast alle, die in einer Band spielten.

Leute aus Bands, mit denen wir aufgetreten waren, hatten mir den Tipp gegeben, gleich nach der Schule Arbeitslosenhilfe

---

* Ich habe die Angewohnheit bis heute beibehalten: Letztens war ich bei einem Freund zu Besuch, & als er die Tür aufmachte, fragte er als Erstes: »Hast du deine Tüte in der Bahn liegen lassen?«

zu beantragen. Ich befolgte ihren Rat. »Von der Schule auf den Schrotthaufen«, wie meine Mutter es nannte. Doch so fühlte ich mich nicht – nun hatte ich nämlich von morgens bis abends Zeit, Stücke zu schreiben & kreativ zu sein. & wenn man bedenkt, dass ich mit meiner Samstagsschicht am Fischstand bisher 15 £ verdient hatte, dann kriegte ich sogar eine Gehaltserhöhung! Also bitte!

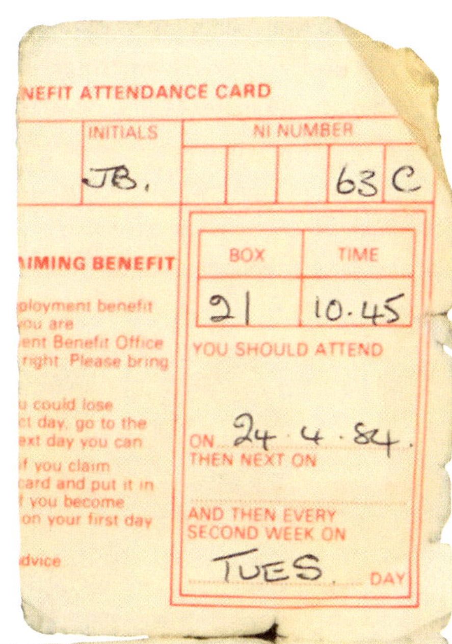

NEFIT ATTENDANCE CARD

	INITIALS	NI NUMBER				
	JB.				63	C

IMING BENEFIT
ployment benefit
ou are
ent Benefit Office
right. Please bring

u could lose
ct day, go to the
ext day you can
f you claim
card and put it in
f you become
on your first day

dvice

BOX	TIME
21	10.45

YOU SHOULD ATTEND

ON 24. 4. 84.
THEN NEXT ON

AND THEN EVERY
SECOND WEEK ON
TUES. DAY

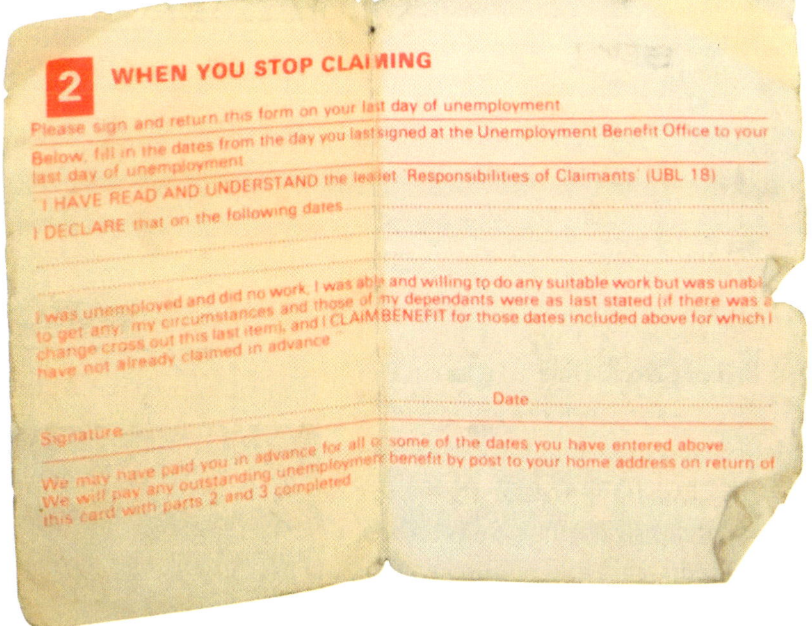

2 WHEN YOU STOP CLAIMING

Please sign and return this form on your last day of unemployment

Below, fill in the dates from the day you last signed at the Unemployment Benefit Office to your last day of unemployment

'I HAVE READ AND UNDERSTAND the leaflet 'Responsibilities of Claimants' (UBL 18)

I DECLARE that on the following dates ....

I was unemployed and did no work, I was able and willing to do any suitable work but was unable to get any, my circumstances and those of my dependants were as last stated (if there was a change cross out this last item), and I CLAIM BENEFIT for those dates included above for which I have not already claimed in advance'

Signature .... Date ....

We may have paid you in advance for all or some of the dates you have entered above.
We will pay any outstanding unemployment benefit by post to your home address on return of this card with parts 2 and 3 completed

Je nach politischer Überzeugung denkt ihr jetzt entweder »Glückspilz« oder »Sozialschmarotzer«. Beides ist berechtigt. Ich versuche nur, ein genaues Bild der damaligen Zeit zu zeichnen, Officer. Wie dem auch sei, eins steht jedenfalls fest: Heute gibt es diese Option nicht mehr. In Großbritannien wurde die Arbeitslosenhilfe 1988 gestrichen. Um zu erklären, wie es dazu kam, müssen wir ein besonders heißes Eisen anpacken.

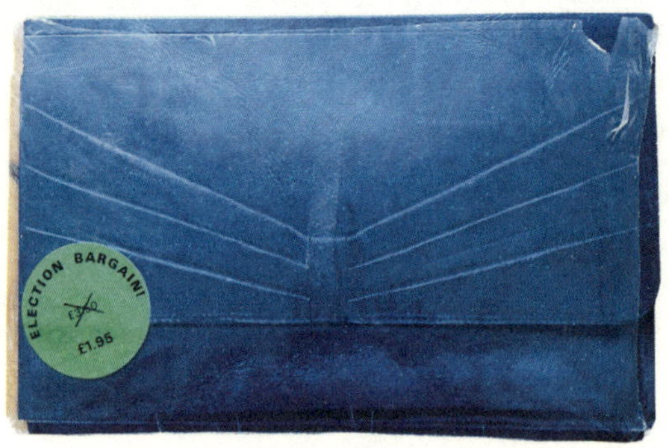

Auch das heiße Eisen steckt in einer Tasche. In diesem Fall nicht in einer Plastiktüte, sondern in einer Damenhandtasche. Was ist wohl darin? Schauen wir sie uns einmal genauer an: Es handelt sich um ein blaues Stück Pappe in der Form einer Clutch. Die Farbe ist ein Hinweis – aber auch der grüne Aufkleber links unten mit der Aufschrift »ELECTION BARGAIN – 3,50 £ [durchgestrichen] 1,95 £«. Diese Handtasche hat politische Tragweite. Wenn ihr gestattet, werde ich sie einmal öffnen.

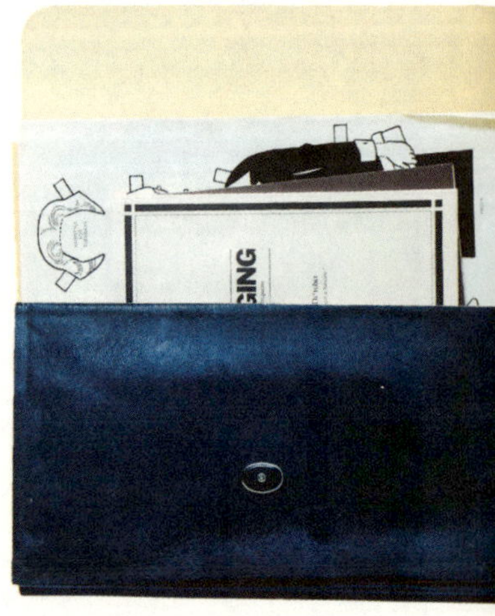

Die Tasche enthält ein Heft & bedrucktes Papier. Auf einem Blatt ist eine Anziehpuppe plus Zubehör abgebildet – ihr kennt das: Zuerst malt man die Puppe an & schneidet sie aus, dann wiederholt man den Vorgang mit den verschiedenen Outfits & Accessoires. Bitte schaut euch die Frisur einmal genauer an – jetzt müsste es bei euch klingeln, oder? Nein? O. K. – in diesem Fall werde ich das Geheimnis lüften:

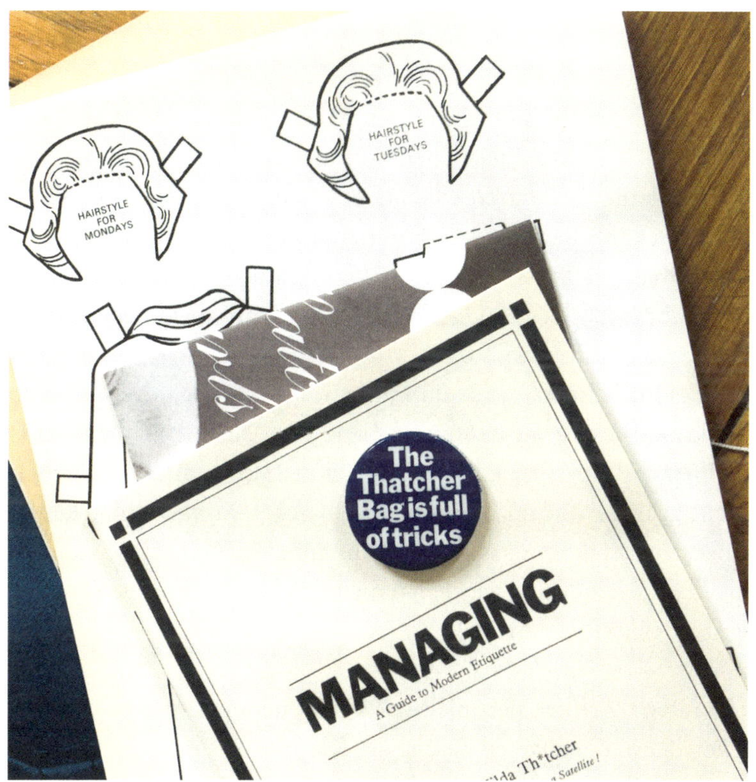

»Die Thatcher-Tasche steckt voller Überraschungen« – was wir hier sehen, ist ein Papp-Faksimile von Margaret Thatchers Handtasche. Aaargh!

Es wird euch vielleicht wundern, dass sich ein solches Objekt in meinem Besitz befindet. Ich bin ein Linker – für Leute wie mich war M*rg*ret Hild* Th*tcher der Teufel in Menschengestalt. Erklären Sie sich, Cocker!

Also, die Tasche habe ich 1979 bei WHSmith gekauft. Im ersten Stock der Buchhandlung stand ein Tisch mit spottbilligen Mängelexemplaren. Von diesem Tisch habe ich mir etliche gute Bücher geholt: die englische Übersetzung von Serge Gainsbourgs Roman *Evguénie Sokolov,* die »Romanfassung« von Brian de Palmas Film *Das Phantom im Paradies,* eine seltsam illustrierte Ausgabe von Brian Aldiss' Science-Fiction *Der Malacia-Gobelin* (ich versuche nur, ein wenig Credibility zurückzugewinnen) & dieses Teil, das 1978 von Quartet Books auf den Markt gebracht wurde. Jedes dieser Bücher kostete zwischen 50 Pence & einem Pfund.

Man kann aus der Geschichte etwas lernen. Als ich die Papptasche gekauft habe, hatte ich nur eine vage Vorstellung von Margaret Thatcher. Ich war fünfzehn. Was Politik war, wusste ich zwar, hatte aber nicht den Eindruck, dass sie sich auf mein Leben direkt auswirkte. Politik war etwas, worüber alte Menschen in der Zeitung lasen & sich abends im Pub aufregten. Welche verheerende Wirkung diese Frau auf unser Land im Allgemeinen & meine Heimatstadt im Speziellen haben würde, habe ich mit Sicherheit nicht geahnt. Warum habe ich die Thatcher-Tasche also gekauft? Abgesehen davon, dass sie ein Schnäppchen war, muss es noch einen anderen Grund gegeben haben. Ich glaube, für mich war sie einfach ein »Pop«-Artikel.

Ein »Pop«-Artikel, der mich vor allem hieran erinnerte: den Einleger, der in der zweiten Tasche des Klappcovers von *Sgt. Pepper's Lonely Hearts Club Band* von den Beatles steckte. Entworfen hatte ihn 1967 der bekannte Pop-Art-Künstler Peter Blake. Auf dem Kartonquadrat sind fünf Bilder zum Ausschneiden abgedruckt: ein Schnurrbart, eine Postkarte, Uniformstreifen, Badges & die Beatles als »Pappaufsteller«. Als ich klein war, war dieser Einleger bei uns zu Hause ein Mythos. In unserem Plattenständer

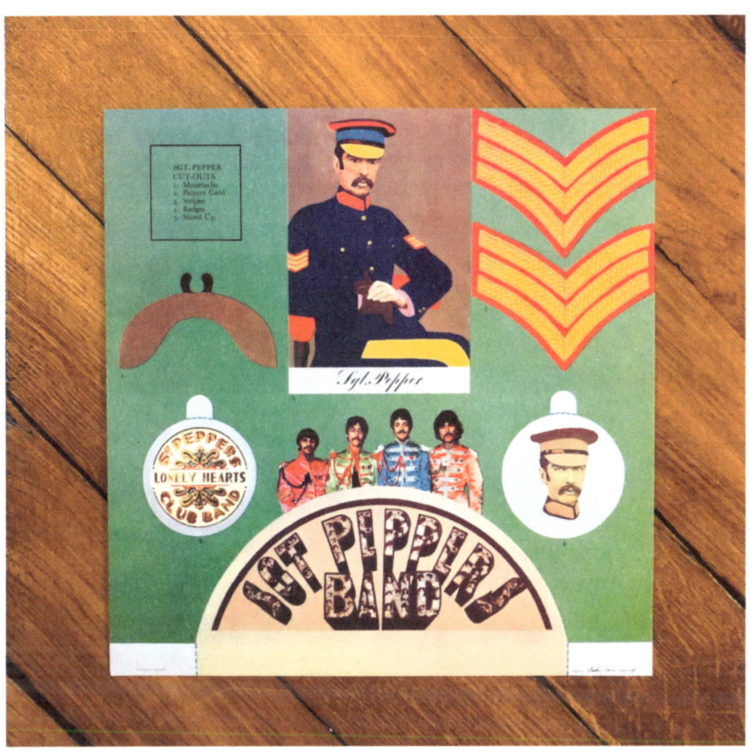

stand zwar das Album, doch der Einleger fehlte.* Dass es ihn gab, wusste ich – ich hatte ihn mit eigenen Augen gesehen, als ich Aunty Mandy besucht & ihre Plattensammlung durchstöbert hatte. Ich war grün vor Neid. Immer wieder habe ich in die leere Tasche unserer *Sgt. Pepper's* geschaut, als könnte er plötzlich wie durch Zauberei doch darin stecken. (Ich war damals ungefähr elf.) Hunderte Male habe ich meine Mutter gefragt, wo er abgeblieben war. Ich habe in sämtliche Hüllen in unserem Plattenständer geschaut, weil ich dachte, jemand hätte ihn aus Versehen falsch einsortiert. Irgendwann habe ich sogar überlegt, ob mein Vater ihn bei seinem Auszug mitgenommen hatte. Kurz: Ich war besessen.

---

* Der auf dem Foto gehört zu einem Album, das ich mir sehr viel später gekauft habe.

Natürlich bin ich nicht der Einzige aus meiner Generation, der als Kind von den Beatles besessen war – keine Beatles, kein Br*tp*p. Wie hätte ich auch nicht von ihnen besessen sein können? »She Loves You« stand am Tag meiner Geburt auf Platz eins der Charts. Mein Vater zog 1970 bei uns aus, im selben Jahr, als sich die Beatles auflösten. In der Zeit dazwischen waren sie in meinem Leben präsent wie ein wohlmeinender Schatten. Um ein echter Fan zu sein, war ich noch zu jung – aber GESPÜRT habe ich sie trotzdem. Vielleicht wirkte der Zauber, den sie auf mich ausübten, dadurch noch stärker.

Mitte der 70er-Jahre, als ich meinen ersten Kassettenrekorder bekam (einen etwas weniger schicken Vorläufer der *In Tensai Rhythm Machine*), saß ich in den Ferien den ganzen Tag zu Hause vor dem Radio & hoffte auf ein Beatles-Stück, das ich noch nicht kannte & aufnehmen konnte. »Hey Jude« & »Birthday« vom *Weißen Album* habe ich so zum ersten Mal gehört. Ziemlich zeitaufwendig, aber, wenn ich dabei einen neuen Song »einsacken« konnte, auch extrem befriedigend.

Über die Beatles sind noch mehr Bücher geschrieben worden als über die »Punk Explosion«, deshalb will ich mich hier nicht allzu lange mit ihnen befassen, aber …

Wenn ich mir heute den »Pulp Masterplan« in meinem Schulheft noch einmal durchlese, wird mir klar, dass ich die Idee hinter *Mantis Inc.* – dem Plattenlabel/Radio-/Fernsehsender mit dem noblen Ziel, »unterdrückte Künstler« zu befreien & die Massen mit Kultur zu versorgen – von Apple Corps geklaut habe, dem Versuch der Beatles, den Konzernen die Kontrolle über die Produktionsmittel zu entreißen. (»Eine Art westlicher Kommunismus«, wie Paul McCartney es in einem Interview ausdrückte.) Von allein wäre ich niemals auf so etwas gekommen.

Die Beatles waren ein Vorbild – vor allem für Leute aus der Unterschicht. Dass »vier ganz normale Jungs aus ›the Pool‹« zur größten Band der Welt aufgestiegen waren, war … ermutigend.

Die Popkultur konnte es nicht nur mit der »offiziellen« Kultur aufnehmen – sie konnte auf sie scheißen.

Ich höre jetzt mal auf. Auch wenn ich keins meiner Kinder nach einem Beatle benannt habe, dürfte klar sein, dass ich ein Fan bin. Für mich sind sie das Paradebeispiel für Good Pop.

Die Thatcher-Tasche markiert für mich den Beginn des Zeitalters des »Bad Pop«. Zwar war sie als Gag gedacht, um sich über die neue Macht auf der politischen Bühne zu mokieren, doch sie ist auch ein Indiz für den gesellschaftlichen Wandel im Großbritannien der 80er-Jahre. Damals fingen Politiker nämlich an, die Mittel & Gimmicks des Pop für ihre Zwecke zu benutzen. Von nun an beauftragen sie Werbeagenturen & »Kreative«, um eine neue Form des Pop zu erfinden, bei der das Wort nicht länger für »populär«, sondern für »populistisch« steht. Der neue Pop ist nicht länger Kunst für die Massen – er benutzt dieselben Stilmittel & Techniken wie der Gute Pop, um die Stimmung in der Bevölkerung zu beeinflussen. (Buh.)

& ich habe es ihnen abgekauft. Im ersten Stock des WHSmith habe ich die Thatcher-Tasche aufgemacht & gedacht: »Ach, das ist witzig! Mal was anderes.« Ich bin zur Kasse gegangen & habe Geld dafür hingelegt.

Dass ich das Ding immer noch habe, ist mir schrecklich peinlich. Keine Frage: WEG. (Allerdings habe ich gerade im Internet nachgeguckt & jemand bietet eine dieser Taschen für 325 £ an. Vielleicht sollten wir eine neue Kategorie anlegen: AUF EBAY VERKAUFEN. »Der Markt irrt sich nie« & so weiter …)

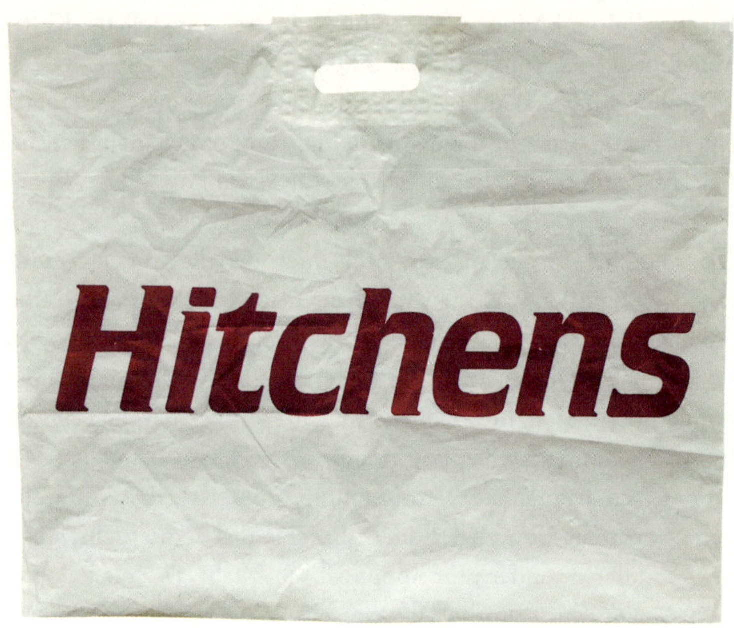

Kommen wir zur nächsten Tragetasche aus meiner Sammlung. Gute Größe. Stabile Griffe. Es handelt sich dabei nicht um eine Hommage an Christopher Hitchens, Autor von Werken wie *Der Herr ist kein Hirte* & *The Hitch*. Beim Anblick dieser Tüte dürfte Sheffieldern einer bestimmten Altersgruppe angst & bange werden. Hitchens war ein Laden in der Attercliffe Road & ich baue die Tüte an dieser Stelle in die Geschichte ein, um zu beweisen, dass es sich bei dem Spruch »Der Markt irrt sich nie« um eine Lüge handelt. Bei Hitchens wurden Produkte verkauft, die vorher in Versandkatalogen angeboten wurden & gefloppt waren. Sie waren also auf den freien Markt geworfen worden & die Käufer hatten über sie bloß die Nase gerümpft. Jetzt lagen sie bei Hitchens in den Regalen.

Stellt euch den Laden als einen Proto-TK-Maxx vor – oder besser noch als eine Mischung aus TK Maxx & Argos. (In meiner Beschreibung klingt er wesentlich aufregender, als er war.)

Gott, wie sehr ich es gehasst habe, von meiner Mutter in den Hitchens geschleift zu werden. Die dort herrschende verzweifelte, deprimierende Atmosphäre ist mir schon in jungen Jahren aufgefallen.

Die Sachen im Hitchens waren aus gutem Grund so billig: Es war alles nur Ramsch. Aber Ramsch mit einem Logo. »Wahlfreiheit« mag das Mantra des Marktes sein, aber wenn man nur zwischen verschiedenen Sorten Mist wählen kann, hat man dann wirklich die große Wahl? Das war mit ein Grund, warum ich so froh war, als ich ein paar Jahre später die Flohmärkte für mich entdeckte. Auch wenn einige Leute sich über meine Klamotten lustig machten, hatte ich so immerhin die Möglichkeit, meinen eigenen Stil zu entwickeln – statt unterwürfig (& vergeblich) zu versuchen, mich dem der anderen anzupassen. BLEIBT.

Ich schaute mir an, was einem Sozialhilfeempfänger Anfang der 80er-Jahre zur Auswahl stand & kam zu dem Schluss, dass mir die Sachen, die andere wegwarfen, sehr viel besser gefielen. & es waren nicht nur Klamotten. Ich entdeckte Bücher, Zeitschriften, Schallplatten …

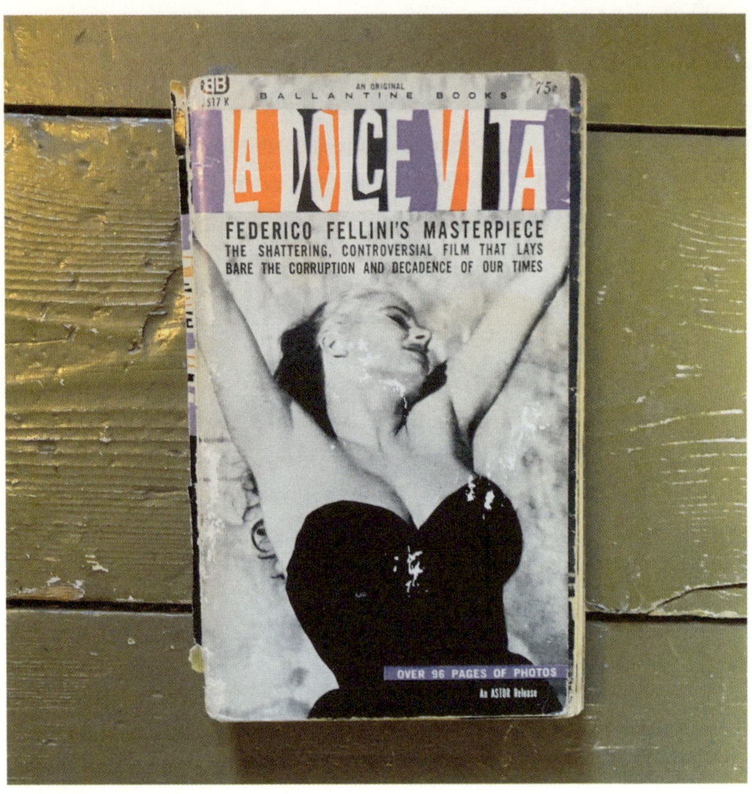

Ein Beispiel: Federico Fellinis Meisterwerk *La Dolce Vita* hatte ich gelesen, lange bevor ich die Gelegenheit bekam, mir den Film anzusehen. Das »Buch zum Film« hatte ich von dem Flohmarkt, der jeden zweiten Dienstag im Royal Institute for the Blind stattfand. Die Verkaufstische waren im Funktionsraum unter der Bühne aufgebaut. Der Weg dorthin führte durch eine Falltür & über eine sehr steile Treppe. Man begab sich quasi in Lebensgefahr. (Für Blinde muss es noch bedenklicher gewesen sein.) Der Abenteueraspekt machte einen wesentlichen Teil des Reizes von Flohmärkten aus.

Heute vergisst man leicht, dass es einmal eine Zeit gab, in der Bücher vergriffen waren, Filme aus den Kinos verschwanden & Platten aus dem Programm genommen wurden. Dinge gerieten in Vergessenheit. Inzwischen sind wir daran gewöhnt, dass uns alles rund um die Uhr zur Verfügung steht. Etwas auszuwählen ist schwieriger, als etwas aufzuspüren. Doch Anfang der 80er war dieses Buch für mich die einzige Möglichkeit, an *La Dolce Vita* heranzukommen. Natürlich war es nicht der ganze Film, aber immerhin besser als gar nichts. Ich war mit dem nächsten großen Kunstwerk in Berührung gekommen.

Damals wusste ich noch nicht, dass ich bei meinen Flohmarktbesuchen von einem Boom in der Buchbranche profitierte, den Penguin Books angestoßen hatte & Verleger wie Paul Hamlyn fortführten – Verlage, die es sich zum Ziel gesetzt hatten, den Massen den Zugang zu qualitativ hochwertiger Kunst & Literatur zu ermöglichen. Sprich: die Kultur zu »demokratisieren«. Ein weiteres Beispiel für »Good Pop«. Dass die Bücher auf Flohmärkten landeten, mag darauf hindeuten, dass die Verlage ihr Ziel letztendlich verfehlten – das war vielleicht Pech für die Gesellschaft, aber Glück für mich. & eins war mir klar: Wenn ich nur lange genug danach suchte, würde ich auf die Informationen & Inspirationen stoßen, die mir das Überleben im Großbritannien unter Th*tcher ermöglichten. Die Relikte eines besseren Lebens. Sie waren noch da & warteten nur darauf, ausgegraben zu werden. Das süße Leben, in der Tat.

Ich war wie im Rausch. Bald reichten mir die kleinen Plastiktüten nicht mehr aus, & ich stieg auf Müllsäcke um. Das war der Zeitpunkt, als sich die Sachen, die wir auf dem Dachboden durchgehen, sprunghaft vermehrten. Ich brachte die Müllsäcke nach Hause, warf sie in mein Zimmer & begab mich sofort wieder auf die Suche nach neuen alten Sachen. Ich umgab mich mit ihnen, um mich von einer Welt abzuschotten, die von Tag zu Tag kälter wurde. Ich hortete Guten Pop, um Bösen Pop abzuwehren.

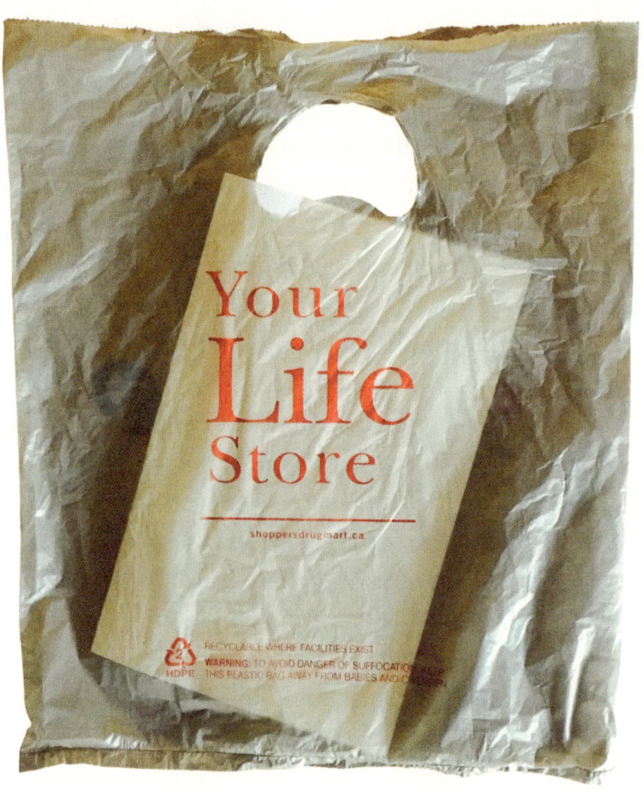

Bevor ich den kleinen Exkurs über meine Tütensammlung abschließe, muss ich euch unbedingt noch diese zeigen. Bekommen habe ich sie im Herbst 2017, als ich in einer Drogerie im kanadischen Toronto eine Tube Zahnpasta kaufte.

Die Tüte ist aus hauchdünnem Plastik, & ich musste für das Foto ein Stück Papier hineinschieben, weil ihr den Aufdruck sonst nicht hättet lesen können. Dort steht: »Your Life Store«.

So habe ich mir das Leben früher vorgestellt: als leere Tüte, die man nach Herzenslust füllen kann. Stopft man sie aber zu voll, reißen die Griffe. Wäre das nicht ärgerlich? Mir ist das auf dem

Rückweg vom Flohmarkt etliche Male passiert. Dann habe ich die kaputte Tüte in eine dunkle Ecke meines Zimmers geworfen, um sie mir später vorzunehmen. So wie jetzt.

Aber seht euch die Tüte noch einmal an: Sie ist so dünn, dass die Griffe vermutlich schon vom Gewicht dieses einen Blatt Papiers reißen würden. Könnte das eine Metapher sein? Ist die eigene Lebensgeschichte nicht ähnlich fragil?

Wie dem auch sei – sie BLEIBT.

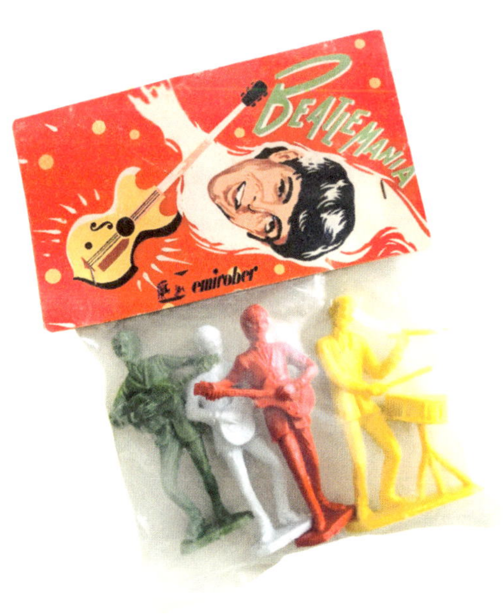

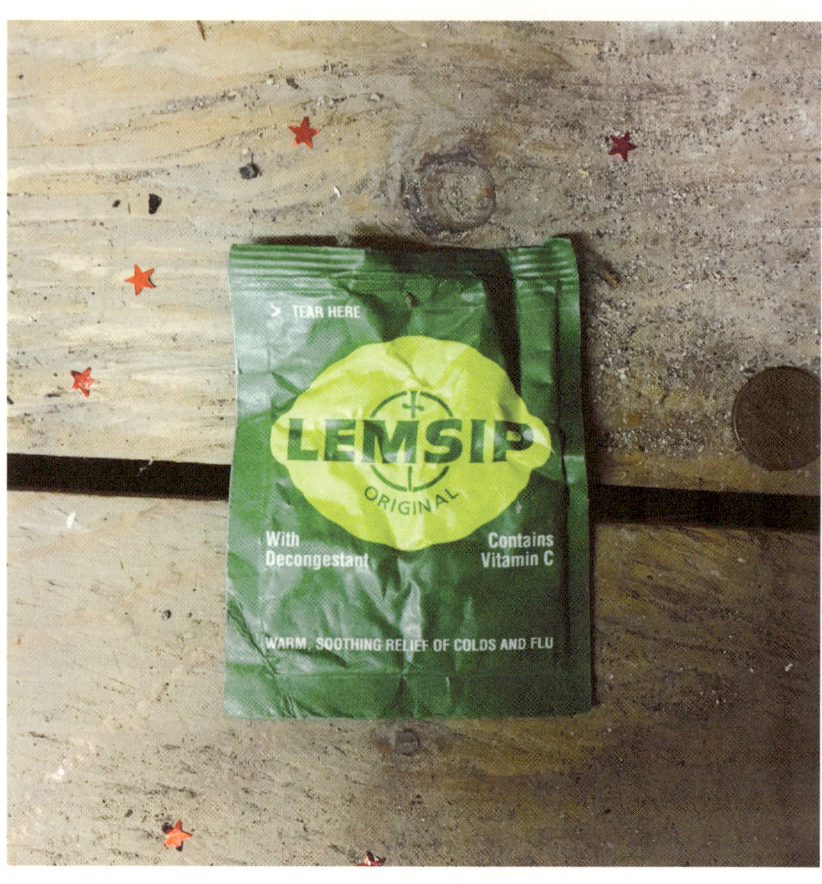
> TEAR HERE
LEMSIP
ORIGINAL
With
Decongestant
Contains
Vitamin C
WARM, SOOTHING RELIEF OF COLDS AND FLU

Kapitel Zwanzig

Als ich mit meinem Freund Tim
im obersten Stock der alten Fabrik
wohnte, war ich oft krank.

In dem Gebäude gab es, wie schon erwähnt, keine Heizung, & die langen Nächte im Limit plus eine nicht sonderlich gesunde Ernährung taten ihr Übriges. Ob das Tütchen Lemsip aus dieser Zeit stammt, weiß ich nicht mehr, aber es erinnert mich daran. Bisher habe ich noch keine Internetplattform für Sammler gefunden, die ein Vermögen für rezeptfreie Vintage-Medizin hinlegen würden, deshalb können wir das Tütchen wohl getrost auf den »WEG«-Haufen werfen. (Wow – mein Kopf fühlt sich jetzt schon viel freier an.)

Mein Zimmer trug mit Sicherheit dazu bei, dass ich fast permanent krank war. Tim hatte mir eine winzige Kammer zugewiesen, die man über eine Treppe erreichte. Es war das höchstgelegene Zimmer im Gebäude. Ich war der König im Schloss – auch wenn ich recht beengt hauste. Irgendwann entdeckte ich in einer Wand eine Luke. Ich zog sie auf – Sesam öffne dich! – & sah einen geräumigen Dachboden. Da sich der Raum direkt unter dem

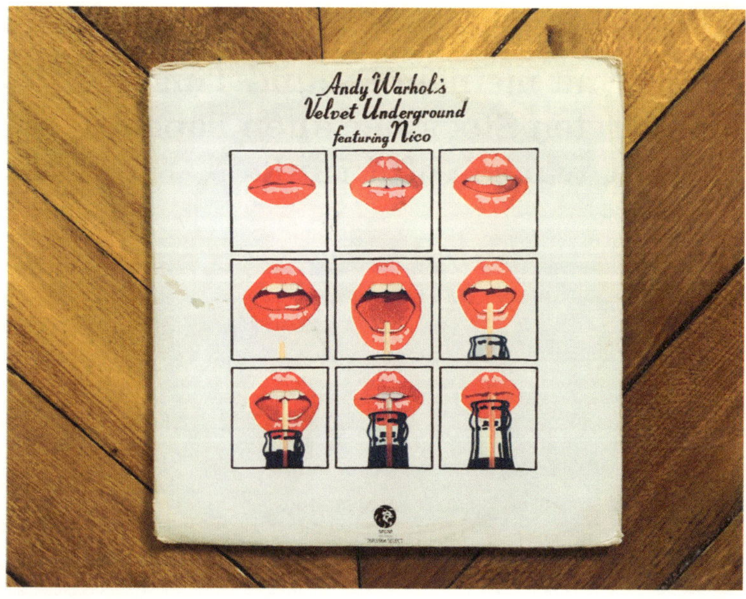

Dach befand, lief die Decke nach oben hin spitz zu, außerdem wurde er durch massive Stahlträger in kleinere Einheiten unterteilt. An einigen Stellen fiel Licht durch die Ritzen zwischen den Dachziegeln – man war buchstäblich den Elementen ausgesetzt. Egal – das Zimmer war wie für mich gemacht! Ich bearbeitete die dünne Rigipswand mit einem Vorschlaghammer & hatte zwanzig Minuten später mein eigenes Downtown-Loft. Wie war ich wohl auf die Idee gekommen?

Ich habe ein bisschen geschummelt, denn das Album von Velvet Underground würde ich niemals mit dem ganzen Kram hier im Dunkeln einsperren. Das wäre grausam. Aber es spielt in der Geschichte eine tragende Rolle, deshalb musste ich es euch zeigen. (BLEIBT – & zwar für immer.)

Von Velvet Underground hatte ich zwar schon gehört, aber richtig aufmerksam wurde ich auf die Band erst, als Pulp in einer der ersten Besprechungen in einem Sheffielder Fanzine mit ihr verglichen wurde (ich glaube, es war im *NMX*). Vielleicht lag das an unseren halbakustischen Instrumenten & daran, dass wir sie meist leicht verstimmt spielten. Der Vergleich war jedenfalls als Lob gemeint, deshalb nahm ich mir vor, mir die Band endlich einmal anzuhören. Das entpuppte sich als gar nicht so einfach, denn damals »verschwanden« Alben, wie gesagt, einfach so, & ich klapperte unsere Plattenläden erst einmal vergeblich ab, bis ich im HMV-Store endlich die abgebildete Compilation fand. Sie enthält sämtliche Stücke ihres ersten Albums (außer »I'll Be Your Mirror«), vier Stücke von *White Light/White Heat* & drei von ihrem dritten, selbst betitelten Album. Das alles habe ich allerdings erst später erfahren. Zum ersten Mal gehört habe ich die Stücke von Velvet Underground in dieser Reihenfolge, sprich: als Allererstes »I'm Waiting For My Man«. »Okay«, dachte ich, »dann ist das also eine Rockband.« Gleich im Anschluss kam aber »Candy Says«, eine wunderschöne, zarte Nummer mit »Doo, doo, wah«-Chören.

Das letzte Stück auf Seite eins war »All Tomorrow's Parties«. »Moment mal, jetzt singt eine Frau mit seltsamem Akzent zu einer Musik, die fast wie moderne Klassik klingt.« Mein Teenagerhirn ratterte – das mussten mindestens drei verschiedene Bands sein, & das auf einer einzigen Schallplattenseite. & als Seite drei dann mit dem avantgardistisch-krachigen »Sister Ray« begann, waren wir schon bei vier angekommen.

Wir haben es hier erneut mit einer Band aus dem Kanon der ganz Großen zu tun (zu Recht: Sie SIND ganz groß), weshalb auch über Velvet Underground schon sehr viel geschrieben wurde. Für mich waren sie wichtig, weil sie eine Brücke zwischen den Beatles & Punk schlugen. Die Beatles hatten enormen Einfluss, weil sie gezeigt hatten, was junge Leute aus einfachen Verhältnissen erreichen konnten – nur konnte ich mir beim besten Willen nicht vorstellen, jemals ein Stück zu schreiben, das auch nur annähernd an ihre musikalische Qualität heranreichte. Obwohl ich bereits ein paar Jahre in einer Band gespielt hatte, bekam ich vielleicht vier Stücke aus dem *Beatles Complete Songbook* hin. Alle anderen überstiegen meine Fähigkeiten (& daran hat sich bis heute nichts geändert).

Die Velvets stammten aus derselben Ära wie die Beatles & hatten ein ähnliches Gespür für Melodien, waren manchmal aber auch krachig wie eine Punkband. Die Stücke waren roh produziert – fast so, als wäre es ein Mitschnitt aus dem Proberaum. Sich statt an den Beatles an Velvet Underground zu orientieren, war mit Sicherheit einfacher – man musste sich nur für eine Variante der Band entscheiden. Da ich gern übers Ziel hinausschieße, beschloss ich, mich gleich an allen vier Varianten zu versuchen.

Aber hinter der Band steckte noch mehr, wie das handgeschriebene Logo auf dem Cover verriet: »Andy Warhol's Velvet Underground featuring Nico«: Mit Kunst hatte das Ganze also auch zu tun.

Auch das verband Velvet Underground mit den Beatles: die Zusammenarbeit mit zeitgenössischen Künstlern. Doch auf dem Cover von *Sgt. Pepper* stand nicht etwa: »Peter Blake's Beatles« – wieso wurde dieser Andy Warhol bei den anderen also an erster Stelle genannt? & zwar nicht nur auf dem Cover, sondern auch in den Liner Notes: »Das Image von Andy Warhol ist unergründlich. Er ist eine Kultfigur, berühmt für seine Siebdrucke, seine Bilder & seine Filme ... Weil er dem Publikum ein Gesamterlebnis bieten möchte, hat er im Künstlerviertel von New York einen eigenen Club eröffnet, *The Velvet Underground.*«

Andy Warhol hörte sich interessant an – ich wollte unbedingt mehr über ihn in Erfahrung bringen. Ich ging in unsere Zentralbibliothek & lieh mir das Buch *POPism – meine 60er Jahre* aus, das sich als Andy Warhols Tagebuch aus dem Jahrzehnt entpuppte. Inzwischen weiß ich, dass es sich dabei um die Transkription einiger Tonbänder handelt, die er damals aufgenommen hatte. Dadurch klang das Ganze mehr nach Gossip & war leicht zugänglich – definitiv nicht die trockene, intellektuelle »Kunst«-Theorie, mit der ich gerechnet hatte. Im Prinzip ging es um dieselben Sachen, die sich auch die Leute im Limit erzählten: wer wen abgeschleppt hatte, wie man überflüssige Pfunde verlor, wer bei der letzten Party zu viel getrunken hatte. Ein Kapitel hieß: »Champagne Chins & Beer Bellies« (»Champagnerkinn & Bierbäuche«).

Die Leute aus *POPism* wohnten in Lofts & hingen in Warhols Atelier »The Factory« ab. & deshalb hatte ich mir mit dem Vorschlaghammer ein Loft gebaut & wohnte in »Downtown« Sheffield über einer Fabrik. Alles nur wegen Velvet Underground. Das Pop-/Kunst-/Partyleben aus *POPism* klang nach Spaß. Mit Sicherheit spaßiger als das Leben im *Thatcherism.*

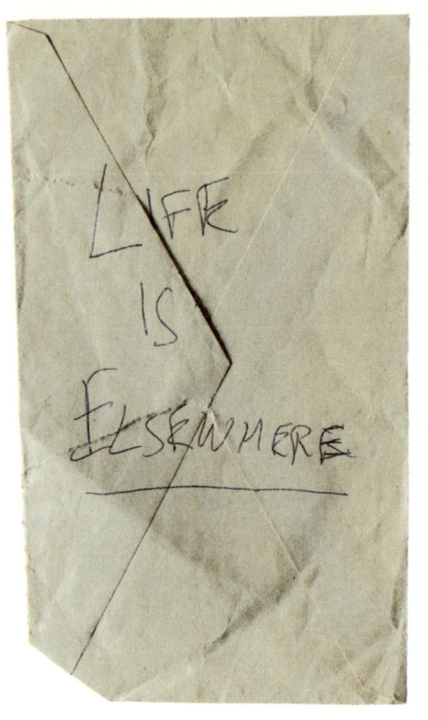

Keine Ahnung, ob ich »LIFE IS ELSEWHERE« hinten auf diesen Umschlag geschrieben habe, weil ich mir Milan Kunderas Buch *Das Leben ist anderswo* besorgen wollte, oder ob mir bloß der Spruch gefallen hat. Der Umschlag ist aus einem Stapel Altpapier in einer dunklen Ecke des Dachbodens gefallen. Dass ich einen Umschlag für diese drei Wörter geopfert habe, dürfte etwas zu bedeuten haben: Offenbar wollte ich mir den Spruch unbedingt merken. BLEIBT.

Man ist ja oft versucht zu glauben, das Leben spiele sich woanders ab. Man hat den Eindruck, etwas Entscheidendes zu verpassen, weil man in die falsche Zeit/historische Epoche/Gesellschaftsschicht hineingeboren wurde. »I wish that I was born a thousand years ago«, schrieb Lou Reed in »Heroin« (Lied 1, Seite 2). Laut Reed war es das einzig Wahre, auf »darkened seas on a great big clipper ship« zu segeln.

In meiner Vorstellung war »woanders« das New York von vor zwanzig Jahren: »Holen wir das New York der 60er ins South Yorkshire der 80er«, dachte ich. So schwer konnte das doch nicht sein. (Paradoxerweise handelte es sich um dasselbe New York, dem Lou Reed im Text zu »Heroin« entfliehen wollte.)

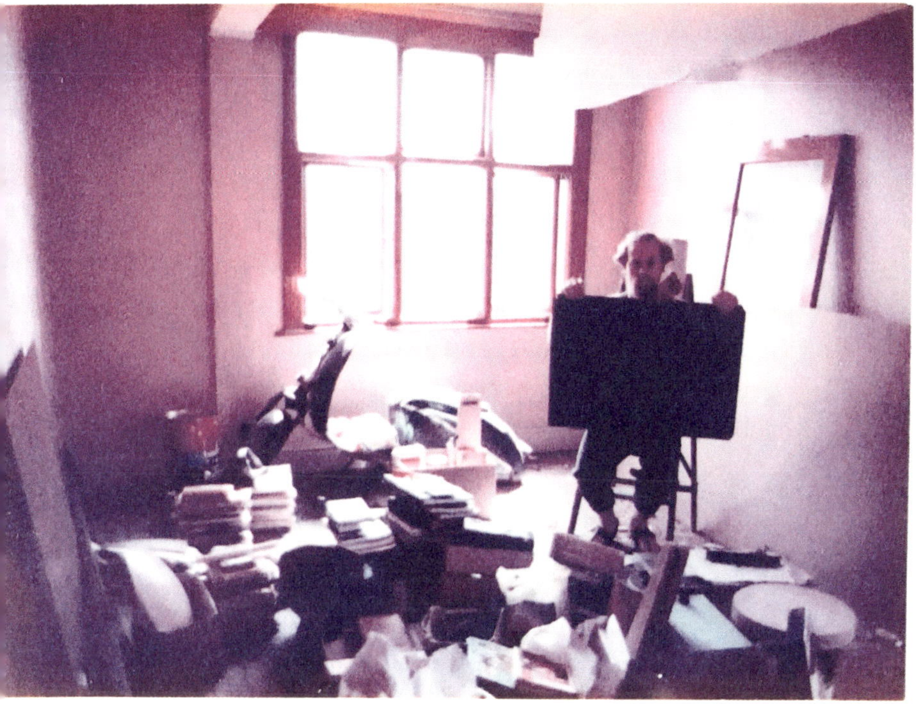

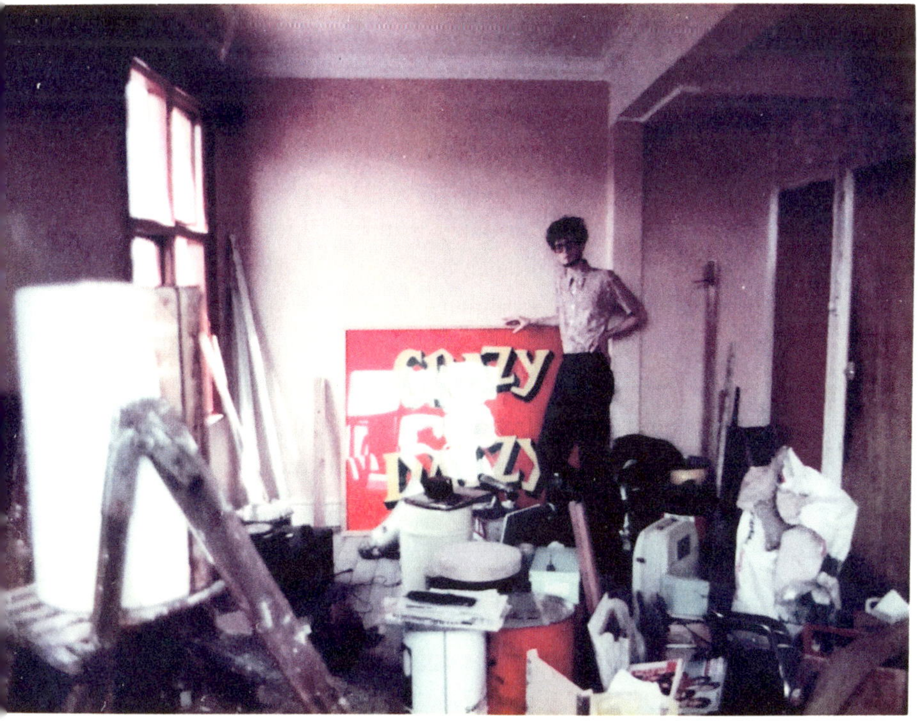

Ich werde das Leben in der Factory (Sheffield Edition) mal etwas genauer beschreiben.

Tim Allcard hatte ich etwa ein Jahr, bevor die Fotos auf der vorigen Seite entstanden, kennengelernt. Ich war bei einem Konzert seiner Band In a Bell Jar im Hallamshire Hotel gewesen. So etwas hatte ich noch nie gesehen. Zuerst einmal benutzten sie keine »normalen« Instrumente – es war reine Percussion, & die Trommeln waren fast alle selbst gebaut. Am auffälligsten war Tims »Drumset«, das aus zwei Metallkanistern für Speiseöl bestand, wie man sie gelegentlich vor den Hintereingängen von Fastfood-Läden herumstehen sieht. Tim hatte Deckel & Boden der Kanister entfernt & die Behälter in einem selbst konstruierten Holzrahmen aufgehängt. Als Drumsticks benutzte er Stöcke, deren Enden er mit Gummibändern umwickelt hatte. Vom Prinzip erinnerten seine Trommeln an die der Steelbands (die ebenfalls aus alten Ölfässern gebaut werden), nur war ihr Sound wesentlich dünner & rauer (& lauter).

Zum Einsatz kamen auch Handtrommeln & Glocken, & Tim & zwei andere Typen rezitierten im Sprechgesang abwechselnd Gedichte. Begleitet wurden sie von ätherischen Frauenstimmen. Erst nach der Hälfte des Konzerts ging mir auf, dass die Frauen hinter einem Laken standen, das in einer Ecke der Bühne hing. Ich war hin & weg. Ein Lied handelte von jemandem, der auf den Bus wartet. In einem anderen ging es um ein Liebespaar, das nachts in einem See schwimmt, sich in Algen verfängt & ertrinkt. Auch ohne konventionelle Instrumente war die Musik extrem eingängig. Ich hatte das Gefühl, der Geburt eines neuen Musikgenres beizuwohnen. Hier in Sheffield – vor meiner Haustür.

Nach dem Konzert fragte ich Tim, wer die Frauen hinter dem Vorhang waren, & er stellte sie mir vor. Eine von ihnen wurde meine erste feste Freundin (ja, es war die, die mir die Platte von Marianne Faithfull zu Weihnachten schenkte). Ein denkwürdiger Abend.

Als ich Tim einige Monate später erzählte, meine Mutter habe angedeutet, dass ich jetzt, wo ich den Schulabschluss in der Tasche hätte, sicherlich von zu Hause ausziehen wolle, bot er mir ein Zimmer in seiner neuen Wohnung über einer verlassenen Fabrik in der Sheldon Row an. (Die Straße befand sich gleich hinter The Wicker – das war eine Ausfallstraße mit einer Brauerei an einem Ende & einem Eisenbahnviadukt, den Wicker Arches, am anderen.) Ja, bitte.

Offiziell hieß die Fabrik »Sheldon Row«, aber die meisten Leute nannten den Gebäudekomplex nur »The Wicker«. Nach Stilllegung der Fabrik hatte man das Gebäude in verschiedene Einheiten zur »Mischnutzung« aufgeteilt, & es wurde in der Tat sehr »gemischt« genutzt: Darin untergebracht waren zwei Garagen, zehn Proberäume, ein Modelleisenbahnverein (imposante Gleisanlage), ein Tonstudio, eine Druckerei, zwei Tischtennisclubs (zwischen ihnen entbrannte ein Kleinkrieg & sie kackten sich gegenseitig vor die Tür – ekelhaft), ein Steuerberater & ein Karate-Dojo. & das sind nur die, die mir auf die Schnelle einfallen – es gab mit Sicherheit noch etliche mehr.

Tim war als Hausmeister für das ganze Gebäude zuständig – dafür durfte er umsonst im obersten Stock wohnen.

Von zu Hause in eine dermaßen unkonventionelle Umgebung ziehen zu dürfen war für mich die Erfüllung eines Traums. Ich hatte das nächste Kapitel meines Lebens aufgeschlagen. Es war eine »aufregende Zeit«, wie es so schön heißt. Endlich ging es richtig los.

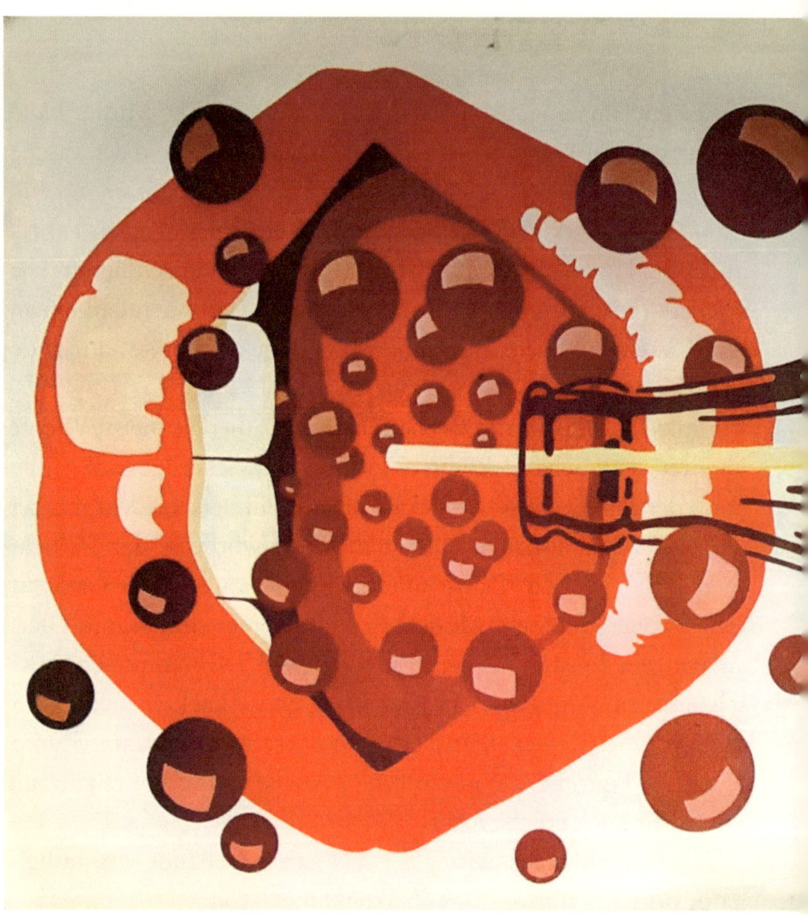

Dieses Bild befindet sich auf der Innenseite des Klappcovers meiner Velvet-Underground-Platte. Ich wette, Andy Warhol ist durchgedreht, als er es sah – die Plattenfirma hatte in ihrer Grafikabteilung offenbar eine »Coverversion« eines Warhol-Siebdrucks in Auftrag gegeben. Ein riesiger roter Mund nuckelt an einer Flasche Coca-Cola. Brause-Pop-Art.

Doch eigentlich war er daran selbst schuld: Warhols Geniestreich war es, die Leute dazu zu bringen, den Inhalt ihres Mülleimers mit neuen Augen zu sehen. Vor ihm war eine Suppendose von Campbell's lediglich ein Behälter für Suppe & eine Cola-Flasche nur eine Cola-Flasche gewesen. Er sorgte dafür, dass die Menschen

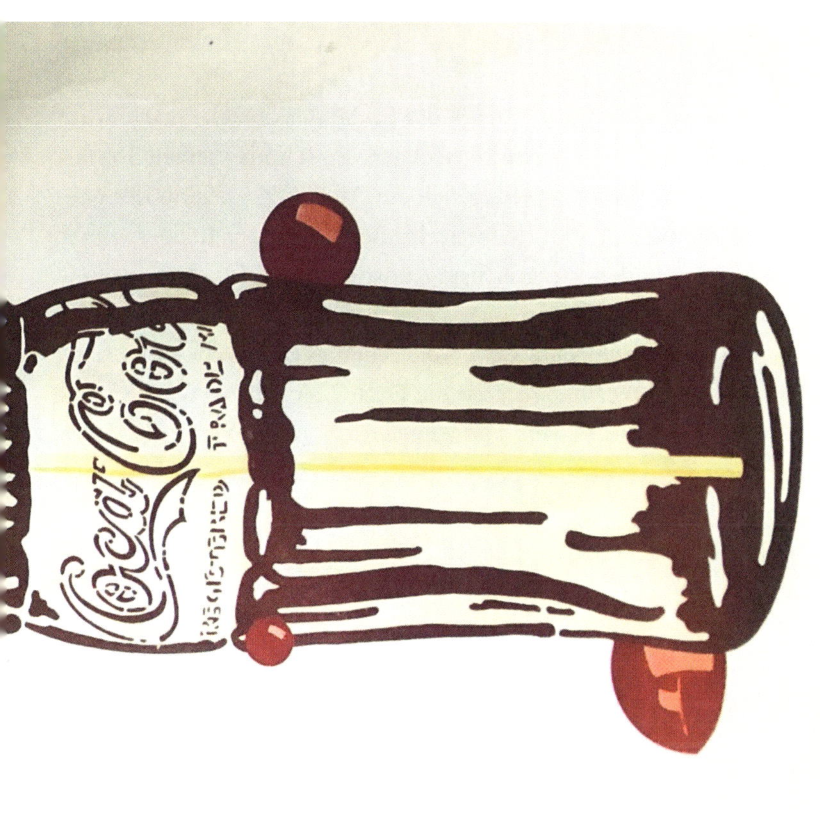

ihre Alltagswelt anders wahrnahmen. & nachdem ihm das einmal gelungen war, sprang alle Welt auf den Pop-Zug auf. So auch der Grafiker der Plattenfirma.

Das Pulp-Konzept – Dinge, die die Leute wegwerfen, künstlerisch zu verwerten – wäre ohne dieses Album & den Geist der Kunstszene, aus dem heraus es entstand, nicht möglich gewesen. Pop war Empowerment. Jeder konnte daran teilhaben – man musste lediglich das Radio oder den Fernseher einschalten oder eine Zeitschrift aufschlagen. Pop war dazu da, unser Urverlangen zu befriedigen. Die Massenproduktion ließ den Geist aus der Flasche – & der Deckel sprang mit einem »Pop!« auf.

Vielleicht war Andy Warhol der Erste, der das Geräusch hörte. Für ihn klang es wie ein Startschuss. Er schmiss seinen Job als Werbegrafiker hin & mietete sich ein Atelier. Zu Beginn der 60er lachte die New Yorker Kunstwelt über ihn & am Ende des Jahrzehnts war er der erfolgreichste Künstler der Welt.

Die Grafik im Klappcover der Velvet-Underground-Compilation mag eine schlechte Coverversion eines Siebdrucks von Andy Warhol sein, aber für mich ist die Platte das »einzig Wahre«. Mit ihr habe ich die Velvets kennengelernt. »Andy Warhol's Velvet Underground featuring Nico« gehört mit zum Besten des Guten Pop.

Pop, auf dem man ein Leben aufbauen kann.

?

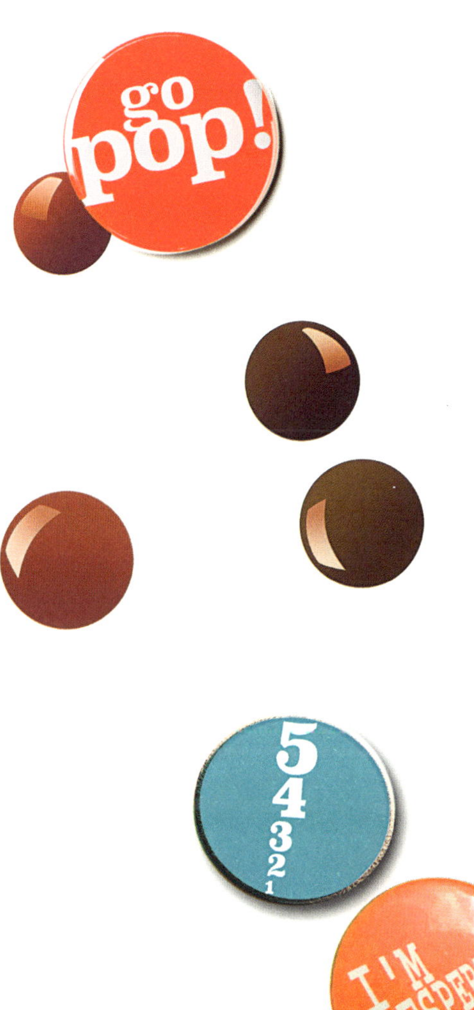
go
pop!
5
4
3
2
1
I'M

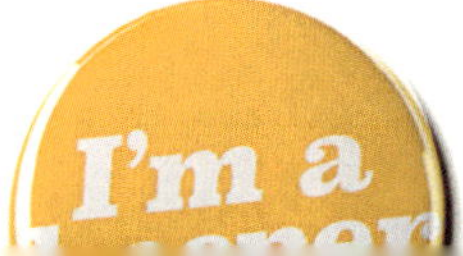
I'm a

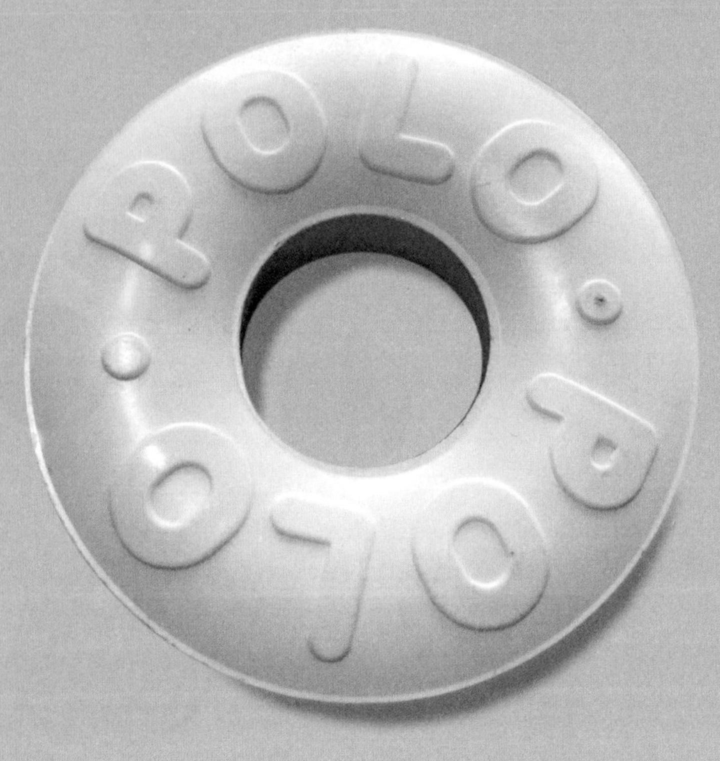
POLO
POLO

Kapitel Einundzwanzig

Zeit für eine Erfrischung.

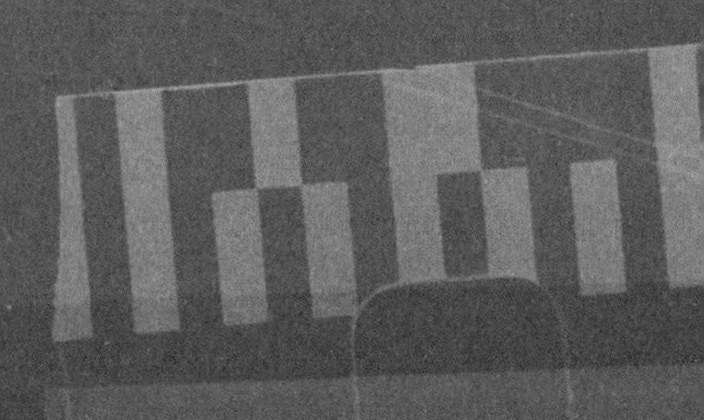

Das auf dem Foto auf der vorigen Seite ist kein gewöhnliches Polo-Minzbonbon. Es ist ein Spender in der Form eines Polo-Minzbonbons, mit einem Durchmesser von ca. sechs Zentimetern. Irgendwann enthielt er mal Mini-Polos. Alle aufgegessen, fürchte ich. WEG, sagt ihr? Augenblick: Das könnte doch was für den »AUF EBAY VERKAUFEN«-Haufen sein – ein ungeöffnetes Exemplar mitsamt Minzfüllung (die das MHD längst überschritten hat) wird heutzutage für 45 £ gehandelt & selbst ein leerer Spender wie dieser bringt noch 20 £ ein. Leute, wir sind auf eine Goldader gestoßen!

Solche Spender wurden Mitte der 1990er-Jahre hergestellt, & ich zeige ihn euch, weil mich das Polo-Minzbonbon an eine Geschichte erinnert, die sich zutrug, als ich Mitte der 80er im The Wicker wohnte.

Wie ihr euch vorstellen könnt, führte die Tatsache, dass Tim & ich in einer Zeit, in der die meisten unserer Freunde von der Stütze lebten, in einer Fabriketage im Stadtzentrum wohnten, dazu, dass wir oft Besuch bekamen. Es sprach sich herum. Wir waren ein beliebter Zwischenstopp der Sheffielder »Ohne Geld abhängen«-Szene. Leute kamen auf eine Tasse Tee vorbei & blieben den ganzen Tag. Auf Dauer war das etwas anstrengend. Aber Tim hatte eine geniale Idee, wie man die Leute davon abhalten konnte, unsere Gastfreundschaft über Gebühr zu strapazieren. Er warf alle Stühle raus.

Das funktionierte. Sobald den Leuten aufgegangen war, dass sie sich nirgendwo gemütlich hinsetzen konnten, tranken sie schnell ihren Tee aus & zogen weiter. Mission erfüllt. Allerdings gestaltete sich die Einnahme von Mahlzeiten nun ein wenig schwierig. Niemand isst gern im Stehen. Es schneidet sich so schlecht. Zum Glück hatte Tim das Problem vorher bedacht & präsentierte mir stolz zwei Tabletts mit ausklappbaren Füßen, die er irgendwo aufgetrieben hatte. Wie die, auf denen bettlägerige Rentner ihr Essen serviert bekommen. Auf meinem Tablett war eine Waldszene abgebildet. In den folgenden drei Jahren saß ich bei Mahlzeiten auf dem Boden unserer Küche, Rücken an der Wand, Beine lang ausgestreckt, & aß von meinem »Oma-Tablett«.

& es gab noch mehr Hausregeln. Kein Fernseher. Kein Fleisch. & keine Bässe. Tims Ansicht nach hatte die Audiotechnik mit der Erfindung der Schellackplatte ihren Höhepunkt erlebt, deshalb war seine Sammlung antiker Aufziehgrammofone unsere einzige Musikquelle. Er stand auf den kratzigen, hohen Klang – ohne jede Bassfrequenz. In meinen Ohren klang es unerträglich blechern. Wurde mir das zu viel, war es der reinste Luxus, abends ins Limit zu gehen & mich neben die Bassboxen zu stellen.

So spartanisch das Leben im The Wicker auch war, immer fragte irgendwer, ob er für ein paar Tage bei uns »pennen« könne. Meistens sagte Tim Nein, hin & wieder machte er aber auch eine Ausnahme. Als die Freundin von einem aus seiner Band ein Kind bekam, durfte das Paar mitsamt Nachwuchs in unserem Wohnzimmer hausen, bis sie etwas Eigenes gefunden hatten. Von der Kleinfamilie ist mir vor allem in Erinnerung geblieben, dass das Baby (ein Junge) neben den Elektroofen pinkelte & sich beinahe einen tödlichen Stromschlag eingefangen hätte.

Auch Dave gehörte zu den Ausnahmen. Tim kannte ihn noch aus der Schule. Damals war er von Polo-Minzbonbons abhängig gewesen – er hatte täglich zwei Rollen weggelutscht. Das Ergebnis war, dass er bei seinem Schulabgang mit sechzehn keinen einzigen Zahn mehr im Mund hatte. (Das war noch, bevor in der Minzszene zuckerfreie Polos eingeführt wurden.) Inzwischen trug Dave ein Gebiss & hatte seine Abhängigkeit auf Alkohol verlagert. Tim hatte Mitleid mit ihm, weil Dave gerade aus seiner Band geflogen (sie benannte sich später in ABC um & landete ein paar internationale Hits – armer Dave) & von seinen Eltern wegen seiner Trinkerei vor die Tür gesetzt worden war.

Dave durfte unter einer Bedingung im The Wicker wohnen: im Haus kein Konsum von Alkohol. Vermutlich hatte Tim gehofft, Dave würde bei uns »trocken« werden & sein Leben wieder in den Griff kriegen. Ein frommer Wunsch.

Dave entpuppte sich als freundlicher, rehäugiger Typ, der leise redete & wegen seiner falschen Zähne leicht lispelte. Ein guter Mitbewohner. In den drei Monaten, die er bei uns blieb, benahm er sich einwandfrei. Er machte null Ärger. Als er ging, schüttelte er uns beiden die Hände & bedankte sich überschwänglich für die Hilfe.

Die erste Entdeckung machten wir eine Woche später.

Tim räumte einen Schrank im Flur aus & fand ganz hinten einen leeren Bell's-Whisky-Flachmann. Sofort gingen bei uns die Alarmglocken an. Wir schauten unter das Bett in Daves ehemaligem Zimmer. Dort lag ein ganzer Vorrat an rechteckigen Fläschchen. Allesamt leer. Fortan war »Finde die Flasche« eins unserer Lieblingsspiele, wenn wir uns mal langweilten. Dave war bei den Verstecken recht erfinderisch gewesen. Mussten wir ein Möbelstück verschieben oder in einer dunklen Ecke irgendetwas suchen, standen die Chancen recht gut, dort auf Flaschen zu stoßen. Irgendwann zählten wir nicht mehr mit. & als wir glaubten, dass wir nun wirklich keine mehr finden würden, stießen wir auf eine neue Quelle. Ein Jahr nach Daves Auszug ging bei uns im Badezimmer ein Wasserrohr kaputt, & wir entdeckten im Spülkasten etwa ein Dutzend Fläschchen. Gewiefter Dave.

Das Komische daran war, dass wir – als Dave noch bei uns wohnte – keinen Verdacht geschöpft hatten. Er war immer höflich & umgänglich gewesen & hatte sich nie wie ein Betrunkener aufgeführt. Nie hatten wir bei ihm eine Alkoholfahne gerochen. Vermutlich war ihm seine Polo-Sucht zu Hilfe gekommen. Mit seinen dritten Zähnen konnte er so viele Rollen Minzbonbons weglutschen, wie er nur wollte. Schlauer Dave.

Die Dave-Geschichte habe ich nur erzählt, um euch einen Eindruck von der Atmosphäre im Sheffield Mitte der 80er-Jahre zu vermitteln. Die Rezession war deutlich spürbar & auf den Straßen trieben sich jede Menge verlorener Seelen herum.

Zu den regelmäßigen Gästen im The Wicker zählten Crazy John (der Name ist Programm), Rabid (ein Aggro-Punk aus Chesterfield,

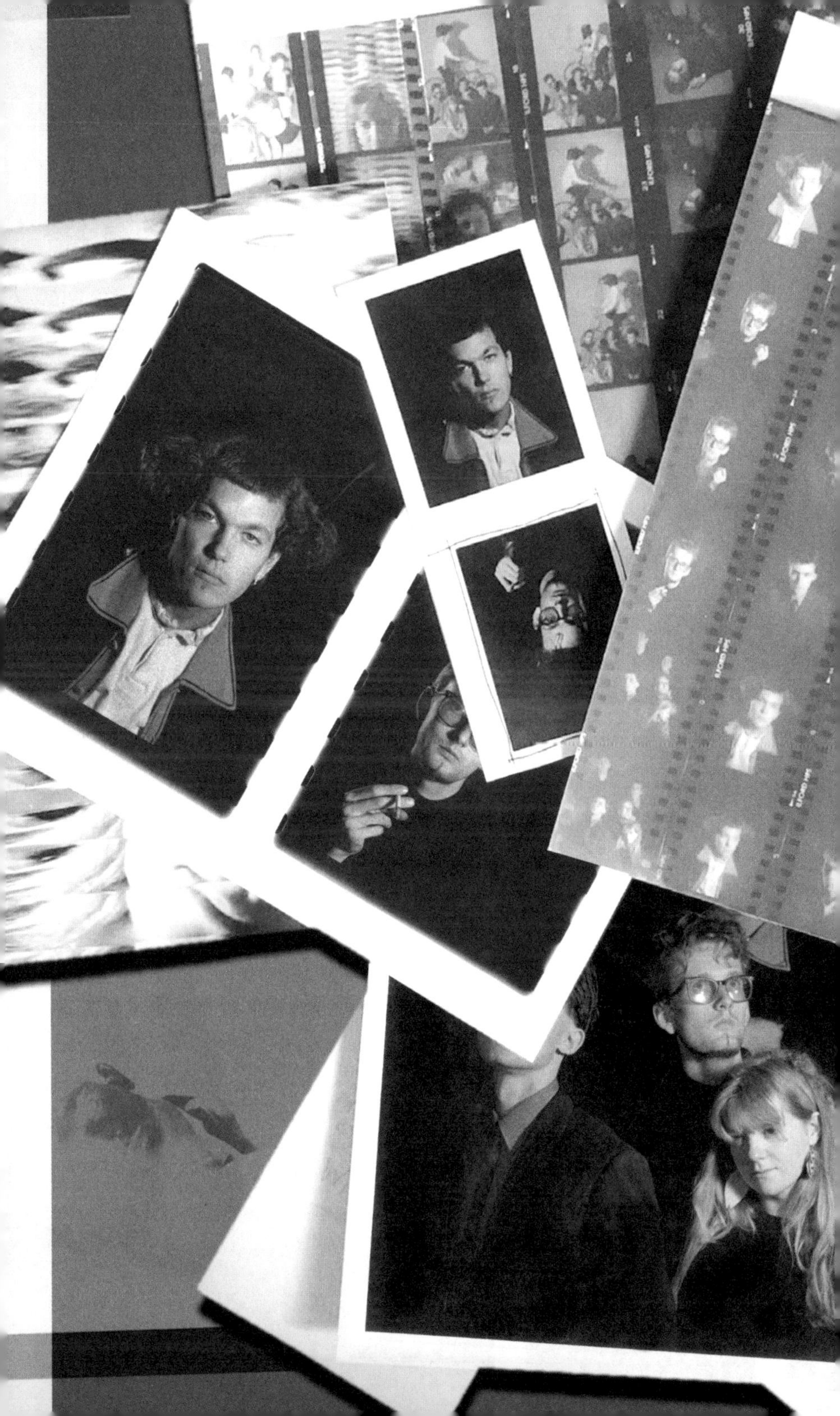

der sich in einen netten, friedlichen Kerl verwandelte, sobald er Klebstoff geschnüffelt & unverdünnten Orangensirup getrunken hatte), Deano (ein Heroinabhängiger mit einer zahmen Ratte, die in der Küche in alle vier Ecken kackte, die Kötel in einer Ecke zusammentrug & von vorne anfing) & General Dyson (ein Bowie-Lookalike, der einen Nervenzusammenbruch erlitten hatte, nachdem er auf einem LSD-Trip von Skinheads verprügelt worden war, & nun immer in Tarnklamotten & mit einem Spielzeuggewehr über der Schulter herumlief).

& es gab noch etliche, etliche andere. Manchmal stellten wir die Klingel ab. Aber auch ich konnte nicht so tun, als wäre ich gegen den um sich greifenden Irrsinn immun: Meine Flohmarktobsession war längst außer Kontrolle geraten. In meinem Zimmer stapelten sich schwarze Müllsäcke, viele noch ungeöffnet. Ich konnte nicht aufhören. Was als Versuch begonnen hatte, mich gegen die gesellschaftliche Härte abzuschotten, drohte nun mich unter sich zu begraben.

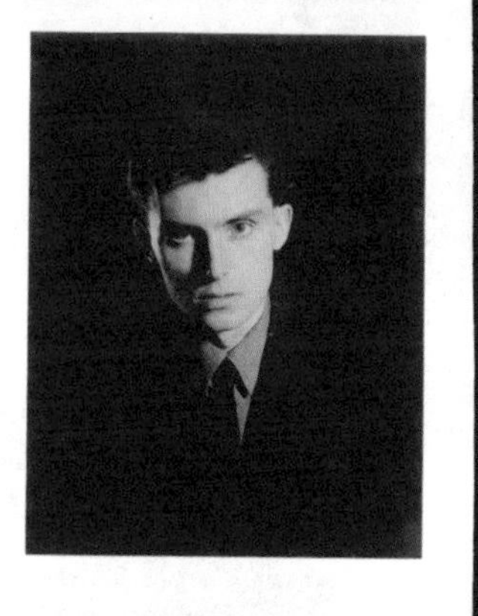

Was hielt mich also davon ab, mich dem Heer der verlorenen Seelen anzuschließen? Die Band, natürlich.

Die Fotos auf der vorigen Seite hat der Fotograf David »Bod« Bocking im Juni 1985 im The Wicker geschossen. Für euch die perfekte Gelegenheit, die neuen Mitglieder der Band einmal kennenzulernen – vor allem, weil ein, zwei von ihnen noch zur Pulp-Besetzung gehörten, mit der wir zehn Jahre später erfolgreich waren. Wen darf ich euch zuerst vorstellen?

Ich würde sagen, wir fangen mit Russell an.

Ich liebe die Kontaktabzüge, die Bod von allen Bandmitgliedern erstellt hat. Als hätte er ein Pulp-Domino basteln wollen – oder eine Art Memory. Russell Senior ist der links oben. Eigentlich kennt ihr ihn schon: Er war derjenige, der die allererste Besprechung eines Pulp-Konzerts – beim Festival im Leadmill – für sein Fanzine *The Bath Banker* verfasst hatte. Ihr wisst schon, die mit dem legendären Schlusssatz »LAUTE ZUGABE-RUFE«.

Kurz nach dem Konzert besuchte Russell mich bei meinem Samstagsjob auf dem Fischmarkt & verkaufte mir ein Fanzine. Ich war ziemlich beeindruckt, weil dem Heft ein gratis Wahrsagerfisch beilag. Irgendwo muss ich ihn noch haben …

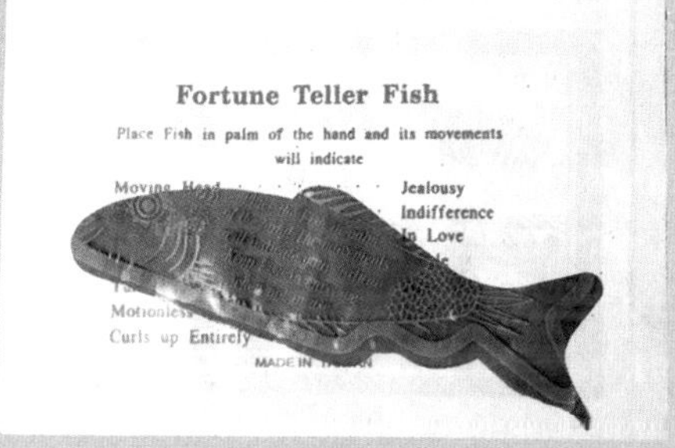

Kennt ihr den »Fortune Teller Fish«? Er besteht aus hauchdünnem Zellophan, & man legt ihn sich auf die Handfläche & beobachtet sein Verhalten. Bewegt er den Kopf, bedeutet das »Eifersucht«, bewegt er die Schwanzflosse, bedeutet es »Gleichgültigkeit«. (Ich lese das von der Rückseite des winzigen Umschlags ab, in dem der Fisch wohnt.) Bewegt er sowohl Kopf als auch Schwanzflosse, ist man »verliebt«, & wenn sich der Fisch nicht mehr bewegt, ist man »tot«. Ein echtes »Pulp«-Gimmick. Ein Liebesorakel aus demselben Material wie die hauchdünne Tüte, die ich euch in einem früheren Kapitel gezeigt habe. BLEIBT.

Russell lud mich außerdem zu einer Party ein, die er eine Woche später bei seinem Vater zu Hause in Gleadless feiern wollte – eine wunderbare Gelegenheit, ihn näher kennenzulernen. Er war ein paar Jahre älter als ich & studierte Politikwissenschaften in Bath (daher der Name seines Fanzines). In Sheffield war er jedes zweite Wochenende, weil seine Freundin Sandra dort wohnte. Er kochte gern – bei der Party mussten die Gäste ein »1000-jähriges Ei« probieren, das er selbst zubereitet hatte. Es war faul. Ein Freund von ihm hieß »Quasi« (weil er angeblich Ähnlichkeit mit Charles Laughton in der Rolle des Glöckners von Notre-Dame hatte). Mit Pilzen kannte Russell sich hervorragend aus & ging oft welche im Wald sammeln. & er stand auf schräge Bands, von denen ich noch nie gehört hatte. Auf der Party legte er gegen zwei Uhr morgens *D. o. A: The Third & Final Report of Throbbing Gristle* auf. Ich weiß noch, dass ein Stück »Hamburger Lady« hieß & ich auf der Hülle las, wovon es handelte. Mir ist komplett schlecht geworden. Kurz danach bin ich gegangen & habe mich auf dem Nachhauseweg bei sämtlichen Häusern gefragt, welches finstere Geheimnis sie wohl bergen.

Russell wirkte erwachsen, aber auf eine Art, die mir Mut machte. Er hatte Ahnung & Geschmack & steckte voller Überraschungen. Ihn kennenzulernen war ein absoluter Glücksfall.

Er war auch der Grund, warum sich die Band nicht auflöste. Als er mit der Uni fertig war, zog er wieder nach Sheffield & fragte mich, was ich musikmäßig so machte. Damals war ich kurz davor, das Englischstudium an der Liverpooler Universität doch noch aufzunehmen. Meine Erfolglosigkeit nach der Schule zog mich runter. Der Tiefpunkt war erreicht, als ein Mitglied unserer Band das sinkende Schiff verließ & zu The Mission wechselte. The Mission! Jetzt konnte ich es musikalisch also nicht mal mehr mit einer Gothic-Combo aufnehmen – höchste Zeit, das Handtuch zu werfen.

Russell überredete mich, einmal mit ihm zu proben, bevor ich mich endgültig entschied. Wir trafen uns in der Garage meiner Mutter, in der sich seit der John-Peel-Session der Proberaum von Pulp befand. Mein Opa hatte sich mal wieder etwas einfallen lassen & durch ein Loch in der Garagenwand ein Stromkabel für einen 22-Volt-Verstärker verlegt. Der Stecker kam im Flur in eine Dose neben dem Telefon, & wenn ich ihn (wie er mir aufgetragen hatte) nach jeder Probe pflichtbewusst herauszog, musste ich mir den Pulloverärmel über die Hand ziehen, um mich nicht zu verbrennen. Ein schreckenerregendes Gesundheits- & Sicherheitsrisiko.

Zur Bandprobe hatte Russell auch Magnus Doyle (ihn werdet ihr gleich kennenlernen) eingeladen. Magnus hatte bereits bei früheren Pulp-Inkarnationen Percussion gespielt. Russell gab bei der Probe die Richtung vor & brachte uns einen von SEINEN Songs bei. In der Uni hatte er bei der Band The Masons mitgemacht & »Maureen« geschrieben, ein eher düsteres Rockabilly-Stück: ein schnelles, abgehacktes Gitarrenriff, über das er einen kaum verständlichen Text bellte. Wenn ich es richtig verstand, handelte es sich bei »Maureen« um eine Frau in einem roten Kleid, die mit ihrem roten Auto gern Leute über den Haufen fuhr. Wie mir Russell erklärte, machte dies den männlichen Protagonisten des Stücks sexuell an. Russell hatte die Idee, dass ich den Text zu Ende schrieb & das Lied an seiner Stelle sang. »Stell dir so was vor wie *Crash* von J. G. Ballard trifft auf die Redcar Races«, gab er als Hilfestellung vor. Ich fühlte mich, als hätte ich wieder Hausaufgaben aufgekriegt. Nur dass ich sie diesmal gern machte.

Bisher war ich immer der Einzige in der Band gewesen, der die Ideen für Songs mitgebracht hatte. Russells Vorschlag riss mich aus meiner Selbstgefälligkeit. Es war ein aufregender neuer Ansatz. Die Musik war ruppig & ungeschliffen – aber auch lebendig. Sie handelte von etwas, auch wenn es vielleicht nur eine extreme Form von Auto-Erotik war. Das war keine Musik um der Musik willen – kein hübscher Krach. Es gab eine Geschichte & eine Haltung. & witzig war es auch. Eine halbe Stunde später wusste ich, dass ich niemals Englische Literatur studieren würde.

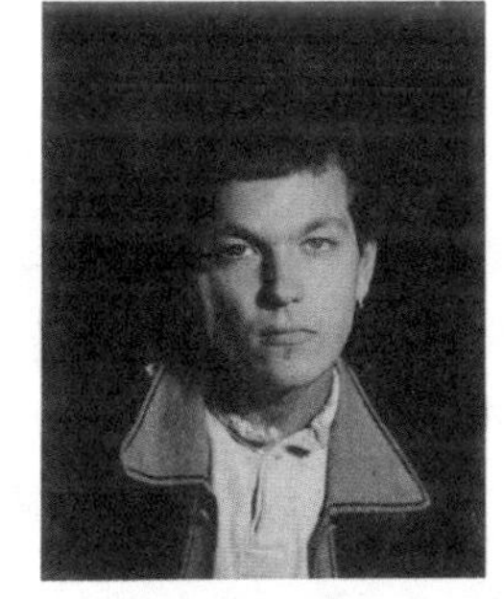

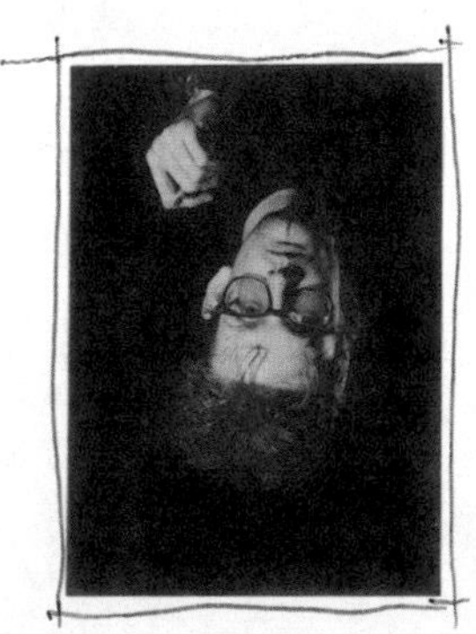

Hier haben wir noch zwei Fotos aus Bods Dominospiel. Wie angekündigt, lernt ihr nun Magnus Doyle kennen: »Mag« war ein einzigartiger & ungewöhnlicher Drummer. Tatsächlich war

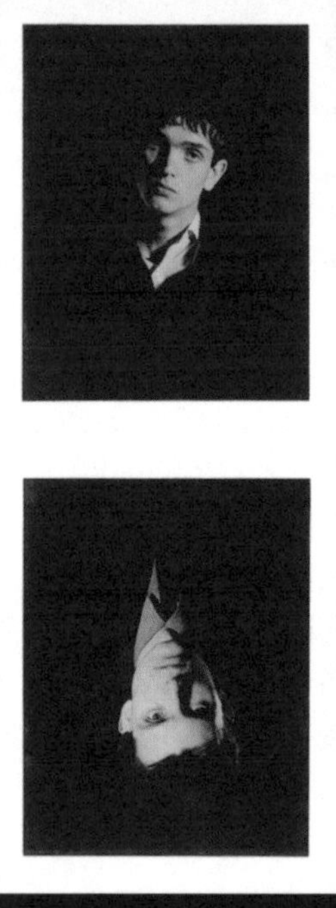

(& ist) er ein einzigartiger & ungewöhnlicher Mensch. Das merkte man bei der ersten Begegnung – & zwar schon aus der Ferne. Seine Haare waren eine Ansage. Auf diesem Foto erkennt man es nicht so gut, weil der Hintergrund so dunkel ist, aber Mags Frisuren waren immer … auffällig. Als das Foto entstand, hatte er sich gerade einen Haarschnitt verpasst, der von der Seite gesehen an einen Torerohut erinnerte. Davor hatte er sich den Schädel in der Mitte rasiert & die restlichen Haare lang gelassen, ähnlich wie die Tonsur der Zisterziensermönche. Ich war schon gespannt, was sich Mag für die weiteren Bandproben einfallen lassen würde.

Nachdem der Entschluss gefallen war, mit der Band weiterzumachen, schlug Mag vor, seinen Freund Peter »Manners« Mansell als neuen Bassisten hinzuzuholen.

Manners war eine ganze Ecke jünger als wir – siebzehn, als er zur Band stieß. Egal: Wichtig war nur, dass er Zeit & einen Bass hatte. Im Rückblick verwundert es ein wenig, dass er mit Mag befreundet war, denn verglichen mit Mags eigenwilligem Stil, kleidete er sich eher konventionell. Er trug Skinhead-Klamotten, sprich: Harrington-Jacke & Doc-Martens-Stiefel. Er arbeitete stundenweise als Postbote & hatte mit vierzehn aufgehört, zur Schule zu gehen. Pete war begeistert, bei uns einsteigen zu dürfen, & stand total auf den neuen, aggressiveren Sound. Er war der jugendliche Draufgänger der Band.

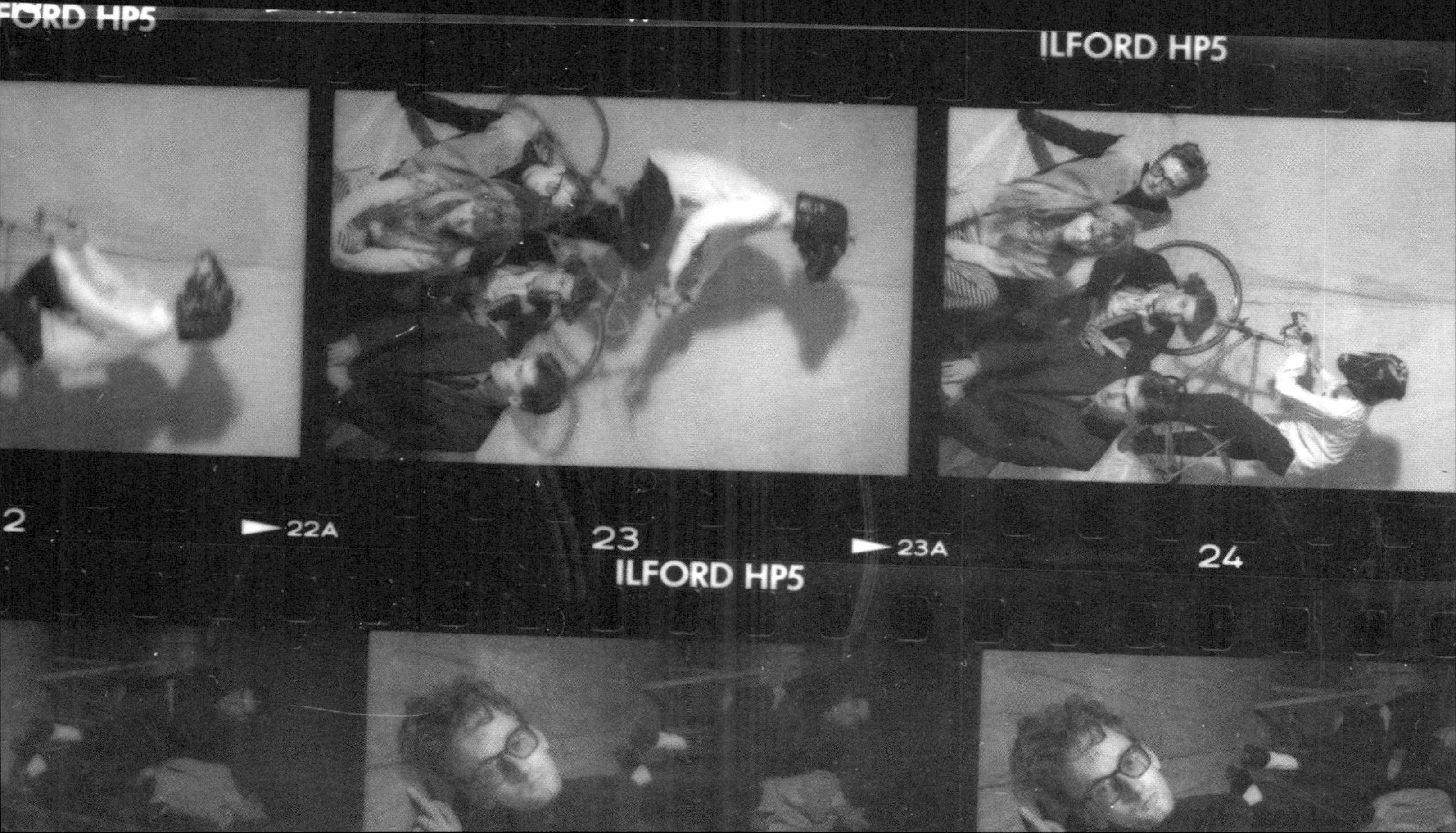

FORD HP5

ILFORD HP5

2

22A

23

23A

24

ILFORD HP5

Was für ein Spaßvogel er war, sieht man auf den Kontaktabzügen auf der vorigen Seite. Die Fotosession fand in der Halle unter der Wohnung von Tim & mir statt (wo die Tischtennisclubs ihre »schmutzige Fehde« ausgetragen hatten). Inzwischen hatte sich dort die Straßentheatertruppe »Tingel Tangle« einquartiert.

In der Halle lagen zwei, drei Requisiten von ihnen herum. Manners entdeckte einen Hundekopf aus Pappmaché & stülpte ihn sich kurzerhand über. Ich hatte den Hundekopf schon mal in Aktion erlebt. In der Woche davor hatte ich eine Probe der Theatertruppe besucht, wo er bei einem Protest-»Sketch« gegen Tierversuche zum Einsatz gekommen war. Einem Laiendarsteller mit Hundekopf aus Pappmaché dabei zuzuhören, wie er mit hoher, schmerzerfüllter Stimme immer & immer wieder den Satz »Erst sind sie so nett, dann so grausam« deklamiert, hat mir gereicht, um mir Straßentheater bis an mein Lebensende zu verleiden.

Doch der Köterkopf allein genügte Manners nicht, also setzte er sich auf ein Fahrrad & fuhr während der gesamten Fotosession durch die Halle. Ich weiß nicht, ob es auffällt, aber wir anderen waren bemüht, vor der Kamera nicht zu lachen. Man sieht, was für ein bunt gewürfelter Haufen wir sind: Mags Torerofrisur ist hier besser zu erkennen, Russell sieht aus, als käme er geradewegs aus dem Büro, ich habe mir offenbar eine Captain-Scarlet-Uniform übergeworfen – & wer ist das da vorne links?

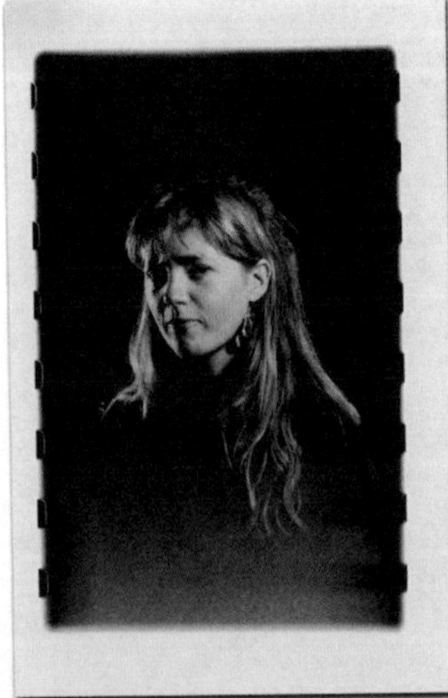

Candida Mary Doyle ist die Zweite aus der damaligen Besetzung, die noch dabei war, als Pulp Mitte der 1990er-Jahre Erfolg hatte. Sie ist die große Schwester von Magnus & war damals mit Manners zusammen. Sie stieg als Keyboarderin bei uns ein.

1981 hatte die Band mit dem Geld, das wir von der BBC für die John-Peel-

Session bekommen hatten, neues Equipment gekauft. Die größte Anschaffung war eine Farfisa-Orgel, die ich in einem Trödelladen gegenüber der Kathedrale von Sheffield entdeckt hatte.

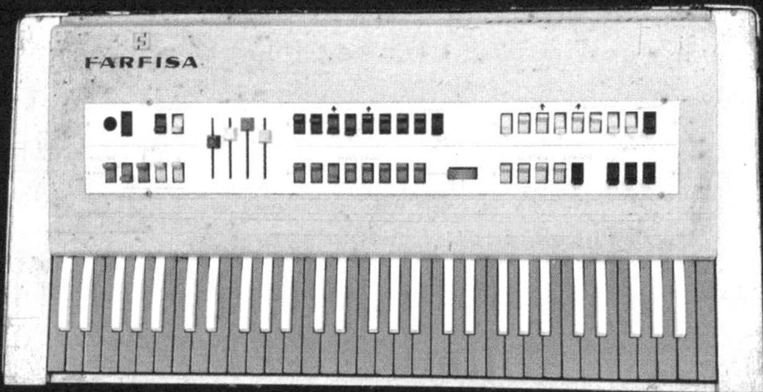

Eigentlich hatte ich die Orgel nur wegen ihrer Farbgebung gekauft. Wie man auf dem Foto sieht, sind die weißen Tasten bei ihr grau & die schwarzen weiß. Ich dachte, sie würde deshalb auch andere Töne hervorbringen als konventionelle Instrumente & uns dabei helfen, in neue musikalische Sphären vorzudringen. (Seitdem habe ich das gleiche Modell auf Fotos von Can, Sly & The Family Stone & Sun Ra gesehen, also war die Idee vielleicht doch nicht ganz so abwegig.) Tatsächlich war es Candida, die die Band in neue Sphären führte. Nicht nur in musikalischer Hinsicht (sie hatte eine Klavierprüfung der Stufe drei abgelegt & war somit das technisch versierteste Mitglied der Band), sondern auch aus dem einfachen Grund, dass sie eine Frau war.

In Bands geht es oft ziemlich mackerhaft zu, aber dank Candida blieb uns das erspart. Sie war ein wesentlicher Bestandteil unserer Musik & das verlieh der Band eine völlig neue Dynamik. Sie gehörte zur Gang – also passte sich die Gang ihr an. Das soll nicht heißen, dass wir anderen uns über Nacht in »neue Männer« verwandelten, aber es ist sicher kein Zufall, dass die zweite »klassische« Besetzung von Pulp erst mit Candida komplett war. Man kann ihren Einfluss gar nicht genug würdigen.

Unser erstes Konzert mit neuer Besetzung war ein Knaller.

Es fand am 7. Februar 1984 in der Brunel University in London statt. Ein Freund von Russell hatte uns gebucht, unseren Auftritt dann aber gecancelt. Wir beschlossen, so zu tun, als hätten wir die Information nicht bekommen, & trotzdem hinzufahren. So heiß waren wir darauf, unseren neuen Sound einem Publikum zu präsentieren. Allerdings wussten wir nicht, dass der für Veranstaltungen zuständige Uni-Ausschuss als Ersatz für uns inzwischen die Band Ivor Biggun & the Hefty Cocks engagiert hatte, deren Spezialität Rugby-Lieder waren. Diese Band hatte den Gig wiederum in letzter Minute abgesagt, was sich offenbar nicht herumgesprochen hatte, denn unser Publikum bestand an dem Abend fast ausschließlich aus der Rugby-Mannschaft der Uni. Wir mussten den Soundcheck unterbrechen, weil einige von ihnen in den Saal kamen & »dirty biscuit« spielten. (Bitte googelt den Begriff selbst, es handelt sich um eine ziemlich eklige Angelegenheit.)

Zum Auftakt des Konzerts stöpselten wir eine Luftschutzsirene ein, die Tim auf dem Dachboden des The Wicker gefunden hatte, & ließen sie fünf Minuten laufen. Das sicherte uns die Aufmerksamkeit des Publikums, denn in dem kleinen Saal war sie entsetzlich laut. Die fünf Minuten zogen sich ewig hin. Danach legten wir mit »Maureen« los. Es kam ganz gut an – vielleicht standen die Leute nach dem Sirenengeheul aber auch noch unter Schock. Als Tim auf die Bühne kam & ein paar seiner Gedichte vortrug, kippte die Stimmung. Den Leuten schien aufzugehen, dass dies kein Abend mit zotigen »Rugby«-Mitgrölliedern werden würde. Es hagelte laute Buhrufe. Wir spielten das nächste Stück, aber nach einer Minute oder so kam ein Typ zur Bühne gelatscht, zog die Hose runter & präsentierte uns seinen blanken Hintern. Unter den gegebenen Umständen blieb mir natürlich nichts anderes übrig, als ihm ins Gesäß zu treten. Daraufhin bestieg ein selbst ernannter Master of Ceremonies die Bühne, schnappte sich das Mikrofon & kläffte: »Gentlemen, bedanken wir uns bei Pulp«, womit er wohl zum Ausdruck bringen wollte, dass das Konzert in seinen

Augen beendet war. Aus Protest rang ich ihn nieder, worauf etliche Zuschauer die Bühne stürmten. Im Handgemenge gelang es mir, unter dem Fleischberg herauszukriechen & in die Garderobe zu flüchten, wo der Rest der Band bereits wartete. Wir schoben den Kühlschrank mit unserer Verpflegung vor die Tür, um den wütenden Mob aufzuhalten. Die Rugby-Randalierer hämmerten & traten wie wild gegen die Tür, & Russell & Mag mussten sich auf den Kühlschrank setzen, damit sie unser Bollwerk nicht durchbrachen & Rache an uns übten. Wir grinsten alle wie irre – wir hatten einen waschechten Aufstand angezettelt! Manners war besonders aufgeregt. Er hüpfte durchs Zimmer & schrie in einer Tour: »Die Rebellen von 84!« Besser hätte das neue Zeitalter nicht beginnen können.

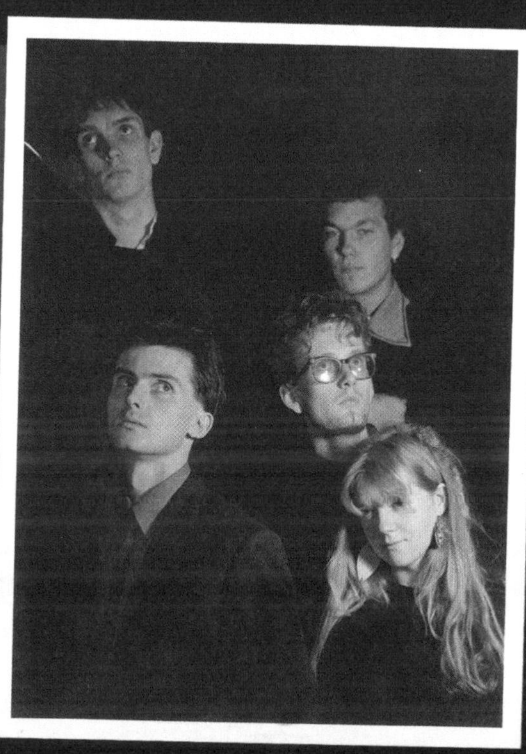

Hier haben wir die Rebellen von 84, circa ein Jahr später. Wir hatten uns in der ehemaligen Halle des Tischtennisclubs getroffen, weil wir ein Foto für das Cover der ersten EP brauchten, die wir in der neuen Pulp-Formation rausbringen wollten. Dass wir dieses Foto jemals ernsthaft in Betracht gezogen haben, bezweifle ich, obwohl es bei genauerem Hinsehen eigentlich gut gepasst hätte. Wir schauen alle in völlig verschiedene Richtungen. Vielleicht hatte Bod uns eingeschärft: »Schaut, wohin ihr wollt – aber *auf gar keinen Fall* in die Kamera!«

Das Foto fasst uns als Band ganz gut zusammen – wir waren absolut gegensätzliche Typen. Es war anders als damals, als in der Band nur Schulfreunde mit einem gemeinsamen Hintergrund & Bezugsrahmen gewesen waren. Die aktuelle Besetzung von Pulp hatte nur eins gemeinsam: Wir spielten in derselben Band. Das war es. & es machte die Sache aufregender. Wir hatten uns zusammengetan, weil wir ein Ziel hatten! Eins, das größer war als jeder für sich genommen. Die Band war unser Rettungsring.

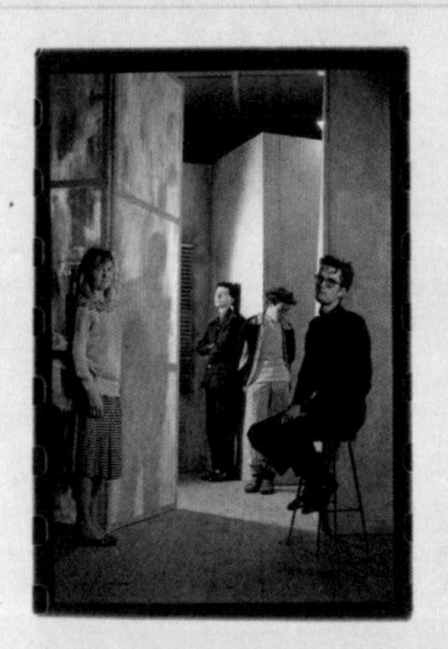

Zweiter Versuch: Auf diesem Foto schauen drei Fünftel der Band den Betrachter an – nur Peter »Manners« Mansell tanzt aus der Reihe & versteckt sich. Habt ihr ihn schon entdeckt? Sein Schatten ist an der Wand neben Candidas linker Schulter zu erkennen. Wir nutzten die Kulissen der Theatertruppe, & Manners dachte wohl, sein Versteckspiel würde dem Foto eine geheimnisvolle Aura verleihen. Ich muss gedacht haben, es würde weltgewandt wirken, wenn ich mich auf einen Barhocker setze. Lässig.

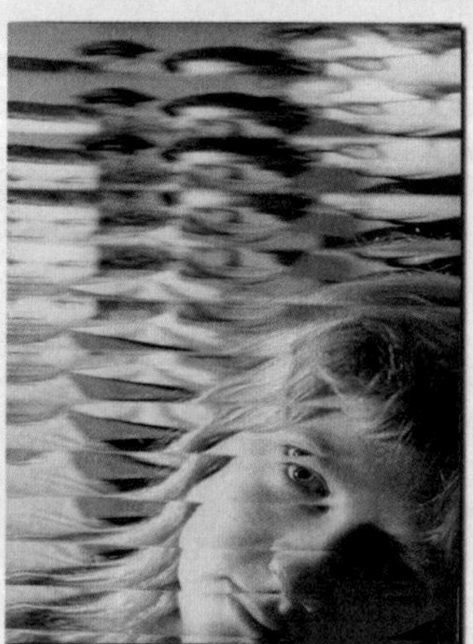

Dritter Versuch: Bingo! Mir war aufgefallen, dass die Scheibe in der Toilettentür ein Strukturmuster hatte, damit man in dem Raum vor Blicken geschützt war. Wenn man direkt vor der Scheibe stand & hindurchschaute wurde das Bild dahinter in horizontale, verzerrte Streifen aufgesplittert. Ich fand den Effekt toll & wies Bod darauf hin. Sofort baute er sein Stativ mit der Kamera hinter der Tür zu den »Sanitäranlagen« auf. Man musste ihn für die Hingabe an sein Metier einfach bewundern. Allerdings meinte er, wenn wir alle zusammen im Hintergrund blieben, würde das Bild »unscharf« werden, & fragte nach einem Freiwilligen, der sich ganz nah an die Scheibe stellen & in die Kamera schauen würde. Da »Little Girl (With Blue Eyes)« das Titelstück der EP werden sollte, einigten wir uns schnell auf Candida. Sie stellte sich vor die Scheibe, schaute hindurch & zack! – Fertig war das Plattencover.

(Bei näherer Betrachtung kommt es mir heute so vor, als hätte Manners immer noch den Hundekopf aus Pappmaché auf.)

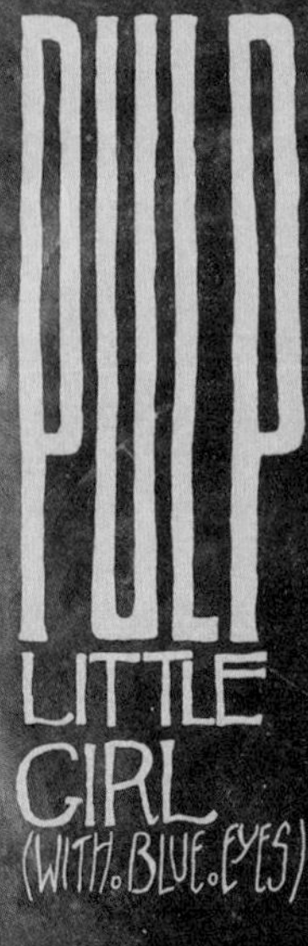
PULP
LITTLE
GIRL
(WITH.BLUE.EYES)

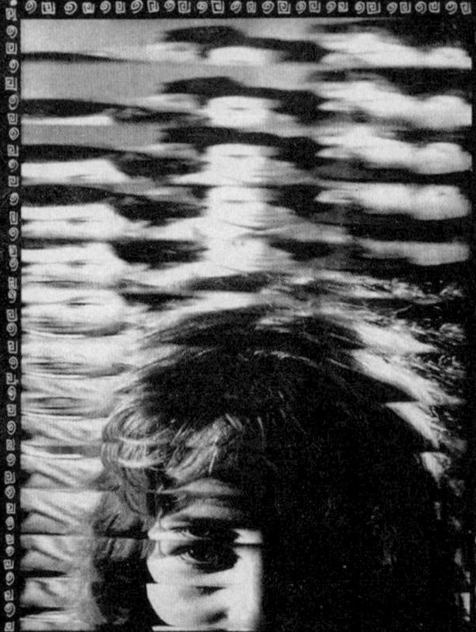
AND OTHER PIECES...
FIRE 5
Side 1 LITTLE GIRL
(WITH. BLUE.EYES)
Side 2 SIMULTANEOUS
BLUE GLOW
THE WILL TO POWER
Jarvis Cocker
Russell Senior
Candida Doyle
Manners
Magnus Doyle
ALL THE SONGS WRITTEN BY
PULP
and Published by
TWIST and SHOUT MUSIC
RECORDED IN JUNE 1985 BY
SIMON HINKLER
SLEEVE DESIGNED BY PULP
and JULIE PARAMORE.
PHOTOGRAPHS TAKEN. BY.
DAVID BOCKING (0742) 681362.
THANKS: TIM.JOHN.TONY.CLIVE
"Distribution by Nine Mile and the Cartel"
Fire Records 12 Kingdon Road, London NW6 1PH Tel 794 7304

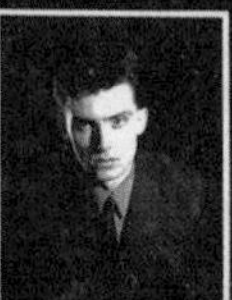

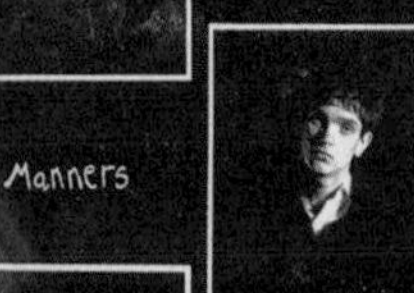

Hier haben wir das fertige Cover (am Ende entschieden wir uns für ein anderes Motiv aus der »Klotür«-Serie). Die Schrift hatte Julie Paramore entworfen – sie war eine von den mysteriösen Frauen, die bei dem Konzert von In a Bell Jar hinter dem Laken gesungen hatten. Bei ihr habe ich die Arbeiten von Egon Schiele & Gustav Klimt zum ersten Mal gesehen, & ihre Kalligrafie ist stark vom Stil der Wiener Secession beeinflusst, der beide Künstler angehörten. Noch eine Kunstszene, von der man sich inspirieren lassen konnte.

Wo wir gerade von Inspiration sprechen: Die Platte, die in der Hülle steckte, enthielt vier Stücke, & auf mindestens dreien hatten Velvet Underground deutliche Spuren hinterlassen.

»Little Girl (With Blue Eyes)« – das Titelstück – bediente sich bei den melodischen Velvets von »New Age« & »Pale Blue Eyes«. Auf Seite zwei versucht sich »Simultaneous« am Velvets-Sound der John-Cale-Ära. Für Russell war der Waliser ein großes Vorbild, er hatte sich sogar selbst das Bratschespielen beigebracht. In seinen Parts hört man Anklänge an »Heroin« & »Venus in Furs«. Das letzte Stück auf der EP, »Will to Power« – von Russell geschrieben & gesungen –, ist mehr an die krachigen Velvets von »Sister Ray« & »European Son« angelehnt. Weil es in dem Stück keinen Bass gab, schrie Manners bei den lauten Parts im Hintergrund einfach mit.

Wenn du etwas nachahmen willst, kannst du dir noch so sehr den Hintern aufreißen, aber hundertprozentig wirst du es nie hinkriegen. & das, was du »falsch« machst – also da, wo du vom Original abweichst –, das bist DU. Im Guten wie im Schlechten.

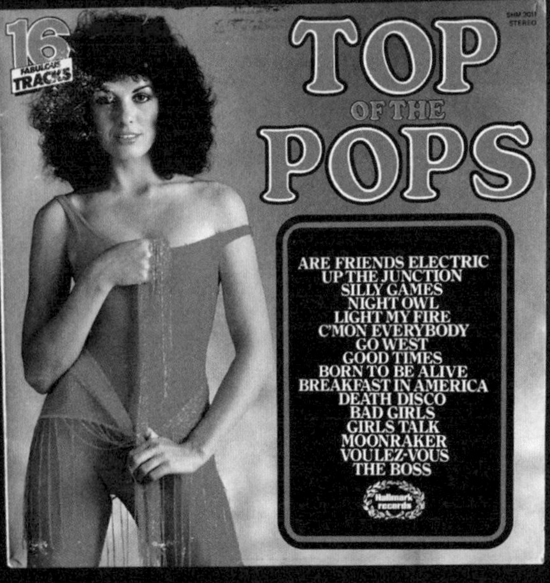

Hier haben wir ein Beispiel für »im Schlechten«. Diese »Top of the Pops«-Platten gab es früher an jeder Ecke. Nicht nur in den Plattenläden. Sie wurden sogar im Süßigkeitenladen gegenüber dem Haus meiner Mutter in Intake verscherbelt. Die erste wurde 1968 auf den Markt geworfen, & bis die Reihe 1985 eingestellt wurde, blieb das Strickmuster immer gleich: aktuelle Hits, »nachempfunden« von einer gesichtslosen Studioband (die in den Credits manchmal unter dem Namen »Top of the Poppers« lief), attraktive Frauen auf dem Cover, Schleuderpreise. Das abgebildete Album ist besonders berüchtigt, weil sich die Top of the Poppers darauf an »Death Disco« von Public Image Ltd versuchen & das Ergebnis ein echtes Erlebnis ist. (Aber eins, das man nur einmal im Leben braucht.)

Auf dem Flohmarkt mied ich solche Platten wie die Pest, aber diese eine musste ich haben. Der Versuch der Top of the Poppers, PiL nachzuahmen, ging gehörig daneben, denn im Grunde handelte es sich bei ihnen um einen Haufen Studiomusiker, die in erster Linie ihre Miete verdienen mussten. Song & Band waren ihnen piepegal, was man ihrer Performance auch anhört. Die Diskrepanz ist urkomisch. Die ursprüngliche Idee hinter der Plattenserie war wohl: »Ist doch sowieso alles Schund, da werden die jungen Leute den Unterschied gar nicht bemerken.« Natürlich taten wir das. Den Unterschied zu bemerken war überlebenswichtig. Wir machten uns viel aus dem Pop, in den wir uns verliebten. & auf dieser Platte ist extrem schlechter Pop. W.F.G.

Velvet Underground waren extrem guter Pop. Die einzige Band, auf die sich alle fünf Mitglieder von Pulp einigen konnten. Wir verdienten (im Gegensatz zu den Top of the Poppers) nichts daran, wenn wir wie sie zu klingen versuchten. Für uns waren sie eine Orientierungshilfe – ein Leuchtfeuer, das uns den Weg wies.

Hatten wir uns von Moe Tucker, der Schlagzeugerin der Velvets, inspirieren lassen, als wir Candida in die Band holten? Wenn das bewies, dass eine Frau ein gleichwertiges Mitglied einer Band statt nur dekoratives Beiwerk sein konnte, dann ja. Die besten Bands schaffen das: Sie inspirieren andere, indem sie mit gutem Beispiel vorangehen. Sie rufen anderen zu: »Macht einfach euer Ding – das haben wir auch immer gemacht.«

Indem wir Velvet Underground nachzuahmen versuchten, haben wir uns selbst entdeckt.

Zum Glück ist nicht dieses Foto von Russell & mir auf dem Cover von »Little Girl« gelandet. Um eins gleich klarzustellen, die Idee zu der »Oben ohne«-Pose stammte von Russell. Wollte er die »Sexyhexy«-Fotos von den »Top of the Pops«-Alben nachahmen? Oder war es als Hommage an seine damalige Lieblingsband D. A. F. gedacht? Ganz gleich, wie es gewesen ist, das Bild landete zu Recht auf dem »Ausschuss«-Haufen. Trotzdem bin ich froh, dass ich es hier oben entdeckt habe. (& froh, dass ich das Unterhemd anbehalten habe.)

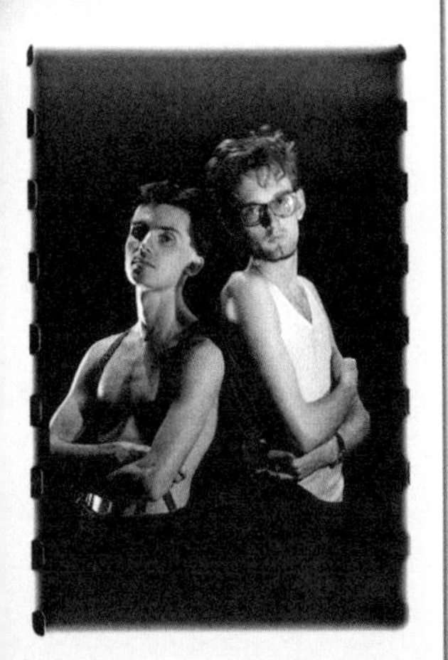

Als das Jahr 1985 zu Ende ging, hatten wir also eine neue Band, einen neuen Sound, ein neues Image & eine fertige neue Platte. Wir waren ein gutes Stück weitergekommen. Pulp 2.0 war startklar.

Aber dann musste ich alles versauen & aus dem Fenster fallen.

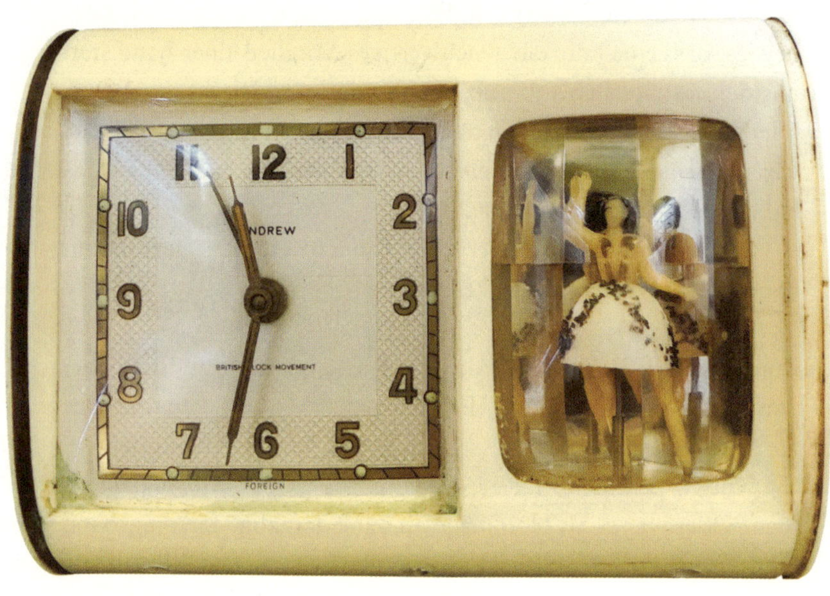
FOREIGN

Kapitel Zweiundzwanzig

Um mit dem Horror der Thatcher-Jahre fertigzuwerden, habe ich viel geschlafen.

Schlafen war außerdem billig – was hilfreich ist, wenn man mit 30 £ pro Woche über die Runden kommen muss.

Ich habe die Schlafgewohnheiten beibehalten, obwohl die Eiserne Lady ja schon lange nicht mehr unter uns weilt. Als ich 2005 bei *Desert Island Discs* zu Gast war, wählte ich als Luxusgegenstand ein Bett. Wer ausgeschlafen ist, wird mit allem fertig.

Das vor diesem Kapitel abgebildete Foto zeigt meinen Wecker aus der Zeit im The Wicker. Jeden Morgen weckte mich eine tanzende Lady (besser als eine eiserne). In der Uhr aus cremefarbenem Plastik befindet sich neben dem Ziffernblatt ein Glaskästchen mit einer winzigen Ballerina darin. Geht der Wecker an, wird man nicht etwa von einem unangenehmen Klingeln aus dem Schlaf gerissen, sondern von einer Spieluhrmelodie sanft aus den Träumen geholt.* Während die Musik spielt, dreht die Ballerina in ihrer winzigen verspiegelten Zelle eine Pirouette nach der anderen. Da sie unterhalb ihres Tutus sogar richtige Kniekehlen hat, wirken ihre Bewegungen seltsam lebensecht.

Klingt nach einem zauberhaften & inspirierenden Start in den Tag, oder? Man tanzt sich ins Bewusstsein zurück. In Wahrheit war es leider wahnsinnig deprimierend, denn wenn sich die Feder des Weckmechanismus entspannte, wurde auch die Musik langsamer & die Ballerina bewegte sich immer ruckartiger. Stellt euch vor, ihr würdet jeden Morgen aufwachen & den dramatischen Höhepunkt aus Powell & Pressburgers Film *Die roten Schuhe* sehen. (Toller Film: Moira Shearer trägt verzauberte Ballettschuhe & tanzt sich buchstäblich zu Tode.) Jeden Morgen etwas derart Trauriges zu erleben war auf Dauer schwer zu ertragen. Es überschattete den ganzen Tag. Irgendwann wurde ich der »Vorstellung von Vergänglichkeit« bei jedem Aufwachen überdrüssig & besorgte mir einen billigen Radiowecker.

---

* Ich weiß nicht, wie das Lied heißt, habe aber jemanden mal einen »witzigen« Text zur Melodie singen hören: »Do you recall on the night we first met? / We danced until dawn for the room had no bed.« Klingelt da was?

Was soll mit dieser Uhr nun geschehen? Tut mir leid, ıny Dancer, aber deine Karriere als Primaballerina ist beıdet, Zeit für deinen letzten Pas de deux – & ab auf den WEG«-Haufen.

›sehr ich mich auch bemühte, mein ganzes Leben konnte h nicht verschlafen. Ich brauchte einen Weckruf. Oder elmehr einen Wecksturz.

Über die Jahre habe ich die Geschichte meines Unfalls – achzulesen in dem Zeitungsartikel rechts – schon hunertmal erzählt. Aber für mich war es ein echtes »Damasuserlebnis«, sodass ich sie an dieser Stelle unbedingt noch nmal erzählen muss. Sie hat meine Kreativität in eine völg neue Richtung gelenkt. Also, bitte nicht einschlafen …

Unser Lokalblatt berichtete: »Die Sheffielder Musikruppe Pulp muss ihre Konzerte für die nächsten Wochen ›sagen, weil Sänger Jarvis Cocker aus einem Fenster gellen ist.«

Faktisch korrekt, nur fehlt vielleicht das eine oder anere Detail. Ich würde gern ein etwas genaueres Bild zeichen:

Anfang November 1985 war ich abends mal bei einer rau zu Hause & wollte ihr imponieren, indem ich in nem Zimmer aus dem Fenster & ein Fenster weiter wieer ins Wohnzimmer stieg. Auf die Idee hatte mich ein Typ ebracht, der den Trick eine Woche zuvor auf einer Party n The Wicker in unserer Küche aufgeführt hatte. Mich atte das schwer beeindruckt. Der Typ hatte das Schieefenster geöffnet, sich auf den Sims gestellt & war etwa nen Meter weiter durchs nächste Fenster wieder ins Haus geklettert. Alle hatten geklatscht, als er nach dem urzen Ausflug an die frische Luft zurückkehrte. Nur Tim ar nicht begeistert gewesen, denn besagte Fenster lagen

Cocker comes a cropper

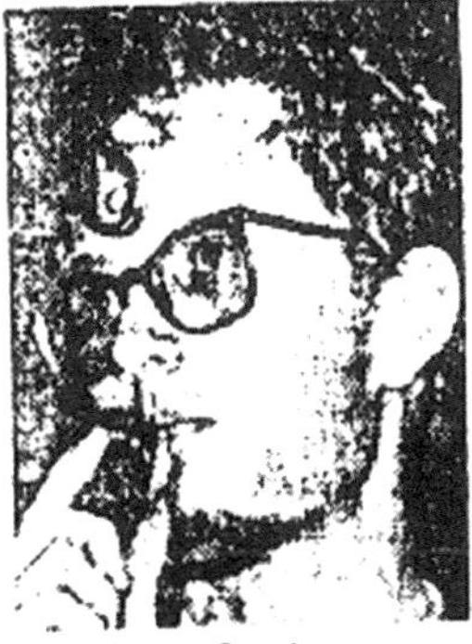

Jarvis Cocker — recovering.

SHEFFIELD band Pulp have had to cancel concerts for the next few weeks — because singer Jarvis Cocker has fallen out of a window.

Cocker, who is now in the Royal Hallamshire Hospital, suffered a number of broken bones in his leg, hip, arm and wrist, when he fell 20 foot to the pavement.

The blow has come at a crucial time for the band who have just released their Little Girl (With Blue Eyes) single and were due to play an important date at the Greyhound in London on December 11. Unless Cocker undergoes a miracle recovery this date looks almost certain to be cancelled.

They have also ran into problems with radio play for the single — one Radio Hallam deejay faded it out when he heard the chorus, and that was at one a.m.

•Winners of copies of Pulp's new single are E Wilson of Firshill Walk, Sheffield 4; and C Noton, of Toftwood Road, Crookes. Because of Cocker's mishap, the Greyhound tickets have now had to be withdrawn. The answer to Jarvis's question — "When was the Hole In The Road officially opened?" is November, 1967 gut fünfzehn Meter über der Straße, & wäre der Stunt danebengegangen, wäre der Typ in den Tod gestürzt. Damit wäre unser Mietverhältnis abrupt zu Ende gewesen. Im Lebenslauf eines Hausmeisters hätte sich ein solcher Vorfall nicht so gut gemacht.

Mein Versuch, den Stunt sieben Tage später nachzustellen, war von Anfang an zum Scheitern verurteilt. Zuerst einmal waren es nicht die richtigen Fensterrahmen: Es handelte sich um moderne aus Metall mit einem Scharnier in der Mitte. Öffnete man das Fenster, drehte es sich im Rahmen nach oben: Die untere Hälfte ragte aus dem Gebäude & die obere ins Zimmer. Kippte man das Fenster noch ein Stück weiter, hing die Scheibe waagerecht im Rahmen. Maximaler Durchzug. Eine tolle Sache, wenn man die Luft im Zimmer zu abgestanden findet, aber für mich & meinen Plan denkbar ungünstig. Der Gast auf unserer Party hatte aufrecht auf dem Sims stehen & einfach um das Gebäude »herumgehen« können. Mit diesem Fenstertyp war das nicht möglich. Also überlegte ich mir etwas Neues.

Extrem blöde Idee.

Ich wollte mich unter dem Fenster hindurchzwängen, mich mit den Händen am Sims festhalten & zum nächsten hangeln, mich daran hochziehen & ins Nebenzimmer klettern. Kinderleicht.

Man hat mich oft gefragt, ob ich betrunken oder high gewesen sei, als ich auf die Idee kam. Weder noch. Die Frau & ich hatten uns bloß in einer unangenehmen Situation wiedergefunden, wie sie des Öfteren entsteht, wenn man plötzlich allein mit jemandem in einer fremden Wohnung ist & nicht genau weiß, wie es nun weitergehen soll. Ich wollte die Atmosphäre ein wenig auflockern & die Frau vielleicht sogar ein bisschen beeindrucken. Zu ihrer Ehrenrettung sei erwähnt, dass sie mich mehrfach bat, mein Vorhaben nicht durchzuziehen. Umsonst.

Fünf Minuten später hänge ich also am Fenstersims, & mir wird schlagartig klar, dass ich meine körperlichen Fähigkeiten maßlos überschätzt habe. Allein das Festhalten kostet mich meine gesamte Kraft. Das ist der Moment, in dem die Große Erkenntnis einsetzt – obwohl ich zunächst nur bemerke, wie »undramatisch« mir die Situation vorkommt. Wäre dies eine Szene in einem Film, würde jetzt spannungsgeladene Orchestermusik ertönen, um die drohende Gefahr zu verdeutlichen. Aber für mich fühlt es sich zu »normal« an. Auch den Dialogen fehlt die Würze – ich versuche immer noch, höflich & witzig zu sein: »Hmmm, vielleicht war das doch keine so gute Idee. Ich komme wohl besser wieder rein.«

Große Erkenntnis, nächste Stufe: Mir wird klar, dass ich nicht die Kraft habe, mich ins Zimmer hochzuziehen. Ich schaffe es nicht mal, mein Kinn auf die Höhe des Fenstersimses zu bringen, & merke außerdem, wie meine Hände langsam abrutschen. In unserem imaginären Film wäre das der Moment, in dem ich meine allerletzte Kraftreserve mobilisiere, mich heldenhaft an der Kante hochziehe & aus der Gefahrenzone rette. Leider bleibt der plötzliche Energieschub aus. Drehbuchautor sofort rausschmeißen!

So ruhig wie nur möglich frage ich die Frau, ob vielleicht noch jemand in der Wohnung ist, der mich aus meiner misslichen Lage befreien könnte. Die Antwort ist negativ.

Wir sind uns einig, dass sie gar nicht erst versuchen muss, mich allein zu retten. Ich blicke nach unten. Bin ich wirklich so hoch? Ein Doppeldeckerbus fährt vorbei, wie aufs Stichwort (immerhin das haben sie richtig gemacht). Ich kann ihm von oben aufs Dach schauen, sprich: Ja, es ist sehr hoch. & jetzt?

Ich erkläre der Frau, dass ich einen »kontrollierten Sturz« versuchen werde. Von der Idee ist sie gar nicht angetan. Was meine ich damit überhaupt? Ein Sturz ist ein Sturz – wie soll man daran irgendetwas »kontrollieren« können? Da wirkt das Gesetz der Schwerkraft. Ich argumentiere, es sei besser, sich bewusst fallen zu lassen & mit den Füßen zuerst aufzukommen, als plötzlich den Halt zu verlieren, ungeschickt zu fallen & eventuell auf dem Rücken zu landen. Oder dem Kopf. Sie ist immer noch nicht überzeugt. Ich sage, ich zähle jetzt bis drei & lasse los. Sie schüttelt nur den Kopf & sagt nein, nein, nein. Das macht sie noch, als ich zu zählen beginne.

1, 2, 3 …

Aua.

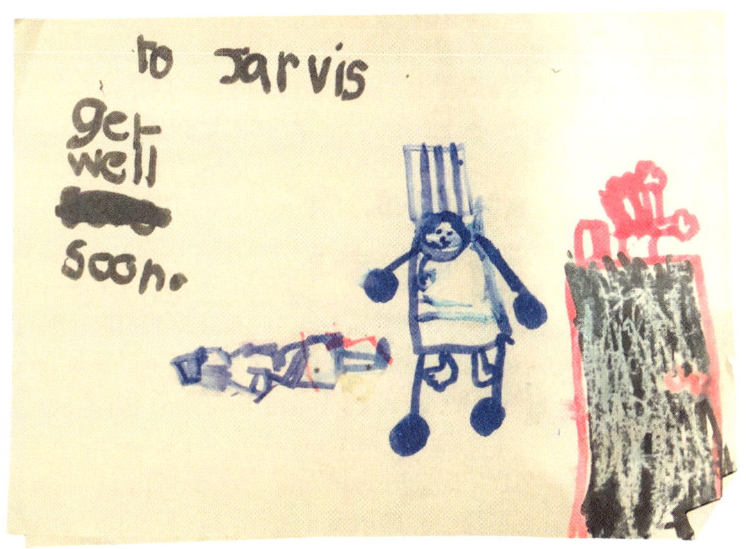

Diese Karte mit Genesungswünschen hat meine Cousine Emily nach dem »kontrollierten Sturz« für mich gemalt. Wie es aussieht, ist die für mich zuständige Krankenschwester beim Anblick meiner Verletzungen in Ohnmacht gefallen. Der *Star* berichtet auch hier etwas trockener: »Cocker, der zurzeit im Royal Hallamshire Hospital behandelt wird, hatte sich bei dem Sturz aus sechs Metern Höhe zahlreiche Brüche in Beinen, Becken, Arm & Handgelenk zugezogen.« Schalten wir live zu unserem Reporter am Boden:

Noch bevor ich auf der Straße auftreffe, weiß ich, dass es mich schlimm erwischen wird – das Auftreffen dauert viel zu lange. Eine Ewigkeit rutsche ich an der Mauer entlang – aber als ich dann Bodenkontakt habe, merke ich es sofort: Der Schmerz ist unerträglich. Wie soll ich ihn beschreiben? Kennt ihr das, wenn ihr barfuß durch die Wohnung lauft & euch den kleinen Zeh an einem Bettpfosten oder Stuhlbein stoßt & der Schmerz sich von Sekunde zu Sekunde steigert & ihr fluchend herumhüpft, bis er endlich abflaut? Genau so fühlte es sich an, nur hundertmal heftiger, & seinen Höhepunkt erreicht der Schmerz nie. Er wird mit jeder Sekunde nur noch intensiver. Das Hirn begreift nicht, was los ist, weil die Sensoren der entsprechenden Messinstrumente den Schmerz nicht mehr erfassen können. Ihre Skala reicht nicht aus. & er steigert sich unaufhörlich – mit jeder Sekunde wird in der Disziplin »Schmerz, den ein Mensch namens Jarvis Branson Cocker in seinem Leben ertragen kann« ein neuer Weltrekord aufgestellt. (Ich bin froh, dass der letzte Rekord heute noch steht.)

Da in meinem Kopf nur diese endlose Siegerehrung abläuft, sind andere Denkprozesse so gut wie unmöglich. An das, was dann folgte, erinnere ich mich nur noch bruchstückhaft. Ich versuche aufzustehen – AUA! – das rechte Bein lässt sich nur noch *seitwärts* bewegen – AUA! – ich setze mich wieder hin (gute Idee: Das Becken ist angebrochen, hätte ich es ein wenig mehr belastet, wäre es der Länge nach durchgebrochen) – AUA! – ich schaue zu dem offenen Fenster hoch, aus dem ich gerade gefallen bin, & rufe: »Könntest du vielleicht den Krankenwagen holen?« – AUA! – dann liege ich im Krankenwagen, & es ist sehr hell – AUA! – dann liege ich in einem Bett & es ist dunkel – weniger Schmerzen (danke, Morphium) – dann liege ich immer noch im Bett, aber es ist hell – NOCHWENIGERSCHMERSSNNN … – dann wache ich auf & es sind zwei Tage vergangen, meine Mutter & meine Schwester sitzen an meinem Bett, & ich bin umgeben von Karten wie der von meiner Cousine Emily. Puh …

HANG IN THERE JARVIS love Adrienne xxxx

Auch die Frau, der ich imponieren wollte, hat mir geschrieben. Sie hatte schon immer einen Sinn für trockenen Humor.

Gebrochen habe ich mir nur Knochen in der rechten Körperhälfte: im rechten Handgelenk, im rechten Bereich des Beckens & im rechten Fuß. Der Fuß hat die ganze Wucht des Aufpralls abgefangen & ist ziemlich lädiert. Der Beckenknochen wird verheilen, sofern ich längere Zeit das Bett hüte. Wäre das Becken ganz gebrochen, hätte ich wahrscheinlich nie wieder laufen können. Im Handgelenk habe ich nur einen einfachen Bruch. Zwei Wochen lang muss ich im Hallamshire Hospital bleiben, danach werde ich für mindestens vier Wochen in die Rehaklinik King Edward VII verlegt.

Besucher & Ärzte sind sich einig, dass ich Glück gehabt habe. Weil ich nicht auf einer Parkuhr gelandet bin. Weil der Krankenwagen so schnell da war. Weil kein Passant versucht hat, mich aufzurichten. All das stimmt – trotzdem haben sie nicht die geringste Ahnung. In Wahrheit bin ich nämlich der größte Glückspilz auf dem ganzen Planeten.

Beim Sturz aus dem Fenster hat sich etwas in mir gelöst. Ich bin auf dem Boden der Tatsachen aufgeschlagen. Aber im positiven Sinn. Ich habe den Unfall wohl aus diesem Grund so oft erwähnt: Für mich war es der Moment, in dem sich meine Weltsicht grundlegend gewandelt hat. Das Leben ist anderswo? Nein: Es spielt sich in all seiner Intensität genau jetzt & direkt vor deiner Nase ab.

Die Schuppen waren mir von den Augen gefallen. (Muss an der Wucht des Aufpralls gelegen haben.) Mir wurde klar, dass ich die ganze Zeit von Dingen umgeben gewesen war, aus denen ich Inspiration hätte ziehen können. Ich hatte sie nur nicht wahrgenommen, weil ich zu sehr damit beschäftigt war, den weit entfernten Horizont abzusuchen. Doch dort auf dem Boden schaute ich dem Leben ins Gesicht & entdeckte das, wonach ich immer gesucht hatte: etwas, worüber ich schreiben konnte.

MANIC DEPRESSION

My Brain is full of shattered fragments,
Cutting me to shreds.
Blood and grayness anguish and sorrow,
your slow & painful death.
The feeling of guilt that surrounds me
is conspiring to send me mad
I was living with nothing before I met
you now I've lost all I've had.

I Scrubbed The Crabs That Killed Sheffield

I arrived early on a Saturday morning,
Some time after 8 o'clock.
I received no prior warning,
It all came as a bit of a shock.
There were crabs all around me,
hundreds, thousands, quite a lot.
They'd been put in water, left all through the night, and now that they'd died they had started to rot.

CHORUS

Oh-Woh Oh-Oh Oh Oh Oh!!
I scrubbed, I scrubbed them,
Oh-Woh Oh-Oh Oh Oh Oh!!
I scrubbed the crabs that killed Sheffield

The stench was really quite amazing,
Still, we had a job to do.
In a while I heard some people complaining,
But the terrible smell just grew & grew.

Die Große Erkenntnis war nicht aus dem Nichts über mich gekommen. In der Vergangenheit hatte sie sich schon hin & wieder angedeutet. Schon früher hatte sie mir zugezwinkert, wenn mich Ereignisse aus dem echten Leben zu Songtexten inspiriert hatten.

Werfen wir einen letzten Blick in das alte Schulheft mit dem »Pulp Masterplan«.

Meinen allerersten Text haben wir uns ja bereits vorgenommen – den Pennälerhumor aus »Shakespeare Rock« –, doch gleich sehen wir die andere Seite der Medaille: nackte Teenagerverzweiflung. Die Texte sind so was wie meine Oberstufengedichte – lyrische Ergüsse, die dir, wenn du sie als Erwachsener noch einmal liest, die Schamesröte ins Gesicht treiben. Als Initiationsritus notwendig, trotzdem überläuft es mich heute eiskalt.

Sehr gute Beispiele findet man auf der vorigen Doppelseite. Links steht der Text zu dem Stück »Manic Depression«. Ein gewichtiges Thema. Falls jemand das bezweifeln sollte, habe ich den Titel in ROTER TINTE hingeschrieben (der Rest des Textes ist grün) – hier geht es um was ERNSTES, O. K.? Also aufgepasst. Aber, was wusste ich als Sechzehnjähriger über manische Depression? Überhaupt nichts. Außer eben, dass es ein ernstes Thema war – & Lieder *mussten* sich mit tiefgründigen Themen befassen, oder nicht?

Ein anderes Lied hieß »Life is a Circle« & fing so an:

Life is a circle you're caught on
Life is a road that's much too long
It winds, goes ahead
Only stops when you're dead.

Das Leben ist ein Kreis, in dem du gefangen bist
Das Leben ist eine Straße, die viel zu lang ist
Sie windet sich, führt immer weiter
Und endet erst, wenn du tot bist.

Heftig.

Meine ersten Texte schwankten zwischen den Polen »unreife Witze« & »tiefschürfende Betrachtungen«. Nein, weitere Beispiele kann ich euch leider nicht zeigen. Ich bin versucht, alle auf den »WEG«-Haufen zu werfen – aber ich gestatte euch noch einen kurzen Blick auf den Songtext rechts auf der Doppelseite. Ein Stück mit dem fröhlich stimmenden Titel »I Scrubbed the Crabs that Killed Sheffield«.

Vom Titel her gehört es eindeutig in die Abteilung »unreife Witze«, aber es steckt weit mehr dahinter, als man zunächst glauben könnte. Ja: Es handelt sich nämlich um meinen allerersten Versuch, ein Lied über ein Erlebnis aus meinem Leben zu schreiben.

Wie bereits erwähnt, jobbte ich an den Samstagen an einem Fischstand im Castle Market. Der Altmetallhändler John Hepplestone, mit dem meine Mutter eine Zeit lang liiert war, hatte mir den Job vermittelt. Er fand, ich müsse »mich abhärten«, & ließ seine Beziehungen in der Markthalle spielen, um mir die Stelle zu sichern. Alte Seilschaften, *South Yorkshire style.*

Der Fischstand hieß »Grayson & Boaler« & wurde von einem gewissen Ron geführt. Der Stand gegenüber handelte mit Innereien. Das hat mir die Augen geöffnet. Was man sich unter Innereien vorzustellen hatte, wusste ich ungefähr, aber in ... Fleisch & Blut hatte ich sie noch nie gesehen. Zum Beispiel gab es dort Pansen, der vom Aussehen her an Honigwaben erinnerte & in breiten Streifen verkauft wurde, die wiederum an Antirutschunterlagen für Teppiche erinnerten. Aufbewahrt wurde er vor dem Stand in schwarzen Plastikeimern. Eine weitere Spezialität war das dynamische Innereien-Duo »Chitterling & Bag« [»Därme & Euter«], das wie Girlanden unter dem Dach des Stands hing. Mit der entsprechenden Beleuchtung sah es aus wie Weihnachtsdeko direkt aus dem Schlachthaus. An meinem ersten Arbeitstag hörte ich, wie eine ältere Dame zu ihrer Begleitung meinte: »Gegen Därme habe ich ja nichts, aber mit Euter kannst du mich jagen.« Sofort war mir klar, dass ich auf dem Markt viel lernen konnte. Der Innereienstand sah aus wie ein besonders gruseliges *Tableau vivant* zu Halloween – nur dass er das ganze Jahr über aufgebaut war.

Im Vergleich dazu war unser Stand recht harmlos. Wir waren auf Krebse spezialisiert. Sheffield liegt etwa 100 Kilometer von der Küste entfernt, daher waren unsere Krebse quasi ein Selbstläufer. Sie wurden in Holzkisten aus Grimsby oder Hull geliefert, & die Kisten waren mit Eis gefüllt, damit die Tiere den Transport lebend überstanden. Zu meinen Aufgaben gehörte es, sie in ein großes Spülbecken mit kaltem Wasser zu legen, mit einer Drahtbürste von Schlamm & Dreck zu befreien & in eine Metallwanne mit kochendem Wasser zu werfen. Wenn ich jetzt so darüber nachdenke, war das auch ziemlich gruselig. Doch gegenüber dieser Seite meines Jobs stumpfte ich bald ab. (Ich führte nur Befehle aus, wie man so sagt.)

Mein Ziel war es, die Krebse so schnell wie möglich zu schrubben & zu kochen, ohne in ihren mächtigen Scheren einen Finger einzubüßen. Dass meine Musikkarriere durch einen Unfall mit Meeresfrüchten gestoppt wurde, wollte ich unbedingt vermeiden. Außerdem durfte ich mich, sobald ich mit dem Geschrubbe fertig war, den »leichteren« Aufgaben zuwenden, wie Garnelen abwiegen oder das Mädchen angaffen, das drüben am Tierfutterstand arbeitete.

Der Vorfall, der mich zu »I Scrubbed the Crabs that Killed Sheffield« inspirierte, ereignete sich, nachdem ich schon ein paar Monate an dem Stand gearbeitet hatte. Als ich an einem Samstagmorgen die Markthalle betrat, wurde ich dort von einem üblen Gestank empfangen. Auf Märkten, wo Fleisch & Fisch verkauft werden, riecht es natürlich immer etwas streng, aber das hier sprengte alle Dimensionen. Während ich an den anderen Ständen vorbei zu unserem ging, nahm der Gestank noch zu. Die Ursache war schnell gefunden. Unser Stand war von Bergen toter Krebse umzingelt.

Statt wie üblich am frühen Samstagmorgen war die Krebslieferung bereits am Freitagabend zugestellt worden. Der Fahrer hatte Ron aus dem Pub geholt, damit er sich der Sache annahm. Weil er aber wohl nicht mehr ganz nüchtern war, hatte er die Krebse zum Überleben kurzerhand in Eimer mit Wasser gelegt. Eimer mit Leitungswasser, genauer gesagt. An Meerwasser gewöhnt, waren die Krebse, wie nicht anders zu erwarten, über Nacht gestorben & verwesten nun massenweise vor dem Stand von Grayson & Boaler.

Ron tat, als wäre nichts. Er wies mich sofort an, die Krabben zu schrubben, damit wir mit dem Kochen beginnen konnten. Von dem Geruch musste ich würgen. Die Betreiber der Verkaufsstände in unmittelbarer Nähe beschwerten sich schon, weil der Gestank viele Leute von einem Besuch in unserem Teil des Markts abhielt. Aber Ron ließ sich davon nicht beeindrucken. Wir warfen die erste Runde Krebse ins kochende Wasser. Ein paar mutige Kunden bildeten bereits eine Schlange. Am Stand war es Tradition, dass der Fischhändler einen Krebs öffnete, um den Kunden das Fleisch vor dem Verkauf zu prasentieren. Gleich an meinem ersten Tag hatte man mir gezeigt, wie ich es machen musste – man hält den Krebs mit der Unterseite nach oben in der linken Hand, hakt den Daumen der rechten unter seine Hinterbeine, legt die Hand flach auf seinen Bauch & bricht das Tier langsam auseinander. Macht man es richtig, hält man den Panzer am Ende in der linken Hand & die Beine & Scheren in der rechten. (Linkshänder: bitte spiegelverkehrt durchführen.) Nun kann man dem Kunden das Fleisch in der harten Schale präsentieren & die ungenießbaren Kiemen (bei uns auch »ladies' fingers« genannt) am Mund des Krebses entfernen. Von den Krebsen, die wir zuerst gekocht hatten, sonderte jeder beim Öffnen einen ekelhaften braunen Schleim ab – doch Ron redete den Kunden ein, das sei völlig normal. Wir hatten bestimmt schon zwanzig, dreißig verweste Krustentiere verkauft, als der Leiter des Markts ankam, die gekochten Krebse beschlagnahmte &

uns anwies, den Rest zu entsorgen. Sollte euch bei der Geschichte schlecht geworden sein, tut es mir leid – falls das ein Trost ist, Krebse habe ich seitdem nicht mehr gegessen.

»I Scrubbed the Crabs that Killed Sheffield« war mein Versuch, in einem Lied von diesem bedauerlichen Vorfall zu erzählen.

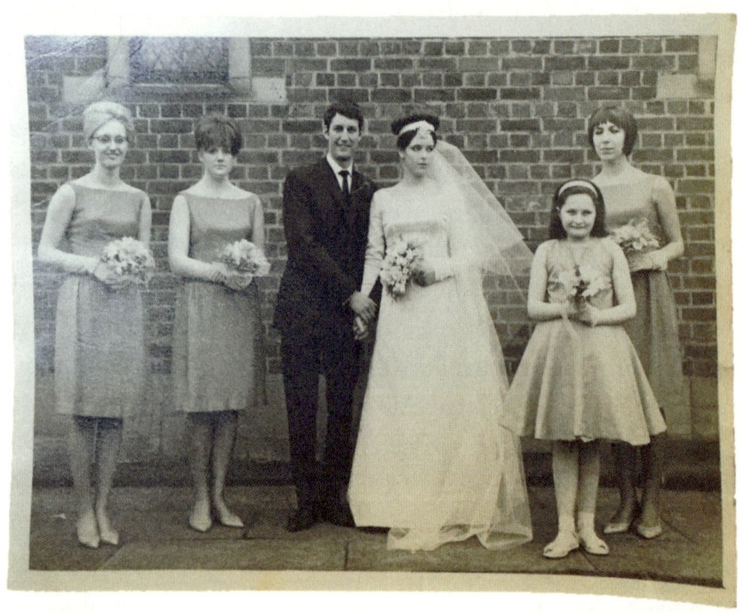

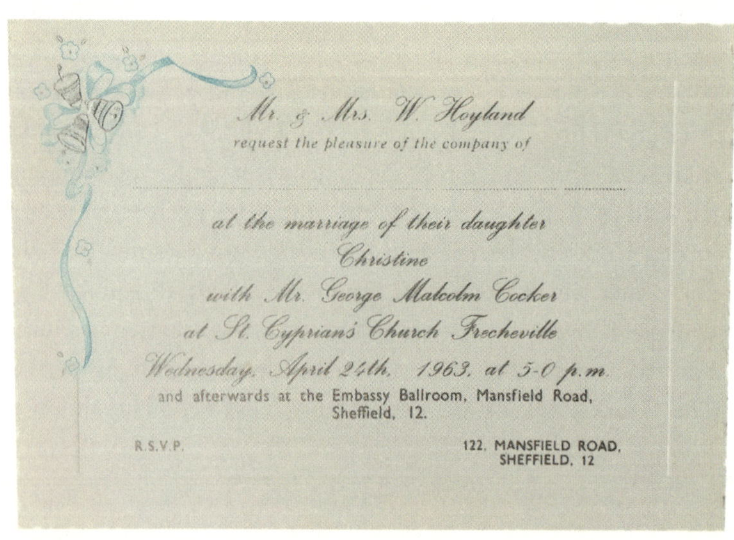

Mr. & Mrs. W. Hoyland
request the pleasure of the company of

....

at the marriage of their daughter
Christine
with Mr. George Malcolm Cocker
at St. Cyprian's Church Frecheville
Wednesday, April 24th, 1963, at 5-0 p.m.
and afterwards at the Embassy Ballroom, Mansfield Road, Sheffield, 12.

R.S.V.P.

122, MANSFIELD ROAD,
SHEFFIELD, 12

Wie erging es den Leuten, nachdem sie die vergammelten Krebse gegessen hatten? Ist es für eine Entschuldigung inzwischen zu spät? Obwohl ich, wie gesagt, nur Befehle ausführte?

So albern der Text auch klingen mag, es handelt sich um meinen allerersten Versuch, beim Songwriting einen »Mittelweg« zwischen flapsiger Witzigkeit & übertriebenem Ernst zu finden.

In dem Text zu »Little Girl (With Blue Eyes)«, dem Titelstück unserer soeben veröffentlichten EP, hatte ich ebenfalls eine »Szene aus dem echten Leben« verarbeitet.

In einer Schublade meiner Mutter war ich auf das nebenan abgebildete Hochzeitsfoto gestoßen. Es hatte mich tief berührt. Vor allem der Gesichtsausdruck meiner Mutter. Sie sieht sehr jung aus. & sie sieht sehr verängstigt aus.

Jeder interessiert sich für die Fotos von Mum & Dad an ihrem »großen Tag« – wir bilden uns gern ein, in den seltsam gestellten Fotos den Beginn unserer eigenen Lebensgeschichte zu erkennen – nur war ich ein bisschen stärker als allgemein üblich … am Hochzeitstag meiner Eltern beteiligt. Wie drücke ich es am besten aus? Ich war dabei.

Meine Mutter war bei ihrer Hochzeit einundzwanzig gewesen. Sie war wegen Unterleibsschmerzen zum Arzt gegangen & hatte erfahren, dass sie im vierten Monat schwanger war. Ein ziemlicher Schock für sie, denn sie hatte zu der Zeit keinen festen Freund & auch schon länger keinen mehr gehabt. Es wurde also nachgerechnet & meine Zeugung mit einer Feier in Verbindung gebracht, die meine Mutter um die Weihnachtszeit herum besucht hatte. Mein Vater wurde ausfindig gemacht & in Kenntnis gesetzt. Die Beziehung zwischen den beiden hatte nur einen Monat gehalten, seitdem hatten sie sich nicht mehr gesehen, aber damals blieb ihnen »aus Anstandsgründen« nichts anderes übrig, als zu heiraten. & das geschah am Mittwoch, dem 24. April 1963.

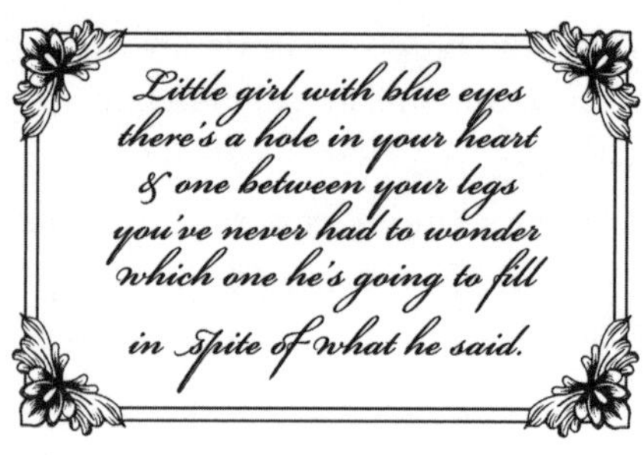

Das ist der Refrain des Stücks, zu dem mich das Hochzeitsfoto inspiriert hatte. Als ich den Text zu »Little Girl …« schrieb, war ich genauso alt wie meine Mutter bei ihrer Hochzeit. Einundzwanzig, fast zweiundzwanzig. Doch während mein Leben als Künstler gerade erst begonnen hatte, kam ihr Künstlerleben mit meiner Ankunft zu einem abrupten Ende: Sie hatte zwei Jahre am Psalter Lane Art College in Sheffield Kunst studiert, als sie ihr Studium abbrechen musste, um als Mutter Verantwortung zu übernehmen. Tut mir leid, Mum.

Das muss man in jedem Alter erst einmal verdauen. & das Stück war mein Versuch, mit alldem fertigzuwerden. Dass ich den Song rein zufällig im selben Alter schrieb wie meine Mutter bei ihrer Hochzeit, glaube ich nicht – ich habe wohl meine Erfahrungen mit denen meiner Mutter verglichen & mir Gedanken über die Unterschiede gemacht. Mit Wörtern habe ich versucht, das Loch in meinem eigenen Herzen zu stopfen. (Noch etwas, wobei dir Kreativität helfen kann: dich selbst wieder aufzubauen. Oder es zumindest zu versuchen.)

Songwriting als Selbsthilfe/Therapie zu benutzen ist eine schöne Idee, aber mein Songtext hatte erst einmal den Effekt, dass unsere Single beim Sheffielder Lokalsender auf dem Index landete. Wie es im Artikel »Cocker Comes a Cropper« heißt: »Darüber hinaus hat die Band Schwierigkeiten, ihre Single im Radio zu platzieren: Ein Moderator von Radio Hallam blendete sie aus, als er den Refrain

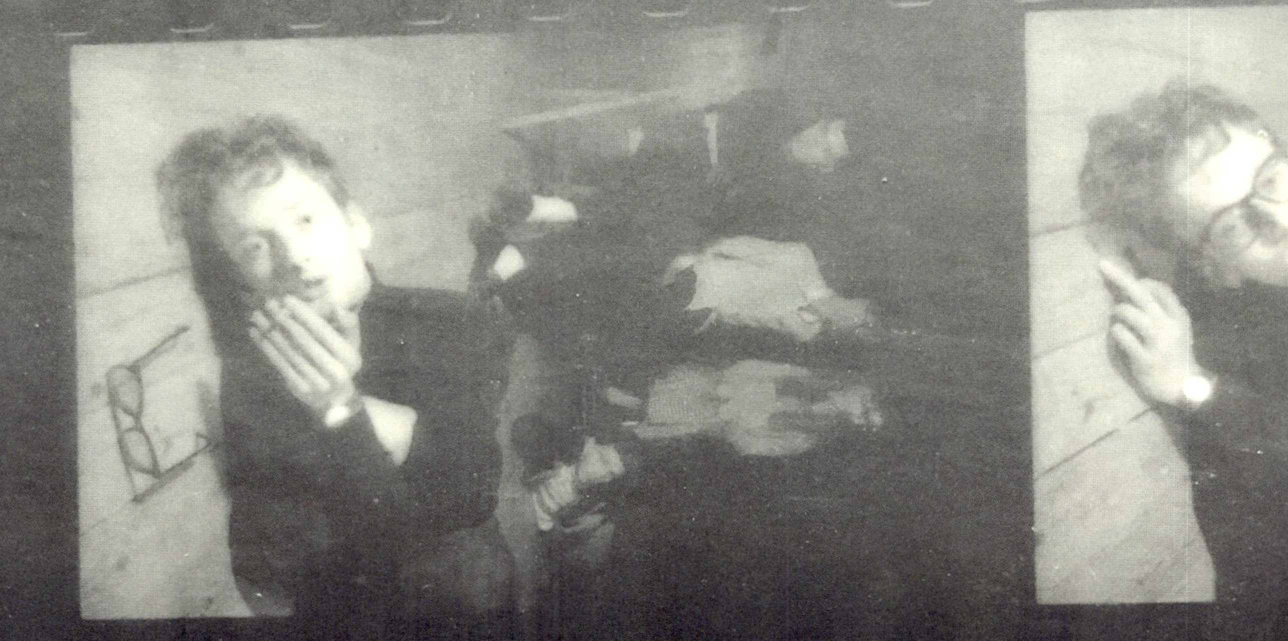
27A
28
28A
ILFORD HP5

hörte – & das war um ein Uhr nachts.« Die glorreiche Wiederauferstehung von Pulp war gescheitert. Hauptsächlich, weil ich die Sache an die Wand gefahren hatte.

»Der Unfall trifft die Band, die soeben ihre Single Little Girl (With Blue Eyes) veröffentlicht hat, zu einem denkbar ungünstigen Zeitpunkt, da für den 11. Dezember ein großes Konzert im Londoner Greyhound geplant war. Sofern Cocker keine Wunderheilung widerfährt, muss dieser Termin aller Wahrscheinlichkeit nach entfallen.« Langsam kommt mir der Verdacht, dass der *Star* seinem Sportreporter den Artikel aufs Auge gedrückt hatte. Aber, Moment mal. Erst jetzt, Jahrzehnte später, wird mir beim erneuten Lesen des Artikels klar, dass mir mein Gedächtnis schon wieder einen Streich gespielt hat: Ich habe mir immer eingeredet, der Sturz aus dem Fenster hätte sich vor der Veröffentlichung der »Little Girl«-EP ereignet & der blöde Unfall wäre schuld gewesen, dass die Single nicht ihr volles Potenzial entfalten konnte – doch in der Zeitung steht schwarz auf weiß, dass die Platte bereits draußen war. & floppte.

& es wird noch bizarrer. Schaut euch das Foto auf der vorigen Seite an, das ebenfalls aus der Fotosession für das Cover der »Little Girl«-EP stammt. Ich liege auf dem Boden & trage dieselben Sachen wie beim Sturz aus dem Fenster.*

Wie sollen wir das Kostümprobenfoto deuten? War es Vorbote oder Zufall? Wieder einmal werden wir mit einer Tatsache konfrontiert – das Foto ist ein Beweisstück. Habe ich damals schon

---

* Na gut, jetzt übertreibe ich … Aber ich trage definitiv dieselben Stiefel – man sieht sie auf dem »lässigen« Barhockerfoto (Seite 308). Es handelte sich um schwarze Lacklederstiefel mit Reißverschluss, auf die ich besonders stolz war. Leider waren sie zwei Nummern zu groß & gaben dem Knöchel, der den Sturz abfangen musste, überhaupt keinen Halt. So erklärte es mir wenigstens der Arzt im Krankenhaus. Damals dachte ich, er würde mir jetzt festes Schuhwerk verschreiben.

geahnt, dass mir bald etwas Schlimmes zustoßen wird? Vielleicht sollten wir einen neuen Haufen anlegen. Einen »DAS LEBEN IST SELTSAMER ALS JEDE GESCHICHTE«-Haufen.

Nach dem Sturz glaubte ich, diesem Spruch noch etwas hinzufügen zu können: Das Leben ist nicht nur seltsamer als jede Geschichte.

Es ist auch hundertmal interessanter.

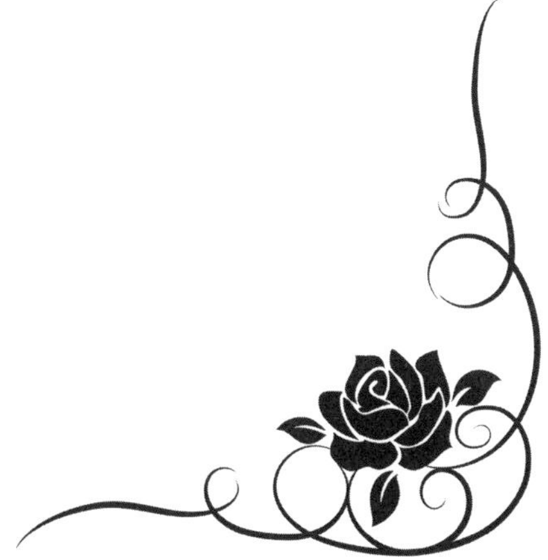

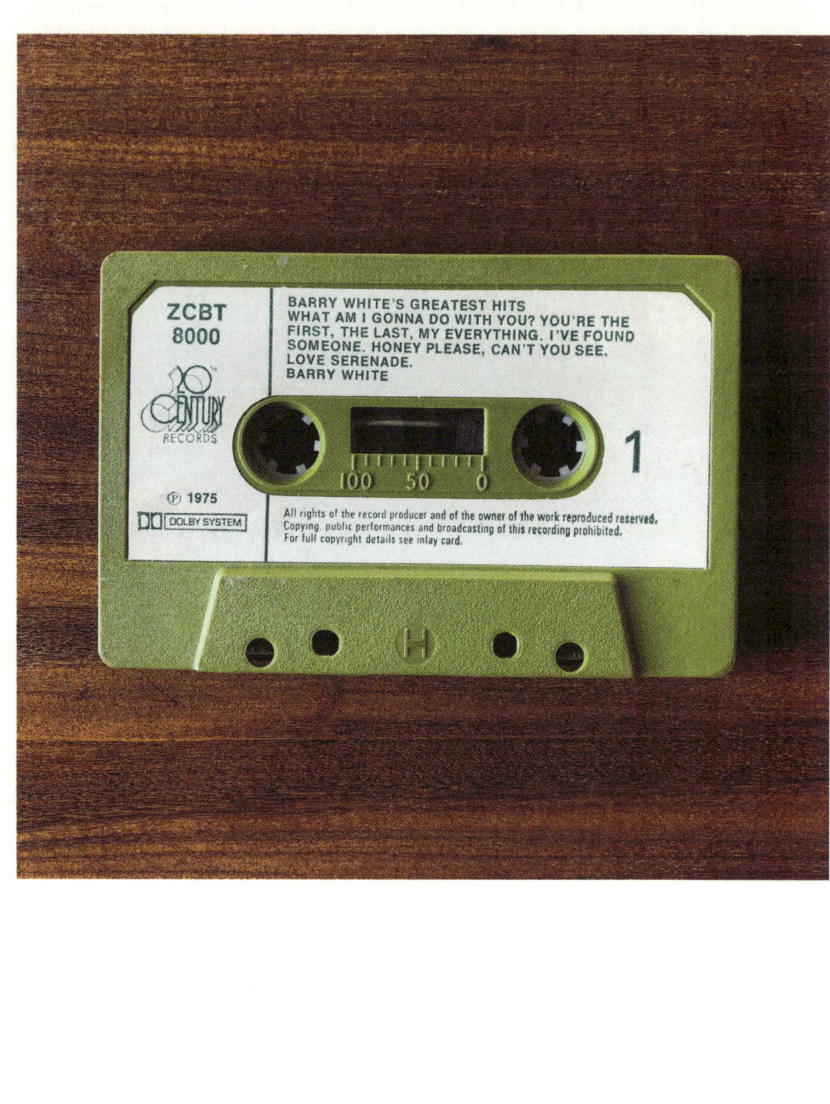
ZCBT
8000
20TH CENTURY RECORDS
℗ 1975
DOLBY SYSTEM
BARRY WHITE'S GREATEST HITS
WHAT AM I GONNA DO WITH YOU? YOU'RE THE FIRST, THE LAST, MY EVERYTHING. I'VE FOUND SOMEONE. HONEY PLEASE, CAN'T YOU SEE. LOVE SERENADE.
BARRY WHITE
1
100 50 0
All rights of the record producer and of the owner of the work reproduced reserved.
Copying, public performances and broadcasting of this recording prohibited.
For full copyright details see inlay card.
H

Kapitel Dreiundzwanzig

Wir sind schon wieder auf Gold gestoßen – White Gold!

Was ihr gerade gesehen habt, ist eine Kassette mit *Barry White's Greatest Hits,* veröffentlicht 1975 auf *20th Century Records.* Wunderschönes salbeigrünes Plastikgehäuse. Die BLEIBT auf jeden Fall. Ich kann es kaum erwarten, sie mal wieder einzulegen. Barry White ist einer meiner größten musikalischen Einflüsse.

Als ich nach dem Sturz in der Rehaklinik lag, habe ich die Kassette oft gehört. Einen Walkman hatte ich damals noch nicht, aber ein Freund hatte mir einen geliehen, damit ich mir die Zeit der Bettlägerigkeit sinnvoll vertreiben konnte. Ursprünglich hatte die Kassette Russells Mutter gehört. (Ob sie sie wohl wiederhaben möchte?) Na, jedenfalls ist sie die perfekte Überleitung zu der Geschichte, wie Russell & ich uns bis über beide Ohren in Barry White verliebten …

Kurz nachdem die neue Besetzung von Pulp feststand, kam Russell auf die Idee, sich als Antiquitätenhändler zu versuchen. Da er an der Uni gerade seinen Abschluss in BWL gemacht hatte, vermute ich mal, dass er das Gelernte praktisch anwenden wollte. Er fragte mich, ob ich auch Lust hätte. Er wusste, dass mein Zimmer im The Wicker mit Flohmarktfunden vollgestopft war – ich hatte also bereits »Kapital akkumuliert«, wie er es wohl formuliert hätte.

Ich war nie davon ausgegangen, dass die Sachen, die ich auf Flohmärkten kaufte, irgendeinen anderen Wert hätten als den, den ich ihnen zuschrieb. Das war noch ein Aspekt, der mir am Ramschleben gefiel – man hatte das Gefühl, sich dem System zu widersetzen, denn wer von den Abfallprodukten der Konsumgesellschaft lebte, konnte ihr unmöglich zum Opfer fallen. Ich war ein Secondhand-Outlaw. Ein Recycling-Revoluzzer.

Doch Utopien sind nie von Dauer. Irgendwann kriegten findige Händler spitz, was da ablief, & tauchten in Scharen auf den Flohmärkten auf. Einer von ihnen hatte in der Innenstadt einen Secondhand-Klamottenladen (»vintage clothing« hieß es damals noch nicht) & wenn ich ihn vor mir in der Schlange stehen sah, stöhnte ich innerlich auf, weil ich wusste, er würde sich alle brauchbaren Männersachen unter den Nagel reißen, bevor ich überhaupt einen

Blick darauf werfen konnte. Manchmal umging er die Schlange sogar & bot der Kirche, die den Flohmarkt veranstaltete, 50 £, wenn sie ihn eine Stunde vor dem offiziellen Verkaufsbeginn reinließen. Betrug! (Andere würden es vermutlich »Unternehmergeist« nennen.) Jagt ihn aus dem Tempel! Doch wegen der anhaltenden Rezession war den Leuten in Sheffield einfach nichts mehr heilig. Jeder versuchte, irgendwie an Geld zu kommen.

Um mir den Handel mit Antiquitäten schmackhaft zu machen, nahm Russell mich zu einem Ausflug ins Auktionshaus Thurcroft mit. Das ist der Punkt, an dem Barry White zu unserer Geschichte stößt. Für die Fahrt hatte Russell sich den Kleintransporter seiner Mutter ausgeliehen. Ein komisches Fahrzeug – von Weitem sah es aus wie ein stinknormaler weißer Transporter, aber wenn man daneben stand, merkte man, dass er um ein Drittel kleiner war als die normalen. Als hätte ein verrückter Wissenschaftler ihn mit einer Strahlenkanone geschrumpft. Außerdem war das Blech dünner als üblich – man fühlte sich darin wie in einer Konservendose auf Rädern. Mehr als 30 km/h fuhr er nicht, denn – ihr habt es erraten – der Motor war natürlich kleiner als bei Standardfahrzeugen.

All diese Faktoren machten das Fahren in dem Auto zu einem extrem unbequemen & geräuschvollen Erlebnis. Vor allem, wenn es bergauf ging. & da Sheffield nun mal auf sieben Hügeln erbaut wurde, gab es so gut wie keine Verschnaufpause von dem mechanischen Gekreische, das unter der Motorhaube hervordrang.

Wir versuchten, das Getöse mit dem Autoradio zu übertönen, aber die Antenne war abgebrochen & die Auswurftaste des Kassettenrekorders klemmte. Es blieb uns also nichts anderes übrig, als uns die Kassette anzuhören, die im Gerät stecken geblieben war. Das hieß: die ganze Fahrt über Seite eins von *Barry White's Greatest Hits*. Danke, Universum!

Barry White kannte ich natürlich – als Pop-Junkie war mir sein Name ein Begriff –, aber erst jetzt verliebte ich mich unsterblich in seine Musik. Sie hat so etwas Offenes & Beglückendes. Tanzbar &

dabei wunderbar üppig. Man kann sich in der Musik zurücklehnen & entspannen. Barry hat alles im Griff. Er hält dir den Rücken frei. Die Melodien sind toll, aber ich mag auch die Parts, wenn er zu singen aufhört & ein bisschen was erzählt. Rhythmisch vielleicht nicht ganz so auf den Punkt wie Rap, ist sein Vortrag doch immer perfekt auf die musikalische Begleitung abgestimmt – bei ihm wirkt alles so leicht. Barry ist sanft. Dass mich die Kassette schwer beeindruckte, wäre noch untertrieben. Sobald die Seite zu Ende war, spulten wir sie zurück & ließen sie noch einmal von vorne laufen. Unsere Bewunderung & Wertschätzung wuchsen mit jeder Sekunde. Als wir unser Ziel erreichten, schauten wir uns an & sagten: »Solche Musik müssen wir auch machen!«*

Wir waren etwas spät dran & hatten kaum noch Zeit, uns die Lose anzuschauen, die bei Thurcroft zur Versteigerung kamen. Hauptsächlich handelte es sich um Plastikkisten, die mit x-beliebigen Sachen gefüllt waren. Das Wort »x-beliebig« benutze ich nicht leichtfertig: Eine typische Kiste enthielt etwa einen Pfannenwender, drei nicht zueinanderpassende Teller, ein Hundespielzeug, zwei Tischsets aus Bast & eine Rolle Klebeband. Die seitlich mit Filzstift nummerierten Kisten standen über die ganze Lagerhalle verteilt. Alles in allem müssen es mehr als hundert gewesen sein.

Sotheby's war es nicht.

Auch der Auktionator war nicht wie die, die ich aus dem Fernsehen kannte. Er hatte einen breiten South-Yorkshire-Akzent & gab den Anwesenden unmissverständlich zu verstehen, dass sie Ruhe geben sollten. »Klappe!«, brüllte er ein letztes Mal durch die Behelfs-PA, & die Auktion des Jahrhunderts begann.

---

* & wir haben Wort gehalten: Es gibt von Pulp das Stück »My Legendary Girlfriend«, das im Grunde die Musik von »Honey Please, Can't Ya See« (Seite 1, Lied 4) mit dem Sprechgesang von »Love Serenade« (Seite 1, Lied 5) kombiniert. Obwohl wir das Stück erst 1991 veröffentlichten, gehörte es seit 1986 bei Liveauftritten zu unserem festen Repertoire. Danke, Barry.

»Los Nummer eins – von wem höre ich zehn?«

Ein Kopf in der ersten Reihe zuckte hoch.

»Gut – höre ich irgendwo zwanzig?«

Ein Husten aus der anderen Ecke der Halle.

Ich war fassungslos – zwanzig Pfund für eine Kiste Schrott? Vielleicht lohnte es sich doch, bei dem Auktionsquatsch mitzumischen!

Der Preis stieg & stieg.

»Achtzig.«

»Neunzig.«

Was zum Geier lief hier ab? Das ergab doch alles gar keinen Sinn.

& dann sagte der Auktionator einen Satz, den ich bis an mein Lebensende nicht vergessen werde:

»Mütze erhöht auf ein Pfund.«

Wenn ich kurz übersetzen darf: Der Mann mit der Mütze, der in der Mitte der Halle stand, hatte das Gebot gerade auf die stolze Summe von ... 1 £ erhöht.

SIE HATTEN IN PENCE GEBOTEN!

Eine Halle voller erwachsener Menschen, die in 10-Pence-Schritten auf eine Kiste Müll bieten. Für mich fasst dieses Bild das Leben im Sheffield der 80er-Jahre sehr gut zusammen.

Bei 1,20 £ sauste der Hammer (der Auktionator benutzte nicht etwa einen klassischen, sondern einen für Zimmermänner) runter & das Spiel begann mit Los Nummer zwei aufs Neue. Es war fesselnd. Russell & ich blieben zwar nicht ganz bis zum Schluss, aber solange wir in der Halle waren, ging keine Kiste für mehr als 2 £ weg. Doch ich wusste bereits, dass ein Leben als Antiquitätenhändler für mich nicht infrage kam. Mir hatte der »Performance«-Aspekt zwar gefallen, aber ich konnte mir nicht vorstellen, in diesem Metier selbst als »Performer« tätig zu werden. Außerdem hatten wir auf der Hinfahrt bereits einen Schatz gehoben, der unsere kühnsten Träume übertraf: Wir hatten Barry White für uns entdeckt.

PEOPLE I HAVE MET WHILST IN HOSPITAL

① DOUG #1 – ABOUT 50, TRAPPED NERVE, ALWAYS GIVING NURSES QUALITY STREET, SILLY SHOES WITH HIGHISH HEELS, HIT BY TAXI, TEETH REMOVED TO FIX SKUL

② HINDU MAN – FUNNY SMILE, KEPT GOING OFF FOR A FAG, THEN WHEN IMMOBILE SNEAKED THE ODD ONE IN THE WARD EVEN THOUGH HE HAD A CHEST INFECTION. LOADS OF RELATIVES, FAT YOUNG WIFE.

③ ERNEST – OLD, V. THIN, ON TRACTION, KEPT MOVING WHEN HE SHOULDN'T HAVE & EXPOSING HIMSELF. HAD BAD CHEST. COULDN'T TALK PROPERLY KIND OF GROAN. LET OUT HORRIBLE GURGLING COUGHS AND GROANS ALL DAY & NIGHT. GRADUALLY GOT QUIETER AS TIME WENT ON. ONE NIGHT A LOT OF ACTIVITY, PUT HIM ON OXYGEN BUT IN THE MORNING HE HAD DIED. WE WERE ALL MOVE TO THE DAY ROOM UNTIL HIS RELATIVES HAD BEEN TO SEE THE BODY.

④ TONNIE-TASH MAN – MOVED INTO ERNEST'S BED. BIT OF A POSER. HAD TIGHT-FITTING PYJAMAS WITH TROUSER LEGS ROLLED UP & TOP TUCKED IN.

⑤ MR. McCONE – TOTALLY PATHETIC & DEPRESSING, ON THE WARD I WAS MOVED TO. HICCUPED CONSTANTLY, SHAT HIMSELF EVERY MORNING (I HAD TO ASK FOR

A NOSEGAY BECAUSE THE STINK WAS SO BAD) HAD A BOWEL OPERATION WHICH HAD GONE WRONG. CALLED ALL DOCTOR "SIR" & CREEPED TO THE NURSES. THREW UP ONE NIGHT. HAD A BAG FITTED & WALKED AROUND WITH IT HANGING FOR ALL TO SEE. TOTAL WASTE OF TIME.

⑥ MR WHITE-HAIR CONKY – SIMILAR TO MCCLOUD BUT NOT QUITE AS BAD. FARTED CONSTANTLY WORE PAPER KNICKERS & HAD HIS PRICK ALL BANDAGED UP.

⑦ BRUNO – ON F2. POLISH I THINK. CALLED ALL THE NURSES "BABYCHAM" ALWAYS ORDERING NURSES ABOUT, GETTING THEM TO WHEEL HIM TO DAYROOM ETC. SMOKED IN WARD. APPARANTLY THE MAN WITH THE MOST DRINK-DRIVING CONVICTIONS IN SHEFFIELD. FUNNY.

⑧ DOUG #2 – WATER-VOLE MAN. REPEATED EACH STORY AT LEAST 5 TIMES. A MYTHERER. WIFE LOOKED LIKE A LABRADOR. GREAT FRIENDS WITH GEORGE (SEE BELOW)

⑨ GEORGE – THE BOSS OF KING EDWARDS. IN FOR HIS HIP FUSION, HAS BEEN IN MANY MONTHS. KNOWS EVERYONE, ALWAYS JOKING, BRINGS SALT & PEPPER ROUND AT MEAL-TIMES. WOULD BE A GOOD RED-COAT.

All The Kids Singing The Carols & 4 14-15 Year old Girls ~~for~~ (3 with The Proper Long-Legged Satin Leotards on, The Other Could only Manage Stretch Denims) Doing Disco Dancing To "La Bamba" (Known as "Caramba Caramba" Down at our End of The Ward) With Very Little Enthusiasm or Style, But It Were a Right Laugh.

<u>People</u> (contd)

<u>Heinrich</u>:- A Polish Man. Good Accent; Calls Physiotherapy "Feezio". Looks Slavic. (Thick Set But Not in The Soft Flabby English Way, More Like a Lump of Stone) Had a Knackered in Artificial Hip But Had To Wait Two Years For Treatment. Consequence:- Now Has No Hip at All and That Leg is About ~~2~~ ~~to~~ 3 inches Shorter Than The Other.

<u>Keith</u> - Big, Bellyish, Glasses, Admitted To K.E. VII Same Day As Me. Looks Like a Fat Marc Riley. On Traction. Friend of George's. Brought a "Broad-Minded" Tape For Me To Listen To. Constipated For Ages. Bit of a Mild-Mannered Moaner. Left Early Because of Home Problems.

Im Krankenhaus habe ich nicht etwa rund um die Uhr auf dem geliehenen Walkman Barry White gehört. Schließlich musste ich ja auch arbeiten. Ich wollte die Große Erkenntnis, zu der ich nach meinem Sturz aus dem Fenster gelangt war, in die Praxis umsetzen. Deshalb beobachtete ich alles, was im Krankenhaus vor sich ging, sehr genau. Ich nahm meine neue Aufgabe todernst – wie die drei Zettel, die auf den vorigen Seiten abgedruckt sind, beweisen. Es handelt sich dabei um Kurzcharakteristiken von »Leuten, die ich im Krankenhaus kennengelernt habe«. BLEIBT.

Der Erste war »Doug Nr. 1«: »Doug Nr. 1 – ca. 50 – eingeklemmter Nerv – schenkt den Krankenschwestern immer was aus seiner Quality-Street-Dose – alberne Schuhe mit halbhohen Absätzen – wurde von einem Taxi angefahren – Zähne gezogen, um den Schädel zu richten.«

Das liest sich wie Stichwörter, die sich ein Privatdetektiv bei der Verfolgung eines Verdächtigen notieren könnte – & eigentlich ist es auch nichts anderes. Von jetzt an wollte ich alles aufschreiben, was ich in der Welt um mich herum wahrnahm, in der Hoffnung, dabei über den Hinweis zu stolpern, der Licht in den Fall brachte. & wer wusste schon, welches der entscheidende Hinweis wäre? Vielleicht die Tatsache, dass Doug Nr. 1 den Krankenschwestern etwas aus der Quality-Street-Dose schenkte & nicht etwa aus einer anderen Schoko-Toffee-Mischung? Oder würde ich auf die Wahrheit stoßen, wenn ich den Spuren seiner »albernen Schuhe mit den halbhohen Absätzen« folgte? Das konnte ich nicht wissen – & ganz ehrlich, ich hatte noch nicht mal eine Ahnung, wonach ich eigentlich suchte. Trotzdem war ich von dem unerschütterlichen Glauben erfüllt, alles würde einen Sinn ergeben, sofern ich nur akribisch festhielt, was um mich herum passierte.

Außerdem machten die verdeckten Ermittlungen Spaß.

Nachdem ich vom Royal Hallamshire Hospital ins King Edward VII Convalescent Hospital verlegt worden war, nahmen die Ermittlungen richtig Fahrt auf. In meinem Zimmer im Hallamshire

Hospital hatten noch drei weitere Betten gestanden, die täglich mit neuen Patienten belegt wurden. Bei Ernest (Verdächtiger Nr. 3 auf meiner Liste) lag es daran, dass er über Nacht gestorben war. Die Verdächtigen Nr. 5 (»Mr McCone«) & 6 (»Mr Weißhaar-Riesenzinken« – womöglich nicht sein richtiger Familienname) wurden auf andere Stationen verlegt, sobald sie nicht mehr in Lebensgefahr schwebten. Wegen des fliegenden Wechsels konnte ich keinen von ihnen näher kennenlernen. Das King Edward VII hingegen war eine Rehaklinik, in der sich die Patienten, wie der Name vermuten lässt, über einen längeren Zeitraum erholten. Meine Verlegung dorthin bedeutete einerseits, dass ich auf dem Weg der Besserung war, andererseits aber auch, dass ich als »eingebetteter« Ermittler weiterarbeiten konnte.

Kommen wir deshalb gleich zu »George« (Nr. 9 auf meiner Liste). In meiner Beschreibung heißt es: »Der ›Chef‹ des King Edward – hier wegen einer Hüft-OP – seit Monaten da – weiß alles – reißt immer Witze – bringt zum Essen Salz & Pfeffer mit – wäre ein guter Rotrock.«

George nahm mich in der Klinik in Empfang & stellte mir die anderen Männer auf der Station vor. Dafür war ich ihm dankbar – denn so kam ich mir nicht mehr ganz so komisch vor. Außerdem vertrieb die Begrüßungsrunde jeden Anflug von Selbstmitleid: Zwei Wochen hatte ich bereits im Krankenhaus gelegen & sollte noch vier weitere in der Rehaklinik verbringen, eine für mich undenkbar lange Zeit des Ruhiggestelltseins, aber im King Edward gab es einige Patienten, die sich hier schon weitaus länger auskurierten. Bruno (Verdächtiger Nr. 7: »Pole – nennt jede Krankenschwester ›Babycham‹ – ist in Sheffield offenbar der Mensch, der am häufigsten wegen Trunkenheit am Steuer verurteilt wurde«) hatte schon sechs Monate abgesessen & noch acht weitere vor sich, um sich von einem Unfall im Bergwerk zu erholen. Dagegen war meine »Strafe« ein Witz.

Mit meinen zweiundzwanzig Jahren war ich der mit Abstand

jüngste Patient auf der Station. Ich verbrachte meine Zeit mit Männern aus einer anderen Generation & mit einem anderen sozialen Hintergrund: Zuerst einmal hatten sie alle einen festen Job! Tatsächlich waren die meisten sogar wegen eines Arbeitsunfalls hier (lasst euch das eine Lehre sein). Ich konnte von ihnen also einiges lernen.

Nehmen wir zum Beispiel Bruno: Bruno war Bergmann. Der Bergarbeiterstreik war erst wenige Monate zuvor zu Ende gegangen. In nur einem Jahr hatte Margaret Thatcher es geschafft, die stärkste Gewerkschaft Großbritanniens zu zerschlagen. Russell hatte den Streik aktiv unterstützt – er hatte sich an Streikposten beteiligt & seine Gitarre von oben bis unten mit »Coal Not Dole«-Aufklebern [»Kohle statt Stütze«] versehen. Ich war da eher zwiegespalten gewesen. Vor allem, weil ich Bergleute mit »Townies« gleichsetzte.

Die Townies [Schlägertypen mit pseudoschickem Dresscode] machten jedem, der im Sheffield der 80er-Jahre alternativ aussah, das Leben zur Hölle. Deshalb gingen wir Weirdos zum Trinken nur ins Hallamshire Hotel & zum Tanzen ins Limit (beide in der West Street): Wenn du dich in einen anderen Stadtteil verirrtest, bekamst du eine Tracht Prügel. Todsicher. Um auf meinem Weg vom The Wicker zur West Street nicht durch das Revier der Townies zu müssen, nahm ich immer eine spezielle Route. Dann stellte ich mir vor, ich wäre in einem riesigen »Pac-Man«-Spiel gelandet & müsste diesen komischen Tropfendingern (Geistern?) ausweichen, die einen, wenn man nicht aufpasste, verfolgten, bedrängten & am Ende fraßen. Ich habe mich dabei einigermaßen gut geschlagen (verglichen mit Leuten wie dem bereits erwähnten General Dyson), kam aber auch nicht gänzlich ungeschoren davon. Auf der Stirn habe ich heute noch eine Narbe von dem Abend, als eine Horde Townie-Hooligans das Hallamshire stürmte & mit Biergläsern um sich warf. Ich ging als Letzter in Deckung (meine langsamen Reflexe mal wieder) & kriegte einen Pint-Humpen an den Kopf. Weil Platzwunden an der Stirn besonders stark bluten, sah das ziemlich dramatisch aus. Der Wirt gab mir zur Nervenberuhigung einen Drink aus – das einzige Freigetränk, das ich dort jemals bekam.

Mein schlimmster Zusammenstoß mit den Townies ereignete sich aber an dem Abend, als ich von ihnen »gekebabt« wurde. Ich war im Limit gewesen & wartete vor der Kathedrale auf den Nachtbus nach Hause (ich wohnte damals noch bei meiner Mutter). Eine Gruppe Townies kam an & machte sich über meine Klamotten lustig. Vor allem über meinen schwarzen Ledermantel. »Guckt euch bloß den Müllsack da auf der Straße an«, sagte einer der Spaßvögel. In diesem Stil ging es weiter, aber ich weigerte mich, den Köder zu schlucken, weil ich ganz allein war, sie aber zu siebt waren. Irgendwann kam der Bus. Ich stieg ein & suchte mir in der unteren Etage ganz hinten einen Platz. Die Townies bepöbelten mich immer noch & bedachten mich mit Stinkefingern. Weil ich mich im Bus in Sicherheit wiegte, wurde ich kühn, machte ebenfalls die Zwei-Finger-Geste & warf ihnen durchs Fenster ein tonloses »Fuck you!« zu. Schwerer Fehler. Ich hatte nicht daran gedacht, dass die Nachtbusse vor der Kathedrale immer zehn Minuten warteten. Das verschaffte Nachtschwärmern, die betrunken vom Club zur Bushaltestelle wankten, noch ein wenig zeitlichen Spielraum. Vom Fenster aus sah ich, wie der Anführer der Bande vorne zum Bus ging, ein paar Worte mit dem Fahrer wechselte, einstieg & in meine Richtung kam. Scheiße. Sein Gesichtsausdruck verhieß nichts Gutes.

Als er bei meinem Platz angekommen war, blieb er stehen & sagte: »Ich hab hier was für dich.« Dann zog er einen angebissenen Kebab hinter seinem Rücken hervor & drückte ihn mir mit ziemlicher Wucht ins Gesicht. Nachdem er das Essen abgeliefert hatte, drehte er sich um & stieg aus. Seine Kumpel draußen bepissten sich vor Lachen. Ich tat so, als wäre nichts gewesen. Die anderen Fahrgäste drehten sich um & glotzten mich an. Der

Kebab tat zwar nicht so weh wie der Pint-Humpen, war aber weitaus demütigender. Ich musste die gesamte Fahrt mit klein geschnibbeltem Kohl & stinkendem Fleisch im Gesicht hinter mich bringen. Um aber die positive Seite hervorzuheben: Der Ledermantel, über den sich die Townies mokiert hatten, war sauber geblieben.

Solche Erlebnisse hatten dafür gesorgt, dass ich Townies gegenüber misstrauisch war. Tatsächlich mied ich sie wegen der permanenten Androhung von Gewalt wie die Pest. Doch Bruno konnte ich nicht aus dem Weg gehen – er lag im Bett nebenan –, & durch die Gespräche mit ihm & Keith (Nr. 11 auf der Liste: »Groß, schmerbäuchig, Brille, Streckverband – sieht aus wie ein fetter Marc Riley«), ebenfalls Bergmann, der sich von einem Unfall erholte, wurde mir klar, dass ich ein Pauschalurteil gefällt hatte. Es war falsch gewesen, alle Bergleute mit Townies gleichzusetzen. Nur wegen einiger schlechter Erfahrungen hatte ich alles schwarz-weiß gesehen. Ich will euch jetzt nicht mit »Ebony & Ivory« kommen, aber es stimmt wirklich, »there is good & bad in everyone«. Gute Bergleute & böse Bergleute, gute Indie-Weirdos, böse Indie-Weirdos. Vielleicht sogar gute Townies, böse Townies. (Guter Pop, böser Pop.) Sobald man einen *genauen Blick* auf alles wirft, stellt man fest, dass die Welt wesentlich differenzierter ist, als es zunächst den Anschein hat. Versucht es mal. Dann geht euch auf, dass es kein »Wir & die anderen« gibt – nur sehr viele verschiedene Varianten des Wir.

Meine neue, von Liebe erfüllte, glückselig machende Toleranz gegenüber allen Mitmenschen wurde allerdings sogleich von Keith (Bergmann Nr. 2) auf die Probe gestellt.

In meiner Kurzcharakteristik von Keith lautet der entscheidende Satz: »Hat mir eine Kassette mit Musik für ›Aufgeschlossene‹ gegeben.«

Wegen Keith musste ich mir Roy »Chubby« Brown anhören.

Für Uneingeweihte: Roy »Chubby« Brown ist ein »englischer Stand-up-Comedian, dessen Auftritte durch beleidigenden Humor, grobe Sprache, unverblümte Sozialkritik & offene Verachtung für politische Korrektheit gekennzeichnet sind«.* 1995 landete er mit »Living Next Door to Alice (Who the Fuck is Alice?)« einen Megahit. An das Stück erinnert ihr euch, nicht wahr? Offenbar ging Keith davon aus, dass ich als waschechter Linker Roy »Chubby« Brown hassen würde.

Unsere Station im King Edward war in einem langen, schmalen Saal untergebracht, die zwanzig Betten standen sich in einer Doppelreihe gegenüber. Das »Roy-›Chubby‹-Brown-Virus« wurde von Bett zu Bett übertragen & fraß sich langsam durch den Saal. Keith reichte seinen Walkman an den Nachbarn weiter, der sich die Kassette pflichtschuldig anhörte & sie dem Nächsten übergab & so weiter. Ich war als Vorletzter dran. Die Warterei war unerträglich. Alle prusteten vor Lachen, sobald sie sich den Kopfhörer aufgesetzt hatten – & wenn ich es jetzt überhaupt nicht komisch finden würde? Hätte ich es mir dann bei allen verscherzt? Ich wollte meine neuen Freunde nicht verlieren – aber auch nicht über echt zotige & fiese Witze lachen. Der Walkman erreichte mein Bett, alle schauten mich erwartungsvoll an …

Am Ende lachte ich zweimal: Zuerst über einen Witz mit der Pointe »Entschuldigung, würden Sie mir bitte mal die Muschi reichen?« & dann noch über eine Geschichte, wie er mit seiner Frau in Frankreich in einem Hotel übernachtet & feststellt: »Es gab Continental Breakfast – wir haben die Bettdecke gegessen.« Puh. Prüfung bestanden.

---

* laut englischsprachigem Wikipedia-Eintrag [in deutscher Übersetzung]

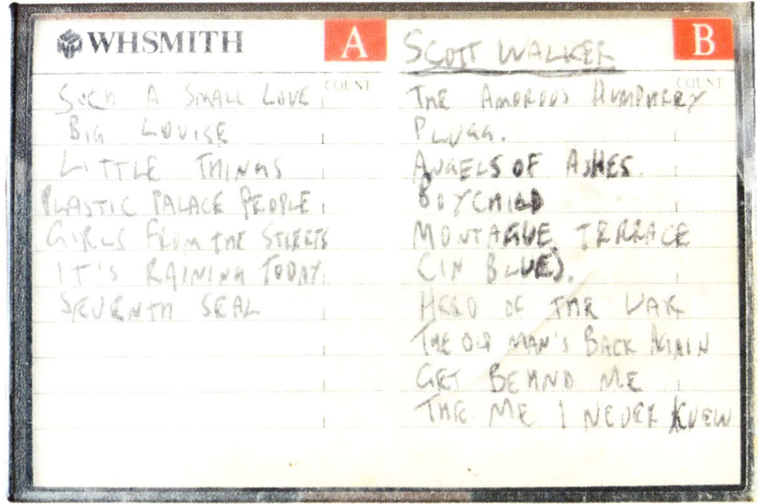

Ein paar Tage später zahlte ich es Keith heim, indem ich ihn dazu brachte, sich eine Scott-Walker-Kassette anzuhören.

Ich bin froh, dass wir die Kassette hier oben auf dem Dachboden gefunden haben, denn mit ihr habe ich die Musik von Scott Walker kennengelernt – Musik, die mir seitdem immens viel bedeutet. Deshalb kommt sie auf den BLEIBT-Haufen. Mit ihr begann eine Beziehung, die ein Leben lang halten wird.

Das auf dem Cover ist zwar meine Handschrift, aber die Kassette hatte ich etwa ein halbes Jahr vor meinem Sturz von einem Freund geschenkt bekommen. Von wem, weiß ich leider nicht mehr. Komisch, oder? Da wendet sich dein Leben für immer zum Besseren & du weißt nicht mal mehr, wem du es zu verdanken hast. Ich glaube, er war blond.

Stattdessen bedanke ich mich bei Julian Cope. Auf der Kassette ist nämlich *Fire Escape in the Sky: The Godlike Genius of Scott Walker* drauf, eine Compilation mit Stücken von Scotts Soloalben der späten 1960er-Jahre, die Cope 1981 für *Zoo Records* zusammengestellt hatte. Mit ihr wollte Julian Cope die Postpunk-Generation an die Musik von Scott Walker heranführen – & ihr die Angst nehmen, einer »windigen Mainstream-Ikone aus den 60ern« (nicht meine Worte, sondern Copes) auf den Leim zu gehen. Ich gehörte haargenau zur Zielgruppe. Ich kannte die Hits, die Scott als Mitglied der Walker Brothers gehabt hatte, & hatte mir auf dem Flohmarkt sogar das Album *Scott Walker – The Moviegoer* gekauft, auf dem er bekannte Lieder aus Filmen sang, doch für einen großen Künstler hatte ich ihn nicht gehalten. Das sollte sich mit dieser Kassette ändern.

Ich hatte im The Wicker mit einer Erkältung (mal wieder) im Bett gelegen, als mir die Kassette einfiel, die ich ein paar Tage zuvor bekommen hatte. Ich kroch aus dem Bett, um sie zu suchen, legte sie in den Kassettenrekorder & drückte auf »Play«. Ich hatte Fieber, die Musik rauschte durch meinen Kopf, während ich immer wieder eindöste & aufwachte. Bei »Plastic Palace People«, Seite 1, Stück 4, wurde es richtig seltsam. Ob ich wach war oder träumte, konnte ich nicht mit Sicherheit sagen. Ein Orchester spielte flirrende Musik, & ich dachte, ich würde fliegen. Dann sang jemand von einem »Balloon« in »polka dot underwear«. Das konnte nicht sein, oder? Abrupt wurde die Musik atonal & schräg, der Gesang war mit Echos unterlegt & klang wie aus einem Horrorfilm. Dann setzte die flirrende Musik wieder ein. So ging es eine Ewigkeit, die verschiedenen Abschnitte wechselten sich endlos ab. Das gab es bei richtigen Liedern nicht, oder? Ich musste es mir einbilden – vermutlich hatte ich zu oft am Hustensaft genippt.

Aber das hatte ich nicht. Scott Walker sang über verirrte Luftballons, einsame Transvestiten, Flugzeugabstürze, über Menschen, die vom Fernseher verschluckt werden, & solche, die Angst haben, der dicke Mann in der Wohnung darüber könnte durch die Decke fallen – & alles war untermalt mit einer schwelgerischen, breitbildhaften, orchestralen Musik, wie ich sie noch nie in meinem Leben gehört hatte. Es war das hörbar gewordene »Epische im Alltäglichen«.

Danke, Julian Cope. Danke, namenloser blonder Bekannter aus Sheffield. Seit der Erkältung hatte ich die Kassette wie ein Besessener rauf- & runtergehört, deshalb bat ich Tim, sie mir in die Klinik zu bringen. Nach der Großen Erkenntnis schien es nun noch mehr darauf anzukommen, sie mir genau anzuhören.

Keith fällte über Scott das Urteil: »Singt ein bisschen wie Andy Williams.«

Mein Lieblingsknopf auf dem *Yamaha PortaSound PS-400:*

Der DISCO-Knopf!

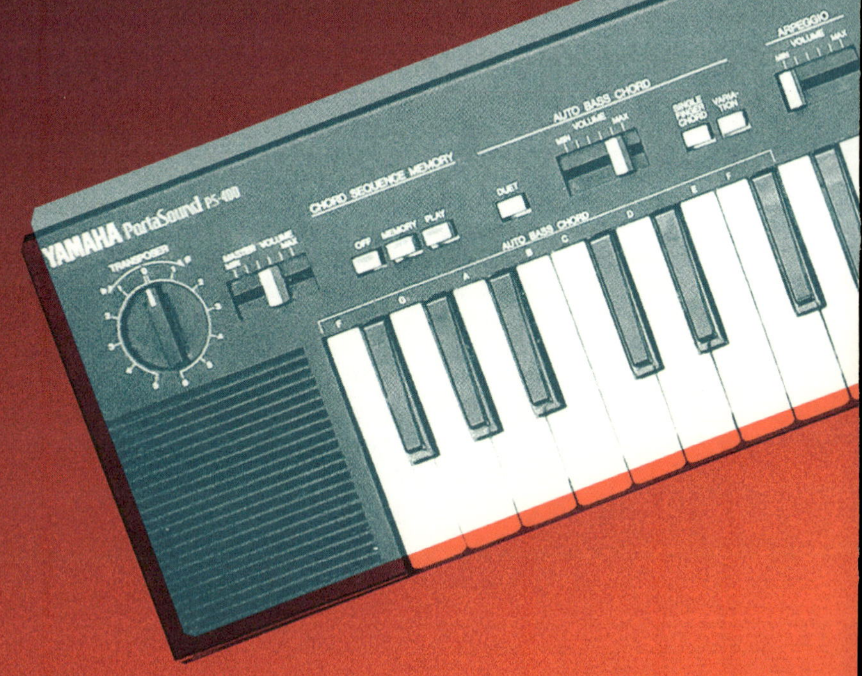

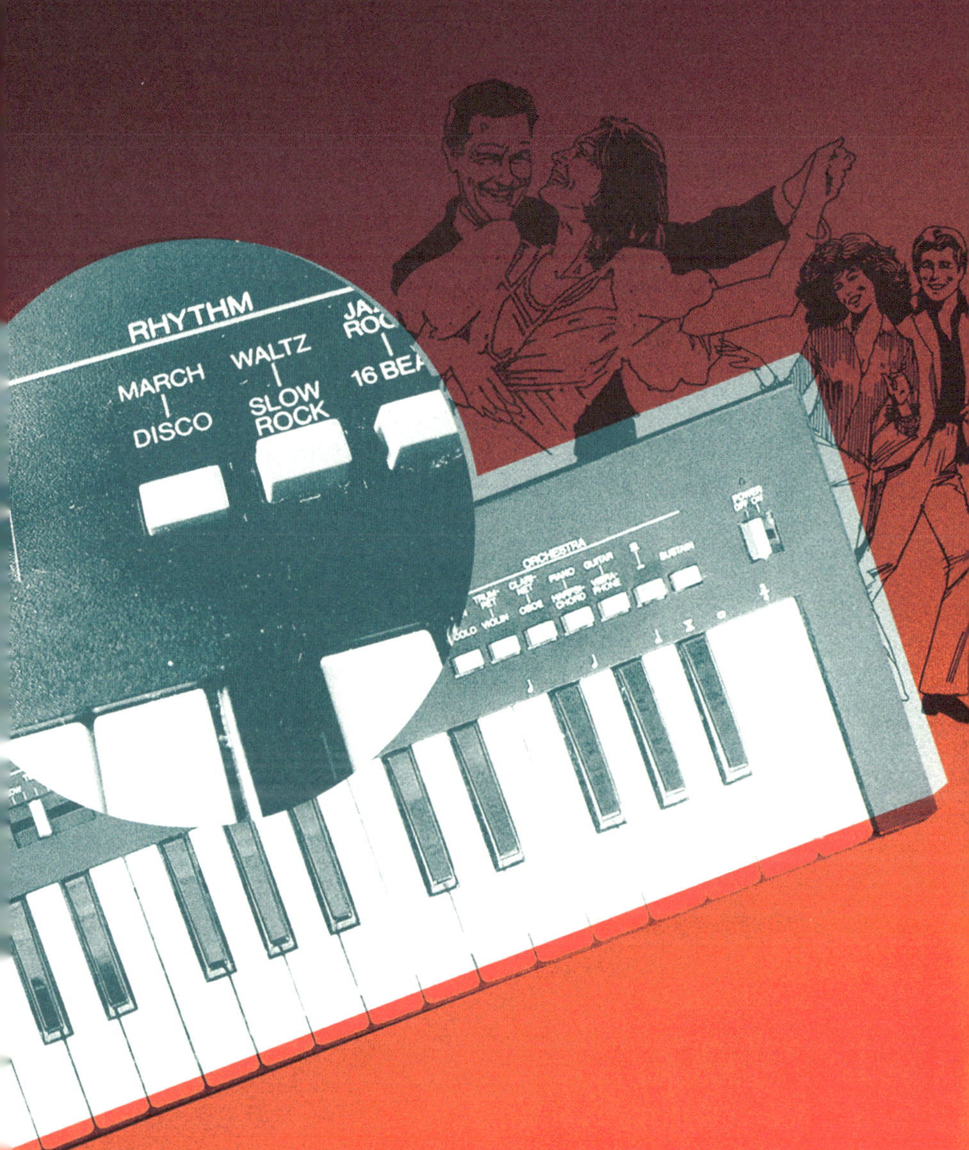

Ich bat Tim außerdem, mir dieses Keyboard hier in die Klinik zu bringen. Es handelt sich um ein *Yamaha PortaSound PS-400*. Vier Oktaven, ein »Orchester« aus zehn elektronisch simulierten Instrumenten plus zehn programmierte Rhythmen. Als es 1982 auf den Markt kam, war es das Neueste vom Neuen. Im selben Jahr schenkte mein Opa es meiner Oma zu Weihnachten. Ein paar Monate später »lieh« ich es mir aus & habe es bis heute … BLEIBT.

Ich wollte in der Klinik Stücke schreiben, aber nicht vor versammelter Mannschaft auf meiner Akustikgitarre rumschrammeln. (Die alte Angst, jemand könnte mithören.) Das Keyboard war die perfekte Lösung. Da es über eine Kopfhörerbuchse verfügte, konnte man in Ruhe kreativ werden. Für alle Beteiligten das Beste, wenn ihr mich fragt. (Denkt an Guantánamo.)

Mir fehlte die Band & dies war der bestmögliche Ersatz. Drückt man den Knopf AUTO-CHORD ACCOMPANIMENT (während RHYTHM SECTION aktiviert ist), steht einem jederzeit eine Band zur Verfügung. (Noch ein Pluspunkt: Sie beschwert sich nicht, wenn sie ein & dasselbe Riff über zehn Minuten spielen soll.)

Mein Lieblingsknopf am *Yamaha PortaSound PS-400* ist der ganz links in der Rhythm-Section-Reihe: der DISCO-Knopf!

Schlägt man auf dem Keyboard eine beliebige Taste der unteren Oktave an, spielt eine komplette Band einen rudimentären »Four-to-the-Floor«-Discogroove. Wie sehr ich das geliebt habe. Jetzt konnte ich endlich Stücke schreiben wie die, zu denen ich all die Jahre im Limit getanzt hatte. Mit dieser Keyboard-Einstellung habe ich etliche Songs komponiert. So ergeht es einem, wenn man ein neues Instrument entdeckt: Es eröffnen sich unzählige neue Möglichkeiten. Barry White & das Keyboard gaben meinen Kompositionen eine völlig neue Richtung. An Tanzmusik, also Musik für den Körper, habe ich mich zum ersten Mal versucht, als ich in einer Rehaklinik ans Bett gefesselt war. Ich blieb bis spätnachts wach & schrieb Musik für eine imaginäre Tanzfläche, obwohl ich für lange Zeit auf keiner echten mehr zeigen konnte, »was ich so draufhatte«.

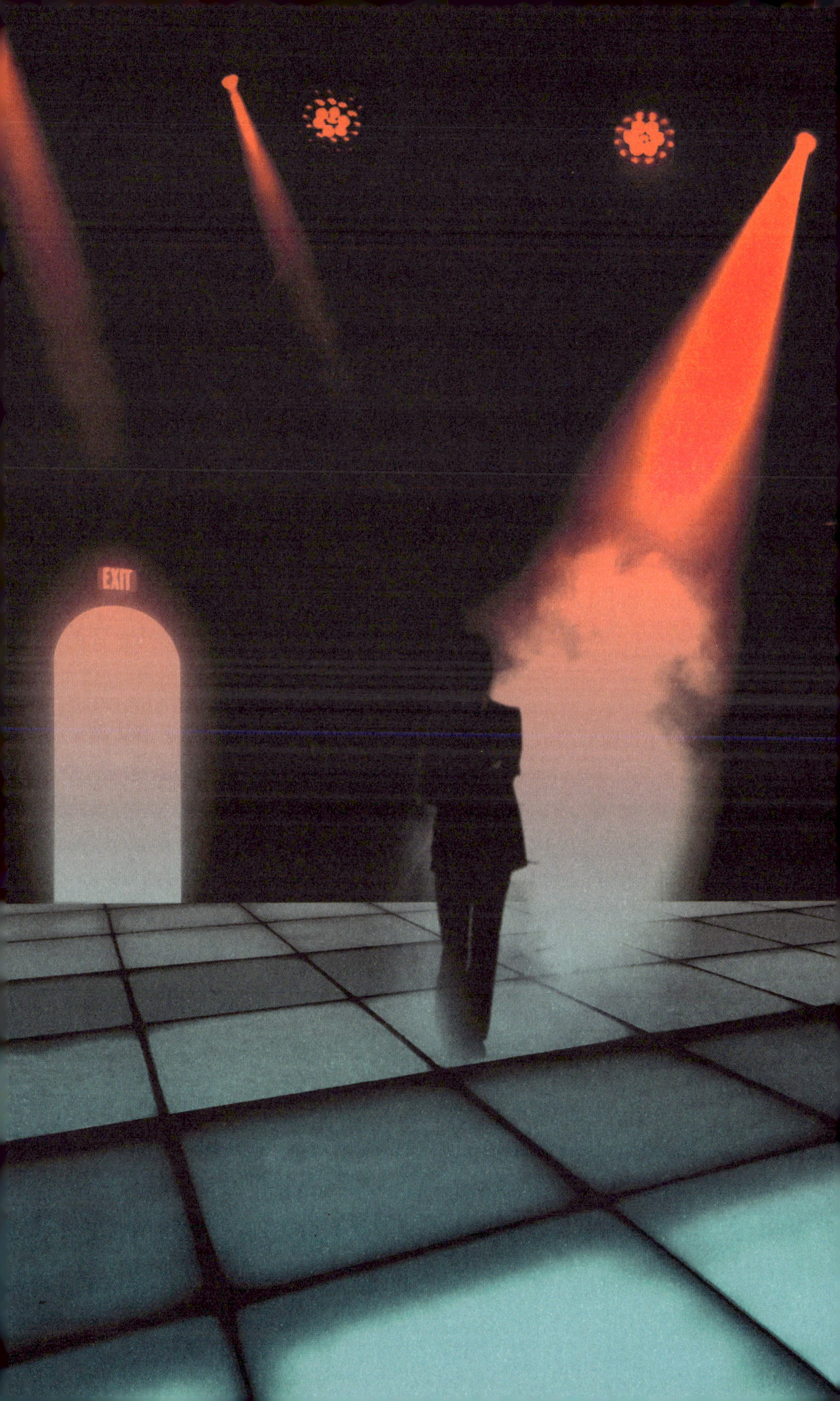
EXIT

Meine wöchentlichen Ausflüge ins Limit waren zwar fürs Erste gestrichen, aber ins Kino ging ich doch ein paarmal. Besser gesagt, das Kino kam zu mir. Jeden zweiten Donnerstag baute ein Filmvorführer seinen 16-Millimeter-Projektor auf der einen & eine Leinwand auf der anderen Seite des Saals auf. Danach wurden die Rollbetten in »Kinoreihen« angeordnet, das Licht wurde runtergedimmt & die Abendvorstellung begann. Wir waren wie verzaubert, denn auf der Station gab es keinen Fernseher & dies war unsere einzige vierzehntägliche Bewegte-Bilder-Dosis.

Um Meisterwerke der Filmkunst handelte es sich eher nicht. Der erste Streifen war *Auf dem Highway ist die Hölle los*. Den Jungs auf der Station gefielen die Verfolgungsjagden. Vierzehn Tage darauf stand ein etwas heiklerer Film auf dem Programm: *Star 80* mit Mariel Hemingway in der Hauptrolle – eine Verfilmung der Lebensgeschichte von Dorothy Stratten, einem Ex-*Playmate*, das von seinem Freund ermordet wurde (Spoiler). Ein Porno war es nicht, aber in Anbetracht der Geschichte überraschte die viele nackte Haut natürlich auch nicht. »Hände über die Bettdecke, Jungs!«, rief George, der sich zu unserem Moralhüter aufgeschwungen hatte. Als wären wir in einem *Ist-ja-irre*-Film gelandet.

Der Aufenthalt in der Klinik sollte weitreichende Folgen für mich haben. Meine Knochen wuchsen zusammen & in meinem Kopf wuchs etwas zusammen. Ich tat mehrere Zutaten in einen Topf & braute die magische Formel. Wenn ich es an die Tafel schreiben sollte, käme Folgendes dabei raus:

Etliche andere Faktoren flossen ebenfalls in die Gleichung ein. Wollte man es als Bild darstellen, würde es wahrscheinlich aussehen wie dieser Dachboden: ein wildes Durcheinander, ohne dass eine Sache dominiert – es kommt auf die Mischung an. Scheinbar Belangloses kann auf lange Sicht Wirkung zeigen, sofern man es in der richtigen Dosierung zur Mischung gibt.

SCOTT
+
BARRY
+
EURODISCO
+
GRITTY
NORTHERN
REALISM
= THE FUTURE

Der Sturz aus dem Fenster hatte alles aufgewirbelt & miteinander vermengt. Eine Kettenreaktion war in Gang gesetzt worden. Ich hatte das Gefühl, kurz vor einem lebensverändernden Durchbruch zu stehen. (& nein, ich war nicht mehr auf starken Schmerzmitteln.)

Am Tag vor Weihnachten sollte ich aus dem King Edward entlassen werden. Vorher musste ich noch lernen, an Krücken zu gehen & den Rollstuhl zu bedienen. Bis ich mich ohne Hilfsmittel fortbewegen konnte, würde es mindestens noch einen Monat dauern, aber ich durfte zur weiteren Rekonvaleszenz ins zivile Leben zurückkehren, vorausgesetzt, ich zog wieder bei meiner Mutter ein. Darauf bestand der Arzt. In den ersten Tagen in der Klinik hatte ich eine Atemwegsinfektion gehabt, die sich beinahe zu einer Lungenentzündung ausgewachsen hätte. Der Arzt fragte, ob ich in einer kalten, feuchten, schmutzigen Umgebung gewohnt hätte. Ich beschrieb ihm mein Zimmer im The Wicker, & er machte bei jedem Punkt einen Haken. Wie er mir klipp & klar sagte, durfte ich nicht in die Wohnung zurück, weil sonst die Gefahr einer chronischen Lungenkrankheit bestand. Das Ende einer Ära – auf ärztliche Anordnung hin.

Zum ersten Mal seit fast zwei Monaten zog ich mir normale Klamotten an & wartete auf Tim, der mich in seinem Transporter abholen & zu meiner Mutter fahren wollte. Ich befolgte den Rat des Arztes, mich warm zu halten, & hüllte mich in den gegenüber abgebildeten Mantel. Ein schwarzer Kunstpelzmantel, den Hardy Amies für Hepworths designt hatte.

Sehr warm, sehr kuschlig. & sehr kostbar. Ich hatte den Mantel von meinem Großvater geerbt, der 1983 gestorben war. Als ich klein war, hatte er mich, wenn er den Mantel trug, gern hochgehoben & so getan, als wäre er ein Bär. Damals habe ich das wirklich geglaubt. Jetzt war ich an der Reihe, Poppa Bear zu spielen. & das passte mir sehr gut. BLEIBT.

Während ich auf dem Bett saß & auf Tim wartete, kam eine Gruppe Schüler, die eine Weihnachtsaufführung für die Patienten einstudiert hatte. Sie versammelten sich um den Tannenbaum auf der Station. Die Kleineren sangen Weihnachtslieder & klangen dabei so vergnügt & atonal, wie man es nur in der Vorpubertät überzeugend hinbekommt. Danach präsentierte ein Quartett aus etwas älteren Mädchen eine Tanzperformance zu »La Bamba« (von Bruno nur »Caramba, Caramba« genannt). Drei Mädchen trugen goldene Turnanzüge mit passenden Leggings, während die Vierte wohl die Info nicht bekommen hatte & stattdessen in Stretchjeans plus Unterhemd erschienen war. Ich fand ihren Mangel an Begeisterung, weil sie vor einer Horde alter Knacker herumhüpfen mussten, ziemlich witzig. In diesem Moment war ich in die ganze Welt verliebt. Ich war auf dem Weg nach Hause, würde wieder gesund werden – & es war Weihnachten! Der Drehbuchautor hatte doch noch die Kurve gekriegt.

Tim kam & trug meine Sachen zum Transporter. Ich humpelte an Krücken hinterher. Als ich das Zimmer verließ, riefen mir die Jungs »Frohe Weihnachten!« nach. Ich trat aus der Tür der Klinik, blieb kurz stehen & spürte den Lufthauch in meinem Gesicht. Seit zwei Monaten war ich nicht mehr draußen gewesen. Ich atmete tief ein, stand auf dem Parkplatz & schaute auf die im Dunkeln glitzernden Straßenlampen von Sheffield runter. Sie blinkten mir ein »Herzlich Willkommen« entgegen. Willkommen zu Hause. Ich hatte die Gefahrenzone verlassen. War aus dem Tunnel raus. Eingehüllt in den warmen Mantel meines Großvaters, war ich bereit für die nächste Etappe des Abenteuers.

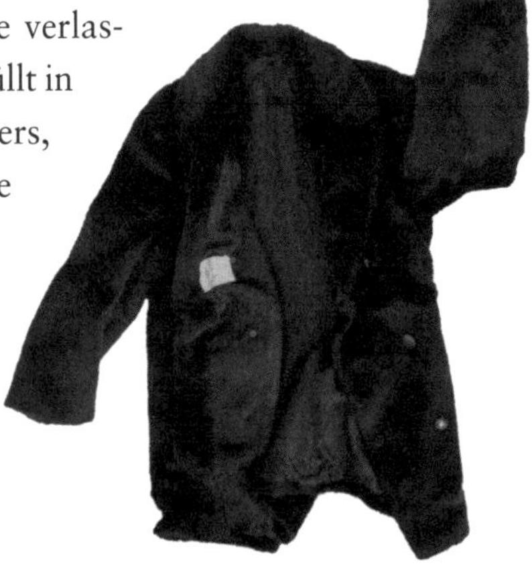

Tim ließ den Motor an & ich bugsierte mich auf den Beifahrersitz.

Es war Zeit zu gehen.

Inner London Education Authority

The London Institute

Central School of Art and Design

Southampton Row London WC1B 4AP Telephone 01-405 1825

Head of School: D.C.Sherlock BA MPhil MSDI FRSA

Administration

Dear Mr Cocker,

COUNCIL FOR NATIONAL ACEDEMIC AWARDS -
REGISTRATION SCHEME 1988/89
ADMISSIONS TO FIRST DEGREE COURSES IN ART AND DESIGN

I am pleased to inform you that your application for admission to the degree course in FA - Film + video has been successful.

You are requested to confirm or decline our offer of a place as soon as possible by completing the Form of Declaration overleaf.

From September 1988, the Central School will join St Martin's School of Art to form a new, merged college. It will be called Central and St Martin's School of Art and Design and will therefore preserve all the advantages of public reputation built up over many years. The range of courses of the two existing colleges are complementary and we expect only improvements in the facilities and opportunities available to you as a result of the merger. The new college will have about 1,400 students and probably the most comprehensive range of undergraduate and postgraduate courses in art and design in the country.

The course commences on Monday 26 September 1988 and you should attend at 9.30 a.m. on that day. On arrival you will be asked to pay your fees or produce written evidence that your Education Authority or some other body will pay them, otherwise enrolment for the course may be refused.

Students are expected to make their own arrangements for accommodation well before the beginning of the session. A booklet entitled "Handbook on Student Services", prepared by the Student Counsellor, is enclosed, which she hopes you will find useful.

Fine Art students

Please understand that you will be enrolled at the Central School not St Martin's. Please ensure that in any correspondence with your local authority this is made clear.

Yours sincerely

R. Cegan

Registrar

26 / 65.70

Start

= 65.70 131400
× 26 39420

39420 270820
131400
525600

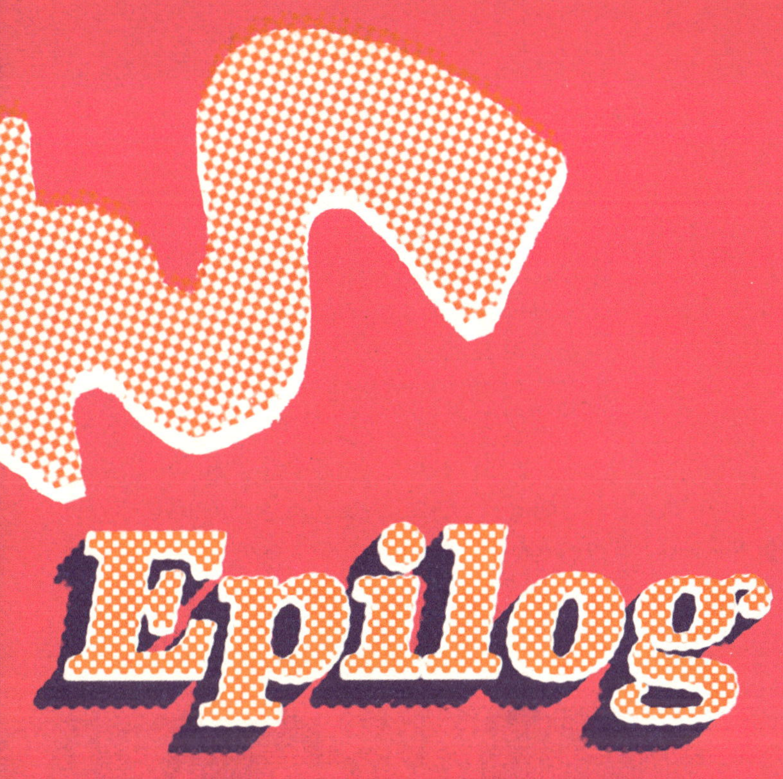

Epilog

Zu gern würde ich euch jetzt erzählen, ich wäre – bewaffnet mit meinem neuen kreativen Ansatz, aus der Klinik direkt in eine der angesehensten Kunsthochschulen im Land marschiert & dort, zack boom, ins Seminar »Das Lied, das mich bekannt gemacht hat« gerauscht – aber so war es nicht. Der Brief mit der Zusage der St. Martin's School of Art traf erst zweieinhalb Jahre später ein. Aber er lag in meinem Briefkasten.

Gleich nach Verlassen der Klinik wusste ich, dass meine Tage in Sheffield gezählt waren. Auf der Fahrt zu meiner Mutter erzählte Tim, unser gemeinsamer Bekannter Dave Loukes – Sänger der Sheffielder Band Quite Unnerving – sei bei einem Motorradunfall in der Woche zuvor tödlich verunglückt. Das Leben in Sheffield fühlte sich langsam an wie in einem Roman von Agatha Christie, in dem eine Figur nach der anderen kaltgemacht wird. Wenn ich dort noch länger bliebe, würde es auch mit mir bald ein unschönes Ende nehmen. Ich war mit einem blauen Auge davongekommen & musste daraus meine Lehre ziehen.

Doch solche Entscheidungen brauchen Zeit. Hier oben auf dem Dachboden war es nicht anders: Am Anfang habe ich gedacht, wir wären in einem Rutsch mit dem Aufräumen durch, doch an dieser Stelle können wir die Arbeit gut unterbrechen – soeben habe ich eine Nahtoderfahrung gemacht & dabei einen neuen kreativen Ansatz gefunden: Ich denke, wir haben uns eine Verschnaufpause verdient.

Bevor wir aufhören, will ich euch noch ein bisschen Bling-Bling zeigen. In der The-Wicker-Zeit habe ich meinen Schmuck in diesem Plastikapfel aufbewahrt, der gleich neben dem deprimierenden Ballerina-Wecker stand.

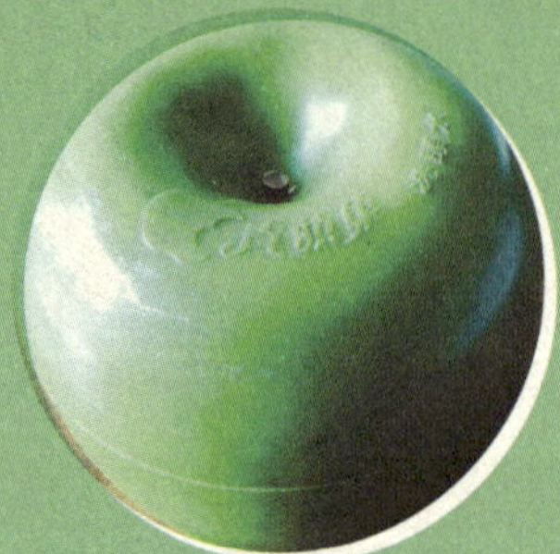

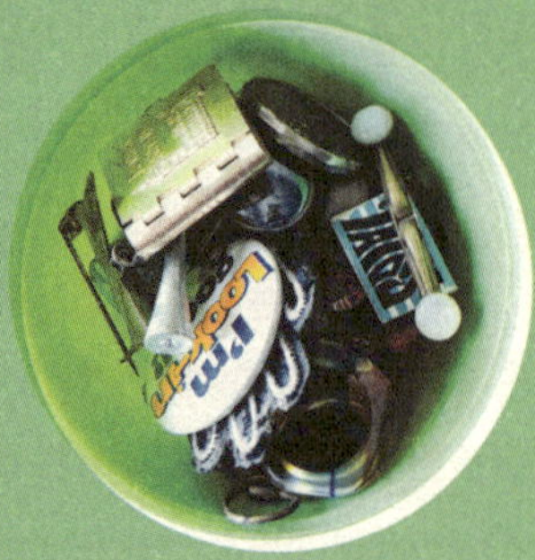

Echtheitsstempel oder so was gibt es nicht: alles nur Flohmarktfunde. Seltsame Manschettenknöpfe, eine viktorianische Klemme zum Zusammenhalten von Hemdkragen (wahrscheinlich habe ich deshalb nie Kragenstäbchen gebraucht), ein paar Ringe & Broschen. Doch vor allem möchte ich euch dieses winzige Buch zeigen.

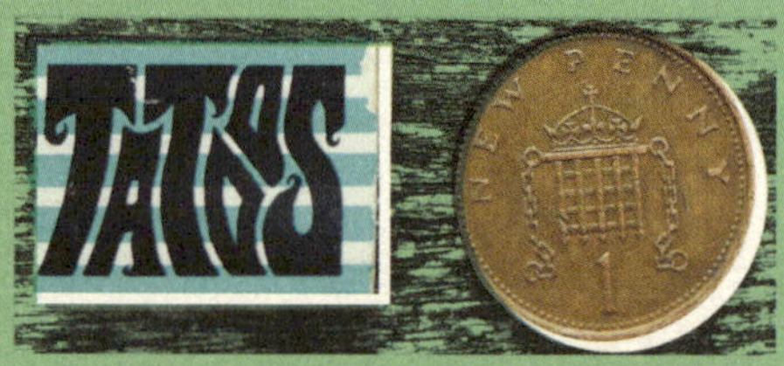

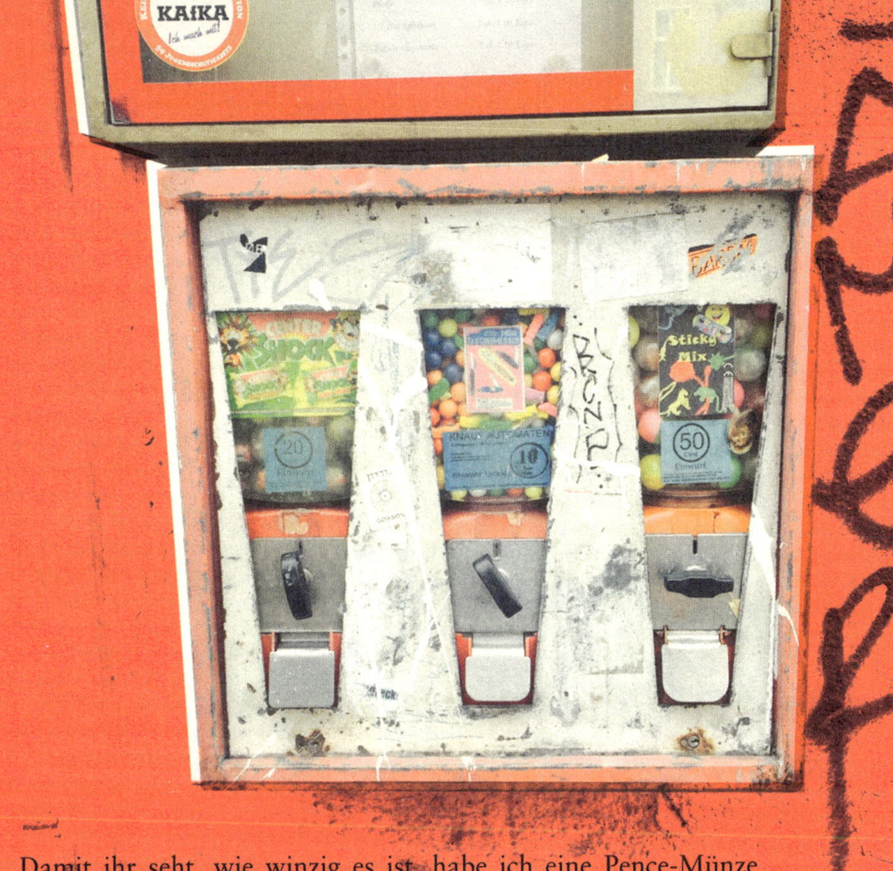

Damit ihr seht, wie winzig es ist, habe ich eine Pence-Münze danebengelegt. Es handelt sich um ein Büchlein mit Tattoos (oder »TATOOS«, wie es auf dem Deckel heißt) & es ist kostbar & absolut pop. Ich habe es aus einem Kaugummiautomaten.

Vor dem Süßigkeitenladen in unserer Straße hing damals ein Kaugummiautomat wie der oben abgebildete.* Anders als bei diesem lag bei unserem auch eine Handvoll »TATOO«-Büchlein zwischen den Kaugummikugeln. Man konnte sie durch die Scheibe sehen. Verlockend.

Jeden Tag steckte ich einen Penny in den Schlitz, drehte am Knopf, hörte das unverwechselbare Pling einer in den Ausgabe-

---

* Das Foto habe ich vor Kurzem in Berlin gemacht.

schacht fallenden Kaugummikugel & öffnete vorsichtig die Blechklappe, weil ich nicht wollte, dass das Kaugummi auf den Boden fiel & schmutzig wurde. Dann ging ich in die Hocke, spähte in den Ausgabeschacht & hoffte ohne große Hoffnung, dass ich darin noch ein »TATOO«-Buch entdecken würde. Das Kaugummi war fürchterlich: Sobald man es zu kauen versuchte, zerbröselte es zu klebrigen Krümeln. Wahrscheinlich lagen einige schon seit Jahren im Automaten. Die »TATOO«-Bücher waren der eigentliche Preis, den man sich erhoffte, wenn man eine Münze in den Schlitz steckte.

Auf dem Schulweg kam ich zweimal täglich an dem Automaten vorbei. Hatte ich einen Penny in der Tasche, versuchte ich mein Glück – jedes Mal vergeblich.

Das ging von der Vorschule bis zum Ende der Grundschule so. Eines Tages geschah dann das Unvorstellbare. Ich hob die Blechklappe hoch & dieses Büchlein lag im Schacht. Ich traute meinen Augen nicht.

Man schlägt eine Seite darin auf, legt sie auf eine Stelle des Körpers, befeuchtet sie, wartet ein paar Sekunden & wenn man sie wieder entfernt, hat man – zack! – ein Tattoo. Natürlich brachte ich das nicht übers Herz.

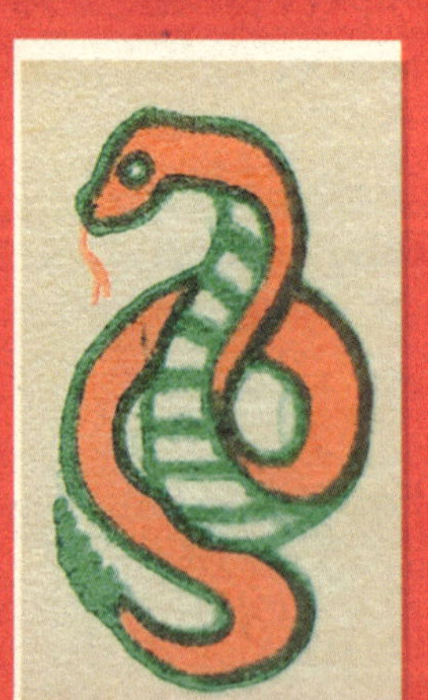

Das Büchlein war viel zu kostbar, um es kaputt zu machen. Deshalb habe ich es jahrelang an einem sicheren Ort aufbewahrt. In einem Plastikapfel.

Ich war ohnehin schon für immer vom Pop geprägt. Ich brauchte kein Tattoo, um es zu beweisen.

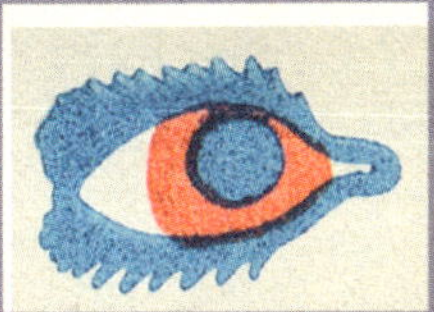

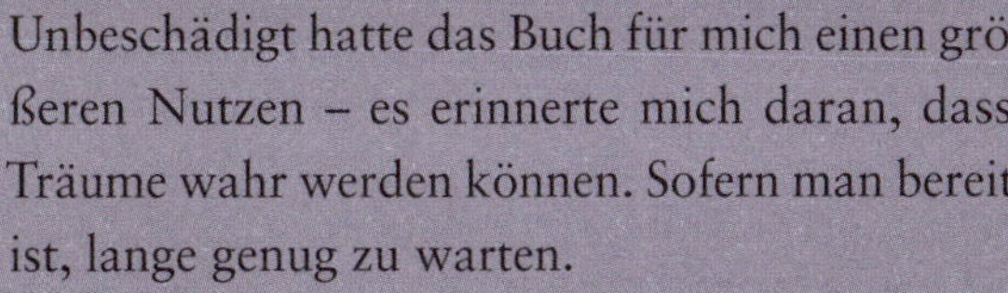

Unbeschädigt hatte das Buch für mich einen größeren Nutzen – es erinnerte mich daran, dass Träume wahr werden können. Sofern man bereit ist, lange genug zu warten.

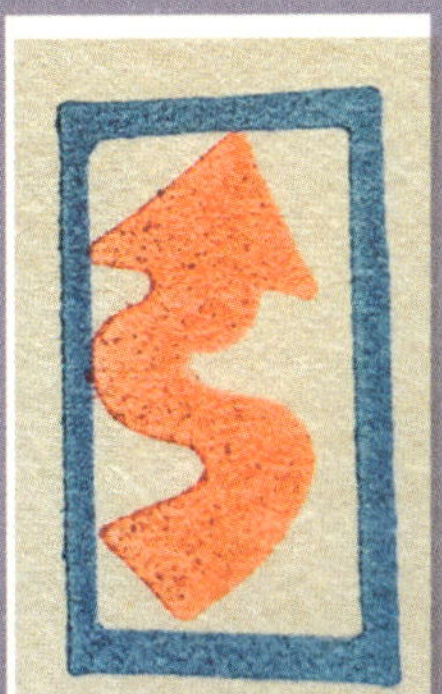

Das war etwas, das ich im Hinterkopf behielt – vor allem später, in den dunklen Jahren unter Th*tcher. Irgendwo gibt es immer einen Ausweg.

In Wahrheit enthält das winzige Buch lauter Talismane, die mich vor bösem Pop beschützen. BLEIBT.

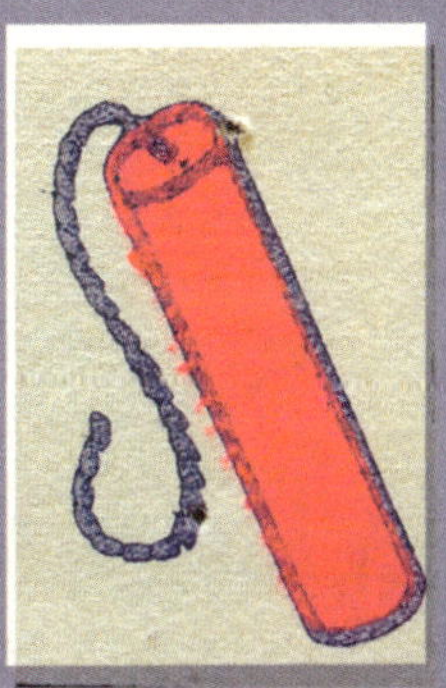

Um bösen Pop abzuwehren, half mir natürlich auch das Stückeschreiben. Bevor ich dieses Buch verfasst habe, hatte ich die Erlebnisse in meinem Leben nur in Songs darzustellen versucht. Auf einzelne Songs bin ich im Buch nicht näher eingegangen. Das hätte gegen die Spielregeln des Zauberkreises verstoßen & den »heiligen Mechanismus« entweiht, den Leonard Cohen 2012 in unserem Gespräch erwähnt hatte.

& doch …

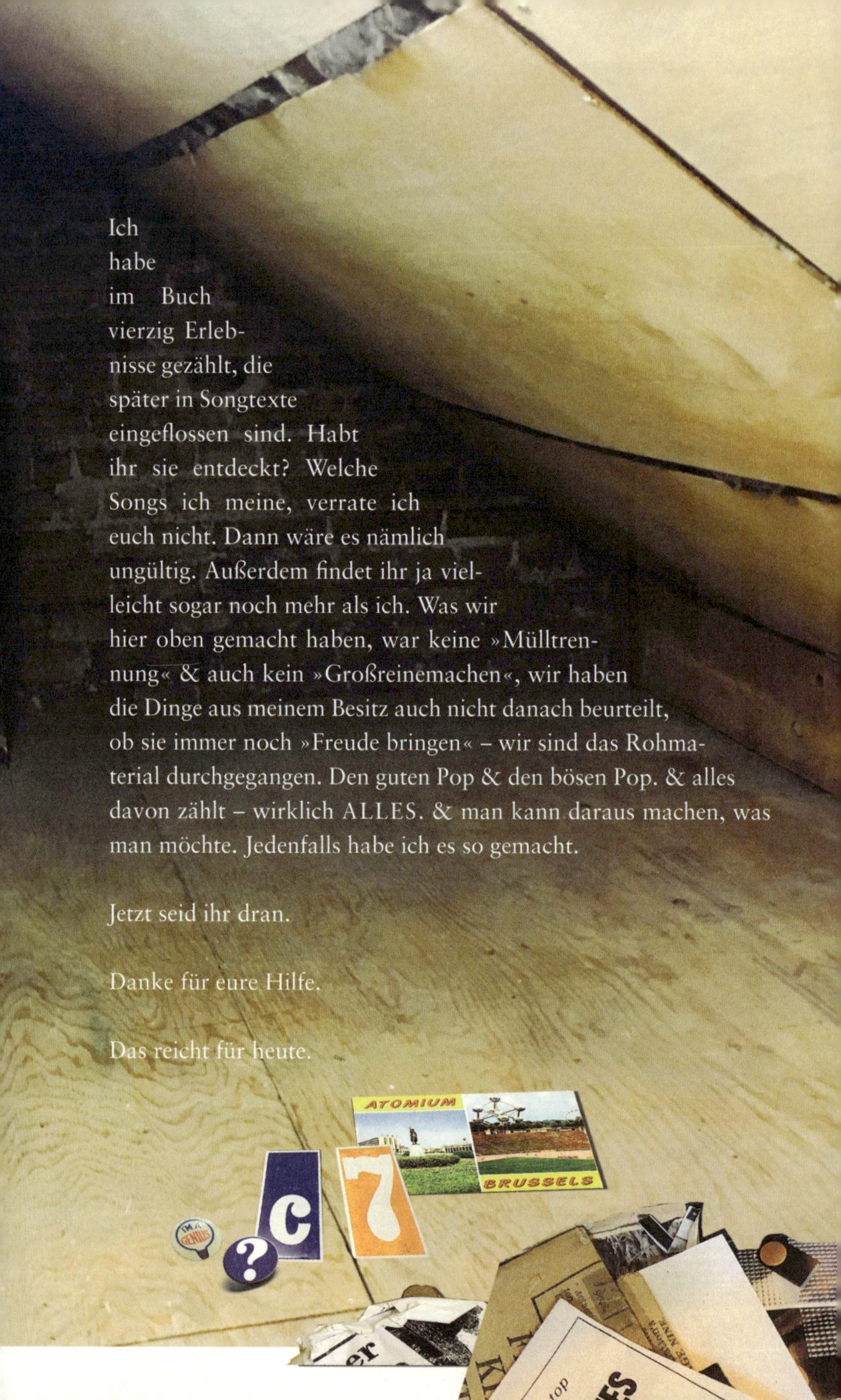

Ich habe im Buch vierzig Erlebnisse gezählt, die später in Songtexte eingeflossen sind. Habt ihr sie entdeckt? Welche Songs ich meine, verrate ich euch nicht. Dann wäre es nämlich ungültig. Außerdem findet ihr ja vielleicht sogar noch mehr als ich. Was wir hier oben gemacht haben, war keine »Mülltrennung« & auch kein »Großreinemachen«, wir haben die Dinge aus meinem Besitz auch nicht danach beurteilt, ob sie immer noch »Freude bringen« – wir sind das Rohmaterial durchgegangen. Den guten Pop & den bösen Pop. & alles davon zählt – wirklich ALLES. & man kann daraus machen, was man möchte. Jedenfalls habe ich es so gemacht.

Jetzt seid ihr dran.

Danke für eure Hilfe.

Das reicht für heute.

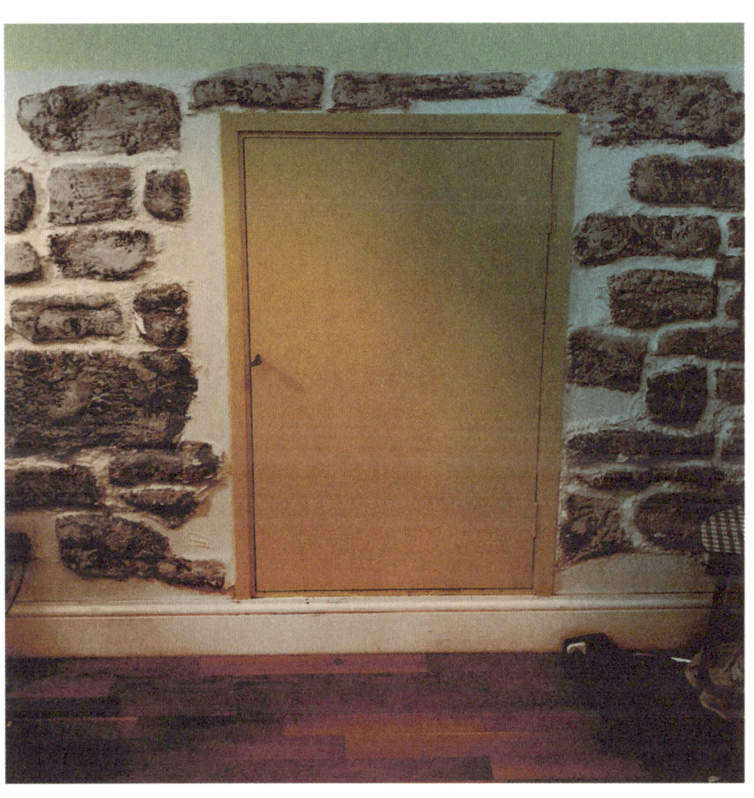

Gute Nacht.

Bildnachweise

Alle Fotografien von Jarvis Cocker, sofern nicht anders angegeben.

Ektachrome-Dias der Familie aufgenommen von Hugh Hoyland.

Seite 24 – »Annie's Song«, geschrieben von John Denver, veröffentlicht von Cherry Lane Music
Seite 64/65 – Unbekannter Schulfotograf
Seite 66 – Unbekannter Schulfotograf
Seite 81 – Christine Cocker
Seite 98 – Saskia Cocker
Seite 103 – Saskia Cocker
Seite 121 – Unbekannter Schulfotograf
Seite 129 – »If I Never Get to Love You« gesungen von Marianne Faithfull, geschrieben von Burt Bacharach & Hal David.
Seite 144/145 – Alex Sturrock
Seite 146 – Saskia Cocker
Seite 164/165 – Homer Sykes
Seite 167 – Kevin Cummins
Seite 186 – Unbekannter Schulfotograf
Seite 188 – Nick Taylor
Seite 201 – David Gillott
Seite 208 – M. A. W Allott
Seite 211 – Martin Lacey

Seite 218 – Unbekannter Straßenfotograf
Seite 220 – Unbekannter Fotograf
Seite 223 – Martin Lacey
Seite 229 – Chris Wicks
Seite 232 – Dave Simmons
Seite 244 – Sheffield Newspapers
Seite 253 – David Bocking
Seite 285 – Saskia Cocker
Seite 297 – David Bocking
Seite 298 – David Bocking
Seite 301 – David Bocking
Seite 302/303 – David Bocking
Seite 304 – David Bocking
Seite 307 – David Bocking
Seite 308 – David Bocking
Seite 313 – David Bocking
Seite 330 – Unbekannter Hochzeitsfotograf
Seite 333 – David Bocking

Sollte ich jemanden übersehen haben, bitte ich um Entschuldigung & Kontaktaufnahme.

Die Playlist zum Buch: https://ffm.to/goodpopbadpop

Danke

Dieses Buch würde ohne meine Literaturagentin Mónica Carmona nicht existieren. Sie hat geglaubt, dass ich ein Buch schreiben könne, lange bevor ich es selbst geglaubt habe. Muchas gracias, Mónica.

Michal Shavit, meine Lektorin bei Jonathan Cape, & ihr unglaubliches Team – zu dem auch Bea Hemming & Ana Fletcher gehören – haben mich durch den Schreibprozess geleitet, mich ermutigt, wenn es nötig war, & wirklich geholfen, das Material in Form zu bringen.

Julian House war genau der richtige Gestalter für dieses Buch. Wir beide lieben die Designexperimente einer bestimmten Epoche. Julian hat es verstanden, mit diesen Bezugspunkten etwas herzustellen, das sowohl eine Freude zu lesen als auch wunderschön anzuschauen ist.

Dank auch an all die Menschen, die Teile dieses Buches in verschiedenen Entwicklungsstadien gelesen haben: Jeannette Lee, Raina Lampkins Fielder, Mary Franklin, Antony Genn, Harland Miller, Douglas Coupland, Steve Albini, Kim Sion, Chilly Gonzales.

Sehr viele Menschen haben mir außerdem geholfen, Fotos & Gegenstände aufzuspüren, mich juristisch beraten & mich genau dann unterstützt, als ich es brauchte. Dank an (in zufälliger Reihenfolge):

Alison Davies
Jill Taylor
Jonny Trunk
Mr Gazoline
Sam Knee
Sheffield Tape Archive
Pulp Wiki
Shumon Basar
Christine Connolly
Saskia Renshaw
Randall Poster
Janet Hicks
Geoff Travis
Mog Yoshihara
Kelly Kiley
Ben Ayres
Lisa Goodall
Martin Lacey
David Bocking
Sheffield City Archives
Adam Dineen
Simon Esplen
Mick Jarvis
Dave Simmons
Tim Knebel
Jane Salt
Giles Bosworth
Joel Tomlin
Felicitas Aga
Richard Hawley
John Best
Polly Birkbeck
Meghan Currier
John Roddison
Lucy Suarez
Patsy Winkelman

& schließlich vielen Dank an euch, liebe Leserinnen & Leser, für eure unbezahlbare Unterstützung bei diesem noch nicht abgeschlossenen Projekt der Eigenarchäologie.

Übersetzungen

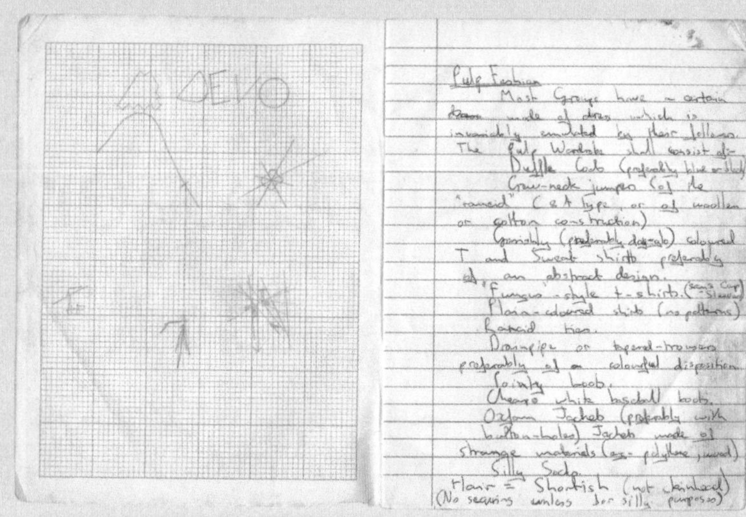

Pulp Fashion

Most Groups have a certain mode of dress which is invariably emulated by their fellows. The Pulp Wardrobe shall consist of:-

Duffle Coats (preferably blue or black)

Crew-neck jumpers (of the "rancid" C & A type, or of woollen or cotton construction)

Garishly (preferably day-glo) coloured T and Sweat shirts preferably of an abstract design.

"Fungus"-style t-shirts. (sans Cap-Sleeve)

Plain-coloured shirts (no patterns)

Rancid ties.

Drainpipe or tapered-trousers preferably of a colourful disposition

Pointy boots.

Cheapo white baseball boots.

Oxfam Jackets (preferably with button-holes) Jackets made of strange materials (eg. polythene, wood)

Silly Socks.

Hair = Shortish (not skinhead)

(No sequins unless for silly purposes)

Seite 19

Pulp-Fashion

Die meisten Gruppen haben einen bestimmten Kleidungsstil, der unweigerlich von ihren Fans nachgeahmt wird. Die Pulp-Garderobe sollte aus Folgendem bestehen:

- Dufflecoats (am besten blau oder schwarz)
- Pullover mit rundem Ausschnitt (die »ranzigen« C&A-mäßigen oder aus Wolle oder Baumwolle)
- Grellfarbige (am besten Neonfarben) T-Shirts & Sweatshirts, am besten mit abstrakten Designs bedruckt
- T-Shirts im »Fungus«-Stil (ohne Flügelärmel)
- Einfarbige Hemden (ohne Muster)
- Ranzige Schlipse
- Röhrenhosen oder eng zulaufende Hosen, am besten farbiger Natur
- Spitze Schuhe
- Billige weiße Baseball-Sneaker
- Jacken von Oxfam (am besten mit Kragenknopfloch), Jacken aus seltsamen Materialien (z. B. Polyäthylen, Holz)
- Alberne Socken
- Haare: eher kurz (aber nicht Skinhead-Glatze)

(Keine Pailletten – es sei denn für Albernheiten)

Pulp-Garderobe (illustriert)

Dufflecoat
Rundkragen-Pullover / optional
Grelles T-Shirt / Hell-
blau / Pink / Gelb / Lila / Grün
Einfarbiges Hemd
Ranziger Schlips
Röhrenhose / Mauve
Spitze Schuhe
Billige Baseball-Sneaker
Eine Paillette ist okay, wenn sie albern
wirken soll
Kragenknopfloch / Jacke von Oxfam
(oder aus Papier)
Alberne Socken
Haare (eher kurz)

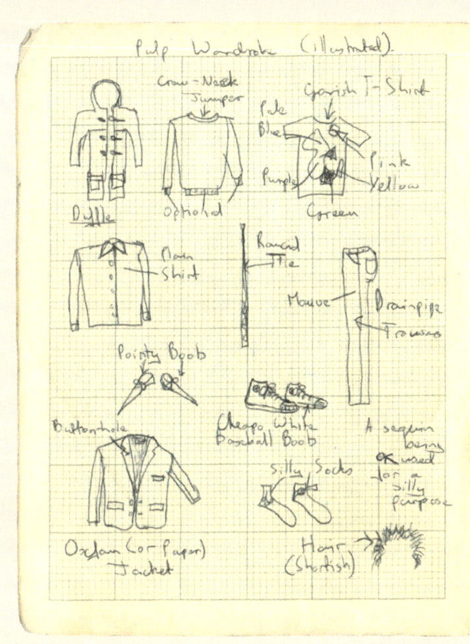

Seite 20

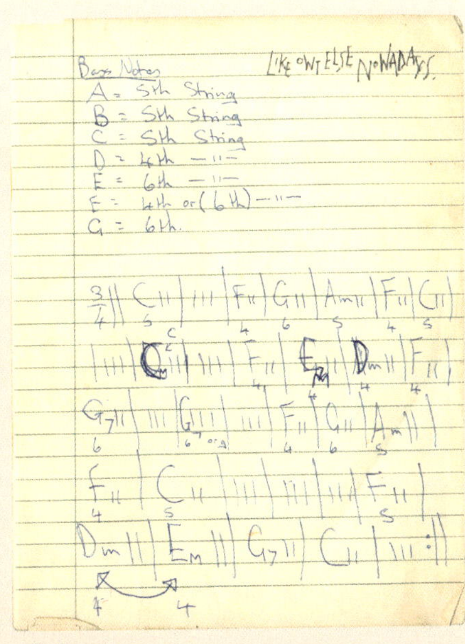

Seite 24

Bassnoten

A = 5. Saite
H = 5. Saite
C = 5. Saite
D = 4. Saite
E = 6. Saite
F = 4. oder (6.) Saite
G = 6. Saite

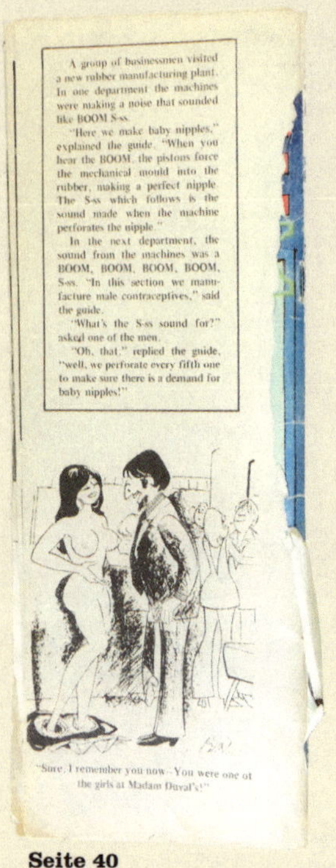

A group of businessmen visited a new rubber manufacturing plant. In one department the machines were making a noise that sounded like BOOM S-ss.

"Here we make baby nipples," explained the guide. "When you hear the BOOM, the pistons force the mechanical mould into the rubber, making a perfect nipple. The S-ss which follows is the sound made when the machine perforates the nipple."

In the next department, the sound from the machines was a BOOM, BOOM, BOOM, BOOM, S-ss. "In this section we manufacture male contraceptives," said the guide.

"What's the S-ss sound for?" asked one of the men.

"Oh, that," replied the guide, "well, we perforate every fifth one to make sure there is a demand for baby nipples!"

"Sure, I remember you now—You were one of the girls at Madam Duval's!"

Seite 40

Eine Gruppe Geschäftsleute besichtigte eine neue Gummifabrik. In einer Abteilung machten die Maschinen alle ein Geräusch, das wie BUMM SSS- klang. »Hier machen wir Sauger für Babys«, erklärte der Mitarbeiter. »Das BUMM sind die Kolben, die eine mechanische Pressform ins Gummi drücken & so den perfekten Sauger formen. Das SSS- hinterher ist das Geräusch der Maschine, die das Loch hineinstanzt.«
In der nächsten Abteilung klang die Maschine so: BUMM, BUMM, BUMM, BUMM, SSS- »Hier stellen wir Kondome her«, sagte der Mitarbeiter.
»& wofür ist hier das SSS-?«, fragte einer der Männer.
»Ach das«, sagte der Mitarbeiter. »Wir perforieren jedes fünfte Kondom, damit auf jeden Fall immer Bedarf an Saugern besteht!«

»Klar, jetzt erinnere ich mich. Sie waren eines der Mädchen bei Madame Duval!«
Schon von dem Bridge-Profi gehört, der Zwillinge bekam? Seine Frau hat sein Gebot verdoppelt.

• • •

Did you hear about the bridge expert who became the father of twins? His wife doubled his bid.

• • •

Seite 43

»Irgendwie steht dir das rosa Nachthemd nicht so, Derek.«

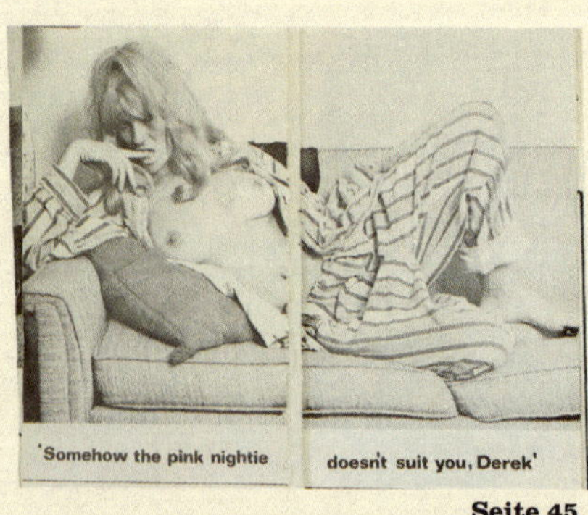

'Somehow the pink nightie doesn't suit you, Derek'

Seite 45

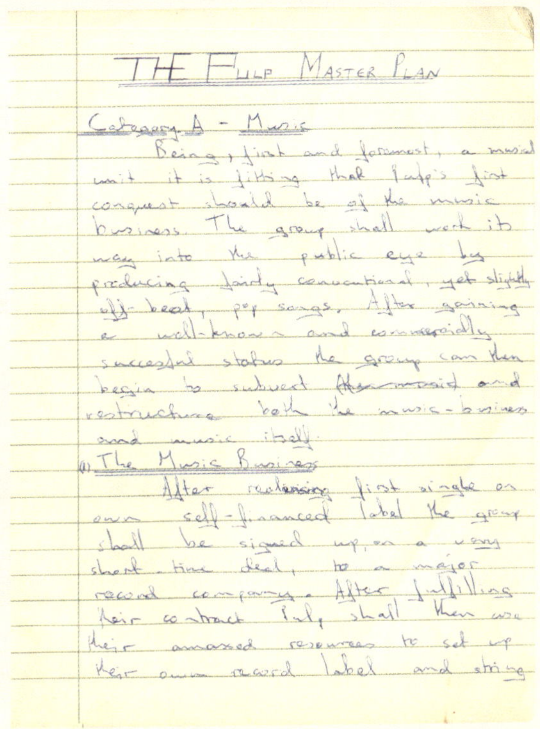

THE PULP MASTER PLAN

Category A – Music

Being, first and foremost, a musical unit it is fitting that Pulp's first conquest should be of the music business. The group shall work its way into the public eye by producing fairly conventional, yet slightly off-beat, pop songs. After gaining a well-known and commercially successful status the group can then begin to subvert and restructure both the music-business and music itself.

(1) The Music Business

After releasing first single on own self-financed label the group shall be signed up, on a very short-time deal, to a major record company. After fulfilling their contract Pulp shall then use their amassed resources to set up their own record label and string

Seite 57

Der Pulp-Masterplan

Kategorie A – Musik

Da Pulp in erster Linie eine Musikgruppe ist, erscheint es nur passend, dass die Band die Musikindustrie erobern soll. Die Gruppe wird die Öffentlichkeit durch recht konventionelle, aber ein wenig ausgefallene Popsongs auf sich aufmerksam machen. Hat sie erst einen gewissen Bekanntheitsgrad & kommerziellen Erfolg erreicht, kann die Gruppe anfangen, sowohl die Musikindustrie als auch die Musik selbst zu unterwandern & umzuwandeln.

(1) Die Musikindustrie

Nachdem die erste Single beim eigenen, selbst finanzierten Label erschienen ist, soll die Gruppe einen sehr kurz befristeten Deal mit einer großen Plattenfirma abschließen. Nachdem Pulp diesen Vertrag erfüllt hat, wird die Band ihre angehäuften Gewinne nutzen, um ein eigenes Plattenlabel zu gründen …

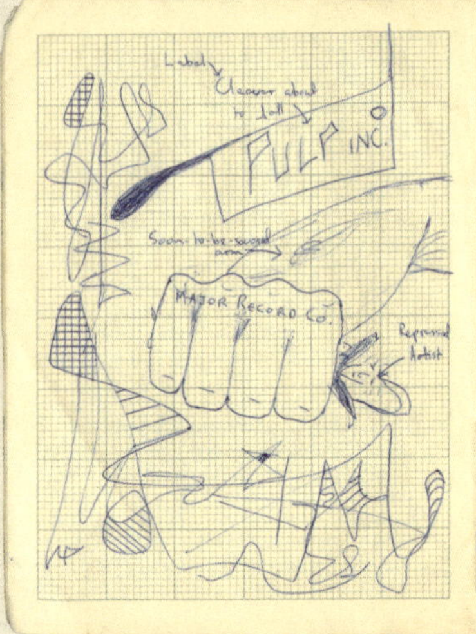

Seite 58

Label → Hackmesser wird gleich niedersausen → PULP INC.

Bald abgetrennter Arm → Große Plattenfirma / Unterdrückter Künstler

(Lust auf Gitarraoke?)

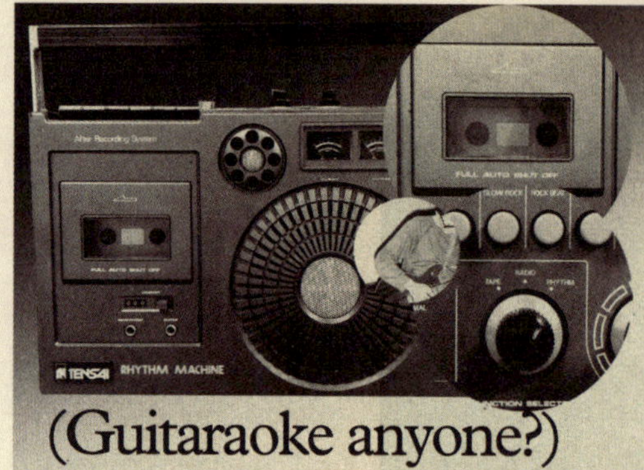

Seite 100

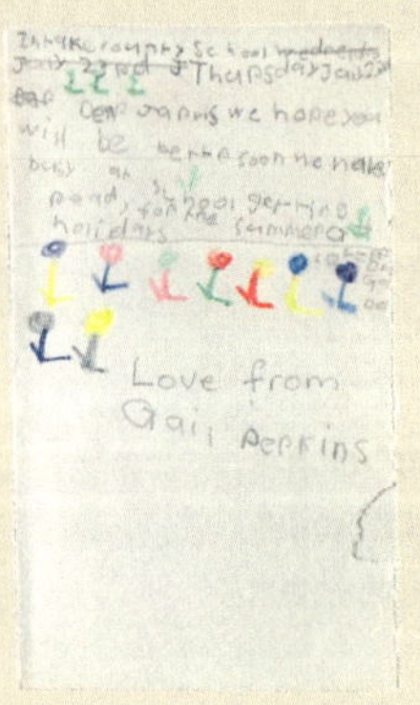
Intake County School Thursday July 24th
Dear Jarvis we hope you will be better soon we have been busy at school getting ready for the summer holidays.
Love from
Gail Perkins

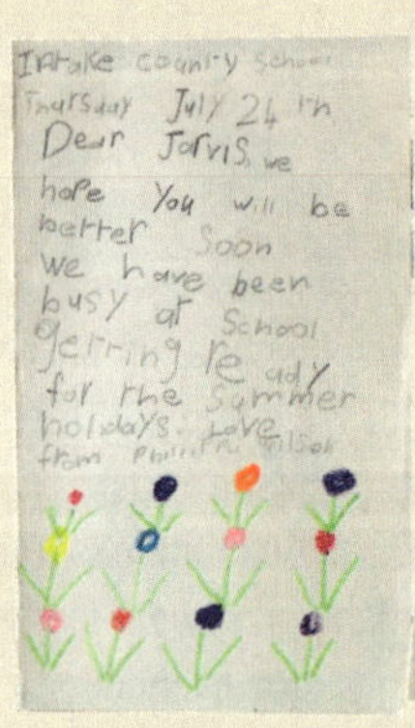
Intake County School
Thursday July 24th
Dear Jarvis we hope you will be better soon we have been busy at school getting ready for the summer holidays. Love from

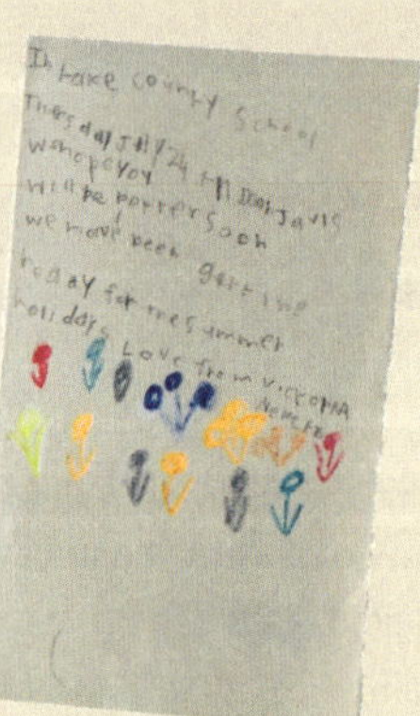
Intake County School
Thursday July 24th Dear Jarvis we hope you will be better soon we have been getting ready for the summer holidays. Love from Victoria

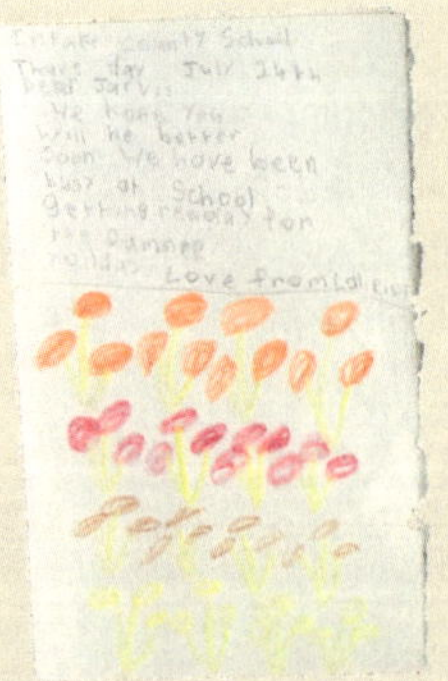
Intake County School
Thursday July 24th
Dear Jarvis
We hope you will be better soon we have been busy at school getting ready for the summer holidays. Love from

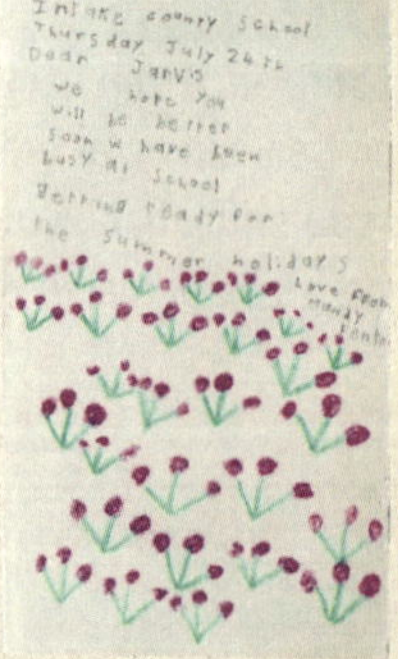
Intake County School
Thursday July 24th
Dear Jarvis
we hope you will be better soon we have been busy at school getting ready for the summer holidays
Love from Mandy

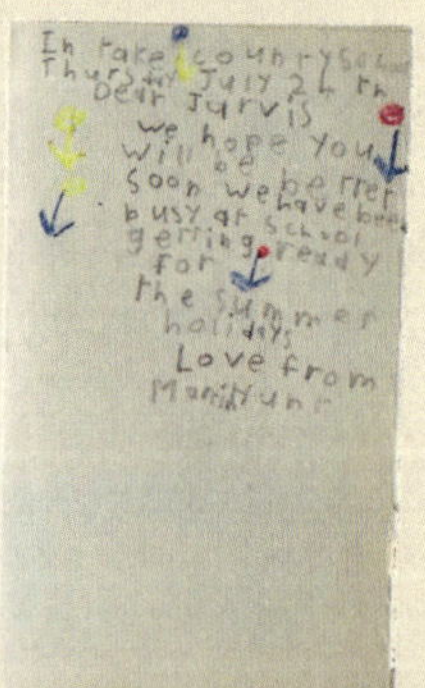
Intake County School
Thursday July 24th
Dear Jarvis
we hope you will be better soon we have been busy at school getting ready for the summer holidays
Love from

Grundschule / Datum
Lieber Jarvis, wir hoffen, Du wirst schnell wieder gesund. Wir sind in der Schule damit beschäftigt, uns auf die Sommerferien vorzubereiten. Alles Liebe, …

Seite 126

Der Besitz dieses Ticket berechtigt zu ca. 30 Min. Live! Pulp

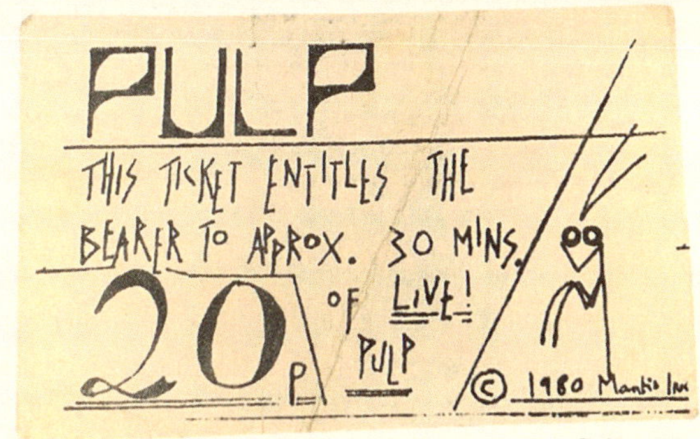

Seite 182

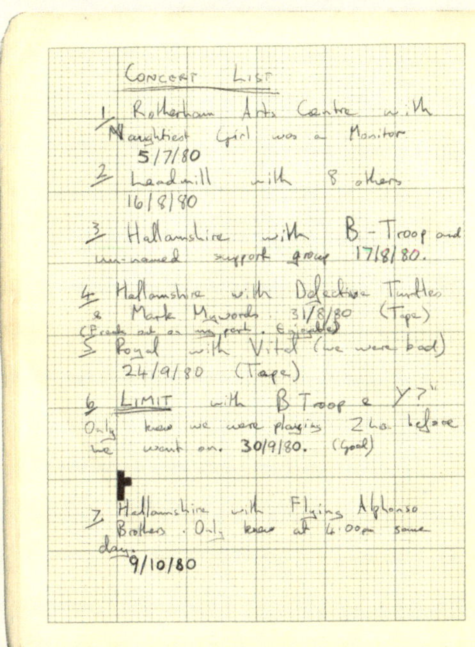

Concert List

1. Rotherham Arts Centre with Naughtiest Girl was a Monitor 5/7/80
2. Leadmill with 8 others 16/8/80
3. Hallamshire with B-Troop and un-named support group 17/8/80.
4. Hallamshire with Defective Turtles & Mark Mywords 31/8/80 (Tape) (Freaks out on my part. Enjoyable)
5. Royal with Vital (we were bad) 24/9/80 (Tape)
6. LIMIT with B Troop & Y?" Only knew we were playing 2 hrs before we went on. 30/9/80. (Good)
7. Hallamshire with Flying Alphonso Brothers. Only knew at 4.00pm same day. 9/10/80

Seite 195

Konzertliste

1 Rotherham Arts Centre mit Naughtiest Girl Was a Monitor 5.7.80
2 Leadmill mit 8 anderen 16.8.80
3 Hallamshire mit B-Troop & namenloser Vorband 17.8.80
4 Hallamshire mit Defective Turtles & Mark Mywords 31.8.80 (Tape) (ich flippe aus. Hat Spaß gemacht.)
5 Royal mit Vital (wir waren schlecht) 24.9.80 (Tape)
6 Limit mit B-Troop & Y? Wir wussten erst 2 Stunden bevor es losging, dass wir spielen. 30.9.80 (gut)
7 Hallamshire mit Flying Alphonso Brothers. Wir wussten erst um 16 Uhr, dass wir spielen. 9.10.80

PULP – TEENAGE KICKS RIFF ON ½ ACOUSTIC GUITARS BUT DIFFERENT WORDS.
THEY CLAIM TO HAVE WRITTEN "STEPPING STONE" – ITS THE DEFINATIVE VERSION!
"SUBTLETY TIME, DEDICATED TO ELVIS" SOUNDS LIKE "DONT FEAR THE REAPER" A BIT.
A DIRGE. "MESSAGE FOR THE MARSHIANS" WITH A KEYBOARDIST WHO HADN'T LEARNT
THE OTHER SONGS. ANOTHER DIRGE. THE APPERENCE OF THE FRONTMAN IS ENTERTAINING
A FUN BAND. TUNING UP OF HOPELESSLY OUT OF TONE SEMI-ACC. "HAPPY HOUSE" RIFF OUT
OF TUNE, DIFFERENT WORDS. "I WONT SAY THAT THIS IS THE PENULTIMATE SONG
BECAUSE THAT'S PRETENTIOUS". "THIS IS FOR DANCING BUT I DONT SUPPOSE ANYBODY'S
GOING TO DANCE. SOUNDS LIKE "CHRISTINE" AND IS A DISCO SPOOF. I WONDER WHAT
KIETH STRONG WOULD SAY. VAST CHEERING FOR ENCORE.

Seite 207

Pulp – Teenage Kicks Riff auf ½akustischer Gitarre, aber mit anderem Text. Band behauptet »Stepping Stone« sei von ihnen – es ist die endgültige Version! »Subtlety Time, Dedicated to Elvis« klingt ein bisschen wie »Don't Fear the Reaper«. Trauriges Stück. »Message For the Marshians« mit einem Keyboarder, der die anderen Stücke nicht gelernt hat. Wieder trauriges Stück. Der Frontmann erzählt lustige Sachen. Witzige Band. Eine hoffnungslos verstimmte Halbakustische wird gestimmt. Verstimmtes Riff aus »Happy House«, anderer Text. »Dass es unser vorletztes Stück ist, sage ich jetzt nicht, das wäre überheblich. Es ist zum Tanzen gedacht, aber ich glaube nicht, dass irgendjemand tanzen wird.« Klingt wie »Christine« & ist eine Disco-Verarsche. Was Keith Strong wohl dazu sagen würde? Laute Zugabe-Rufe.

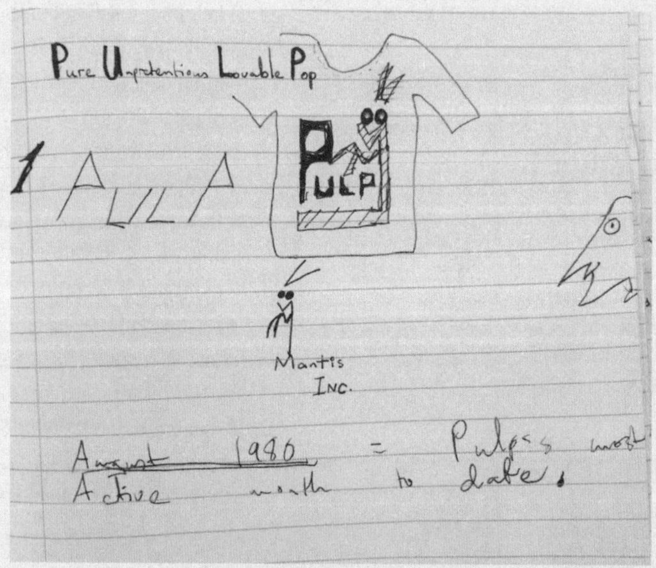

Seite 210

Purer **U**nprätentiöser **L**iebenswerter **P**op
August 1980 = Pulps bislang aktivster Monat

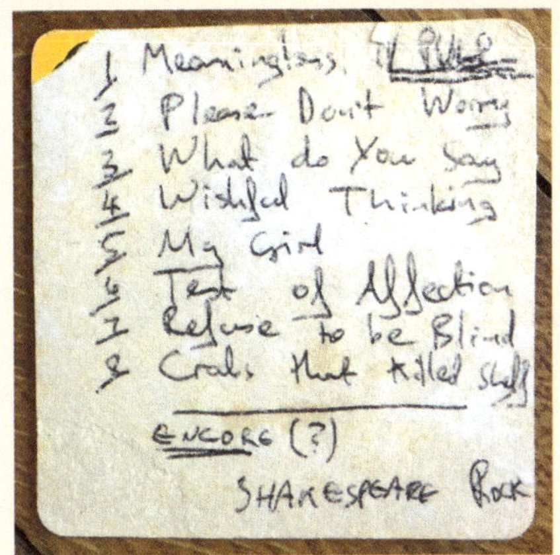

Seite 211

[Encore = Zugabe]

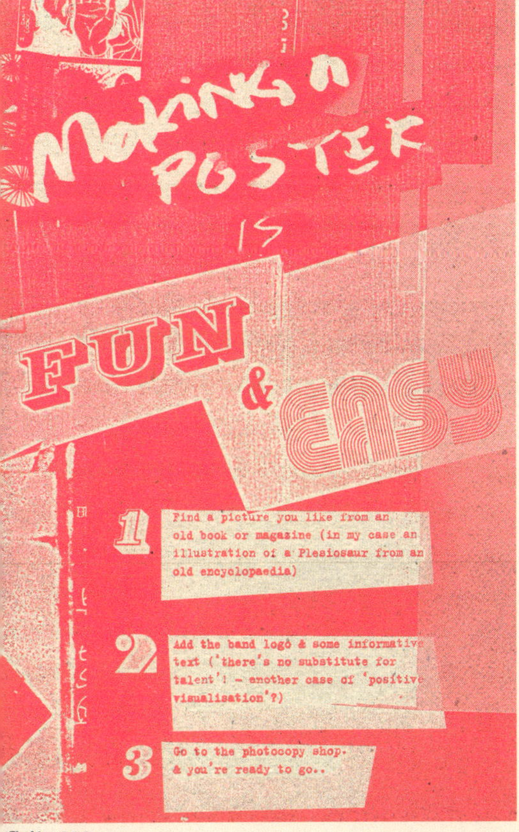

Seite 216

Plakate machen
ist
lustig & leicht:

1. Such dir in einem Buch oder einer Zeitschrift ein Bild aus (hier: die Zeichnung eines Plesiosauriers aus einem alten Lexikon)
2. Füg das Band-Logo & einen kurzen Infotext hinzu (»Talent lässt sich durch nichts ersetzen«! – zählt das schon als »positive Visualisierung«?)
3. Geh in den nächsten Copyshop & leg los.

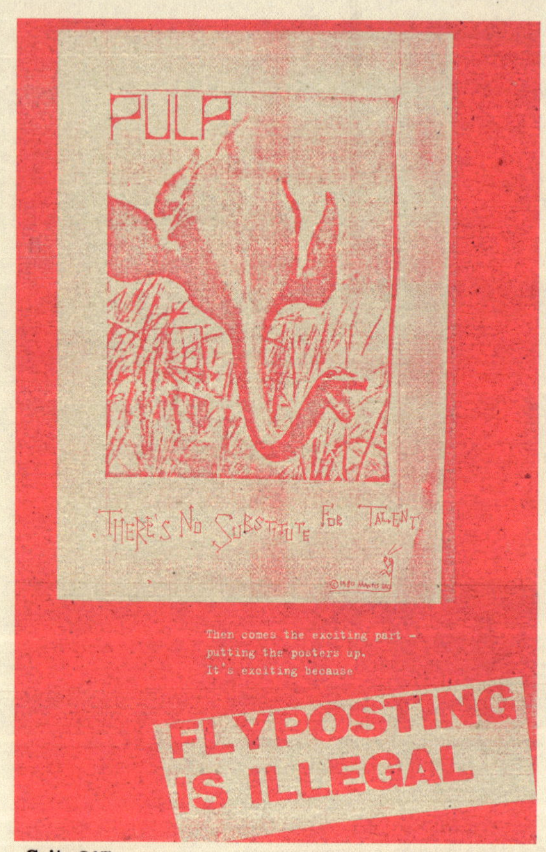

Seite 217

Jetzt kommt der aufregende Teil – Plakate aufhängen. Aufregend, denn WILDPLAKATIEREN IST ILLEGAL

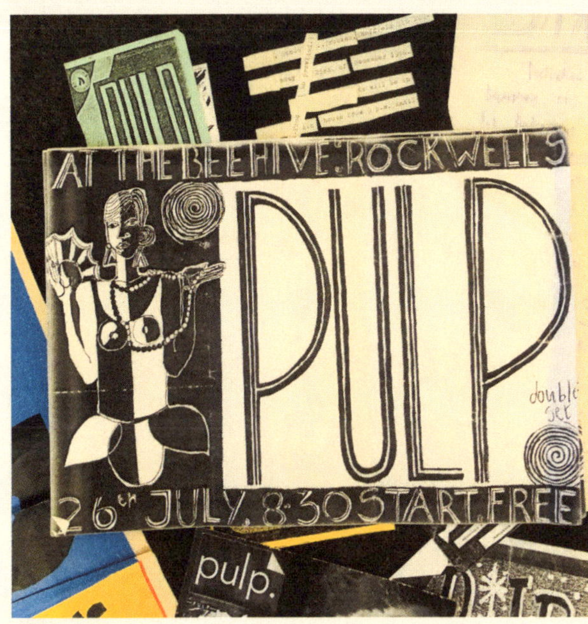

[»double set« = »zwei Sets«]

Seite 221

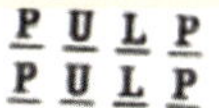

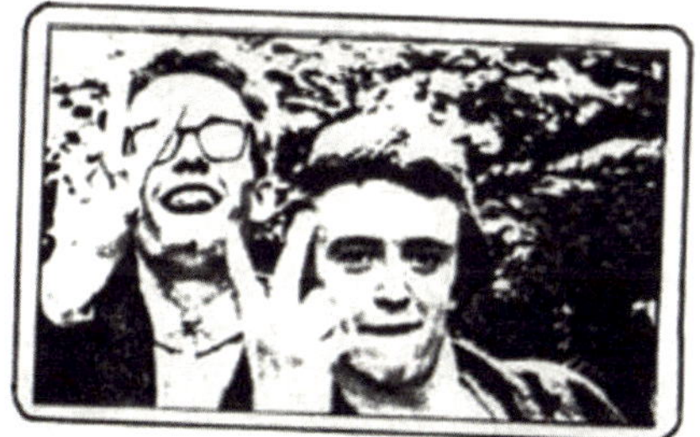

- Unpredictable, whacky, possibly brilliant outsiders. Hard to say anything where they're concerned.

Seite 223

Unberechenbare, schräge, womöglich brillante Außenseiter. Das kann man bei denen nicht so genau wissen.

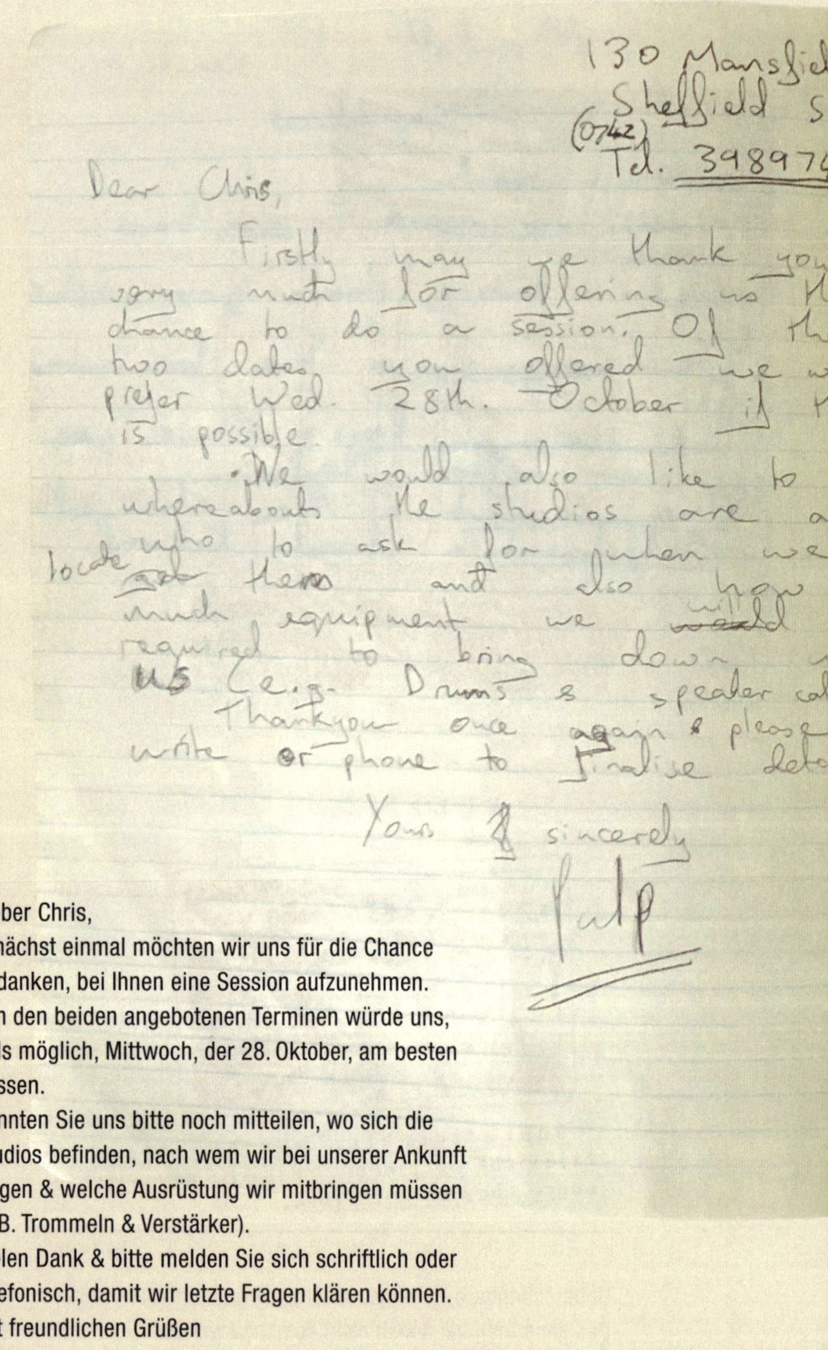
130 Mansfield
Sheffield S1
(0742) Tel. 398974

Dear Chris,

Firstly may we thank you very much for offering us the chance to do a session. Of the two dates you offered we w prefer Wed. 28th. October if th is possible.

We would also like to k whereabouts the studios are located a who to ask for when we get there and also how much equipment we will be required to bring down w us (e.g. Drums & speaker cab

Thankyou once again & please write or phone to finalise deta

Yours sincerely

Pulp

Lieber Chris,
zunächst einmal möchten wir uns für die Chance bedanken, bei Ihnen eine Session aufzunehmen.
Von den beiden angebotenen Terminen würde uns, falls möglich, Mittwoch, der 28. Oktober, am besten passen.
Könnten Sie uns bitte noch mitteilen, wo sich die Studios befinden, nach wem wir bei unserer Ankunft fragen & welche Ausrüstung wir mitbringen müssen (z. B. Trommeln & Verstärker).
Vielen Dank & bitte melden Sie sich schriftlich oder telefonisch, damit wir letzte Fragen klären können.
Mit freundlichen Grüßen
Pulp

Dear Chris,

We would like some information as regards our impending session.
Date = Wed. 28th October

Could we know:
1) Where?
2) How much equipment? (drums?)
3) Who to ask for?

Ta

Pulp

Pulpy Pul

Pulp

Lieber Chris,
wir benötigen für die bevorstehende Aufnahmesession noch ein paar Infos.
Termin = Mittwoch, 28. Oktober
Könnten Sie uns noch mitteilen:
1) Wo?
2) Welches Equipment? (Schlagzeug?)
3) Welcher Ansprechpartner?
Danke
Pulp

Seite 238/239

Peel session for city band

SHEFFIELD band Pulp — whose four members are all still at school — have been chosen to record a session for John Peel's prestigious Radio One show.

The band gave Peel — a tape of their music when he appeared at the Polytechnic during the recent concerts for the unemployed.

One phone call later from Peel's producer and Pulp were booked in to record a session in London in November.

Pulp — Jarvis Cocker, aged 18, on guitar and vocals, Peter Dalton, 17, synth / guitar / backing vocals, Jamie Pinchbeck, 17, bass, who all go to City School, and drummer Wayne Furniss, 15, who goes to Frecheville, have only just started to aspire to topping the bill on Sheffield's pub venue circuit.

So it will be quite a leap in status when they are featured on the radio — but other Sheffield bands such as The Comsat Angels and Artery have found out how well a Peel session can work for them.

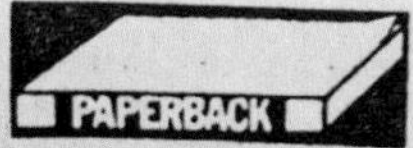

★ **Roman Britain 55BC-AD400** by Malcolm Todd (Fontana History of England, £2.95). Highly readable study of Britain under the Romans — from the conquest of the first century AD. The author draws on archaeological as well as historical evidence.

Seite 241

Peel-Session für Gruppe aus Sheffield

Die Sheffielder Musikgruppe Pulp – deren vier Mitglieder noch die Schulbank drücken – wurde auserwählt, für die renommierte Radio-One-Sendung von John Peel ein paar Lieder einzuspielen.
Die Gruppe hatte Peel eine Kassette mit eigener Musik überreicht, als er im Rahmen der Konzertreihe für Arbeitslose im Polytechnic gastierte.
Ein Anruf von Peels Produzenten genügte, & im November nehmen Pulp in London eine Session auf.
Pulp – Jarvis Cocker, 18, an Gitarre & Gesang, Peter Dalton, 17, Synthesizer / Gitarre / Begleitgesang, Jamie Pinchbeck, 17, Bass, allesamt Schüler der City School, & Schlagzeuger Wayne Furniss, 15, der in Frecheville die Schule besucht, sind erst vor Kurzem in der lokalen Musikszene in Erscheinung getreten.
Dass sie nun bald im Radio zu hören sein werden, dürfte ihren Bekanntheitsgrad erheblich vergrößern – vor ihnen haben schon andere Sheffielder Gruppen wie Comsat Angels & Artery die positiven Auswirkungen einer Peel-Session erfahren dürfen.

Mittwochs
Studententag
Mit dieser Karte
freier Eintritt
Donnerstags
Getränke nur 60 Pence
Mit dieser Karte
vor 22.30 Uhr nur 50 Pence

Seite 254

Seite 278

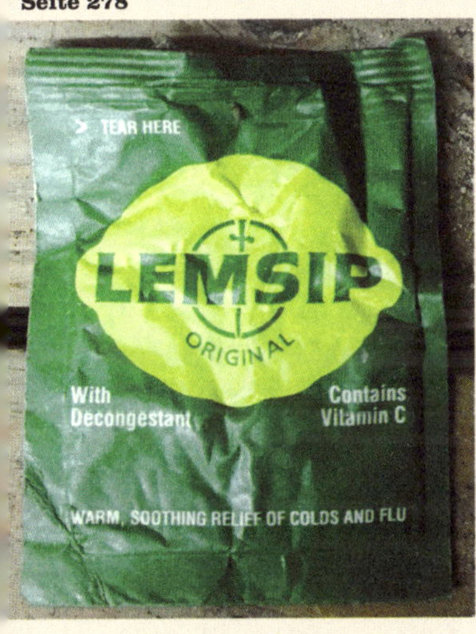

Hier öffnen
LEMSIP ORIGINAL
wirkt abschwellend
[unleserlich] mit Vitamin C
Warm & wohltuend bei Erkältungen
& grippalen Infekten

Wahrsagerfisch

Auf die Handfläche
legen & auf seine
Bewegungen achten

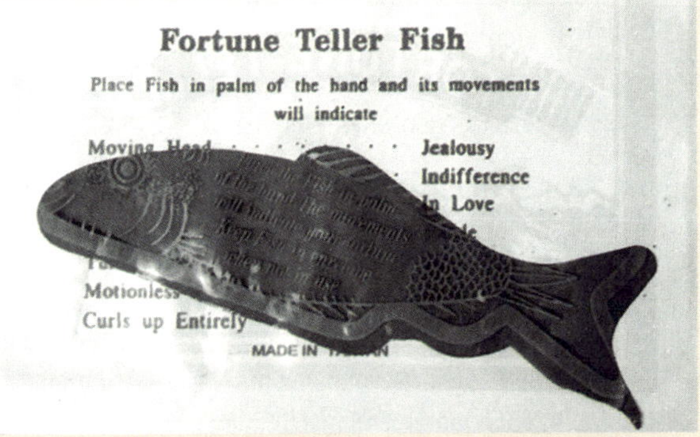

Seite 299

Bitte erscheinen Sie
am *24. 4. 84,*
dann am
…
und danach jeden
zweiten *Dienstag.*

Bei Erlöschen des Anspruchs

Bitte dieses Formular am letzten Tag der Arbeitslosigkeit unterschrieben einreichen.
Bitte tragen Sie im Feld unten das Datum Ihres letzten Bewilligungsantrages beim Arbeitsamt sowie das Datum des letzten Tages Ihrer Arbeitslosigkeit ein.
Ich habe das Merkblatt über meine Pflichten als Antragsteller zur Kenntnis genommen & erkläre hiermit, dass ich im Zeitraum …

arbeitslos war & keiner Erwerbstätigkeit nachgegangen bin. Ich habe mich um eine angemessene Arbeitsstelle bemüht, aber nichts Angemessenes gefunden. An den Lebensumständen von mir & meinen direkten Angehörigen hat sich seit dem letzten Antrag nichts geändert (falls dies nicht zutrifft, bitte streichen) & ich beantrage Lohnersatzzahlungen für den oben genannten Zeitraum & versichere, dass ich in dem genannten Zeitraum keine Lohnersatzzahlungen erhalten habe.

Unterschrift … Datum …

Eventuell haben Sie von uns für den oben genannten Zeitraum bereits Lohnersatzzahlungen erhalten.
Mit Eingang des ausgefüllten Formulars erfolgen die Zahlungen per Postscheck an Ihre Wohnanschrift. Bitte beachten Sie, dass die Felder unter Punkt 2 & 3 in jedem Fall auszufüllen sind.

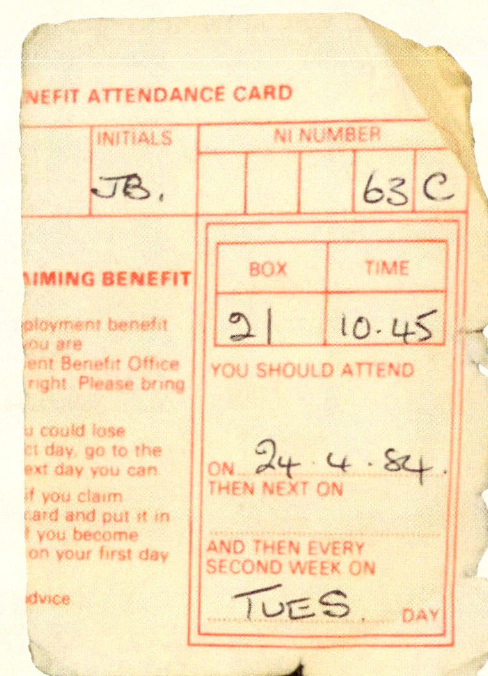

NEFIT ATTENDANCE CARD

	INITIALS	NI NUMBER				
	JB.				63	C

AIMING BENEFIT

ployment benefit
you are
ent Benefit Office
right. Please bring

u could lose
ct day, go to the
ext day you can

if you claim
card and put it in
f you become
on your first day

dvice

BOX	TIME
21	10.45

YOU SHOULD ATTEND

ON 24. 4. 84.
THEN NEXT ON

AND THEN EVERY
SECOND WEEK ON
TUES. DAY

2 WHEN YOU STOP CLAIMING

Please sign and return this form on your last day of unemployment.

Below, fill in the dates from the day you last signed at the Unemployment Benefit Office to your last day of unemployment.

"I HAVE READ AND UNDERSTAND the leaflet 'Responsibilities of Claimants' (UBL 18)

I DECLARE that on the following dates ....

I was unemployed and did no work, I was able and willing to do any suitable work but was unable to get any, my circumstances and those of my dependants were as last stated (if there was a change cross out this last item), and I CLAIM BENEFIT for those dates included above for which I have not already claimed in advance."

Signature .... Date ....

We may have paid you in advance for all or some of the dates you have entered above. We will pay any outstanding unemployment benefit by post to your home address on return of this card with parts 2 and 3 completed.

Seite 265

Wahlschnäppchen

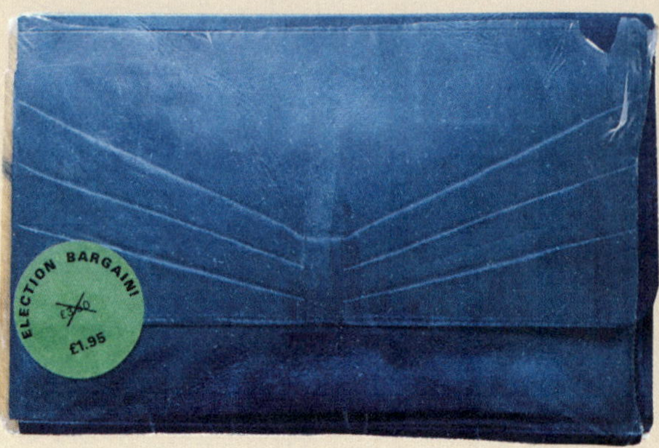

Seite 266

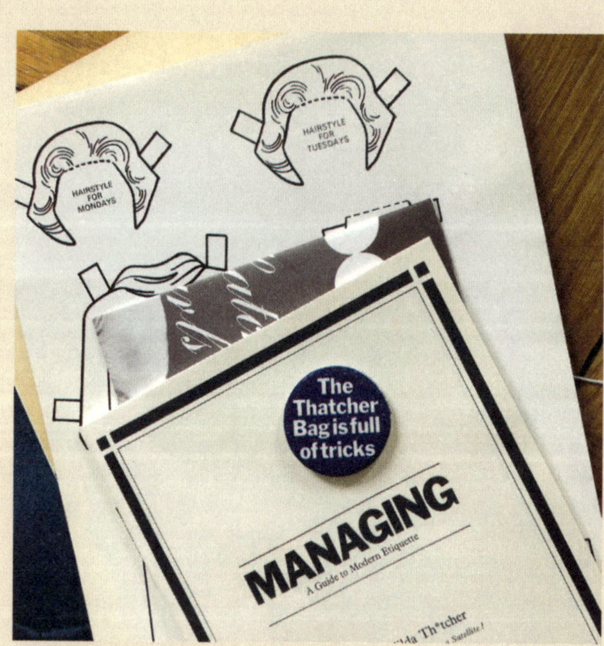

Seite 267

Frisur für Montage
Frisur für Dienstage

Die Thatcher-Tasche steckt voller Überraschungen

Handbuch für moderne Etikette

Cocker stürzt aus Fenster

Jarvis Cocker – nach Sturz im Krankenhaus.

Die Sheffielder Musikgruppe Pulp muss ihre Konzerte für die nächsten Wochen absagen, weil Sänger Jarvis Cocker aus einem Fenster gefallen ist.
Cocker, der zurzeit im Royal Hallamshire Hospital behandelt wird, hatte sich bei dem Sturz aus sechs Metern Höhe zahlreiche Brüche in Beinen, Becken, Arm & Handgelenk zugezogen.
Der Unfall trifft die Band, die soeben ihre Single Little Girl (With Blue Eyes) veröffentlicht hat, zu einem denkbar ungünstigen Zeitpunkt, da für den 11. Dezember ein großes Konzert im Londoner Greyhound geplant war. Sofern Cocker keine Wunderheilung widerfährt, muss dieser Termin aller Wahrscheinlichkeit nach entfallen.
Darüber hinaus hat die Band Schwierigkeiten, ihre Single im Radio zu platzieren: Ein Moderator von Radio Hallam blendete sie aus, als er den Refrain hörte – & das war um ein Uhr nachts.
Eine brandneue Single von Pulp haben gewonnen: E. Wilson, Firshill Walk, Sheffield 4 & C. Noton, Toftwood Road, Crookes. Wegen Cockers Sturz können die Karten für das Konzert im Greyhound leider nicht verlost werden. Die Antwort auf Jarvis' Frage »Wann wurde das Loch in der Straße offiziell eröffnet?« lautet: im November 1967.

Cocker comes a cropper

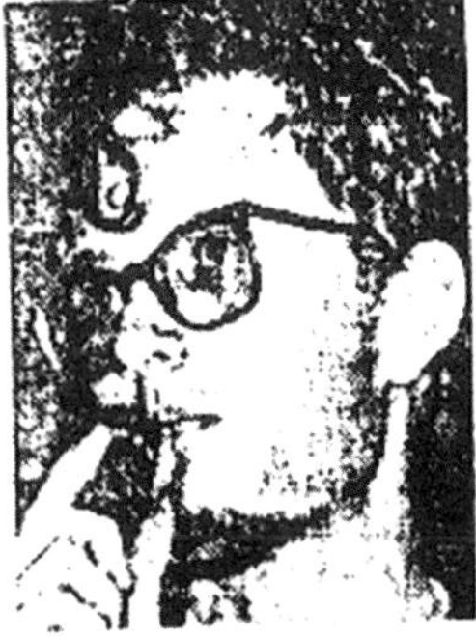

Jarvis Cocker — recovering.

SHEFFIELD band Pulp have had to cancel concerts for the next few weeks — because singer Jarvis Cocker has fallen out of a window.

Cocker, who is now in the Royal Hallamshire Hospital, suffered a number of broken bones in his leg, hip, arm and wrist, when he fell 20 foot to the pavement.

The blow has come at a crucial time for the band who have just released their Little Girl (With Blue Eyes) single and were due to play an important date at the Greyhound in London on December 11. Unless Cocker undergoes a miracle recovery this date looks almost certain to be cancelled.

They have also ran into problems with radio play for the single — one Radio Hallam deejay faded it out when he heard the chorus, and that was at one a.m.

•Winners of copies of Pulp's new single are E Wilson of Firshill Walk, Sheffield 4; and C Noton, of Toftwood Road, Crookes. Because of Cocker's mishap, the Greyhound tickets have now had to be withdrawn. The answer to Jarvis's question — "When was the Hole In The Road officially opened?" is November, 1967

Für Jarvis
Gute Besserung

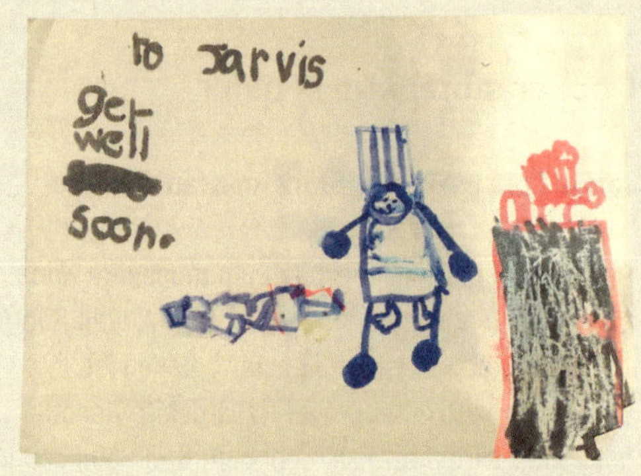

Seite 321

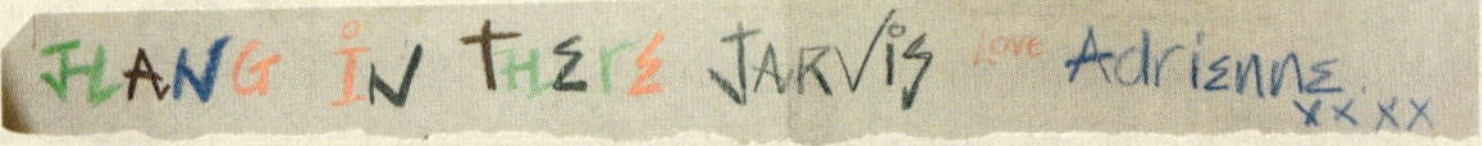

Seite 322

Lass dich nicht hängen, Jarvis. Love, Adrienne XXXX

Mr & Mrs W. Hoyland laden herzlich ein zur Vermählung ihrer Tochter Christine mit Mr George Malcolm Cocker am Mittwoch, dem 24. April 1963, 17 Uhr in der St. Cyprians Church in Frecheville sowie zum anschließenden Empfang im Embassy Ballroom, Mansfield Road, Sheffield 12.

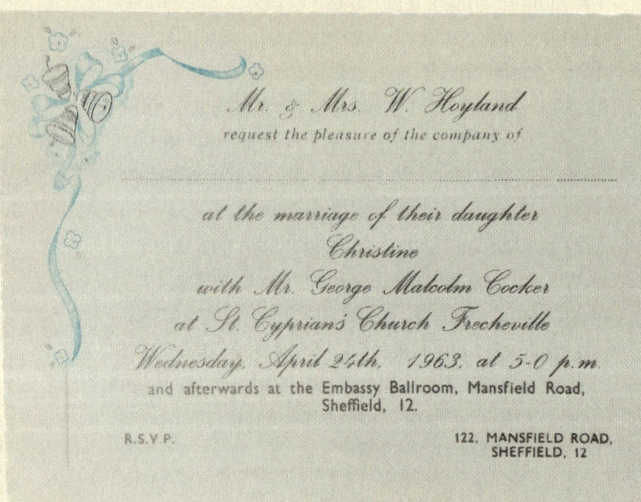

Mr. & Mrs. W. Hoyland
request the pleasure of the company of

at the marriage of their daughter
Christine
with Mr. George Malcolm Cocker
at St. Cyprian's Church Frecheville
Wednesday, April 24th, 1963, at 5-0 p.m.
and afterwards at the Embassy Ballroom, Mansfield Road, Sheffield, 12.

R.S.V.P.

122, MANSFIELD ROAD,
SHEFFIELD, 12

Seite 330

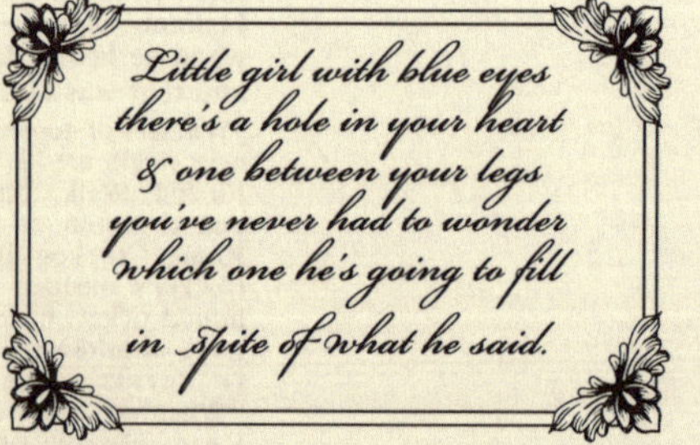

Little girl with blue eyes
there's a hole in your heart
& one between your legs
you've never had to wonder
which one he's going to fill
in spite of what he said.

Seite 332

Junge Frau mit den blauen Augen
du hast ein Loch in deinem Herzen
& eins zwischen deinen Beinen
& ganz gleich, was er sagt,
du musst dich nicht fragen,
welches er stopfen wird.

Leute, die ich im Krankenhaus kennengelernt habe

1 Doug Nr. 1 – ca. 50, eingeklemmter Nerv, schenkt den Krankenschwestern immer was aus seiner Quality-Street-Dose, alberne Schuhe mit halbhohen Absätzen. Wurde von einem Taxi angefahren, Zähne gezogen, um Schädel zu richten.
2 Hindu – grinst komisch, ständig zum Rauchen draußen, als er sich nicht mehr bewegen durfte, hat er sich ab & zu eine auf der Station geschnorrt, obwohl er was mit der Lunge hatte. Unmengen Verwandte, dicke junge Frau.
3 Ernest – alt, s. dünn, Streckverband, hat sich ständig bewegt, obwohl er das nicht sollte, & sich dabei entblößt. Hatte was mit der Lunge, konnte nicht verständlich sprechen, hat mehr so gestöhnt. Hat richtig schlimm gehustet & Tag & Nacht gestöhnt. Ist mit der Zeit immer stiller geworden. Eines Nachts war dann viel los, sie haben ihn an ein Beatmungsgerät gehängt, aber morgens war er tot. Wir anderen wurden so lange in den Aufenthaltsraum geschoben, bis sämtliche seiner Verwandten bei der Leiche waren.
4 Schnauzbart-Townie – wurde in Ernests Bett gelegt. Ziemlicher Poser. Enger Pyjama, Beine hochgekrempelt & Oberteil in die Hose gestopft.
5 Mr McCone – total mitleiderregend & deprimierend, auf der Station, auf die ich verlegt wurde. Hatte ununterbrochen Schluckauf. Hat sich jeden Morgen in die Hose geschissen (Gestank so schlimm, dass ich nach Duftspray

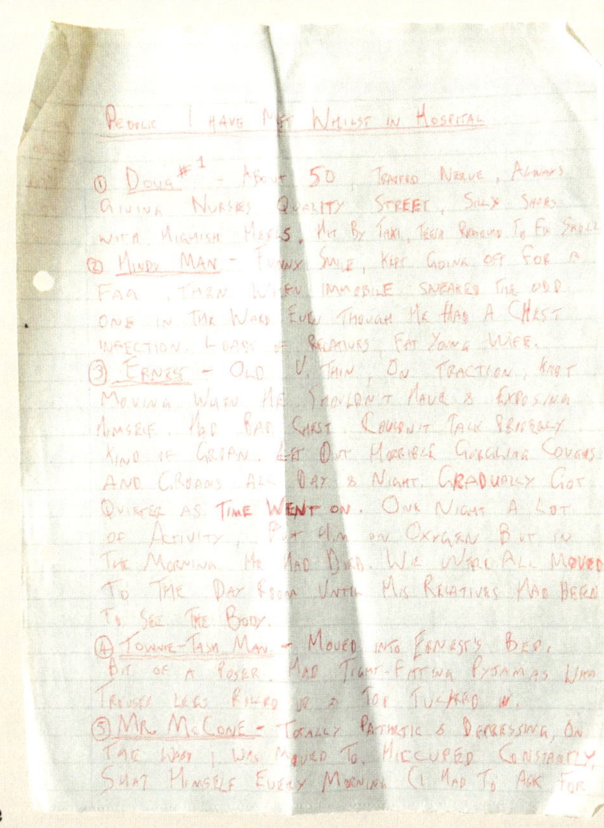

PEOPLE I HAVE MET WHILST IN HOSPITAL

① DOUG #1 – ABOUT 50, TRAPPED NERVE, ALWAYS GIVING NURSES QUALITY STREET, SILLY SHOES WITH HIGHISH HEELS, HIT BY TAXI, TEETH REMOVED TO FIX SKULL
② HINDU MAN – FUNNY SMILE, KEPT GOING OFF FOR A FAG, THEN WHEN IMMOBILE SNEAKED THE ODD ONE IN THE WARD EVEN THOUGH HE HAD A CHEST INFECTION. LOADS OF RELATIVES, FAT YOUNG WIFE.
③ ERNEST – OLD, V. THIN, ON TRACTION, KEPT MOVING WHEN HE SHOULDN'T HAVE & EXPOSING HIMSELF. HAD BAD CHEST. COULDN'T TALK PROPERLY KIND OF GROAN. LET OUT HORRIBLE GURGLING COUGHS AND GROANS ALL DAY & NIGHT. GRADUALLY GOT QUIETER AS TIME WENT ON. ONE NIGHT A LOT OF ACTIVITY, PUT HIM ON OXYGEN BUT IN THE MORNING HE HAD DIED. WE WERE ALL MOVED TO THE DAY ROOM UNTIL HIS RELATIVES HAD BEEN TO SEE THE BODY.
④ TOWNIE-TASH MAN – MOVED INTO ERNEST'S BED. BIT OF A POSER. HAD TIGHT-FITTING PYJAMAS WITH TROUSER LEGS RILLED UP & TOP TUCKED IN.
⑤ MR. McCONE – TOTALLY PATHETIC & DEPRESSING, ON THE WARD I WAS MOVED TO. HICCUPED CONSTANTLY, SHAT HIMSELF EVERY MORNING (I HAD TO ASK FOR

fragen musste). Hatte eine Darmoperation, die missglückt ist. Hat zu jedem Arzt »Sir« gesagt & kroch vor den Schwestern. Hat nachts mal gekotzt. Hatte einen Urinbeutel & ist damit rumgelaufen, sodass alle es sehen konnten. Totale Zeitverschwendung.

6 Mr Weißhaar-Riesenzinken – ähnlich wie Mr McCone, aber nicht ganz so schlimm. Hat ununterbrochen gefurzt. Hatte Wegwerfunterhosen an & Pimmel war komplett bandagiert.

7 Bruno – auf F2. Pole, glaube ich. Nennt jede Krankenschwester »Babycham«. Kommandiert die Schwestern ununterbrochen herum, lässt sich von ihnen mit dem Rollstuhl in den Aufenthaltsraum etc. fahren. Hat auf der Station geraucht. In Sheffield offenbar der Mensch, der am häufigsten wegen Trunkenheit am Steuer verurteilt wurde. Witzig.

8 Doug Nr. 2 – der Wühlmausmann. Hat jede Geschichte mindestens 5 Mal wiederholt. Nervtöter. Frau sah aus wie ein Labrador. Bester Kumpel von George (siehe unten).

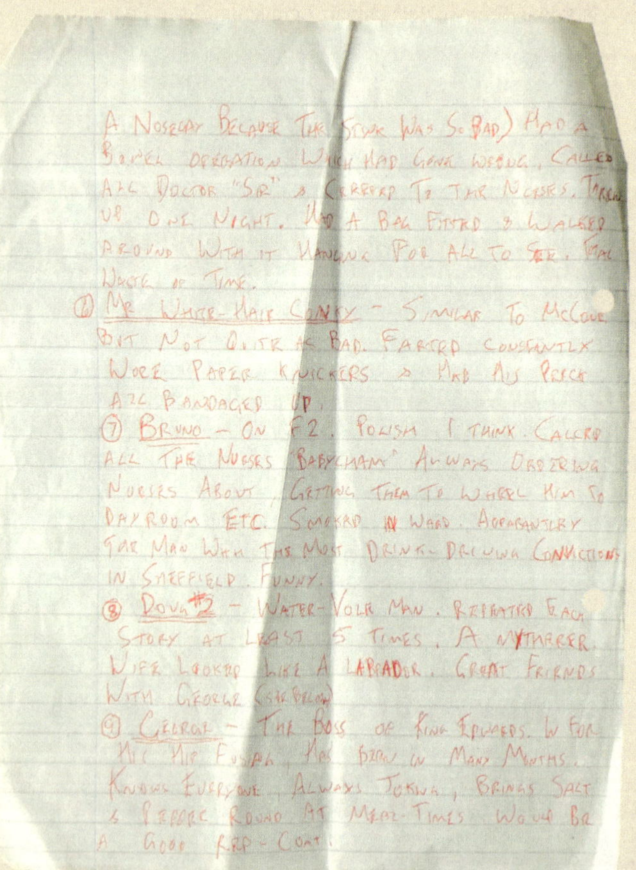

A NOSEGAY BECAUSE THE STINK WAS SO BAD) HAD A
BOWEL OPERATION WHICH HAD GONE WRONG. CALLED
ALL DOCTOR "SIR" & CREEPED TO THE NURSES. THREW
UP ONE NIGHT. HAD A BAG FITTED & WALKED
AROUND WITH IT HANGING FOR ALL TO SEE. TOTAL
WASTE OF TIME.

⑥ MR WHITE-HAIR CONKY – SIMILAR TO McCONE
BUT NOT QUITE AS BAD. FARTED CONSTANTLY
WORE PAPER KNICKERS & HAD HIS PECKER
ALL BANDAGED UP.

⑦ BRUNO – ON F2. POLISH I THINK. CALLED
ALL THE NURSES 'BABYCHAM' ALWAYS ORDERING
NURSES ABOUT, GETTING THEM TO WHEEL HIM TO
DAYROOM ETC. SMOKED IN WARD. APPARENTLY
THE MAN WITH THE MOST DRINK-DRIVING CONVICTIONS
IN SHEFFIELD. FUNNY.

⑧ DOUG #2 – WATER-VOLE MAN. REPEATED EACH
STORY AT LEAST 5 TIMES. A MYTHERER.
WIFE LOOKED LIKE A LABRADOR. GREAT FRIENDS
WITH GEORGE (SEE BELOW)

⑨ GEORGE – THE BOSS OF KING EDWARDS. IN FOR
HIS HIP FUSION, HAS BEEN IN MANY MONTHS.
KNOWS EVERYONE, ALWAYS JOKING, BRINGS SALT
& PEPPER ROUND AT MEAL-TIMES. WOULD BE
A GOOD RED-COAT.

9 George – der »Chef« vom King Edward. Hier wegen einer Hüft-OP. Seit Monaten da. Weiß alles, reißt immer Witze, bringt zum Essen Salz & Pfeffer mit. Wäre ein guter Rotrock.

Alle Kinder singen Weihnachtslieder & 4 14–15 Jahre alte Mädchen (drei mit ordentlichen Satin-Turnanzügen, bei der letzten hat es nur zu Stretchjeans gereicht) führen Discotanz zu »La Bamba« auf (auf unserer Seite der Station nur als »Caramba, Caramba« bekannt), mit sehr wenig Begeisterung oder Stil, trotzdem war es sehr lustig.

Leute (Fortsetzung)
Heinrich – Pole. Guter Akzent; sagt statt Physiotherapie »Fizio«. Sieht slawisch aus (dick, aber nicht auf die schwabbelige englische Art, mehr so wie ein Felsbrocken). Hatte eine kaputte künstliche Hüfte, musste aber zwei Jahre auf Behandlung warten. Folge: hat jetzt gar keine Hüfte mehr & das eine Bein ist ca. 10 Zentimeter kürzer als das andere.
Keith – groß, schmerbäuchig, Brille. Wurde am selben Tag wie ich ins KE VII eingewiesen. Sieht aus wie ein fetter Marc Riley. Streckverband. Kumpel von George. Hat mir eine Kassette mit Musik für »Aufgeschlossene« gegeben. Ewig & drei Tage Verstopfung. Mehr so ein sanfter Jammerer. Ist früher gegangen, weil es zu Hause Probleme gab.

All The Kids Singing The Carols & 4 14-15 Year old Girls (3 with The Proper Long-Legged Satin Leotards on, The other Could only Manage Stretch Denims) Doing Disco Dancing To "La Bamba" (Known as "Caramba Caramba" Down at our End of The Ward) With Very Little Enthusiasm or Style, But It Were a Right Laugh.

People (Cont'd)
Heinrich:- A Polish Man. Good Accent; Calls Physiotherapy "Feezio". Looks Slavic. (Thick Set But Not in The Soft Flabby English Way, More Like a Lump of Stone) Had a Knackered Artificial Hip But Had To Wait Two Years For Treatment. Consequence:- Now Has No Hip at All and That Leg is About 3 inches Shorter Than The Other.
Keith - Big, Bellyish, Glasses, Admitted To K.E.VII Same Day As Me. Looks Like a Fat Marc Riley. On Traction. Friend of George's. Brought a "Broad-Minded" Tape For Me To Listen To. Constipated For Ages. Bit of a Mild-Mannered Moaner. Left Early Because of Home Problems.

Seite 344

Seite 359

SCOTT + BARRY + EURODISCO +
HARTER NORDENGLISCHER
REALISMUS = DIE ZUKUNFT

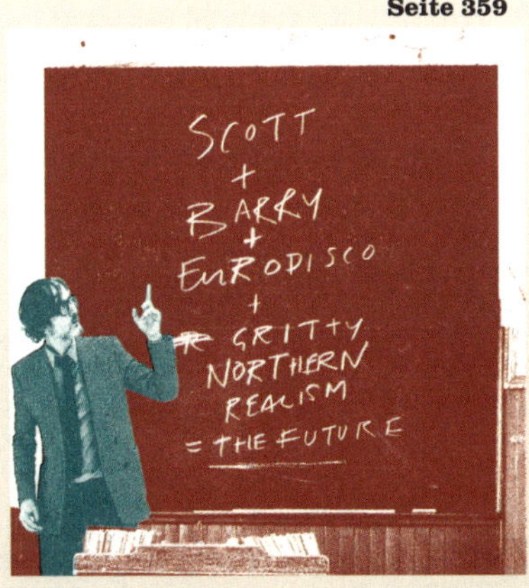

Sehr geehrter Mr Cocker,

ZULASSUNG ZUM GRUNDSTUDIUM KUNST & DESIGN

wir freuen uns, Ihnen mitteilen zu können, dass Ihre Bewerbung um einen Studienplatz im Fach Kunst, Video + Design erfolgreich war.

Bitte teilen Sie uns schnellstmöglich mit, ob Sie den Studienplatz annehmen wollen, indem Sie das umseitige Formular ausgefüllt an uns zurücksenden.

Im September 1988 wird die Central School mit der St. Martin's School of Art zum neuen College Central and St. Martin's School of Art and Design verschmelzen. Durch die Namensgebung stellen wir sicher, dass der seit vielen Jahrzehnten etablierte Ruf beider Hochschulen auch weiterhin erhalten bleibt. Das Kursangebot der Hochschulen ergänzt sich hervorragend, & wir sind zuversichtlich, dass Sie von den neu geschaffenen Rahmenbedingungen profitieren werden. Das neue College wird von 1.400 Studierenden besucht, denen wir das wohl umfassendste Spektrum an Kunst- & Designseminaren im ganzen Land anbieten können.

Semesterbeginn ist am Montag, dem 26. September 1988. Bitte melden Sie sich an diesem Tag um 9.30 Uhr im Sekretariat, wo Sie entweder die Studiengebühren zu entrichten oder eine schriftliche Zusage der entsprechenden Behörde über die Übernahme dieser Gebühr vorzulegen haben. Anderenfalls könnte Ihr Anspruch auf einen Studienplatz erlöschen.

Wir empfehlen Studierenden, sich bereits vor Semesterbeginn um eine Unterkunft zu bemühen. Diesem Schreiben beigelegt ist die Broschüre »Handbuch der Anlaufstellen für Studierende« mit nützlichen Informationen, zusammengestellt von unserer Studienberaterin.

Studierende der Bildenden Künste

Wir möchten Sie darauf hinweisen, dass Sie sich an der Central School & nicht an der St. Martin einschreiben. Bitte achten Sie darauf, dies in der Korrespondenz mit sämtlichen Behörden anzugeben.

Mit freundlichen Grüßen

Sekretariat

Inner London Education Authority

The London Institute

Central School of Art and Design

Southampton Row London WC1B 4AP Telephone 01-405 1825

Head of School: D.C.Sherlock BA MPhil MSDI FRSA

Administration

Dear Mr Cocker,

COUNCIL FOR NATIONAL ACEDEMIC AWARDS -
REGISTRATION SCHEME 1988/89
ADMISSIONS TO FIRST DEGREE COURSES IN ART AND DESIGN

I am pleased to inform you that your application for admission to the degree course in FA - Film + Video has been successful.

You are requested to confirm or decline our offer of a place as soon as possible by completing the Form of Declaration overleaf.

From September 1988, the Central School will join St Martin's School of Art to form a new, merged college. It will be called Central and St Martin's School of Art and Design and will therefore preserve all the advantages of public reputation built up over many years. The range of courses of the two existing colleges are complementary and we expect only improvements in the facilities and opportunities available to you as a result of the merger. The new college will have about 1,400 students and probably the most comprehensive range of undergraduate and postgraduate courses in art and design in the country.

The course commences on Monday 26 September 1988 and you should attend at 9.30 a.m. on that day. On arrival you will be asked to pay your fees or produce written evidence that your Education Authority or some other body will pay them, <u>otherwise enrolment for the course may be refused.</u>

Students are expected to make their own arrangements for accommodation well before the beginning of the session. A booklet entitled "Handbook on Student Services", prepared by the Student Counsellor, is enclosed, which she hopes you will find useful.

<u>Fine Art students</u>

Please understand that you will be enrolled at the Central School <u>not</u> St Martin's. Please ensure that in any correspondence with your local authority this is made clear.

Yours sincerely

B. Cegan

Registrar

26 × 65.70

= 65.70 × 26 = 39420 + 131400 = 525.600

131400 + 39420 = 2708.20

Aus Verantwortung für die Umwelt hat sich der *Verlag Kiepenheuer & Witsch* zu einer nachhaltigen Buchproduktion verpflichtet. Der bewusste Umgang mit unseren Ressourcen, der Schutz unseres Klimas & der Natur gehören zu unseren obersten Unternehmenszielen.

Gemeinsam mit unseren Partnern & Lieferanten setzen wir uns für eine klimaneutrale Buchproduktion ein, die den Erwerb von Klimazertifikaten zur Kompensation des CO_2-Ausstoßes einschließt.

Weitere Informationen finden Sie unter
www.klimaneutralerverlag.de

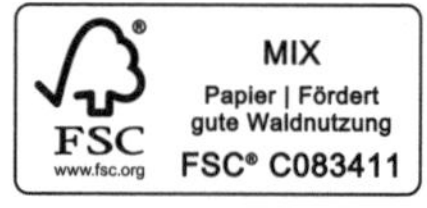

1. Auflage 2022

Titel der Originalausgabe: *Good Pop, Bad Pop*

Aus dem Englischen von Harriet Fricke & Ingo Herzke

Covergestaltung: Barbara Thoben, nach dem Originalumschlag von Julian House für Penguin Random House
Gesetzt aus der Sabon LT Pro & der Superclarendon nach der Originalgestaltung von Julian House
Satz: Wilhelm Vornehm, München
Druck & Bindung: CPI books GmbH, Leck

ISBN 978-3-462-00384-0